순교 학술심포지엄 II
가족과 회장

기조강연 및 토론

조　광 교수 | 고려대학교 명예교수
김진소 신부 | 前 호남교회사연구소 소장
노길명 교수 | 고려대학교 명예교수
손숙경 교수 | 동아대학교 석당학술원
조한건 신부 | 한국교회사연구소 소장

순교 학술심포지엄 II
가족과 회장

2018년 10월 01일 인쇄
2018년 10월 10일 발행
발행인 | 전진욱
발행처 | 도서출판 형제애
지은이 | 서종태 강석진 방상근 최선혜 김정숙
주소 | 서울 성북구 성북로 143
전화 | 02-744-4702
홈페이지 | http://www.brotherhood.or.kr
등록번호 | 제307-2018-11호
만든곳 | 흐름(www.heureum.com)

ISBN 979-11-963522-3-3 (93230)

값 25,000원

＊출판 승인: 전주교구 No. 2018-03
＊이 책의 저작권은 한국순교복자성직수도회가 소유합니다. 저작권자의 허락 없이 이 책의 일부 혹은 전체를 무단 복제, 전재, 발췌하면 저작권법에 의해 처벌받습니다.

이 도서의 국립중앙도서관 출판예정도서목록(CIP)은 서지정보유통지원시스템 홈페이지(http://seoji.nl.go.kr)와 국가자료종합목록시스템(http://www.nl.go.kr/kolisnet)에서 이용하실 수 있습니다. (CIP제어번호 : CIP2018028257)

순교 학술심포지엄 II

신앙 실천과
순교의 용기를 키워낸 못자리

가족과 회장

서종태 외

| 차례 |

1부 | 가족과 신앙

기조강연 | 조선 후기 천주교 순교와 가족 전통 _ 조광 ──── 9
1. 들어가는 말 / 10
2. 조선 후기의 가족 전통 / 12
3. 조선 후기 천주교 신자들의 가족 / 16
4. 가족주의적 문화 전통과 순교의 관계 / 19
5. 나가는 말 / 22

현계흠 가계의 신앙과 교회활동과 순교 _ 서종태 ──── 25
1. 머리말 / 26
2. 현계흠 가계의 입교와 신앙 전승 / 27
3. 현계흠 가계의 교회활동 / 41
4. 현계흠 가계의 순교와 신앙 실천 특성 / 64
5. 맺음말 / 82

논평 _손숙경 / 90

박해시대 이윤하 가족의 신앙생활과 순교 _ 강석진 ──── 95
1. 서론 / 96

2. 이윤하 가계와 천주교의 관계 / 101

3. 이경도 형제의 신앙 실천 / 110

4. 이경도 형제의 신앙 특성 / 126

5. 결론 / 138

논평 _조한건 / 141

종합토론 ─────────────── 145

2부 | 회장

기조강연 | **회장님 이야기** _ 김진소 ─────── 183

1. 사제의 정에 굶주린 신자들 / 184

2. 내가 그리스도를 본받는 것처럼 여러분도 나를 본받는 사람이 되십시오. / 187

3. 이제 내가 사는 것이 아니라 그리스도께서 내 안에 사시는 것입니다. / 188

4. 사도시대의 공동체 / 190

박해시대 조선 천주교회의 회장제 _ 방상근 ─────── 197

1. 머리말 / 198

2. 조선 교회의 회장들 / 199

3. 회장제의 도입과 운영 / 205

4. 회장의 역할과 지위 / 220

5. 맺음말 / 227

한국 천주교회 전교회장의 활동과 의의 : 1923~1950
_ 최선혜 ——————————————————————— 231

1. 머리말 / 232

2. 유급 전교회장 설치의 배경과 목적 / 235

3. 유급 전교회장의 양성과 운영 / 242

4. 유급 전교회장의 활동과 한국 천주교회의 성숙 / 251

5. 맺음말 / 268

일제강점기 대구대목구의 유급 전교회장 운영_ 김정숙 —— 297

1. 머리말 / 298

2. 대구대목구의 전교회장직 설치와 그 성격 / 303

3. 1910년대 전교회장제도의 배경과 그 활동 / 312

4. 1920년대 '전교회장사업' / 317

5. 1930년대 전교회장의 변화 양상 / 325

6. 전교회장제도의 세부 운영 실태 / 334

7. 맺음말 / 345

종합토론 ——————————————————————— 351

1부

가족과 신앙

기조강연

조선 후기 천주교 순교와 가족 전통

조 광

고려대학교 명예교수

1. 들어가는 말
2. 조선 후기의 가족 전통
3. 조선 후기 천주교 신자들의 가족
4. 가족주의적 문화 전통과 순교의 관계
5. 나가는 말

1. 들어가는 말

"순교자의 삶과 신앙"을 밝히기 위한 두 번째 심포지엄은 19세기 조선 천주교사에서 드러나는 순교자 가정, 가족이 가지고 있는 문화적 전통이 가족 구성원의 순교에 미친 영향을 확인하는 작업으로 기획되었다. 이는 당시 신자들 가운데 순교한 신자들 중 중요한 인물들이 혈연으로 서로 연결되어 있는 현상에 주목하여, 이에 대한 본격적 연구를 시도하는 것으로 볼 수 있다.

이 주제에서 가장 중심적인 키워드(key word)는 '가족'과 '순교'이다. 따라서 오늘의 주제는 마땅히 조선 후기 사회에서 전개되었던 가족이라는 사회현상과 순교라는 사건이 가지고 있는 특성에 각기 주목해야 할 것이다. 그리고 이러한 연결을 기반으로, 가족 전통과 순교라는 두 요소의 연결 여부에 대한 검토가 진행되어야 한다. 또한 가족과 순교를 연결시켜 주는 기제인 조선 후기 당시 사회가 가지고 있던 '문화'에 주목하게 된다.

먼저, 가족은 '부모, 부부, 자식 등의 관계로 한집에서 생활하는 공동체'를 의미한다. 이 가족은 시대와 사회에 따라 각기 특성을 달리한다. 조선 후기 사회는 신분제 사회였다. 신분제 사회는 인간 존재 자체를 신분이라는 틀에 따라 차별하고, 인간 가치를 신분에 따라 각기 달리 판단하는 관행이 법제화되어 있던 사회를 말한다. 따라서 조선 후기 개인이나 가족을 논할 때에는 그 신분 구성상의 특성을 떠나 논할 수 없다.

그러므로 조선 후기 인간 존재나 가족의 특성을 이해하는 데에는 신분 즉 혈연적 기반을 주목해야 한다. 또한 조선 후기 가족을 논할 때는 대가족, 확대가족, 핵가족과 같은 가족 구성상의 특성에 주목하게 마련이다. 이와 함께 주거 형태에 따른 가족의 특성이나, 그들에게 적용되었거나 그들이 실천했던 예교질서(禮敎秩序)도 함께 검토해야 할 요소가 된다.

조선 후기 천주교의 순교는 자신의 새로운 신앙에 대한 극적인 표현 형태였다. 가족과 순교를 연결시켜 주는 것은 그 가족이 가지고 있던 문화 요소와 새로운 종교 신앙의 상호작용에 의해서 가능한 일이었다. 이러한 이론적 기초 아래 조선 후기의 역사 현상인 순교자의 삶과 신앙의 연결 상황을 점검해 갈 수 있을 것이다.

그러나 이러한 구도의 작업을 진행시키더라도 주의해야 할 점이 있다. 즉, 순교와 가족의 관계를 논할 때, 순교를 가능하게 했던 종교 신앙의 형성을 단순히 가족이라는 사회적 현상에서만 그 원인을 구할 수는 없다는 점이다. 다시 말해, 가족과 순교의 관계는 상호 인과적일 수 없으므로, 이 양자의 관계를 인과적으로 파악하려는 일종의 환원주의적 위험을 경계해야 한다. 신앙과 순교라는 종교적 현상에는 은총이라는 초(超)이성적 요소가 작용하고 있기 때문이다.

그렇다 하더라도 가족은 당시 사회에서 신앙의 성숙이나 순교를 가능하게 했던 여러 요소 가운데 중요한 위치를 차지하고 있었음에 틀림없다. 따라서 가족과 순교의 관계 내지는 가족주의적 문화 전통이 순교와 맺고 있는 상호관계에 관한 주의 깊은 검토가 요청된다. 여기에서 말하는 '가족주의'는 가족 구성원 간의 유대를 강화하여 상호간의 결속과 가계의 계승이나 가족적 문화 전통을 중요시하며 지켜 나가려는 경향을 말한다.

가족과 순교 전통의 연결점을 확인하는 일은 과거에 일어난 순교라는 역사 현상을 구조적으로 이해하기 위한 작업이다. 뿐만 아니라 이는 현대사회에서 가족적 문화 전통 내지 신앙 전통이 그 구성원의 신앙생활과 문화적 특성에 큰 영향을 미친다는 사실을 확인하는 일이다. 이와 같이 '순교자의 삶과 신앙'을 밝히는 일은 오늘날의 사회에서도 적지 않은 시사점을 줄 수 있다.

2. 조선 후기의 가족 전통

조선 후기 사회에서 형성되었던 가족에 대한 검토 작업도 당연히 신분에 따른 차이점에 주목하게 된다. 당시의 신분 구성은 혈연에 근거하여 양반, 중인, 양인, 천인 등의 구별이 있었다. 그들의 가족 구성도 당연히 신분상의 차이에 따라 차이점을 드러내고 있었다. 여기에서 주목되는 바는 우선 상급 지배 신분층인 양반 가족의 존재이다. 조선 후기 양반 가족들은 대체적으로 확대가족의 형태를 취하고 있었다. 확대가족이라 할 때는 2세대 이상의 부부나 3세대 이상의 가족으로 구성되어 있는 가족의 형태를 말한다.

확대가족은 가문 중심의 생활과 가계 계승을 중요시하며 가부장을 중심으로 하는 위계질서가 분명한 가족이었다. 확대가족은 자신의 가풍과 가치관을 공유하며 이를 전승시키기 위한 노력을 강화하기 마련이었다. 그리하여 이들은 부계 중심의 개념인 종족(宗族)을 중시하고, 숭조목족(崇祖睦族)과 부창부수(夫唱婦隨)의 도덕을 강조해 왔다.

이렇듯 양반 확대가족은 남성을 중심으로 하여 구성되었으며, 여성 가족 구성원의 희생을 기반으로 하여 유지되었고, 가부장과 기타 가족 구성의 관계에 있어서 권위적 지배와 복종의 전통이 강했다. 이들은 부계 중심적 가계의 지속을 위해 장자상속제(長子相續制)·양자제(養子制)·축첩제(蓄妾制)를 당연시하였다. 한편, 하급 지배 신분층에 속했던 중인의 가족 구성도 양반 가족의 구성 형태와 유사했던 것으로 설명되고 있다.

조선 후기 양반과 중인 가족에 이어서 양인 가족의 형태에 대해서도 검토해야 한다. 조선 후기 경우에는 농촌에서 생산 기능을 담당하던 양인들은 점차 확대가족의 형태를 취해 나갔다. 특히 이앙법 등 집약적 농법이 발달했던 조선 후기 사회에서 양인 가족의 확대가족화 현상은 두드러졌다. 이는 그들의 집약적 농법이라는 노동 형태의 특성상 농업 경영에 있어서 확대가족이 유리한 조건을 만들어 주었던 까닭이었다.

그런데 이러한 가족은 가정(家庭)의 형태를 통해서 구현된다. 가정은 의식주 활동을 공유하는 생활공동체를 뜻한다. 다시 말하여, 가정은 가족이 생활하는 물리적 공간이며, 이 공간을 중심으로 한 하나의 집단을 말한다. 조선 후기 사회에서는 이 집단을 이루어 사는 가정을 가호(家戶)로 규정해 왔다. 조선 후기에 이르러 많은 가호의 경우 핵가족적 특성을 나타내고 있었다. 핵가족은 부부와 미혼 자녀로 구성되는 가족이다.

또한, 경상도 일부 지역의 주거 형태에 대한 연구 결과를 참조하면 대체적으로 농민들은 초가에 거주하고 있었고, 그들 집의 크기는 평균적으로 3칸에 미치지 못했다. 이렇듯 조선 후기 서민들이 이상적 주거 형태로 생각하고 있던 초가삼간(草家三間)은 핵가족이 거주하는 형태를 취하고 있었다.

　이 핵가족의 경우에는 부부 중심의 평등한 관계가 강화되며, 부부간의 대화가 강조되고 있다. 핵가족의 형태는 근현대 가족 사회의 특성으로 규정된다. 그러나 서민들의 주거 형태를 감안하면 이들은 거의가 핵가족 형태를 취하고 있었음을 짐작할 수 있다. 또한 당시 이들 대부분은 농업에 종사하고 있었다. 그리고 이들은 농업 경영을 위해 두레공동체를 이루며 살아갔다.

　18세기 후반에서 19세기에 이르는 조선 후기 사회에서는 천인(賤人)들의 숫자가 급격히 감소되고, 이들의 신분은 양인으로 상승되어 갔다. 그렇다 하더라도 노비제도는 엄연히 존재하고 있었고, 당시 노비를 비롯한 천인들은 주인가(主人家)에 속해 있거나 독립호로 존재한다 하더라도 부부와 자식을 중심으로 한 가족 구성을 이루고 있었다. 조선 후기의 가족을 논할 때에는 이상과 같은 다양성을 전제로 해야 한다.

　한편, 조선 후기 사회에서 가족의 결속을 가능케 해 준 예교질서상의 특성으로 제사에 대한 관행도 검토되어야 한다.『예기』에서는 천자(天子)는 8대 봉사(八代奉祀), 제후는 6대 봉사(六代奉祀), 귀족은 4대 봉사(四代奉祀), 서인(庶人)은 2대 봉사(二代奉祀)로 규정했다. 그리고 제례를 비롯한 모든 예는『예기』에 규정된 '형불급어상 예불급어하'(刑不及於上 禮不及於下)의 원칙에 따라 천인들은 예를 행하지 않아도 되었다. 즉, 신분이 낮을수록 가족의 결속을 강화시키는 제사의 중요성이 약화되어 가고 있었다. 그리고 천인층에 이르러서는 예의 수행이 특별히 요구되지도 않았다.

　조선 후기 사회에서도 이러한 예교질서가 통용되고 있었으며, 양반 사대부의 경우에는 4대 봉사를 기본으로 하고 있었다. 한편, 조선 후기 사회는 양반 호구가 급증해 가고 있었던 상황이었다. 그리고 당시 양반들이 4대 봉사의 결과로 조상 제사를 위해 모일 수 있었던 친족의 범위는 8촌까지였다. 이들을 당내친(堂內親) 혹은 '집안'으로 불러왔다. 이들은 8촌친공동체(八寸親共同體)를 이루어 조선 후기라는 사회변동 현상에 대응해 가고 있었다. 양반 집안네들이 비록 거주의 형태를 달리한다 하더라도, 이들은 제사를 통하여 상호 결속할 수 있는 동력을 제공받았다.

한편, 조선 후기 가호의 규모를 논하는 데 기준이 되는 문서로 호적이 있다. 18세기 전후 경상도 단성(丹城) 호적문기의 분석 결과를 보면 양반호를 비롯한 호별 가족 수는 호당(戶當) 평균 4구(口) 정도의 인구를 가지고 있었다. 당시의 호구 구성원이 상대적으로 적게 파악되는 까닭은 당시 정부의 입장에서 호구세의 수취를 목적으로 하여 분호(分戶)를 강행했기 때문으로 해석된다. 당시 사회에서 실제의 거주 형태는 확대가족 형태가 많았을 것으로 추정하고 있다. 한편, 조선 후기 당시 일반적 경향으로 양인들은 호구세의 납부액을 줄이기 위한 고육책으로 합호(合戶)를 시도하는 경우가 많았다. 그러나 단성 양인호의 경우 4구 내외의 구성이 나타나고 있음을 보면, 이들의 경우에도 실제 핵가족적 특성을 가질 수밖에 없었던 것으로 볼 수 있다.

3. 조선 후기 천주교 신자들의 가족

조선 후기 박해시대 신자 가족의 경우에도 당시 사회에서 가족이 가지고 있던 일반적 특성과 깊은 관계를 가지고 있다. 즉, 조선 후기 천주교 가족의 경우에도 신분상 혈연적 제약을 받고 있었다. 이들은 비록 인간 이해에 있어서 신분이라는 불평등적 요소보다는 평등을 지향하는 성격이 강했던 존재였다. 그러나 이들도 당시 조선 사회의 구조적 특성인 신분제도에서 결코 자유로울 수 없었다.

또한 신자 가족의 경우에도 당시 사회의 관행처럼 가족적 결속을 다지기 위한 노력이 확인되고 있다. 이와 함께 우리는 조선 후기 교회사의 전개 과정에서 신자 가족 구성상의 특성이 변해 가고 있음을 확인하게 된다. 즉, 교회 창설 직후인 18세기 말에 드러나는 신자 가족 구성의 특성은 주로 양반 신분에 속하는 가족들이 주목받았다. 당시 천주교에 입교해서 활동했던 양반 출신 신자들의 가계를 조사해 보면, 한 장의 가계표 안에 그들 전체가 거의 다 연결되어 있다. 이는 그들의 통혼권이 서로 중첩되어 있었기 때문에 나타난 현상이다.

그러나 교회 창설 초기부터도 피지배 신분층에 속했던 적지 않은 사람들이 천주교 신앙공동체의 구성으로 자리 잡아 가고 있었다. 서울의 신앙공동체에 있어서도 이러한 현상은 점차 강화되어 갔다. 충청도 내포 지방에서는 무지렁이 농민들이나, 금정역(金井驛)의 역졸을 비롯한 천인 집단도 천주교 신앙공동체의 일원이 되어 갔다. 그러나 1791년 조상 제사 문제가 발생한 이후 양반 출신 신자들은 천주교 신앙공동체에서 대거 탈락되어 나갔다. 1801년경에 이르러서는 황사영의 「백서」에 기록되어 있듯이, 신자의 절대 다수가 불학무식하고 가난한 일반 양민들이나 아녀자들이었다.

한편, 1801년의 박해가 일어나기 직전 전국의 신자 수는 대략 1만여 명을 상회했던 것으로 추정되고 있다. 가장 치열한 박해가 일어났던 1866년 우리나라 천주교 신자의 숫자는 23,000여 명이었다. 당시 조선의 조정에서 파악하고 있던 전국의 인구가 700만 명 내외였다. 이러한 상황에서 천주교 신자들은 경기와 삼남 지방을 중심으로 하여 특정 지역에 집중되어 있었다.

조선 후기 1790년대부터 19세기의 중엽 사이에 적지 않은 숫자의 신자들이 순교했다. 조선 후기의 박해 과정에서 통칭 1만 명 혹은 2만 명의 순교자가 배출되었다고 한다. 그러나 순교한 사람들의 성명을 비롯한 인적 사항이나 순교 일자 및 장소 등이 알려진 순교자는 대략 2천여 명을 상회한다. 그렇다 하더라도 이 순교자들은 당시의 인구 규모를 감안할 때 결코 적은 숫자라고는 할 수 없다. 더욱이 순교가 특정 지역을 중심으로 하여 집중적으로 진행되었던 사실을 감안하면, 천주교인들의 순교가 당시 사회에 던져 주었던 파문은 매우 큰 것이었다.

순교가 진행되는 과정에서 1791년에 조상 제사 금지 문제로 인해서 일어난 박해는 천주교 신앙공동체 구성원의 신분적 특성과 교회 지도층의 특성에 있어서 큰 변화를 가져다주었다. 이 사건을 계기로 하여 양반 출신 신자들은 교회를 떠나거나 신분 하강을 감수해야 하는 양자택일을 강요받았다. 신앙을 택했던 양반들은 몰락해 갔다. 그 결과 신자들은 대체적으로 양인화된 몰락 양반이나 몰락 중인들 그리고 양인이나 양인으로 신분을 상승시킨 천인들로 구성되어 있었다.

조선 후기 천주교 순교자들의 경우에도 당시 신자들이 가지고 있던 사회적 특성과 긴밀히 연결되어 있었다. 그리고 그들도 혈연이나 신분이라는 사회문화적 요소의 영향을 받을 수밖에 없었다. 이러한 사실은 조선 후기 순교자들의 신앙을 이해하기 위해서도 그 신분 구성상의 특성이 중요하다는 점을 간과해서는 안 된다는 점을 말해 준다. 즉, 우리는 당시 천주교 신앙이라는 계시진리의 이해나 순교라는 신앙적 현상을 이해하는 데에 있어서 가족이라는 사회문화적 요소가 함께 중요함을 확인하게 된다.

당시 순교자의 일부는 확대가족의 형태를 취하고 있었으며, 상당수는 핵가족 수준에 거의 접근하고 있었다. 이는 그들 가족의 신분적 특성과도 연결되는 현상이었다. 신자 가족은 그들이 가지고 있던 신앙의 영향을 받아 전통적 가족들이 추구하던 성리학적 가치와는 달리 새로운 가치를 지향하며 또 실천하고 있었다. 이러한 특성이 순교자 가족에서도 함께 확인되고 있다.

즉, 순교자 가족들은 공동체를 이루어 살아가던 가정생활에 있어서도 가부장적 권위나 가계의 계승 등이 상대적으로 덜 중요하게 평가되고 있었다. 또한 그들의 여성관에도 상당한 변화를 유발시켰고, 제도적으로 여성의 희생이 전제되었던 가족관 대신에 평등성이 강화된 새로운 가족을 이루어 가고 있었다. 우리는 순교자 가족이 드러내는 이와 같은 요소들을 통해서 그들의 가족 질서와 문화가 가지고 있는 새로운 특성을 이해할 수 있게 된다.

4. 가족주의적 문화 전통과 순교의 관계

이제 우리는 마지막으로 가족과 문화 전통 그리고 순교와의 관계를 살펴볼 순서에 이르렀다. 당시 가족이 가지고 있던 문화적 요소는 새로운 종교 신앙을 수용하는 데에 저지적(沮止的) 기능을 발휘하기도 했다. 이러한 사례들은 성리학적 문화 질서에 매몰되어 있던 양반 지배층이 새로운 종교인 천주교를 탄압했던 사실들을 통해서 확인할 수 있다.

반면에 또 다른 측면에서 문화 전통과 신앙의 관계를 조명해 보면, 문화 전통에 대한 재해석을 통해서 기존의 문화 전통이 새로운 신앙을 수용하는 데에 긍정적으로 작용하기도 했음을 확인하게 된다. 이러한 측면에서 볼 때, 조선 후기 사회의 문화 전통은 당대의 가족과 천주교 신앙을 연결시켜 주는 매개가 되기도 했다. 그러므로 당대의 천주교 신앙을 이해하는 데에 있어서도 가문적 배경이나 특성이라는 사회문화적 요소에 대한 검토가 요청된다. 조선 후기의 사회에서 중시되던 사회 윤리는 충(忠)과 효(孝)였으며, 충효에 대한 강조는 조선 후기의 대표적 문화현상이었다. 특히, 효는 성리학적 유교도덕이 조선왕조를 지배하기 이전부터 한국 문화의 특성이었으며 중요한 사회적 덕목이었다. 그리고 조선왕조가 성립된 이후 부모와 조상에 대한 효성(孝誠)을 국왕에 대한 충성(忠誠)보다도 높게 평가했다. 효의 강조는 왕권과 귀족권의 투쟁 과정에서 귀족권의 권위를 높이기 위한 방법이기도 했다.

조선 사회에서 효는 인간의 본능으로 이해되었고 인간 윤리의 중심적 가치가 되었다. 더욱이 조선 후기 양반 사족 중심의 사회가 형성된 후 효의 관념은 성리학적 예제(禮制)와 굳건히 결합되어 제사가 강조되었다. 17세기에 이르러 장자(長子)의 제사상속권이 강화되었고, 가족을 중심으로 한 문중(門中)의 형성 현상이 강화되어 갔다. 이 또한 효의 실천과 관련하여 조상 제사가 강조되었다. 제사는 '효심의 자연스런 표현'으로 인정되었다. 그러나 양반들의 4대 봉사는 8촌친공동체(八寸親共同體)를 이루게 하여, 그들 자신이 조선 사회를 이끌어가는 중심 세력임을 확인시켜 주었다.

이러한 상황에서 천주교 신자들은 조상 제사를 거부함으로써 성리학적 예교질서를 부인하고 있었다. 조상 제사의 거부는 양반 사회의 존속을 가능하게 해 주는 핵심 요소에 대한 거부로 인식되었다. 그러나 천주교 신자들은 성리학적 가치와는 구별되는 천주교적 가치에 따라 인간과 사회관계를 재구성해 나갔다. 그들은 성리학적 가치를 버림으로써 천주교적 가치관을 새롭게 획득했다. 그들에게는 제사가 아닌 다른 결속 요인들이 있었다. 그들은 천주의 가르침에 따라 혈연이나 신분적 결속이 아닌 신앙적 결속을 통해서 새로운 공동체를 형성해 갔다.

천주교 신자들은 천주교 신앙을 새로운 가치관으로 삼았고, 천주(天主)를 모든 의리(義理)의 주인[義理之主]으로 인정했다. 그러면서도 그들은 한국 문화의 틀에 맞게 충과 효를 가지고 천주를 이해했으며, 당시 상급 문화였던 양반 문화의 틀을 따라 신자들 나름대로의 가족 질서를 강화시켜 갔다. 여기에서 가족 전통이 강한 한국 문화의 요소와 천주교 가족공동체가 일정한 연계 아래 유사한 성격을 가지게 되었다.

물론 당시 천주교 신자들의 가족 구성의 원리는 더 이상 성리학적 원리가 아니었다. 그러나 그들의 가족은 성리학적 원리에 의한 가족보다도 더욱 굳은 신앙적 결속을 할 수 있었다. 그리고 신자 가족들도 당시의 가족주의적 전통 아래 자신의 신앙을 다져 가면서, 신앙의 정수인 순교적 전통을 지켜 나가게 되었다. 그러므로 당시 천주교 신앙이라는 계시진리의 이해와 실천에 있어서도 가족이라는 사회문화적 요소가 함께 작용하고 있음을 확인하게 된다.

한편, 당시 천주교 신자들은 신분의 하향(下向) 과정에 놓여 있거나, 대부분이 하층 신분에 속해 있었다. 이러한 사회적 특성을 가진 천주교 신자들에게는 제사의 가치가 상대적으로 평가될 수밖에 없었다. 따라서 그들은 조상 제사의 거부에 비교적 용이하게 동의할 수 있었다. 그러나 당시 신자들의 조상 제사 거부 행위는 양반 사회의 존속을 가능하게 해 주는 핵심 요소에 대한 거부로 인식되었다. 여기에서 조선 후기 천주교 박해는 일종의 필연성을 가지고 강행되기에 이르렀다.

박해시대 천주교 가족의 형태 중에 특이한 사례로는 동정부부 가족을 들 수 있다. 당시 성리학적 견지에서 볼 때, 동정은 폐륜(廢倫)이라는 패륜(悖倫) 행위였다. 더욱이 동정부부란 형태의 가족은 상상조차 할 수 없는 형태였다. 그러나 유중철과 이순이 부부, 조숙과 권 데레사 부부와 같은 동정 가족의 형태가 실제로 존재하고 있었다. 이는 그리스도교 신앙 전통을 떠나서는 생각할 수 없는 가족이었다.

그러나 동정이라는 천주교적 덕행을 실천하고자 했던 유중성과 이순이의 동정은 양반 가문에서 실현되고 있던 안방과 사랑방의 분리라는 조선 후기의 독특한 문화현상에 힘입은 바 컸다. 그리고 조숙과 권 데레사가 취하고 있던 가족의 형태는 확대가족이 아닌 핵가족이었기에 가능한 일이었을 것이다. 또한 당시의 동정부부는 남녀의 평등, 부부간의 평등에 대한 이해 없이는 불가능한 일이었다. 그러므로 이들 동정부부의 출현은, 비록 비수의적(非隨意的)이었겠지만, 조선 후기 전형적인 성리학적 가족 형태를 바꾸려 했던 행동으로 이해할 수 있다. 이렇듯 조선 후기의 천주교사는 당시의 사회구조 및 문화현상과 깊은 관계를 가지고 전개되었다.

5. 나가는 말

조선 후기 천주교 신자 가족 가운데는 3대나 4대에 걸쳐서까지 순교자를 배출한 사례가 여럿이 확인되고 있다. 이는 가정 내지 가족 구성원들의 신앙 실천이 그들 자신이나 후손들의 순교와 연결되고 있음을 말해 주는 사례이다. 특히 우리는 이 사례 가운데 이윤하 가족과 현계흠 가족을 주목할 수 있다. 이들은 가족을 신앙으로 이끌었고, 엄혹한 박해 속에서도 가족 구성원들이 신앙을 증언하며 순교하기까지 했다. 그 순교자들이 형성했던 가정은 신앙 실천과 순교의 용기를 키워낸 못자리였다.

이러한 사례 가운데 우선 이윤하 가족을 살펴볼 수 있다. 이윤하는 조선 천주교사의 초창기에 교회 창설과 발전에 기여했던 주요 인물 중 하나였다. 그는 병으로 인해서 천주교 박해가 일어나기 전에 죽었다. 이윤하의 딸 이순이는 유항검의 아들 유중성과 동정 가족을 이루었다. 그들은 유항검을 가장(家長)으로 한 일종의 확대가족적 전통 안에서 자신의 신앙을 다져 가고 있었다.

또한 이윤하의 아들인 이경도, 이경언도 당시 명문으로 인정되던 양반 가문에 속했었다. 그러나 그들은 부친 사망 이후 모친과 같이 지내면서 핵가족적 구성을 이루며 살아갔다. 그들은 천주교 신봉으로 인해

19세기 전반기 신분 강등을 경험해야 했다. 그러나 이러한 상황의 변화에도 그들 가족이 간직하고 있던 신앙 전통을 전수받아 강화시켜 가면서 박해를 견뎌냈고 순교의 길을 갈 수 있었다.

그들의 가족 형태는 확대가족이라기보다는 오히려 핵가족적 특색을 강하게 드러내고 있다. 이러한 가족적 특성을 기반으로 삼아 그들은 가족 안에서 자신들의 신앙 전통을 강화시켜 갔다. 그 강화된 신앙 전통은 이들을 순교라는 단계로 인도하고 있었다.

한편, 1801년의 순교자 현계흠은 중인 출신으로서 그 가족 구성을 볼 때 핵가족적 특성이 부분적으로 드러나고 있다. 그리고 현계흠의 자녀도 혈연적 유대를 기초한 가족공동체 안에서 훈련되었으므로, 부친과 같은 길을 걸을 수 있었다.

이러한 사례들을 통해서 확인되는 바는 이윤하나 현계흠이 이루고 있던 가족 형태가 그 가족 구성원의 신앙 획득과 신앙의 유지에 일정하게 기여했다는 사실이다. 그리고 확대가족이나 핵가족 등과 같은 가족 형태가 신앙의 실천과 일정한 관계를 가질 수 있음을 확인했다.

그렇다 하더라도 신앙의 가치를 강조하던 그들의 가족주의 내지 가족 문화의 전통은 가족 구성이 신앙의 가치를 이어받는 데에도 긍정적 작용을 일정하게 발휘하고 있었다. 즉, 박해시대라는 엄혹한 단계에서도 이윤하나 현계흠의 후손들이 순교를 결행할 수 있었던 것은 그들이 가지고 있던 가족 문화의 전통과 관계가 있을 것으로 생각된다.

가족주의적 문화는 그리스도교 신앙과 결합하여 새로운 신앙의 가치를 증대시켜 주며, 이를 더욱 심화시켜 나가게 해 주었다. 그리고 가정은 신앙 실천의 중심 무대이며, 이곳에서 단련된 신앙은 순교까지도 가능케 함을 확인하게 되었다. 즉, 박해시대 신자의 가정은 가족의 구성 형태에 구애됨이 없이 신앙적 가치의 실천을 가능하게 해 주는 곳이며, 그러한 사람을 길러내는 못자리와 같은 곳이었다. 그리고 이러한 사실을 통해 박해시대 순교자 가족에 대한 연구가 오늘의 상황에서도 계속적으로 요청되고 있음을 확인하게 된다.

현계흠 가계의
신앙과 교회활동과 순교

서 종 태 교수
전주대학교 역사문화콘텐츠학과

1. 머리말
2. 현계흠 가계의 입교와 신앙 전승
3. 현계흠 가계의 교회활동
4. 현계흠 가계의 순교와 신앙 실천 특성
5. 맺음말

1. 머리말

현계흠(玄啓欽, 플로로)의 가계가 속한 천녕 현씨(川寧玄氏)는 조선 후기부터 잡과(雜科)를 배출한 대표적인 중인 가문 가운데 하나로, 씨족별 합격자 수가 4위를 차지할 정도로 이름난 집안이다. 또한 그의 가계에서는 1801년(순조1)부터 1846년(헌종12)까지 현계흠과 그의 두 자녀인 현경련(玄敬連, 베네딕타)·현석문(玄錫文, 가롤로), 며느리 김 데레사, 손자 현은석 등 3대에 걸쳐 5명의 순교자가 나왔다. 이들 5명의 순교자는 대부분 교회의 지도자로 두루 활동했으며, 그들 중 기해박해와 병오박해 때 순교한 현경련과 현석문은 1984년에 성녀와 성인으로 시성되었고, 1801년 신유박해 때 순교한 현계흠은 2014년 복자로 시복되었다.

그러므로 현계흠 가계의 천주교 신앙에 대한 연구는 당시의 교회사에 대한 이해의 지평을 넓힐 수 있을 뿐만 아니라 가정을 통해 신앙이 전승되어 가는 구체적인 실상이나 가정 안에서의 신앙 실천이 순교에 미치는 영향 등을 이해하는 데도 크게 기여할 것으로 기대된다. 그러나 현계흠 가계의 신앙에 대한 기존의 연구는 개별적이고 단편적인 수준에 머물고 있어,[1] 그에 대한 종합적이고 체계적인 연구가 필요한 실정

---

[1] 이와 관련해서는 다음과 같은 연구들이 있다. 金良洙, 「조선전환기의 中人집안활동 - 玄德潤·玄柰·玄楢 등 川寧玄氏 譯官家系를 중심으로-」, 『동방학지』 102, 1998; 한국천주교 주교회의 시복시성 주교특별위원회 편, 『'하느님의 종' 윤지충 바오로와 동료 순교자 123위』, 「현계흠 바오로」, 한국천주교 주교회의 시복시성 주교특별위원회, 2003; 차기진, 「현계흠」, 『한국가톨릭대사전』 12, 한국교회사연구소, 2006: 「현경련」, 『한국가톨릭대사전』 12, 한국교회사연구소, 2006: 「현석문」, 『한국가톨릭대사전』 12, 한국교회사연구소, 2006; 방상근, 「1801년 순교자 현계흠의 생애와 세례명」, 『교회와 역사』 2009년 3월호; 손

이다.

이에 본 연구에서는 교회 측 자료와 관변 측 자료 및 족보 등을 두루 활용하여 현계흠 가계의 신앙에 대해 종합적이고 체계적으로 연구해 보고자 한다. 우선 현계흠 가계의 입교와 신앙 전승에 대해 살펴보고, 이어 현계흠 가계의 교회활동에 대해 알아보겠다. 그리고 현계흠 가계의 순교와 그 동력인 신앙 실천의 특성에 대해서도 연구해 보기로 한다. 이러한 연구가 한국 천주교회사에 대한 이해를 넓히는 데 조금이나마 기여할 수 있기를 바라마지 않는다.

2. 현계흠 가계의 입교와 신앙 전승

1) 현계흠 부부의 입교

천녕 현씨인 '현계흠'은 교회 측 기록에 대체로 '현계흠'으로 나오지만 '현사수'로 나오는 경우도 있다.[2] 그리고 정부 측 기록에는 '현계흠'으로 나오기도 하고 '현계온(玄啓溫)'으로 나오기도 한다.[3]

숙경,「조선 후기 중인 역관의 동래 파견과 川寧 玄氏 현덕윤 역관 家系의 분화, 그리고 중인 金範禹 후손들의 밀양 이주」,『역사와 경계』100, 2016.

2 한국천주교 시복시성 주교특별위원회 편,『하느님의 종 윤지충 바오로와 동료 123위 시복자료집』4,「현계흠」, '다블뤼 주교의『조선 순교사 비망기』', 한국천주교 시복시성 주교특별위원회, 2007, 15쪽; 샤를르 달레 원저, 안응렬·최석우 역주,『한국천주교회사』상, 한국교회사연구소, 1980, 571쪽.

3 『국역 정조실록』15년(1791) 11월 11일;『승정원일기』정조 15년 11월 11·13·15일; 조광 역주,『사학징의』I,「전라감사 김달순의 비밀 보고서」·「사형죄인 문서철」, 한국순교자현

교회사 연구자들은 정부 측 기록에 나오는 현계온에 대해, 현계흠과의 관계를 명확히 규명하지 않은 채 현계흠과 같은 사람으로 이해해 왔다.[4] 한편 역관을 주로 연구해 온 김양수는 현계온과 현계흠을 서로 다른 사람으로 이해했다. 즉, 1791년(정조15) 최인길(崔仁吉, 마티아)·정인혁(鄭麟爀, 타대오) 등과 함께 체포되었다가 석방된 현계온은 19세기의 천녕 현씨 족보에 나오는 현계온으로 이해하고, 1801년(순조1) 붙잡혀 순교한 현계흠은 족보에 나타나지 않으나 천녕 현씨 22대일 것으로 추청하면서 현석문을 현계흠의 아들로 보았다.[5]

그러나 현계온과 현계흠을 서로 다른 인물로 보는 김양수의 견해는 따르기 어렵다. 〈표 1〉 천녕 현씨 15대 현무(玄武) 계열의 가계도(88쪽)에서 보아 알 수 있듯이, 현계온은 본래 현무의 현손인 현하신(玄夏信)의 삼남 현도항(玄道恒)의 장손이었으나 뒤에 현하신의 장남 현도언(玄道彦)의 장손으로 입양되어 갔고, 현계온의 아들은 현석문으로 되어 있다. 아울러 현석문은 교회 측 기록[6]과 관변 측 기록[7]에 모두 현계흠의 아들로 밝혀져 있다. 이러한 사실은 현석문의 아버지 성명이 현계흠과 현계온 둘이고, 현계흠의 본래 성명은 천녕 현씨 족보에 올라 있는 현

양위원회, 2001, 78·151쪽 등에는 '현계온(玄啓溫)'으로 나온다. 그러나 『국역 순조실록』 1년(1801) 11월 5일, 『승정원일기』 순조 1년 10월 15일 등에는 '현계흠(玄啓欽)'으로 나온다.

4   조광 역주, 앞의 책, 「전라감사 김달순의 비밀 보고서」·「사형죄인 문서철」, 78·151쪽; 한국천주교 시복시성 주교특별위원회 편, 『하느님의 종 윤지충 바오로와 동료 123위 시복자료집』 4, 「현계흠」, 19·25쪽.

5   김양수, 앞의 논문, 206~208쪽.

6   앙투안 다블뤼 저, 유소연 역, 『조선 주요 순교자 약전』, 「1846년 병오박해」, 내포교회사연구소, 2014, 402쪽.

7   『국역 헌종실록』 12년(1846) 7월 25일.

계온이라는 것을 말하여 준다고 하겠다.

그러면 정부 측 기록에 현계흠의 성명이 현계온으로도 나오는 것은 무엇 때문일까. 그 해결의 실마리는 두 성명을 사용한 시기가 서로 다르다는 데에서 찾을 수 있다. 즉, 그가 1791년 체포되었을 때의 기록,[8] 주문모(周文謨, 야고보) 신부가 1795년(정조19) 4월에 전주를 방문한 뒤에 유관검(柳觀儉)과 윤지헌(尹持憲, 바오로)이 서울에 올라가 현계흠의 집에서 주문모 신부를 만나 본 사실을 밝힌 1801년 유관검의 진술[9]과 윤지헌의 진술,[10] 주문모 신부의 1801년 추국청 진술[11] 등에는 그의 이름이 현계온으로 나온다. 그러나 그 밖의 1801년 신유박해 이후의 관변 측 기록이나 교회 측 기록에는 그의 이름이 대부분 현계흠으로 나온다. 이러한 사실로 미루어 볼 때, 그는 처음에 족보에 올라 있는 현계온으로 신앙생활을 하다가, 1794년(정조18) 12월 주문모 신부가 입국한 이후에 교회활동을 활발히 하면서부터 1791년에 이미 체포되어 수사기관에 노출된 '현계온' 대신 '현계흠'으로 성명을 바꾸어 활동했다고 생각된다.

현계흠의 가계가 속한 천녕 현씨는 조선 후기부터 잡과를 배출했는데, 씨족별 합격자 수에서 주학(籌學)까지 포함하여 4위인 집안이었다. 또한 천녕 현씨의 잡과 합격자를 각 과별로 헤아려 보면, 역과(譯科)가

---

8 『국역 정조실록』 15년(1791) 11월 11일; 『승정원일기』 정조 15년(1791) 11월 11·13·14일.
9 조광 역주, 앞의 책, 「전라감사 김달순의 비밀 보고서」, 98쪽.
10 조광 역주, 앞의 책, 「전라감사 김달순의 비밀 보고서」, 78쪽.
11 이상식 역주, 『추안급국안』 73, 「신유년 사학죄인 이기양 등 심문 기록」, '3월 15일 주문모 심문 기록', 흐름출판사, 2014, 258쪽.

105명으로 가장 많아서 약 반수를 차지하고, 다음으로 의과(醫科) 46명, 주학 45명, 운과(雲科) 13명, 율과(律科) 4명이었다.[12] 이러한 사정으로 인하여 교회 측 기록에서는 현계흠 가계를 역관 집안으로 기록했고,[13] 기왕의 연구에서는 본래 역관 집안이었으나 현계흠 대에 와서 약국을 운영하며 의원으로 생활했다고 이해했다.[14]

그러나 현수겸(玄壽謙)의 맏아들인 15대 현무(玄武) 계통에서는 의과(醫科)와 산원(算員)이 많이 나왔다.[15] 〈표 1〉에서 보아도 알 수 있듯이, 현계흠의 가계에서는 그의 증조인 현하신(玄夏信)부터 그에 이르기까지 양부(養父)인 현재유(玄載裕)[16]를 비롯하여 의과 합격자가 4명이나 배출되었다. 또한 현계흠과 그의 아들 현석문도 약국을 운영하며 생활했다.[17] 그러므로 현계흠 가계는 역관 집안이 아니라 의관 집안으로 보는 것이 옳다고 생각된다.

그러면 천녕 현씨 가계에서 가장 먼저 천주교 신앙을 받아들인 사람

---

12 김양수, 앞의 논문, 186~187쪽.
13 샤를르 달레 원저, 안응렬·최석우 역주, 『한국천주교회사』 중, 한국교회사연구소, 1980, 518쪽.
14 한국천주교 주교회의 시복시성 주교특별위원회 편, 『하느님의 종' 윤지충 바오로와 동료 순교자 123위』, 「현계흠 바오로」, 170쪽; 차기진, 「현계흠」, 9648쪽; 방상근, 앞의 논문, 31~32쪽.
15 김양수, 앞의 논문, 193쪽.
16 양투안 다블뤼 저, 유소연 역, 앞의 책, 「순교자들의 역사 증거자료 사형판결문」, 386쪽에는 족보와 달리 '현재후'로 표기되어 있는데, '현재유'의 오기가 아닌가 한다.
17 현계흠은 1800년 10월 당시 남대문 안에서 약국을 운영했으며(이상식 역주, 『추안급국안』 75, 「신유 사학죄인 황사영 등 심문 기록」, '10월 1일 황사영 심문 기록', 258쪽), 현석문은 1801년 부친이 순교한 뒤 어머니를 따라 동래에 가서 살다가 14살 때인 1810년 상경하여 약국을 업으로 삼았다(『일성록』 헌종 12년(1846) 윤5월 23일).

은 누구이고 그 시기는 언제였을까. 기존의 연구에서는 천녕 현씨 가계에서 처음으로 천주교 신앙을 받아들인 사람은 현계흠이고, 그는 최필제(崔必悌, 베드로) 등과 함께 형조에 체포되었다가 석방된 1791년 이전에 입교했다고 보았다.[18]

그러나 현계흠이 처음으로 천주교 신앙을 받아들인 시기는 1791년 이전보다 더 빠른 1788년 이전으로 거슬러 올라간다. 이에 대해서는 다음의 자료가 참고 된다.

> "정의혁(鄭儀赫)이 진술한 내용 중에 '최필공(崔必恭)은 바로 나의 동성(同姓) 오촌 고모의 아들이고, 현계온은 바로 나의 동복(同腹) 아우 정인혁(鄭麟赫)의 약국에서 일을 함께 하는 사람이기 때문에, 저희 형제(정의혁·정인혁 : 필자 주)가 그때 최필공·현계온 두 놈과 날마다 정인혁의 약국에서 두 놈의 사악한 말을 익히 들어 점점 무젖고 날로 깊어져, 무신년(1788, 정조12) 3월에 마침내 사학의 지경에 잘못 들어가기에 이르러, 날마다 강론하면서 미혹되어 돌아올 줄을 몰랐습니다.'라고 했다."[19]

위의 사료는 1791년(정조15) 11월에 천주교를 믿는 죄로 현계흠·정인혁 등이 체포되었을 때, 정인혁의 형인 정의혁(鄭儀赫)이 진술한 내용이다. 이에 의하면 정인혁의 약국에서 의원으로 일하던 현계흠은 정인혁의 오촌 고모의 아들인 최필공(崔必恭, 토마스)과 함께 정인혁의 약국에서 정의혁·정인혁 형제에게 천주교 교리를 날마다 가르쳐, 마침내 그들 형제가 1788년 3월에 입교하게 만들었다. 이러한 사실로 볼

---

18 방상근, 앞의 논문, 30쪽.
19 『승정원일기』 정조(1791) 15년 11월 11일.

때, 현계흠은 1788년 3월 이전에 이미 천주교 신앙을 받아들였음을 알 수 있다.

그러면 현계흠은 누구를 통하여 천주교 신앙을 받아들였을까? 이와 관련하여 주목되는 인물은 김범우(金範禹, 토마스)이다. 현용(玄龍) 계열 현상로(玄尙老)의 양자로 들어간 현재연(玄載淵)은 현계흠의 양가(養家) 숙부로, 김범우의 장인이 된다. 그러니까 김범우는 현재연의 첫째 딸과 혼인했다. 다시 말해서 김범우의 아내와 현계흠은 사촌 남매간이라는 뜻이다. 뿐만 아니라 김범우의 동생 김관우(金觀禹)도 현재연의 둘째 딸과 혼인했다. 그러므로 김관우의 아내와 현계흠도 사촌 남매간이다.[20]

그런데 한국 천주교회가 창설된 1784년(정조8) 당시 김범우는 34세였으니, 그가 현계흠의 사촌과 이미 결혼한 상태였다는 것은 의심의 여지가 없다. 그러므로 김범우가 천주교를 수용한 1784년 당시부터 현계흠은 혼인관계로 형성된 긴밀한 연계망을 통하여 그와 자주 어울렸을 것이 분명하다. 이러한 김범우와의 교류로 볼 때, 현계흠은 1785년(정조9) 명례방사건(일명 을사추조적발 사건)으로 김범우가 유배되어 순교하기 이전, 즉 한국 천주교회 창설 직후에 사촌 처남인 김범우에게 교리를 배우고 입교했다고 보아도 무리가 없지 않을까 한다.

이렇게 한국 천주교회 창설 직후인 1785년 이전에 입교했을 것으로 여겨지는 현계흠은 1791년 진산사건의 여파로 서울에서 박해가 벌어져 정의혁·정인혁·최인길·최인성(崔仁成)·손경윤(孫敬允, 제르바시오)·허

---

20 현계흠 가계와 김범우 가계의 혼인관계에 대해서는 김두헌,「김범우와 그의 가계」,『교회사연구』 34, 2010, 20~21쪽; 손숙경, 앞의 논문, 20~23쪽 참조.

속(許涑)·김계환(金啓煥)·김덕유(金德愈)·최필제·최인철(崔仁喆, 이냐시오) 등 중인 출신 천주교도 10명과 함께 체포되었다. 그러나 처벌보다 교화에 중점을 둔 정조의 천주교도에 대한 정책으로 인하여, 다른 신자들과 마찬가지로 그도 천주교를 다시 믿지 않겠다는 진술을 바치고 곧 풀려났다.[21]

그러나 현계흠은 심문 과정에서 순순히 배교하지 않았다. 그는 매질을 3, 4대 혹 10여 대 당한 뒤에야 비로소 천주교를 감히 다시 믿지 않겠다고 진술했다.[22] 매질을 3, 4대 혹은 10여 대나 당하고서야 배교할 정도로 그는 신심이 상당히 깊었음을 알 수 있다. 이러한 그의 남다른 신심으로 보아, 그는 석방된 뒤 곧 신앙생활을 재개했을 것으로 믿어진다. 특히 그는 1794년 12월에 주문모 신부가 조선에 들어온 뒤에 그에게 세례를 받고 플로로[弗祿]라는 본명을 받았다.[23] 아울러 그는 교회의 지도급 신자들과 두루 교류하며 자주 신앙 모임을 가지는 등 교회 활동을 더욱 활발히 했다.

다음으로 현계흠의 아내 평산 신씨(平山申氏)도 현계흠 가계의 입교자로 주목이 간다. 『기해일기(己亥日記)』의 현경련 약전에 "부모가 다 봉교했다."[24]라고 기술되어 있는 점으로 보아도 알 수 있듯이, 현계흠의 아내 신씨도 천주교 신앙을 받아들였다. 그리고 현경련을 '태중교우'로

---

21 『승정원일기』 정조 15년(1791) 11월 11일.
22 위와 같음.
23 앙투안 다블뤼 저, 유소연 역, 앞의 책, 「순교자들의 역사 증거자료 사형판결문」, 386쪽.
24 현석문 지음, 하성래 감수, 『기해일기』, 「현 베네딕타」, 성·황석두루가서원, 1986, 113쪽.

언급한 최 베드로의 증언[25]으로 볼 때, 신씨는 1794년 현경련이 태어나기 이전부터 천주교를 믿었음을 알 수 있다. 그런데 1784년 당시 현계흠은 22세였다. 그러니 그는 1784년 당시 신씨와 이미 혼인한 상태였을 것이다. 그리고 현계흠 가계와 김범우 가계의 혼인관계로 형성된 긴밀한 연계망을 통하여 신씨는 김범우 가족들과 자주 어울렸을 것이다. 이러한 김범우 가족들과의 잦은 교류를 통해 또는 남편 현계흠을 통해 신씨도 거의 같은 시기인 1785년 이전에 입교하지 않았을까 한다.

2) 현계흠 자손들의 신앙 전승

현계흠과 신씨는 1남 3녀의 자식들을 두었다. 〈표 1〉의 가계도에서 보아 알 수 있듯이, 그들 부부는 위로 딸 셋을 낳고 그 아래로 막내인 아들 현석문을 두었다. 황사영(黃嗣永, 알렉시오)이 현계흠의 사위 손가(孫哥)를 자신의 패거리로 진술한 것[26]으로 보아, 네 명의 자녀들 중 첫째 딸은 1801년 현계흠이 순교하기 이전에 신자인 손가와 결혼했음을 알 수 있는데, 그는 1801년에 황해도 장련에 유배된 손경무(孫景武)로 이해된다.[27] 그리고 『기해일기』 현경련 약전에 "부친과 시부는 신유풍파에 치명하고, 모친과 3남매가 살더니, 두 형은 출가하여 일찍 죽고, 남매가 노모와 한가지로 열심히 수계했다."라고 한 것으로 보아, 둘째 딸은 1801년 이후에 출가했고, 이미 결혼한 첫째와 둘째 딸이 일찍

---

25 수원교회사연구소 엮음, 『기해·병오 순교자 시복재판록』 2, 「99회차 최 베드로 증언」, 천주교 수원교구, 2012, 777쪽.
26 이상식 역주, 앞의 책, 「신유년 사학죄인 황사영 등 심문 기록」, '10월 9일 황사영 심문 기록', 159쪽.
27 조광 역주, 앞의 책, 「본 형조에서 처리한 죄인 명단」, '유배죄인 명단', 258쪽.

사망했음을 알 수 있다.[28] 그러나 자료 부족으로 첫째 딸이나 둘째 딸 부부가 신자였는지는 잘 알 수 없다.

신씨는 남편 현계흠이 1801년 순교한 뒤, 자녀들을 거느리고 부산 동래로 가서 살다가, 아들 현석문이 14세 때인 1810년(순조10)에 다시 자녀들을 거느리고 서울로 올라와 신앙생활을 했다.[29] 이처럼 남편이 순교한 뒤 신씨가 자녀들을 거느리고 동래로 갔던 것은 당시 현계흠의 동생 현계탁(玄啓鐸)의 가족들이 동래에 살고 있었고,[30] 또한 친척인 현수겸의 넷째 아들 현호(玄虎)의 후손들과 인척인 김범우의 후손들이 동래와 밀양에 살고 있었기 때문이다.[31] 또한 신씨는 1827년(순조27) 정해박해 때 현경련과 현석문을 거느리고 강원도 금성(金城)으로 피신하여 최양업 신부의 동생인 최 베드로와 한동네에서 2년 동안 살다가 다시 서울로 돌아왔다.[32]

이렇게 거주지를 옮겨 가며 자식들을 돌본 신씨는, 자녀들이 부모의 신앙을 계승해 나갈 수 있도록 그들에게 신앙교육을 철저히 시켰다. 이에 대해서는 다음의 자료가 이해를 돕는다.

---

28 현석문 지음, 하성래 감수, 앞의 책, 「현 베네딕타」, 113쪽.
29 『일성록』 헌종 12년(1846) 윤5월 23일.
30 조광 역주, 앞의 책, 「각도에서 유배보낸 죄인 명단」, 272쪽; 이상식 역주, 앞의 책, 「신유 사학죄인 황사영 등 심문 기록」, '10월 11일 황사영 심문 기록', 296쪽.
31 손숙경, 앞의 논문, 14~24쪽.
32 수원교회사연구소 엮음, 앞의 책, 「99회차 최 베드로 증언」, 777쪽. 현석문의 가족들이 강원도 금성으로 피신한 시기를 구체적으로 언급한 자료는 없다. 다만 그 시기가 1801년 신유박해 이후 부터 1839년 기해박해 이전이라는 것만 알 수 있다. 그런데 현석문과 함께 교회 지도자로 긴밀하게 활동하던 이경언이 1827년 정해박해 때 서울에서 체포되어 전주로 끌려가 순교했다. 이러한 정황으로 볼 때, 그 시기는 1827년 정해박해 때로 이해된다.

"현경련 베네딕타의 아버지는 1801년 박해 때에 순교했다. 신심이 깊은 어머니로부터 철저한 교육을 받은 현경련 베네딕타는 모범적인 신앙생활을 하여 조선의 저명한 신자들 가운데 한 사람으로 손꼽혔다."[33]

위의 사료는 페레올 주교가 작성한 「1839년(기해) 박해 순교자들의 행적」에 수록되어 있는 현경련 약전에 나오는 내용이다. 이에 의하면 어머니 신씨는 신심이 깊었다. 그리고 그 깊은 신심을 바탕으로 딸 현경련에게 신앙교육을 철저히 시켰다. 이러한 철저한 신앙교육을 신씨는 현경련뿐 아니라 다른 자녀들에게도 물론 똑같이 시켰다고 보는 것이 이치에 맞다. 이와 같은 자녀들에 대한 신씨의 철저한 신앙교육을 고려할 때, 첫째 딸과 둘째 딸도 부모의 신앙을 물려받아 어려서부터 신앙생활을 모범적으로 했을 것이고, 둘째 사위도 신심이 깊은 집안 출신이었을 것으로 여겨진다.

다음으로 셋째 딸 현경련은 1794년(정조18)에 서울에서 태어났다. 부모를 통해 천주교 신앙을 물려받은 현경련은 어려서 주문모 신부에게 세례를 받았다.[34] 그리고 앞에서 살펴보았듯이, 아버지 현계흠이 1801년 순교한 뒤, 현경련은 신심이 깊은 어머니 신씨를 따라 동래로 가서 어머니에게 신앙교육을 철저히 받으며 살다가, 17세이던 1810년 가족들과 함께 서울로 이주하여 살던 중, 그해에 1801년 순교한 최창현(崔昌

---

33 수원교회사연구소 엮음, 『페레올 주교 서한』, 「1839년(기해) 박해 순교자들의 행적」, 천주교 수원교구, 2012, 845쪽.
34 현석문 지음, 하성래 감수, 앞의 책, 「현 베네딕타」, 113쪽.

顯, 요한)의 아들과 혼인했다.[35]

그러나 현경련은 자식도 낳지 못한 상태에서 남편이 결혼생활 3년 만에 세상을 떠나자 친정으로 돌아와 동생 현석문과 함께 어머니 신씨를 모시고 열심히 신앙생활을 했다.[36] 1827년에 박해의 여파로 가족들과 함께 강원도 금성으로 피신하여 2년 동안 살다가 다시 서울로 돌아온 현경련은 집이 가난하여 삯바느질로 생활비를 벌면서 입국한 선교사들이 입을 옷을 지었는데,[37] 그 수입 가운데 한 푼도 자신의 몫으로 챙기지 않고 모두 집안 생활비에 충당하며 가족들과 화목하게 지냈다.[38]

또한 현경련은 남편과 자녀가 없는 자신의 처지를 외롭거나 서럽게 여기지 않고, 오히려 주님을 섬기고 자기 영혼을 구원하는 일을 마음 놓고 할 수 있는 좋은 기회로 생각하면서, 그러한 기회를 마련해 주신 천주께 감사했다.[39] 그리고 자신의 성화를 위해 기도와 묵상과 독서를 정한 시간에 한결같이 했고, 천주를 섬기는 데에 냉담하거나 게으름을 부리는 일이 절대로 없었다.[40]

다음으로 막내인 아들 현석문은 자(字)가 덕승(德昇)이며 1797(정조

---

35 샤를르 달레 원저, 안응렬·최석우 역주, 『한국천주교회사』 중, 518쪽. 방상근은 현경련과 최창현 아들의 혼담이 1801년 이전에 이미 부모들 사이에 오갔을 것으로 보았다(방상근, 「순교자 최창현의 삶과 신앙」, 『순교자의 삶과 신앙』, 도서출판 형제애, 2014, 43쪽).
36 현석문 지음, 하성래 감수, 앞의 책, 「현 베네딕타」, 114쪽.
37 수원교회사연구소 엮음, 『페레올 주교 서한』, 「1839년(기해) 박해 순교자들의 행적」, 847쪽.
38 현석문 지음, 하성래 감수, 앞의 책, 「현 베네딕타」, 114쪽.
39 위와 같음.
40 샤를르 달레 원저, 안응렬·최석우 역주, 『한국천주교회사』 중, 518쪽.

21)년에 서울에서 태어났다.⁴¹ 누나 현경련과 마찬가지로 부모를 통해 천주교 신앙을 물려받은 현석문은, 앞에서 살펴보았듯이, 1801년에 아버지 현계흠이 순교한 뒤 신심이 깊은 어머니 신씨를 따라 동래로 가서 살면서 어머니로부터 신앙교육을 철저히 받아, 어려서부터 어머니와 누이들과 함께 열심히 계명을 지키며 신앙생활을 했다.⁴²

현석문은 14세 되던 1810년에 가족들과 함께 서울로 올라와 약국을 운영하여 생활했으며,⁴³ 25세 되던 1821년(순조21)에 19세인 교우 김 데레사와 혼인했다.⁴⁴ 그는 1827년 정해박해의 여파로 함께 교회 일을 돌보던 이경언(李景彦, 바오로)이 서울에서 체포되자 가족들과 함께 강원도 금성으로 피신하여 최양업 신부의 동생인 최 베드로와 한동네에서 2년 동안 지내다가 다시 서울로 올라와 신앙생활을 계속했다.⁴⁵

현석문의 아내 김 데레사는 어려서 아버지를 여의고 천주교를 믿는 어머니에게 교리를 배워 오빠와 함께 열심히 계명을 지키며 신앙생활을 하다가 19세 되던 1821년에 현석문과 혼인하여 아들 현은석과 딸 하나를 두었다.⁴⁶ 또한 그녀는 집이 비록 가난했지만, 시어머니에게 효도하고 남편을 예로써 대접하여, 집안이 화목했다.⁴⁷ 아울러 그녀

---

41 『일성록』 1846년(헌종12) 윤5월 23일.
42 수원교회사연구소 엮음, 『기해·병오 순교자 시복재판록』 2, 「81회차 김 프란치스코 증언」, 499쪽.
43 『일성록』 1846년(헌종12) 윤5월 23일.
44 현석문 지음, 하성래 감수, 앞의 책, 「김 데레사」, 175쪽.
45 수원교회사연구소 엮음, 『기해·병오 순교자 시복재판록』 2, 「99회차 최 베드로 증언」, 733·777쪽.
46 현석문 지음, 하성래 감수, 앞의 책, 「현 베네딕타」, 175쪽.
47 위와 같음.

는 1834년(헌종 즉위년)에 입국한 유 파치피코 신부에게 성사를 받은 뒤로, 신앙에 대한 열정이 더욱 간절하여 기도와 독서를 부지런히 했다.[48]

현석문의 두 자녀들도 부모를 통해 집안의 천주교 신앙을 이어받았을 것이 분명하다. 그중 아들 현은석은 1839년(헌종5)에 박해 때 어머니 김 데레사·고모 현경련·외할머니 등과 함께 체포되었고,[49] 뒤에 어머니 김 데레사와 함께 옥에서 순교했다.[50] 이러한 사실로 미루어 볼 때, 그도 가족들과 함께 열심히 계명을 지키며 신앙생활을 했을 것으로 여겨진다. 그런데 현석문의 아내·누나·장모·아들 등이 함께 체포되었을 때, 그의 딸은 붙잡히지 않았다. 물론 그녀도 신자였지만 이미 교우에게 출가하여 부모와 한집에서 같이 살지 않았기 때문에 당시 체포를 면한 것이 아닌가 한다.

3) 현계흠 동생들의 신앙 전승

현계흠의 동생 현계탁과 사촌 동생과 성이 다른 육촌 노선복(盧先福)도 천주교를 믿었다. 우선 현계흠의 동생 현계탁은 동래에 거주했는데, 황사영은 현계탁을 천주교 신자로 진술했다.[51] 그런데 가계도에서

---

48 앞과 같음.
49 수원교회사연구소 엮음, 『앵베르 주교 서한』, 「28번 1839년 조선의 서울 박해 보고서」, 수원교구, 2011, 555~557쪽.
50 수원교회사연구소 엮음, 『페레올 주교 서한』, 「28번 파리외방전교회 신학교의 바랑 지도신부에게 보낸 서한(1846.11.3)」, 433쪽.
51 심문관이 "현계흠의 동생이 동래에 가서 산 것 또한 천주교를 위해서이냐?"라고 묻자, 황사영이 "역시 천주교를 위해서입니다."라고 답했다(서종태·한건 엮음, 『조선 후기 천주교신자재판기록』 상, 「신유 사학죄인 황사영등추안」, '황사영(10월 10일)', 국학자료원,

보아도 알 수 있듯이, 현계흠의 동생들 중에 현계탁이라는 성명을 가진 사람은 없다. 그도 현계흠과 같이 천주교를 믿게 되면서 성명을 현계탁으로 바꾸어 사용한 것이 아닌가 한다. 그렇다면 현계탁은 족보에 보이는 현계엽(玄啓燁)과 현계진(玄啓鎭) 중에 한 사람일 것이다.

현계흠의 사촌 동생이 천주교 신자임은 황사영의 추국청 진술을 통해서 확인할 수 있다. 같은 무리[同黨]를 낱낱이 진술하라는 심문관의 추궁을 받고, 황사영은 현계흠의 사촌 동생[從姪]을 이존창(李存昌, 루도비코 곤자가)·홍인(洪鎭, 레오)·이국승(李國昇, 베드로) 등과 더불어 자신의 같은 무리로 진술했다.[52] 현계흠의 사촌 동생의 성명이 무엇인지 알 수 없지만, 천주교 신자들인 이존창·홍인·이국승 등과 더불어 그를 자신의 같은 무리로 밝힌 점에서, 그도 천주교 신자로 이해된다. 또한 현계흠의 성이 다른 육촌 노선복이 천주교 서적[邪冊]을 받아 온 죄로 1801년에 함경도 길주(吉州)에 유배된 사실[53]로 보아, 그도 천주교 신자로 이해된다.

이상에서 살펴본 현계탁·현계흠의 사촌동생·노선복 세 사람이 언제 누구를 통하여 입교했는지는 자료가 없어 잘 알 수 없다. 다만 모두 현계흠의 친인척인 점으로 보아 그를 통해 입교하지 않았을까 한다.

2004, 753~754쪽).

52 이상식 역주, 『추안급국안』 75, 「사학죄인 황사영 등 심문 기록」, '10월 10일 황사영 심문 기록', 270쪽.

53 조광 역주, 앞의 책, 「각도에서 유배 보낸 죄인 명단」, 272쪽.

3. 현계흠 가계의 교회활동

1) 현계흠의 교회활동

현계흠의 교회활동으로 우선 주목되는 것은 전교활동이다. 앞 절에서 살펴보았듯이, 정인혁의 약국에서 의원으로 일하던 현계흠은 최필공과 함께 정인혁의 약국에서 정의혁·정인혁 형제에게 천주교 교리를 날마다 가르쳐 주어, 그들 형제가 1788년(정조12) 3월에 입교하도록 만들었다. 이러한 사례로 보아 현계흠은 일찍부터 전교활동을 벌였음을 알 수 있다. 그러나 앞 절에서 살펴보았듯이, 1791년 진산사건의 여파로 서울에서 박해가 발생했을 때, 현계흠은 다른 중인 출신 천주교도들과 함께 체포되었다가 배교하고 풀려났다. 이러한 사건으로 그의 전교활동은 위축되었을 것이다.

그러나 1794년 말에 주문모 신부가 입국하면서 신심이 남달랐던 현석문의 전교활동은 새로운 전기를 맞게 되었다. 1797년(정조21) 4월 이후~1798년 중순경에 주문모 신부는 교리를 익힌 회원들이 교우와 비신자에게 교리를 가르쳐, 교우를 깨우치고 비신자를 입교시키도록 하기 위하여 명도회(明道會)를 설립했다. 당시 명도회의 하부 조직으로 황사영·홍필주(洪弼周, 필립보)·홍익만(洪翼萬, 안토니오)·김여행(金勵行)·현계흠과 이름을 알 수 없는 한 집 등 여섯 모임의 장소인 육회(六會)를 두고, 첨례일마다 3~4명 혹은 5~6명의 회원들로 구성된 한 모임의 집회를 각 모임 장소에서 모임의 지도자인 해당 집주인의 주관으로 갖게 했다. 여기서 보아 알 수 있듯이, 현계흠의 집은 바로 여섯 모임 장소 중의 하나였다.[54] 이러한 사실을 통해서 현계흠이 여섯 모임 중 한 모임의 지도자로서 회규에 따라 첨례일마다 자신의 집에서 3~4명 혹은

5~6명의 회원들로 구성된 모임을 주관하여 교리를 익힌 뒤, 교우들과 비신자들에게 교리를 가르쳐, 교우들을 깨우치고 비신자들을 입교시키는 데 힘썼음을 살필 수 있다.

이와 같이 명도회 하부 조직의 지도자로 활동하던 현계흠은 명도회 활동의 일환으로 최창현·강완숙(姜完淑, 골롬바)·황사영·이합규(李 鴿逵)·최필제·손경윤 등 교회의 지도급 신자들과 교류하며 천주교 서적을 학습하거나 강론하는 모임을 자주 가졌다. 우선 현계흠은 1797년 이래로 황사영·이국승·최창현·윤종백(尹鍾百)·홍재영(洪梓榮, 프로타시오)·정약종(丁若鍾, 아우구스티노)·손인원(孫仁元,)·최인철·남송로(南松老)·이합규 등과 함께 황사영의 집에서 천주교 서적을 학습했다.[55] 또한 현계흠은 1800년(순조 즉위년) 여름철에 최필제·김이우(金履禹, 바르나바)·이합규·손경윤·손준열(孫俊烈)·오현달(吳玄達)·김현우(金顯禹, 마태오) 등과 김이우의 집에서 자주 모여 천주교 서적을 학습했다.[56] 아울러 현계흠은 매월 7일에 김이우·이합규·손덕장(孫德章)·정인혁·오현달 등과 함께 김이우의 집에 모여 천주교 서적을 강론했다.[57]

또한 현계흠은 지도급 교우들과 함께 주문모 신부에게 교리를 배우

---

54 명도회 자료, 설립 배경, 목적, 조직 등에 대해서는 방상근, 「초기 교회에 있어서 明道會의 구성과 성격」, 『교회사연구』 11, 한국교회사연구소, 1996, 214~223쪽; 「『立聖母始胎明道會牧訓』과 조선 천주교회의 명도회」, 『교회사연구』 46, 한국교회사연구소, 2015, 9~35쪽 참조.
55 조광 역주, 앞의 책, 「사형죄인 문서철」, '이국승', 162쪽.
56 조광 역주, 앞의 책, 「사형죄인 문서철」, '최필제', 147쪽.
57 조광 역주, 앞의 책, 「사형죄인 문서철」, '이합규', 143쪽.

는 자리를 자주 가졌다. 우선 현계흠은 1795년 5월 이후 주문모 신부가 주로 머물던 강완숙 집[58]에서 홍필주·최필공·최창현·이합규·김백심(金百心)·황사영·최인철·김계완(金啓完, 시몬) 등과 함께 모였는데,[59] 이러한 모임은 주문모 신부에게 천주교 교리를 배우는 자리였을 것으로 이해된다. 그리고 현계흠은 몇 년 이래로 최필제·이합규·손경윤·손준열·오가·김이우와 함께 김현우 집에 모여 주문모 신부를 맞이해 유숙시켰고,[60] 1800년 6월경에 여러 교우들과 함께 주문모 신부를 김이우 집에 맞이하여 유숙시켰는데,[61] 여러 지도급 신도들이 모여 주문모 신부를 맞이한 점으로 보아, 주 신부를 유숙시키면서 겸하여 주 신부에게 교리를 배우는 기회를 갖고자 한 것으로 여겨진다.

한편 현계흠은 지도급 교우들과 함께 주문모 신부를 맞이해 미사를 드리기도 하고 천주교 서적 강습과 미사 거행을 병행하기도 했다. 우선 현계흠은 매월 7일에 김현우·손경윤·최필제·이합규 등과 함께 이현우 집에서 주문모 신부를 맞이하여 예수의 초상을 걸어 놓고 장막을 설치하고서, 주 신부가 주인 자리에 앉고 교우들은 늘어앉아 기도문을 입으로 외우며 미사를 드린 것이 한두 차례가 아니었으며, 그때마다 집안의 여인들은 창밖에서 방청하며 미사에 참여했다.[62] 아울러 현계흠은 1800년 여름 이후에 김이우·최필제·이합규·손경윤·손준열·오현달·김현우 등과 함께 김이우 집에서 새벽에 주문모 신부를 강완숙 집

---

58 조광, 「주문모의 조선 입국과 그 활동」, 『교회사연구』 10, 교회사연구소, 1995, 67~68쪽.
59 조광 역주, 앞의 책, 「사형죄인 문서철」, '홍필주', 190쪽.
60 조광 역주, 앞의 책, 「사형죄인 문서철」, '김현우', 155~156쪽.
61 조광 역주, 앞의 책, 「사형죄인 문서철」, 이합규, 145쪽.
62 조광 역주, 앞의 책, 「사형죄인 문서철」, '김현우', 156~157쪽.

으로부터 맞이하여 벽장 속에 예수의 초상을 걸고 장막을 드리우고 방석을 깔고서, 주 신부가 상좌에 앉고 교우들은 늘어앉아 미사를 드렸으며, 이때 김이우 집 여인들도 창밖에서 앉아 강론을 듣고 외우며 미사에 참여했다.[63] 그리고 현계흠은 1800년 6월경에 이합규·손덕장·오현달 등과 김이우 집에서 주문모 신부를 맞이해 첨례날에 아랫집 벽장 가운데에 예수의 초상을 걸어 놓고 장막을 드리우고 방석을 깔고서, 여러 사람들이 천주교 서적을 강습하고 미사를 드렸으며, 이때 김이우 집의 여인들도 창밖에서 강습한 내용을 듣고 학습하며 미사에 참여했다.[64]

또한 현계흠은 박해로 피신해야만 하는 주문모 신부에게 자신의 집을 피신처로 제공하기도 했다. 1800년 4월에 훈동의 홍필주 집에서 며칠을 지낼 때, 여주에서 박해가 발생했다는 소식이 들리자, 주문모 신부는 홍필주의 집에서 아현의 황사영 집이나 남대문 안의 현계흠의 집으로 피신하여 지냈다.[65]

아울러 현계흠은 1795년부터 1801년 신유박해 직전까지 추진된 대박청원운동(大舶請願運動)에도 깊이 관여했다. 주지하다시피 1795년 박해로 주문모 신부를 영입하고 숨겨 준 죄목으로 윤유일·최인길·지황이 처형되자, 조선 교회는 1795년부터 신교의 자유를 획득하고 선교사를 영입할 목적으로 대박청원운동을 전개했다.

---

63 조광 역주, 앞의 책, 「사형죄인 문서철」, '최필제', 147쪽.
64 조광 역주, 앞의 책, 「사형죄인 문서철」, '이합규', 143, 145~146쪽.
65 조광, 앞의 논문, 68쪽; 이상식 역주, 『추안급국안』 73, 「신유년, 사학 죄인 이기양 등 심문 기록」, '3월 15일 주문모 심문 기록', 258쪽.

현계흠이 대박청원운동에 참여한 단서는 유관검과 윤지헌이 그의 집에서 주문모 신부를 만난 사실에서 찾아진다. 유관검은 주문모 신부를 전주 초남이 자신의 집에서 본 이후에 서울에 올라가 현계흠·강완숙 등의 집을 방문하여 뵐 때 그를 스승의 예로써 대하고 신부로 존경했다고 진술했다.[66] 또한 윤지헌도 주문모 신부를 전주 초남이 유항검(柳恒儉, 아우구스티노) 집에서 본 이후에 서울 사람 현계흠의 집에서 보았다고 진술했다.[67]

대박청원 계획은 주문모 신부의 요청에 따라 전라도 신도들이 주축이 되어 추진했다. 즉, 1795년 8월에 주문모 신부는 송운서(宋云瑞) 편에 유항검·유관검 형제에게 편지를 보냈는데, 그 안에 대박청원의 추진 계획과 전라도 지방 신도들의 협조를 요청하는 내용이 들어 있었다. 주문모 신부가 전라도 신도들에게 요청한 내용은 북경(北京) 주교에게 대박을 파송해 줄 것을 요청하는 청원서를 작성할 것, 작성된 청원서에 지도층 신도들의 연대 서명을 받을 것, 북경에 서찰을 가지고 갈 신실한 사람을 천거할 것, 이 일을 추진하는 데 소요되는 경비를 담당할 것 등이었다. 이러한 주문모 신부의 요청에 따라 이 계획은 유항검·유관검·유중태(柳重泰)·윤지헌 등의 전라도 신도들에 의해 실행에 옮겨졌다.[68] 이러한 사실을 염두에 두고 볼 때, 현계흠 집에서 주문모 신부와 유관검·윤지헌 등이 가진 회합은 일상적으로 있는 예사로운 만남이

---

66   조광 역주, 앞의 책, 「전라감사 김달순의 비밀 보고서」, 78쪽.
67   조광 역주, 앞의 책, 「전라감사 김달순의 비밀 보고서」, 82쪽.
68   김진소, 『천주교 전주교구사』 I, 도서출판 빅벨, 1998, 158~1659쪽; 차기진, 「조선 후기 천주교 신자들의 성직자영입과 양박청래에 대한 연구」, 『교회사연구』 13, 1998, 36~40쪽.

아니라 대박청원에 관한 일을 함께 의논하는 특별한 자리였다고 생각된다. 그리고 이러한 사실은 대박청원운동에 현계흠이 깊숙이 관여했음을 드러내 주는 것이다.

이와 같이 현계흠이 대박청원운동에 깊이 관여한 실상은 그의 약국 또는 집에서 황심(黃沁, 토마스)·옥천희(玉千禧, 요한)·황사영·정약종 등을 만난 사실을 통해서도 살필 수 있다. 현계흠의 약국에서 황심·옥천희·황사영이 1800년 윤4월 그믐께나 5월 초순쯤에 만났고, 또 같은 해 10월에도 만났다. 이들 중 황심은 윤지헌의 추천을 받아 유항검·유관검 형제가 주문모 신부에게 천거한 밀사로, 1796년(정조20) 동지사행(冬至使行) 때 주문모 신부의 라틴어 편지와 유항검·유관검·유중태·윤지헌·최창현·황사영 등이 연대 서명한 대박청원서[69]를 북경의 북당(北堂) 구베아(Gouvea, 湯士選) 주교에게 전달하고, 그에 대한 구베아 주교의 답장을 받아 1797년 귀국하여 주문모 신부에게 전해 주는 등 밀사로 계속 활동했다.[70] 옥천희는 황심의 인도로 1799년 동지사행 때부터 밀사로 참여하여 북경을 왕래하며 대박청원에 관한 서한을 전달했다.[71] 그리고 황사영은 1796년에 구베아 주교에게 보낸 대박청원서에 연대 서명했던 인물이고, 정약종은 1799년에 구베아 주교에게 전한 편지를 작성했던 인물이다.[72] 이러한 사실을 염두에 두고 볼 때 1800년 윤

---

69 유관검의 말에 따르면, 이 청원서에는 조선 정부를 회유하여 천주교를 받아들이도록 해 달라는 우호적이고 친선적인 방법이 제시되었다고 한다(김진소, 앞의 책, 159쪽).
70 김진소, 앞의 책, 159~161쪽; 차기진, 앞의 논문, 36~44쪽.
71 김진소, 앞의 책, 162쪽; 차기진, 「조선 후기 천주교 신자들의 성직자영입과 양박청래에 대한 연구」, 37~42쪽.
72 차기진, 「조선 후기 천주교 신자들의 성직자영입과 양박청래에 대한 연구」, 38~42쪽.

4월 그믐께나 5월 초순쯤과 10월에 현계흠의 약국 또는 집에서 가진 황심·옥천희·황사영·정약종 등과의 회합은 밀사 파견에 관한 일을 함께 의논하는 자리였다고 생각된다. 이러한 사실은 대박청원 관련 밀사 파견에 현계흠이 깊숙이 관여했음을 드러내 주는 것이다. 그리고 이러한 해석은 현계흠 결안에 "주문모 편지를 위한 모든 일에서 황사영·황심·옥천희와 함께 있었습니다."라고 한 내용[73]을 보아도 무리가 없음을 알 수 있다.

그러면 현계흠은 대박청원 관련 밀사 파견에서 어떤 역할을 했을까? 이에 대한 이해를 위해서는 현계흠이 옥천희를 밀사로 끌어들인 과정을 살펴볼 필요가 있다. 평안도 선천 사람으로 본래 집이 가난하여 상업에 종사하던 옥천희는 생계를 유지할 계획으로 1794·1796년에 서너 차례 말몰이꾼으로 북경을 왕래했다. 그러나 별로 이득을 남기지 못해 북경을 왕래하던 일을 그만두었는데, 1799년 동지사행 때 황심이 찾아와 이익을 남길 수 있다고 꾀면서 함께 북경에 들어가자고 요청하여, 그는 황심과 함께 밀사로 북경에 가게 되었다.[74]

옥천희가 의주에서 황심을 만나 함께 숙소에 들었을 때, 황심이 그에게 은 수백 냥을 주면서 "약재 등의 물건을 구입해서 귀국한 후, 그 남은 이익으로 밑천을 삼자."라고 말했다. 그는 황심의 깊은 뜻에 감격하여 이내 은의 출처를 묻자, 황심이 "은의 출처는 나중에 말하겠다."라고

---

[73] 앙투안 다블뤼 저, 유소연 역, 앞의 책, 「순교자들의 역사 증거자료 사형판결문」, 386쪽.
[74] 이상식 역주, 『추안급국안』 75, 「신유 사학죄인 황사영 등 심문 기록」, '10월 10일 옥천희 심문 기록', 258~259쪽.

대답했다.[75] 그는 북경에 도착한 뒤 황심을 따라 북당에 가서 구베아 주교에게 천주교 교리를 배우고 요한이란 세례명으로 영세했다.[76] 그리고 조선으로 돌아올 즈음에 황심이 노잣돈 5냥을 주면서 윤4월 그믐께나 5월 초순쯤에 서울에서 만나자고 약속했다.[77]

그래서 옥천희는 약속한 윤4월 그믐께나 5월 초순쯤에 약값의 이득을 받기 위해 모이기로 약정한 남대문 안 현계흠의 약국에 가서 황심과 황사영을 만난 뒤, 새벽녘에 주문모 신부가 머물고 있는 집에 가서 그를 만났다. 그런 다음 황심이 여비로 10냥을 주면서 고향에 갔다가 9월에 서울로 올라와 함께 짐을 꾸려서 사행(使行) 때 북경에 들어가자고 약속하여, 9월에 서울로 올라와 북경에 들어갈 채비를 하던 그는 10월에 현계흠의 약국에서 황심과 황사영을 다시 만났다.[78] 여기서 옥천희가 황심과 함께 현계흠의 약국에 가서 받기로 한 약값의 이득은 그가 황심에게서 받은 은 수백 냥으로 구입해 온 약재를 현계흠의 약국에 판매하여 남긴 이득으로 생각된다.

그런데 1791년 당시 현계흠은 자신의 약국을 운영하지 못하고 정인혁의 약국에서 의원으로 일했다. 그러던 그가 1800년 당시 남대문 안에서 약국을 운영하고 있었다. 그는 약국 개설 자금을 어떻게 마련했

---

75 이상식 역주, 『추안급국안』 75, 「신유 사학죄인 황사영 등 심문 기록」, '10월 11일 옥천희 심문 기록', 306~307쪽.

76 이상식 역주, 『추안급국안』 75, 「신유 사학죄인 황사영 등 심문 기록」, '10월 10일 옥천희 심문 기록', 259쪽.

77 위와 같음.

78 이상식 역주, 『추안급국안』 75, 「신유 사학죄인 황사영 등 심문 기록」, '10월 11일 옥천희 심문 기록', 307쪽.

을까? 물론 마련할 길이 여럿 있을 수 있지만, 그가 대박청원운동에 깊이 관여한 점을 고려할 때, 그의 약국 개설 자금은 대박청원운동의 경비를 담당하던 유항검·유관검 형제가 제공한 것으로 생각된다. 그리고 황심이 옥천희에게 제공한 약재 구입 자금 은 수백 냥도 역시 유항검·유관검 형제가 제공한 것으로 여겨진다. 다시 말해서 현계흠은 유항검·유관검 형제가 제공한 자금으로 남대문 안에 약국을 열어 운영하면서 밀사들에게 약재 구입 자금을 지원해 주고, 그 자금으로 밀사들이 북경에서 구입해 온 약재들을 판매하는 방식으로 밀사들의 생계 유지를 돕고 밀사 파견에 드는 경비도 조달하는 역할을 담당했던 것으로 생각된다.

또한 현계흠은 주문모 신부와 신도들이 조선에 나오기를 고대하는 대박의 실상을 파악하는 역할도 담당했던 것으로 보인다. 대박청원운동을 전개하려면 그 성공 가능성이 얼마나 있는지 확인할 필요가 있는데, 그 성공 가능성을 확인하려면 우선 대박의 실상, 즉 대박은 크기가 얼마나 되고, 얼마나 많은 사람들을 태우고 다닐 수 있으며, 어떤 장비들을 갖추고 있는지 등을 자세히 파악할 필요가 있다. 그러나 1797년 9월 이전까지만 해도 조선의 신도들 중에 대박의 내부에 들어가 그 실상을 자세히 살펴본 사람이 한 명도 없었다.

그런데 1797년 9월 6일에 동래 용당포(龍塘浦) 앞바다에 영국인 브루턴(Broughton)이 이끄는 북태평양 탐험선 프로비텐스(Providence)호가 표류하여 정박했다.[79] 이때 현계흠은 십자성호를 그어 서양인들의

---

[79] 『국역 정조실록』 21년 9월 6일; 石井壽夫, 「黃嗣永の帛書に就いて朝鮮天主教徒の洋舶請來の思想」, 『歷史學硏究』 10-2, 1940, 34쪽; 山口正之, 『黃嗣永帛書の硏究』, 全國書房,

배인지 확인한 다음 이 배에 올라 내부를 자세히 살펴보고 돌아와서 "그들의 배 한 척만으로도 우리나라의 배 백 척을 대적할 수 있다."라고 전했고,80 그 내용은 황사영의 「백서(帛書)」에 그대로 수록되었다.81

그러면 현계흠이 영국의 탐험선 프로비텐스호에 올라가 그 내부를 자세히 살펴본 것은 우연한 일이었을까. 앵베르(Imbert, 范世亨) 주교가 1838년(헌종4)에 경기도에서 작성한 서한에 의하면, 당시 조선의 남동쪽에 있는 동래에는 300명의 일본 사람들이 거주하고 있었는데, 식료품과 물을 비축하려고 항구에 유럽이나 러시아 선박들이 이따금씩 정박한다고 밝혔다.82 이러한 정보를 앵베르 주교는 물론 조선 신자들을 통해서 들었을 것이다. 그러므로 당시 신자들은 대박의 실상을 파악할 수 있는 곳은 동래라는 사실을 잘 알고 있었다. 그런데 당시 동래와 밀양에 동생인 현계탁과 김범우의 고모부 현태익(玄泰翼)의 조카 현시복(玄時復) 등의 친족들과 인척인 김범우의 후손들이 거주하고 있었다. 현계흠은 대박의 실상을 파악하기에 매우 유리한 조건을 갖추고 있었던 것이다. 바로 이러한 이유로 현계흠은 대박의 실상을 파악하는 역할을 맡게 되었고, 그러한 임무를 수행하는 과정에서 영국의 탐험선에 올라가 그 실상을 살펴본 것으로 이해된다.83

1946, 19쪽.

80 앙투안 다블뤼 저, 유소연 역, 앞의 책, 「순교자들의 역사 증거자료 사형판결문」, 386쪽.

81 「백서」 112행.

82 수원교회사연구소 엮음, 『앵베르 주교 서한』, 「18번 파리외방전교회 신학교 지도신부들과 사천·통킹·코친차이나대목구에 보낸 서한」, 255쪽.

83 손숙경은 현계흠과 그 친인척의 연계망에 주목하여, 1797년에 동래에 내려간 현계흠이 당시 동래에 거주하고 있던 현시복을 응당 만났을 것이고, 또한 현계흠이 서양 선박

2) 현경련의 교회활동

현경련의 교회활동과 관련해서는 명도회 활동이 우선 주목된다. 현경련은 명도회 회원으로 활동하는 데 그치지 않고, 유 파치피코 신부가 입국하기 이전에 이미 명도회 여회장을 맡아 여성들로 구성된 명도회의 활동을 모범적으로 이끌었다. 이러한 사실은 김 프란치스코가 유 방제 신부 입국 이전에 있었던 현경련의 교회활동을 언급하면서, 그녀는 명도회 회장으로 있을 적에 말과 행실로 표양이 아름다웠다고 밝힌 증언[84]을 통해서 살필 수 있다.

이와 같이 명도회의 여회장까지 지낸 현경련은 기도와 묵상과 독서를 정한 시간에 하면서 자신의 성화에 힘써[85] 도리에 대한 지식이 명백했다.[86] 아울러 현경련은 어리석은 사람들을 가르치고 냉담한 자를 권면하며, 근심 중에 있는 사람들을 위로하고 병자들을 간호하며, 죽을 위험을 당한 비신자 어린이들에게 기회가 있을 때마다 대세를 주었는데, 모두 명도회 활동의 일환으로 이해된다. 이 중 '어리석은 사람들을 가르치고 냉담자를 권면하는 것'은 중국 명도회와 조선 명도회의 활동에 모두 포함되어 있지만, '병자들을 간호하고 죽을 위험을 당한 비신자 어린이에게 대세를 주는 것'은 중국 명도회의 활동에 들어 있으나

청원과 관련하여 조사를 하러 동래에 갔을 가능성이 있는 것으로 보았다(손숙경, 앞의 논문, 22~23쪽).

84 수원교회사연구소 엮음, 『기해·병오 순교자 시복재판록』 2, 「74회차 김 프란치스코 증언」, 391쪽.
85 샤를르 달레 원저, 안응렬·최석우 역주, 『한국천주교회사』 중, 518쪽.
86 현석문 지음, 하성래 감수, 앞의 책, 「현 베네딕타」, 114쪽.

조선 명도회의 활동에서는 구체적으로 확인되지 않았던 활동들이다.[87] 그런데 명도회의 여회장인 현경련의 활동 중에 언급되어 있다. 그러므로 '병자들을 간호하고 죽을 위험을 당한 비신자 어린이에게 대세를 주는 것'도 조선 명도회의 활동 중에 들어 있었다고 보는 것이 옳다.[88] 그리고 '근심 중에 있는 사람들을 위로하는 것'도 중국 명도회의 활동에 들어 있지 않지만 현경련의 활동 중에 언급되어 있는 것으로 보아, 역시 조선 명도회의 활동 중에 들어 있었던 것으로 보아야 하지 않을까 한다.

다음으로 복사와 여회장을 지낸 일도 현경련의 주요 교회활동으로 들 수 있다. 현경련이 복사와 여회장을 지낸 일에 대해서는, 유 파치피코 신부가 입국하자 그녀가 신부 앞에 가까이 있으면서 복사하고, 유 신부가 그녀에게 여교우의 일을 많이 보살피게 했다고 밝힌 『기해일기』의 기사[89]와, 신부가 입국한 뒤에 그녀를 불러 그녀가 신부댁에 가서 지내다가 도로 친정집으로 돌아와 생활했다고 언급한 김 프란치스코의 증언[90]이 이해를 돕는다. 이 두 자료에 의하면, 명도회의 여회장을

---

87 방상근, 앞의 책, 「『立聖母始胎明道會牧訓』과 조선 천주교회의 명도회」, 29쪽.
88 방상근은 1819년에 순교한 조숙이 죽을 위험을 당한 어린이들에게 대세를 주고자 하는 열성이 지극했던 점과 1827년에 체포된 김사건이 죽을 고비에 있는 비신자 자녀들에게 대세를 주었던 점, 그리고 1827년에 순교한 이경언이 명도회원들에게 보낸 편지를 통해 당시까지 명도회가 존속한 사실이 확인된 점 등을 근거로 하여 '장차 죽을 아이들에게 대세를 주고, 임종할 위험에 있는 자들을 돕는다'는 내용도 조선 명도회의 목적과 활동 안에 포함되어 있었을 것으로 생각했다(방상근, 「『立聖母始胎明道會牧訓』과 조선 천주교회의 명도회」, 29쪽 각주 54).
89 현석문 지음, 하성래 감수, 앞의 책, 「현 베네딕타」, 114쪽.
90 수원교회사연구소 엮음, 『기해·병오 순교자 시복재판록』 2, 「74회차 김 프란치스코 증언」, 391쪽.

맡고 있던 현경련은 1833년(순조33) 11월 24일 유 파치피코 신부가 입국한 뒤, 여교우의 일을 돕는 복사가 되어 신부가 머물고 있는 남이관의 집에 가서 지내며 여교우의 일을 많이 보살피다가, 모방(Maubant, 羅) 신부에 의해 성무 정지를 당한 유 신부가 1836년(헌종2) 10월 25일 조선을 떠나자, 복사 일을 그만두고 친정집으로 돌아와 지낸 것으로 보인다.

여교우의 일을 많이 보살핀 현경련은 표양이 아름답고 재주와 지식이 넉넉하여, 여교우들이 모두 다 마음으로 기쁘게 승복하여, 여교우들 가운데 표준이 될 만했고, 앵베르 주교는 "여회장은 베네딕타가 감당할 만하다."라고 그녀의 역량을 높이 평가했다.[91] 이러한 앵베르 주교의 남다른 평가로 볼 때, 그녀는 앵베르 주교가 입국한 뒤에 여회장에 임명되어 유 신부가 조선을 떠난 뒤에도 계속 여교우들의 일을 보살폈다고 생각된다.[92]

또한 현경련은 선교사의 공소 사목 방문 때 공소회장인 동생 현석문을 대신하여 선교사의 성사활동을 도왔다. 샤스탕(Chastan, 鄭) 신부의 복사로 활동하던 현석문은 서울에서 신자가 매우 많은 공소의 회장을 맡고 있었는데,[93] 현경련은 선교사의 공소 사목 방문 때마다 현석문을 대신하여 공소의 교우들을 집에 모아 성사를 받을 수 있도록 준

---

91 현석문 지음, 하성래 감수, 앞의 책, 「현 베네딕타」, 114쪽.
92 차기진은 현경련이 앵베르 주교에 의해 여회장으로 임명되었다고 보았다(차기진, 「현경련」, 9648쪽).
93 수원교회사연구소 엮음, 『앵베르 주교 서한』, 「28번 1839년 조선의 서울 박해 보고서」, 505쪽.

비시켰다.[94] 예컨대 앵베르 주교가 1839년 4월 7일(음력 2월 24일) 부활 대축일 다음 금요일과 토요일에 현석문이 회장을 맡고 있는 공소를 방문하여 성사를 줄 때, 공소집이 없어져 남명혁(南明赫, 다미아노)의 집을 빌려 공소를 치렀는데, 현경련은 현석문의 장모와 함께 신자들이 성사를 받을 수 있도록 두루 주선했다.[95] 선교사들의 공소 사목 방문이 동시에 이루어졌던 점을 고려할 때, 현경련은 선교사의 공소 사목 방문 때마다 현석문을 대신하여 선교사의 성사활동을 도왔을 것으로 여겨진다.

한편 현경련은 1839년 기해박해 순교자들의 행적을 수집하는 일도 담당했다. 앵베르 주교는 1839년 순교하기 몇 개월 전에 정하상(丁夏祥, 바오로)과 현경련을 비롯하여 이문우(李文祐, 일명 이경천, 요한)·최영수(崔榮受, 필립보)·현석문 등에게 순교자들의 행적을 수집하는 일을 맡겼다.[96] 그리고 그러한 일을 맡은 사람들이 그 임무를 양심적으로 수행했다는 기록[97]으로 보아, 현경련은 1839년 5월 29일 포졸에게 잡힐 때까지[98] 순교자들의 행적을 수집하는 임무를 충실히 수행했음을 알 수 있다. 현경련이 수집한 순교자들의 행적은 뒤에 최영수와 현석문이 『기해일기』를 저술할 때 중요한 자료로 활용되었을 것이

---

94 샤를르 달레 원저, 안응렬·최석우 역주, 『한국천주교회사』 중, 519쪽.

95 수원교회사연구소 엮음, 『앵베르 주교 서한』, 「28번 1839년 조선의 서울 박해 보고서」, 505쪽.

96 샤를르 달레 원저, 안응렬·최석우 역주, 『한국천주교회사』 하, 한국교회사연구소, 1980, 15쪽.

97 위와 같음.

98 현석문 지음, 하성래 감수, 앞의 책, 「현 베네딕타」, 115쪽.

다. 특히 현경련은 옥에 갇혀 있는 동안에 동생 현석문에게 편지를 보내 신(信)·망(望)·애(愛)의 열정으로 그를 권면하고 위로했는데, 그러한 사실이 『기해일기』에 수록되어 전해지고 있다.[99]

3) 현석문과 김 데레사의 교회활동

현석문의 교회활동은 1839년 기해박해 이전과 이후로 나누어 살펴볼 필요가 있다. 우선 기해박해 이전에 있었던 현석문의 교회활동으로는 첫째, 명도회의 활동이 주목된다. 명도회의 회원으로서 1827년 정해박해의 여파로 서울에서 잡혀 전주로 압송되어 옥살이하던 이경언은 명도회 회원들에게 보낸 5월 25일자 편지에서, 현석문과의 우정은 아무도 말해 주지 않는 자신의 결점을 그가 말해 줄 정도로 보통 우정을 멀리 초월한 것이라고 밝히면서, 자신의 아내와 아이들을 보살펴 달라고 그에게 특별히 부탁했다.[100] 이러한 이경언의 편지 내용으로 보아, 현석문은 명도회에 가입하여 이경언과 함께 회원으로 긴밀히 활동했음을 알 수 있다.

아울러 이경언은 명도회 회원들에게 보낸 5월 25일자 편지에서, 오랜 세월을 두고 끊임없이 노력한 후 천주 섭리의 특별한 배려로 조그마한 집 한 채를 짓고 몇몇 식구를 모아 놓기에 이르렀는데, 다시 박해로 그 집이 거의 쓰러지게 되었다고 지적하면서, 명도회 회원들이 제발 모든 노력을 기울여 그 작은 집을 보존해 달라고 호소했다. 그리고 두

---

99 위와 같음.
100 김진소 편저, 양희찬·변주승 옮김, 『이순이 루갈다 남매 옥중편지』, 「이경언 바오로가 명도회 회원들에게 보낸 편지」, 호남교회사연구소, 2002, 97~101쪽.

회장과 각지의 회장들에게도 그 조그만 집과 얼마 안 되는 그 식구들을 보전하도록 힘쓰고, 천주교가 번성하도록 노력하라고 거듭 당부했다.[101] 이러한 이경언의 간절한 당부와 "현석문이 힘을 다해 냉담한 자를 깨우치고 권면하여 신앙심이 흥기한 이가 많았다."라고 증언한 내용[102]이나 "현석문이 교우를 깨우치고 비신자도 많이 권면하여 입교시켰다."라고 증언한 내용[103] 등으로 볼 때, 현석문은 명도회의 회원들과 함께 냉담자들을 권면하고, 비신자들에게 교리를 가르쳐 복음을 널리 전파하는 명도회 활동을 활발히 전개하여, 교회의 보전과 교세의 확대를 위해 분발했다고 이해된다.

둘째, 성직자 영입활동도 현석문의 주요 교회활동 가운데 하나였다. 정하상이 1816년부터 성직자 영입을 위해 밀사로 북경을 드나들면서 교우들의 일을 사실상 주관할 때, 현석문은 1821년부터 이경언 등과 함께 정하상의 활동을 도왔다.[104] 이때 북경에 여러 번 파견한 밀사들의 노자를 마련하기 위해 가장 많은 힘을 쓴 사람은 이경언이었다.[105] 당시 현석문이 명도회의 회원으로 함께 활동하면서 남다른 우정을 나눌 정도로 이경언과 매우 친밀한 사이였던 점이나, 현석문이 1827년 전부터 이미 공동체에 유익한 것이라면 모든 일을 열정적으로 맡아 돌보

---

101   김진소 편저, 양희찬·변주승 옮김, 앞의 책, 98~99쪽.
102   수원교회사연구소 엮음, 『기해·병오 순교자 시복재판록』 2, 「100회차 최 베드로 증언」, 793쪽.
103   수원교회사연구소 엮음, 『기해·병오 순교자 시복재판록』 2, 「59회차 한 바울라 증언」, 181쪽.
104   샤를르 달레 원저, 안응렬·최석우 역주, 『한국천주교회사』 중, 88~89·100·102쪽.
105   샤를르 달레 원저, 안응렬·최석우 역주, 『한국천주교회사』 중, 143쪽.

았던 점,106 그리고 현석문이 이경언 등과 함께 정하상의 성직자 영입 활동을 도왔던 점 등으로 미루어 볼 때, 현석문도 당연히 밀사들의 노자를 마련하는 일에 많은 힘을 보탰다고 여겨진다.

또한 1827년(순조27) 정해박해의 여파로 강원도 금성으로 피신하여 2년 동안 지내다가 1829년에 교회의 사정을 돌보려고 도로 서울로 올라온 현석문은 정하상·유진길(劉進吉, 아우구스티노)·조신철(趙信喆, 가롤로) 등과 함께 의논하고서 주교와 신부를 조선으로 맞아들이기 위해 북경에 여러 번 왕래했다.107 우선 모방 신부에 의해 성무 정지를 당한 유 신부가 1836년 10월에 신학생 최방제·최양업(崔良業, 토마스)·김대건(金大建, 안드레아) 등 3명을 데리고 중국으로 돌아갈 때, 현석문은 정하상·조신철·이광렬(李光烈, 요한) 등과 함께 그들을 책문(柵門)까지 호송한 뒤, 다시 책문에서 샤스탕 신부를 만나 1836년 11월에 조선으로 맞아들였다.108 또한 현석문은 1837년(헌종3) 11월에도 정하상·조신철(趙信喆, 가롤로) 등과 함께 책문에 가서 앵베르 주교를 만나 조선으로 맞아들였다.109 사제 영입을 위한 모든 일들에 현석문이 참

---

106 앙투안 다블뤼 저, 유소연 역, 앞의 책, 「1846년 병오박해」, 402쪽.

107 수원교회사연구소 엮음, 『기해·병오 순교자 시복재판록』 2, 「97회차 이 베드로 증언」·「99회차 최 베드로 증언」, 733·777쪽;『일성록』 헌종 12년(1846) 윤5월 22일.

108 『일성록』 헌종 12년(1846) 윤5월 22일; 전수홍, 「유 파치피코」, 『한국가톨릭대사전』 9, 한국교회사연구소, 1999, 4282쪽; 차기진, 「샤스탕, 자크오노레」, 『한국가톨릭대사전』 9, 한국교회사연구소, 2002, 6809쪽.

109 수원교회사연구소 엮음, 『페레올 주교 서한』, 「28번 파리외방전교회 신학교의 바랑 지도신부에게 보낸 서한(1846.11.3.)」, 433쪽; 방상근, 「앵베르, 로랑 조제프 마리위스」, 『한국가톨릭대사전』 9, 한국교회사연구소, 2001, 5899쪽.

여했다고 밝힌 다블뤼(Daveluy, 安敦伊) 주교의 기록[110]으로 볼 때, 현석문은 유 파치피코 신부와 모방 신부의 영입에도 참여했다고 생각된다.[111]

셋째, 현석문은 선교사들이 없는 동안 그들을 대신하여 교회를 돌보았다. 다블뤼 주교의 기록에 의하면, 오래전부터 주목할 만한 교우들 중 한 사람으로서 신앙 안에서의 형제들을 돕고 지원하는 데 전념해 온 현석문은 1827년 전부터 이미 교우공동체에 유익한 것이라면 모든 일을 열정적으로 맡아 돌보았다.[112] 그리고 신부가 조선에 없을 때 현석문이 교회의 일을 주선하여 교우들을 가르치고 깨우쳤다고 밝힌 김성서(요아킴)의 증언[113]이나, 현석문이 여러 해 교회 사무를 주관했다고 언급한 페레올(Ferréol, 高) 주교의 기록[114], 그리고 유 파치피코 신부 입국 이전에 유진길·조신철·정하상 등과 함께 교우의 모든 일을 상의했다는 현석문의 진술[115] 등을 통해서도 선교사가 없는 동안에 현석문이 당시 교회의 지도자들인 정하상·유진길·조신철 등과 함께 선교사를 대신하여 교회를 돌보았음을 살필 수 있다.

넷째, 현석문은 공소회장과 복사로도 활동했다. 우선 앞에서 살펴보

---

110 앙투안 다블뤼 저, 유소연 역, 앞의 책, 「1846년 병오박해」, 402쪽.
111 차기진은 유 파치피코 신부와 프랑스 선교사 영입에도 현석문이 관여했다고 보았다 (차기진, 「현석문」, 9657쪽).
112 앙투안 다블뤼 저, 유소연 역, 앞의 책, 「1846년 병오박해」, 402쪽.
113 수원교회사연구소 엮음, 『기해·병오 순교자 시복재판록』 2, 「71회차 김성서 요아킴 증언」, 363쪽.
114 수원교회사연구소 엮음, 『페레올 주교 서한』, 「28번 파리외방전교회 신학교의 바랑 지도신부에게 보낸 서한(1846.11.3)」, 433쪽.
115 『일성록』 헌종 12년(1846) 윤5월 22일.

앗듯이, 현석문은 앵베르 주교가 관할하는 서울 지역의 신자가 매우 많은 공소의 회장을 맡아 신자들을 돌보았다. 그리고 샤스탕 신부가 입국한 뒤 그의 복사가 되어 그가 지방으로 신자들을 찾아다닐 때 늘 수행했다.[116] 현석문의 복사활동에 대해 임 루치아는 샤스탕 신부의 복사로 다닐 적에 모든 교우들이 현석문을 사랑하고 찬양했다고 증언했고,[117] 최 베드로는 기해년 전에 현석문이 복사로 성교 일을 많이 보살폈다고 증언했으며,[118] 이 마리아는 샤스탕 신부를 수행하여 복사로 다닐 때 현석문을 여러 번 보았는데, 성품이 순량하고 매우 열심히 계명을 지켜, 교우들이 일컫고 찬양했다고 증언했다.[119]

다음으로 기해박해 이후에 있었던 현석문의 교회활동을 살펴보면, 첫째, 현석문은 선교사들이 없는 동안 그들을 대신하여 박해로 와해된 교회를 보살폈다. 박해로 자신의 가족들이 순교한 와중에도 현석문은 복사로서 샤스탕 신부의 교우촌 순방과 피신생활을 도왔다. 그러던 중 7월 29일 앵베르 주교의 권유에 따라 샤스탕 신부가 자수하자, 그도 뒤따라 자수하고자 했으나, 샤스탕 신부가 말리면서, 뒤에 교우들을 돌볼 수 있도록 일단 피신하라고 부탁했고,[120] 앵베르 주교도 그에

---

[116] 수원교회사연구소 엮음, 『페레올 주교 서한』, 「28번 파리외방전교회 신학교의 바랑 지도신부에게 보낸 서한(1846.11.3)」, 433쪽.

[117] 수원교회사연구소 엮음, 『기해·병오 순교자 시복재판록』 2, 「68회차 임 루치아 증언」, 303쪽.

[118] 수원교회사연구소 엮음, 『기해·병오 순교자 시복재판록』 2, 「100회차 최 베드로 증언」, 793쪽.

[119] 수원교회사연구소 엮음, 『기해·병오 순교자 시복재판록』 2, 「102회차 이 마리아 증언」, 829쪽.

[120] 수원교회사연구소 엮음, 『기해·병오 순교자 시복재판록』 2, 「68회차 임 루치아 증

게 목자가 없는 동안에 조선 교회를 보살피는 책임을 맡겼다.[121] 이에 그는 선교사들의 뜻에 따라 피신생활을 하면서 교회를 보살폈다.

포졸들의 추적을 피하기 위해 변장하고 성명을 이재영(李在永)으로 바꾼 현석문은 지방으로 피신하여 다니면서 시골 교우들에게 원조를 청하여 옥에 갇힌 교우들을 돌보았으며,[122] 앵베르 주교·모방 신부·샤스탕 신부가 새남터에서 순교한 뒤, 위험을 돌아보지 않고 그들의 시신을 수습하여 노고산에 장사 지냈다.[123] 또한 그는 경향 각지로 다니면서 간신히 박해를 면한 신자들에게 신앙생활을 계속할 수 있도록 용기를 북돋아 주기도 했고, 냉담한 자들을 깨우쳐 신앙심을 회복시켜 주기도 했으며, 박해로 흩어진 교우들을 모아 다시 교우촌을 이루어 살도록 도와주기도 하면서 교회의 재건을 위해 온 힘을 다했다.[124]

둘째, 현석문은 기해박해 순교자들의 행적을 수집하여 저술한 『기해일기』를 완성했다. 1838년 11월 초부터 박해가 일어나 순교자들이 탄생하게 되자, 이들의 사적을 기록하기 시작한 앵베르 주교는 순교하기 몇 개월 전에 정하상·현경련·이문우·최영수·현석문 등에게 순교자들

언」·「81회차 김 프란치스코 증언」, 303·501쪽.

121 수원교회사연구소 엮음, 『페레올 주교 서한』, 「28번 파리외방전교회 신학교의 바랑 지도신부에게 보낸 서한(1846.11.3)」, 433쪽.
122 수원교회사연구소 엮음, 『기해·병오 순교자 시복재판록』 2, 「97회차 김 프란치스코 증언」, 733~735쪽.
123 수원교회사연구소 엮음, 『기해·병오 순교자 시복재판록』 2, 「70회차 오 바실리오 증언」·「76회차 김 프란치스코 증언」·「79회차 김 프란치스코 증언」, 335·423·735쪽.
124 수원교회사연구소 엮음, 『페레올 주교 서한』, 「28번 파리외방전교회 신학교의 바랑 지도신부에게 보낸 서한(1846.11.3)」, 433쪽; 수원교회사연구소 엮음, 『기해·병오 순교자 시복재판록』 2, 「81회차 김 프란치스코 증언」·「97회차 이 베드로 증언」·「100회차 최 베드로 증언」, 501·735·793쪽.

의 행적을 수집하도록 지시했다.[125] 이러한 앵베르 주교의 뜻을 받들어 순교자들의 행적을 수집하던 정하상·현경련·이문우는 위임받은 소임을 미처 완성하지 못한 채 1839년에 순교했다.

이어 순교자들의 행적을 수집·정리하는 임무를 수행하던 최영수는 정하상·현경련·이문우가 이미 수집한 자료와 자신이 새로 수집한 순교자들의 옥중 서한들을 바탕으로 1840년(헌종6)경에 『기해일기』 초고를 완성했다.[126] 그러나 그가 1841년 4월에 체포되고 9월에 처형되는 바람에 그 작업이 중단되었는데, 현석문이 그 작업을 이어받아 최영수의 초고를 수정·보완하여 1841년 4월 이후에 마침내 『기해일기』를 완성하여 신자들에게 배포했다.[127]

셋째, 현석문은 기해박해로 끊어진 파리외방전교회와의 연락망을 복원하고 선교사들을 다시 영입하기 위해 노력했다. 선교사를 대신하여 조선 교회를 보살피는 책임을 맡은 그는 우선 파리외방전교회 마카오 대표부와의 연락망을 복원하고자 1840년부터 중국에 밀사들을 여러 차례 보냈다.[128] 그러나 1840년에 파견된 밀사는 도중에서 객사했고, 1841년에 파견된 밀사는 책문까지 갔으나 중국인 안내자를 만나지 못하여 되돌아왔다.[129] 그러다가 1842년 겨울 사행 때 현석문이 김 프란

---

125 샤를르 달레 원저, 안응렬·최석우 역주, 『한국천주교회사』 하, 15쪽.

126 방상근, 「『기해일기』에 대한 기초적 연구」, 『한국사학사학보』 12, 2005, 87~95쪽.

127 위와 같음.

128 수원교회사연구소 엮음, 『페레올 주교 서한』, 「28번 파리외방전교회 신학교의 바랑 지도신부에게 보낸 서한(1846.11.3.)」, 433~435쪽; 정진석 옮김, 『이 빈 들에 당신의 영광이 -김대건 신부의 편지 모음-』, 「일곱 번째 편지(1843.2.16)」, 바오로딸, 1999, 62쪽.

129 정진석 옮김, 앞의 책, 62~63쪽; 수원교회사연구소 엮음, 『페레올 주교 서한』, 「11번 파리외방전교회 신학교 지도신부들에게 보낸 서한(1843.3.5)」, 199쪽.

치스코와 함께 중국에 밀사로 가서 김대건 부제와 책문에서 극적으로 접선하여 마침내 파리외방전교회의 마카오 대표부와의 연락망을 복원하는 데 성공했다.[130]

1843년(헌종9) 겨울 사행 때 밀사로 파견한 3명 중 유일하게 중국으로 들어간 김 프란치스코는 심양(瀋陽)에서 페레올 주교와 김대건 부제를 만나, 다음 해 겨울 사행 때 그들을 맞아들이기로 약속하고 돌아왔다.[131] 약속대로 1844년 겨울 사행 때 페레올 주교와 김대건 부제를 영입하기 위하여 7명의 밀사를 파견했으나, 의주 관문의 출국 심사가 까다로워, 김 프란치스코 등 3명만 중국에 들어가고 현석문 등 4명은 중국 입국이 좌절되어, 김 프란치스코 등은 페레올 주교의 입국을 연기하고 우선 김대건 부제만 의주 변문을 통해 맞아들였다.[132] 또한 현석문은 1845년에 이재의(李在誼, 토마스)·최형(崔炯, 베드로) 등과 함께 김대건 부제를 따라 배를 타고 상해에 가서 김대건 신부의 서품식에 참석한 뒤, 타고 갔던 배로 페레올 주교와 다블뤼 신부를 맞아들임으로써 목자 없는 교회를 면할 수 있게 되었다.[133]

한편 현석문의 아내 김 데레사의 주요 교회활동으로는 명도회 활동이 있다. 그녀가 명도회에 가입하여 활동한 사실은 『기해일기』 김 데레

130　정진석 옮김, 앞의 책, 「여섯 번째 편지(1843.1.15)」, 54~56쪽; 『일성록』 헌종 12년(1846) 윤5월 23일.

131　수원교회사연구소 엮음, 『페레올 주교 서한』, 「13번 파리외방전교회 신학교의 르그레주아 지도 신부에게 보낸 서한(1844.1.20), 233~237쪽.

132　수원교회사연구소 엮음, 『페레올 주교 서한』, 「19번 전교회[전교후원회] 리용 및 파리 양 본부 중앙참사회에 보낸 서한(1844.5.25)」, 291~293쪽; 정진석 옮김, 앞의 책, 「열 번째 편지(1845.3.27)」, 89~91쪽.

133　서종태, 「김대건 신부의 활동과 업적에 대한 연구」, 『교회사학』 5, 2008, 193~196.

사 약전에 "19세에 천주교 신자에게 출가했으며, 그 후 명도회에 들어감으로 인하여 대세했다."라고 한 기록을 통해서 확인된다. 여기서 보아 알 수 있듯이, 그녀가 명도회에 가입한 시기는 현석문과 결혼한 이후였다. 당시 남편 현석문이 명도회의 회원으로 활동했던 점과 한집에 같이 살던 시누이 현경련이 명도회의 여회장으로 활동했던 점 등으로 볼 때, 그녀는 현석문이나 현경련의 영향으로 명도회에 가입했다고 생각된다. 그리고 명도회에 들어감으로 인하여 대세했다는 것은 명도회 입회를 원하는 자들 중에서 배운 바가 자못 근면한 사람을 가려 주문모 신부에게 보고하면, 주 신부가 서양의 도가 높은 사람의 이름을 따서 명명하여 보냈다는 유관검의 진술[134]로 볼 때, 그녀가 사제 없는 시기에 명도회에 가입함을 계기로 사제 대신 명도회 회장에게 새로운 본명을 받은 것을 말하지 않나 생각된다.

또한 김 데레사는 선교사의 공소 사목 방문이 있을 때마다 선교사와 신자들을 정성으로 보살폈다. 앞에서 살펴보았듯이, 그녀의 남편 현석문은 서울에서 신자가 매우 많은 공소의 회장을 맡고 있었기에, 선교사의 공소 사목 방문이 있을 때마다 그녀는 정성으로 선교사를 보살피고, 여러 교우들을 인도하여 권면하고 가르치며 성사를 받게 했다. 그리고 많은 교우들이 집에 드나들 적에 그들을 친근한 사랑으로 대접하여, 모든 교우들이 다 그녀를 흠모했다고 한다.[135]

---

134 조광 역주, 앞의 책, 「전라감사 김달순의 비밀 보고서」, 78쪽.
135 현석문 지음, 하성래 감수, 앞의 책, 「김 데레사」, 175쪽.

4. 현계흠 가계의 순교와 신앙 실천 특성

1) 현계흠 가계의 순교

현계흠의 가계에서는 1801년 신유박해·1839년 기해박해·1846년 병오박해 때 잇달아 순교자가 나왔다. 신유박해 때 그와 그의 사위 손경무·동생 현계탁·성이 다른 육촌 노선복 등이 체포되어, 현계흠은 순교했고, 손경무는 황해도 장련에,[136] 현계탁은 평안도 증산에,[137] 노선복은 함경도 길주에[138] 각각 유배되었다. 이어 1839년 기해박해 때 그의 딸 현경련·며느리 김 데레사·손자 현은석이 붙잡혀 모두 순교했고, 1846년 병오박해 때 현석문이 체포되어 순교했다. 현계흠 가계의 순교자 5명을 차례로 살펴보면 다음과 같다.

(1) 현계흠의 순교

1801년 봄에 신유박해가 발생해 천주교도들이 체포되어 옥에 갇히자, 현계흠은 기미를 알고서 처음에 동생 현계탁 등 친인척들이 살고 있는 부산 동래로 피신했는데, 그 때문에 위태로운 처지에 놓인 그의 온 친척들이 그에게 자수하라고 편지를 보냈다.[139] 그러자 그는 숨어

---

136 조광 역주, 앞의 책, 「본 형조에서 처리한 죄인 명단」, '유배죄인 명단', 258쪽.
137 조광 역주, 앞의 책, 「각도에서 유배보낸 죄인 명단」, 272쪽.
138 위와 같음.
139 한국천주교 주교회의 시복시성 주교특별위원회 편, 『하느님의 종 윤지충 바오로와 동료 123위 시복자료집』 4, 「현계흠」, '다블뤼 주교의 『조선 순교사 비망기』, 15쪽; 『국역 순조실록』 1년 11월 5일; 이상식 역주, 『추안급국안』 75, 「신유 사학죄인 황사영 등 심문 기록」, '10월 10일 황사영 심문 기록', 280쪽.

지내는 것이 어려울 것이라는 사실을 알고서 사형을 모면하리라는 기대를 품고 바로 자수하면서 "다시는 더러운 데 물들지 않겠습니다."라고 배교하고 석방되었다.[140]

그러나 1801년 4월 6일 황사영이 체포되고 그의 「백서」가 압수되면서, 그 내용 중에 "수년 전에 서양 상선 한 척이 이 나라의 동래에 표류하여 왔을 적에, 한 교우가 배에 올라 자세히 살펴보고 돌아와서 말하기를, '그 배 한 척이면 우리나라 전함 백 척과 충분히 맞설 수 있다.'라고 했습니다."[141]라고 언급한 대목이 문제시되었다.

이에 심문관이 황사영에게 몇 해 전 서양 배가 동래에 표류해 왔을 때 배 위에 올라가서 자세히 살펴본 천주교인이 누구냐고 묻자, 황사영은 현계흠이라고 진술했다.[142] 이러한 황사영의 진술에 따라 현계흠은 10월 11일경에 다시 체포되어 포도청·형조·의금부에서 차례로 심문을 받았다. 이때 그는 믿을 수 없는 고문을 당했으나 모두 영웅적으로 감내하며 신앙을 부인할 생각을 조금도 하지 않았다.[143] 그는 주문모 신부가 입국한 뒤 세례를 받고 본명을 얻은 사실, 주문모 신부의 편지를 위한 모든 일에서 황사영·황심·옥천희와 함께 한 사실, 몇 해 전에 서양 배 한 척이 동래에 표류해 왔을 때, 그리로 가서 그들이 서양인들인

---

140 앙투안 다블뤼 저, 유소현 역, 앞의 책, 「순교자들의 역사 증거자료 사형판결문」, 386쪽; 『국역 순조실록』 1년(1801) 11월 5일.

141 「백서」 112행; 이상식 역주, 『추안급국안』 75, 「신유 사학죄인 황사영 등 심문 기록」, '황사영 백서', 243~244쪽.

142 이상식 역주, 『추안급국안』 75, 「사학 죄인 황사영 등 심문 기록」, '10월 10일 황사영 심문 기록', 279쪽.

143 한국천주교 주교회의 시복시성 주교특별위원회 편, 『하느님의 종 윤지충 바오로와 동료 123위 시복자료집』 4, 「현계흠」, '다블뤼 주교의 『조선 순교사 비망기』, 15쪽.

지 확인하려고 십자성호를 그은 사실, 그들의 배 한 척만으로도 우리 나라의 배 백 척을 대항할 수 있다고 그들에게 설명하고 대박청래 계획을 성공시키기 위해 할 수 있는 모든 말을 한 사실 등을 순순히 진술했다.[144] 그 결과 그는 사형 판결을 받고 11월 15일 황사영·옥천희 등과 함께 서소문 밖에서 참수형을 받아 39세의 나이로 순교했다.[145]

(2) 현경련의 순교

1839년 기해박해가 일어났을 때, 동생 현석문이 샤스탕 신부의 복사로서 그의 사목활동을 보필하기 위하여 지방에 가 있었으므로, 누나 현경련은 현석문의 아내·아들·장모 등을 거느리고 두루 피신했다.[146] 그러던 중 살고 있는 집이 너무 비좁고 위험하다는 생각이 들어 조선대목구가 소유하는 좀 더 넓은 집으로 이사했으나, 그 집은 직전에 살던 사람들이 겁이 나서 다른 곳으로 이사할 정도로 포졸들의 주목을 받고 있었다.[147] 게다가 이미 밀고자에 의해 고발당한 처지에 놓여 있던 현경련은 5월 29일 현석문의 아내 김 데레사·아들·장모와 함께 체포되어 포도청으로 압송되었다.[148]

---

144 앙투안 다블뤼 저, 유소현 역,『조선 주요 순교자 약전』,「순교자들의 역사 증거자료 사형판결문」, 386쪽.
145 한국천주교 주교회의 시복시성 주교특별위원회 편,『하느님의 종 윤지충 바오로와 동료 123위 시복자료집』4,「현계흠」, '다블뤼 주교의『조선 순교사 비망기』, 17쪽.
146 수원교회사연구소 엮음,『앵베르 주교 서한』,「28번 1839년 조선의 서울 박해 보고서」, 555~557쪽; 현석문 지음, 하성래 감수, 앞의 책,「현 베네딕타」, 115쪽.
147 수원교회사연구소 엮음,『앵베르 주교 서한』,「28번 1839년 조선의 서울 박해 보고서」, 555~557쪽; 현석문 지음, 하성래 감수, 앞의 책,「현 베네딕타」, 115쪽.
148 수원교회사연구소 엮음,『앵베르 주교 서한』,「28번 1839년 조선의 서울 박해 보고

포도청에서 현석문이 샤스탕 신부를 안내하여 어디에 가 있는지 알아내려고 했기 때문에, 현경련은 혹독한 고문을 당해야만 했다. 포도대장이 그녀를 잡아 올려, 배교하고 동생 현석문이 간 곳과 천주교 서적과 교우들을 대라고 심문하면서 혹독한 고문을 가했으나, 그녀는 의연히 감수하고 굴복하지 않았다. 이때 포교들이 선교사들에 대한 정보를 얻어 그들을 잡는 사람들에게 주기로 한 현상금을 타려고 저희들 마음대로 그녀를 20여 차례나 잡아내 힐문했으나, 그녀는 한결같이 참아 받으며 그들이 바라는 대답을 한마디도 하지 않았다. 그녀는 포도청에서 모두 8차례 심문을 받으면서 주뢰형을 2차례 받고 태장을 50대씩 6차례 모두 300대를 맞았다.[149]

현경련은 8월 23일 형조로 이송되었다. 10월에 형관이 그녀를 1차례 매질하며 심문했는데, 그녀는 다른 사람보다 몸이 더 심하게 상하여, 매 맞은 상처에서 고름이 흐르고 몸을 쓰지 못하는 데다 장티푸스까지 걸려 병세가 매우 위중했으나 모두 주님을 위하여 달게 받았다.[150] 그녀는 옥중에서 현석문에게 편지를 보내, 신덕·망덕·애덕의 열정으로 권면하고 위로했는데, 여러 교우들이 그 비감한 사연을 읽고 감탄하여 마지않았다.[151]

형관이 현경련에게 "이제라도 사실대로 진술하면 풀어 줄 것이다."라

서」, 557쪽.

149 현석문 지음, 하성래 감수, 앞의 책, 「현 베네딕타」, 115쪽 및 샤를르 달레 원저, 안응렬·최석우 역주, 『한국천주교회사』 중, 519쪽.

150 현석문 지음, 하성래 감수, 앞의 책, 「현 베네딕타」, 115쪽.

151 현석문 지음, 하성래 감수, 앞의 책, 「현 베네딕타」, 115쪽; 샤를르 달레 원저, 안응렬·최석우 역주, 『한국천주교회사』 중, 519쪽.

고 제안했지만, 그녀는 "다시 묻지 마십시오. 주님을 위하여 죽을 따름입니다."라고 단호히 거절했다. 형조에서 모두 3차례 매질하며 심문했으나, 그녀는 끝내 굴복하지 않고 신앙을 굳게 지켰으며, 그 결과 사형 판결을 받았다.[152]

옥에 갇혀 있는 동안 현경련은 최양업 신부의 어머니 이성례를 권면하여 순교하도록 이끌었다. 함께 갇혀 있던 이성례가 남은 어린 자식들에 대한 정을 이기지 못하고 배교하자, 현경련과 정정혜 등이 열렬하고 간곡한 말로 잘못을 깨우치고 권면하여, 마침내 이성례가 배교를 취소하고 신앙을 증거하도록 했다.[153]

현경련은 처형될 때를 기다리고 있을 때, 사형 집행이 지연된다는 말을 듣고 태연히 누워 자다가, 사형 집행 시간이 되자 조금도 두려워하는 기색이 없이 마치 잔치에 나가기라도 하듯 즐거운 마음으로 옥중 여교우들과 작별하고 떠났다. 그녀는 11월 29일 서소문 밖에서 6명의 동료와 함께 참수형을 받아 46세의 나이로 순교했다.[154]

(3) 김 데레사 모자의 순교

포도청에서 남편 현석문이 샤스탕 신부를 안내하여 어디에 가 있는지 알아내려고 했기 때문에, 시누이 현경련과 마찬가지로 혹독한 고문

---

152 현석문 지음, 하성래 감수, 앞의 책, 「현 베네딕타」, 115쪽.
153 한국천주교 주교회의 시복시성 주교특별위원회 편, 『하느님의 종 윤지충 바오로와 동료 123위 시복자료집』 5, 「이성례」, '최 바시리오 우정(禹鼎) 씨 이력서', 한국천주교 주교회의 시복시성 주교특별위원회, 2008, 343쪽.
154 현석문 지음, 하성래 감수, 앞의 책, 「현 베네딕타」, 115쪽; 샤를르 달레 원저, 안응렬·최석우 역주, 『한국천주교회사』 중, 523쪽.

을 당해야 했다. 좌포도대장이 그녀를 잡아 올려 심문하면서, 배교하고 남편 현석문이 간 곳과 교우들을 사실대로 진술하라고 다그쳤으나, 그녀는 끝내 굴복하지 않았다. 이때 팔주뢰형과 다리주뢰형을 혹독히 받았고, 심문을 받을 때마다 태형을 50대씩 심하게 맞았다.[155]

그러나 중간에 다른 사람이 석방되어 나가는 것을 보고 마음이 흔들린 김 데레사는 석방되어 나가고자 배교했다. 그럼에도 죄목이 더 무거운 까닭에 석방되지 못했다. 뒤에 그녀는 자신의 잘못을 크게 깨닫고 관졸에게 배교를 취소하면서 참으로 절실히 통회하고서, 12월 28일 포도청 옥에서 교수형을 받아 37세의 나이로 순교했다. 이때 그녀의 아들 현은석도 포도청 옥에서 순교했다.[156]

(4) 현석문의 순교

1846년 5월 12일 김대건 신부가 황해도에서 체포된 뒤, 윤5월 17일 김대건 신부가 약과를 싸 갔던 집문서를 가지고 포교들이 석정동 김대건 신부의 집에 가서 주인을 찾자, 그 집에 있던 최 서방이 가마꾼에게 물으면 주인이 간 곳을 알 듯하다고 일러 주었다. 그러자 포교들이 가마꾼을 찾아 데리고 이간난 집으로 가서 그곳에 있던 우술임을 앞세우고 현석문이 숨어 있는 집을 급습하여, 현석문·이간난(李干蘭, 아가타)·우술임(禹述任, 수산나)·김임이(金任伊, 데레사)·정철염(鄭鐵艶, 가

---

155 현석문 지음, 하성래 감수, 앞의 책,「현 베네딕타」, 176쪽.
156 함께 체포된 현석문의 장모에 대한 기록이 없는 것으로 보아, 그녀는 배교하고 석방된 것으로 생각된다.

타리나)·오 바르바라 등 모두 6명이 체포되어 함께 포도청에 갇혔다.[157]

현석문은 윤5월 22일 포도청에서 5차례 심문을 받을 때, 그가 5세 때 아버지 현계흠이 1801년 신유사옥 때 순교한 사실, 그 뒤 어머니가 그를 데리고 동래에 가서 살다가 14세 때 상경하여 약국을 업으로 삼은 사실, 기해박해 때 여러 사람의 진술에서 그의 이름이 나와 성명을 이재영으로 바꾸어 활동한 사실, 유진길·조신철·정하상 등과 함께 교우의 모든 일을 상의한 사실, 유 파치피코 신부가 입국하여 4년 동안 활동하고 중국으로 돌아가면서 최 베드로·최양업·김대건 세 신학생을 데리고 갈 때 그가 책문까지 그들을 호송한 사실, 1842년 겨울에 그가 책문에 가서 김대건 부제와 교묘하게 만난 사실, 1844년 변문을 통해 입국한 김대건 부제를 이재용 등과 함께 의주에 가서 만나 서울로 안내한 사실 등을 순순히 자백하고 신앙을 끝까지 저버리지 않았다.[158]

현석문은 포도청에서 심문을 받을 때 모든 형벌을 달게 받으며 조금도 굴복하지 않고 신앙을 한결같이 굳게 지켰다.[159] 그리고 옥에 갇혀 있는 동안에 서로 다투는 교우들을 권면하여 화목하게 지내다 순교하도록 이끌었다.[160] 또한 김대건 신부와 함께 임치백(林致百, 일명 임군집, 요셉)에게 천주교 교리를 가르쳐 주어, 그가 옥중에서 김대건 신부

---

[157] 수원교회사연구소 엮음, 『기해·병오 순교자 시복재판록』 1, 「7회차 김 가타리나 증언」, 111쪽; 앙투안 다블뤼 저, 유소연 역, 앞의 책, 「1846년 병오박해」, 402쪽.

[158] 『일성록』 헌종 12년(1846) 윤5월 22일.

[159] 수원교회사연구소 엮음, 『기해·병오 순교자 시복재판록』 1, 「7회차 김 가타리나 증언」, 113쪽.

[160] 수원교회사연구소 엮음, 『기해·병오 순교자 시복재판록』 1, 「7회차 김 가타리나 증언」·「9회차 김 가타리나 증언」, 113·133쪽.

에게 세례를 받고 순교할 수 있도록 도왔다.[161]

마침내 7월 29일 임금이 모반죄율을 적용하여 김대건 신부의 예에 따라 현석문을 군문에서 효수하여 뭇사람들을 경각시키도록 윤허했다.[162] 이에 당일로 현석문은 들것에 실려 새남터 형장으로 갔는데, 조금도 두려워하지 않고 맑은 정신으로 태연하게 사방을 둘러보며 갔으며, 새남터에서 효수형을 받을 적에도 용감하고 의연하게 칼을 열 번이나 받고 50세의 나이로 순교했다.[163]

2) 현계흠 가계의 신앙 실천 특성과 순교

(1) 명도회 활동과 순교

현계흠 가계의 신앙 실천에서 드러나는 두드러진 특징의 하나는 명도회의 활동이다. 앞에서 살펴보았듯이, 현계흠은 명도회의 하부 조직인 여섯 모임 중 한 모임의 지도자로 활동했고, 그의 딸 현경련은 명도회의 여회장으로 여성들로 구성된 명도회를 이끌었다. 그리고 그의 아들 현석문은 명도회의 회원으로 활동했으며, 그의 며느리 김 데레사도 현석문과 결혼한 뒤 명도회에 가입하여 회원으로 활동했다. 이와 같이 한 가계의 구성원 대부분이 명도회에 가입하고, 또한 명도회에 가입한 구성원 모두가 순교한 경우는 매우 드문 사례이다. 그러므로 현계흠 가

---

161 수원교회사연구소 엮음, 『기해·병오 순교자 시복재판록』 2, 「86회차 박순집 베드로 증언」, 567쪽.
162 『승정원일기』 헌종 12년(1846) 7월 29일.
163 수원교회사연구소 엮음, 『기해·병오 순교자 시복재판록』 1, 「7회차 김 가타리나 증언」, 113~115쪽; 수원교회사연구소 엮음, 『페레올 주교 서한』, 「1846년(병오) 박해 순교자들의 행적」, 913쪽.

계의 순교는 명도회의 활동과 깊은 관련이 있다고 하겠다.

그러면 명도회의 활동 중 어떠한 면이 그들을 순교의 길로 이끌었을까. 앞에서 살펴보았듯이, 명도회는 1797년 4월 이후~1798년 중순경에 주문모 신부가 설립한 신심단체로, 회원들이 교리를 익힌 뒤, 교우들과 비신자들에게 교리를 가르쳐, 교우들을 깨우치고 비신자들에게 복음을 전파하는 것을 목적으로 삼았다. 그리고 명도회 회원들은 매월 첫 번째 주일에 정기적으로 모여 각자 한 달 동안 교리를 공부하여 남에게 가르친 성과를 보고하고 빠뜨린 본분이 없는지 반성했다.[164] 아울러 명도회의 전교활동을 계기로 주문모 신부가 입국하기 전에 4,000명이었던 신자 수가 1801년 신유박해 전에 10,000명으로 늘어났다.[165]

이러한 명도회의 전교 목적이나 매월 달성한 각 모임의 전교 성과 점검, 그리고 그 회원들의 전교활동이 교세 확장에 크게 기여한 점 등으로 볼 때, 여섯 모임 중 한 모임의 지도자로 활동한 현계흠이나 명도회의 여회장을 맡아 여성들로 구성된 명도회의 활동을 모범적으로 이끈 현경련, 그리고 명도회 회원으로 활동한 현석문과 김 데레사 등은 비신자들에게 복음을 전파하는 활동을 활발히 벌였을 것임에 틀림이 없다. 앞에서 살펴보았듯이, 실제로 명도회 회원들에게 보낸 이경언의 편지를 통해 조선 교회와 신자들을 보전하고 천주교가 번성하도록 노력하라는 당부를 받은 현석문은 많은 냉담자들을 깨우치고 다수의 비신자들을 권면하여 입교시키는 등 교회의 보전과 교세의 확대를 위해 힘껏 노력했다.

---

164 방상근, 앞의 책, 「『立聖母始胎明道會牧訓』과 조선 천주교회의 명도회」, 31·36쪽.
165 방상근, 앞의 책, 「초기 교회에 있어서 명도회의 구성과 성격」, 225쪽.

그런데 현계흠의 가족들이 살았던 박해 시기에는 비신자들에게 교리를 가르쳐 복음을 전파하는 활동이 대단히 위험한 일이었다. 위험을 돌아보지 않을 정도로 믿음이 투철하고 굳건하지 않고서는 비신자들에게 교리를 가르쳐 복음을 전파하는 활동은 엄두도 낼 수 없었다. 그러한 상황에도 불구하고 현계흠 가계의 순교자들은 명도회의 여회장이나 한 모임의 지도자나 회원으로 활동하면서 비신자들에게 교리를 가르쳐 복음을 전파하는 활동을 활발히 펼쳤다. 바로 이러한 현계흠 가족들의 투철하고 굳건한 믿음이야말로 그의 가족들을 순교의 길로 인도한 동력이었다고 할 수 있다.

(2) 신·망·애 삼덕의 실천과 순교

현계흠 가계의 신앙 실천에서 드러나는 또 하나의 특징은 신덕(信德)·망덕(望德)·애덕(愛德) 삼덕의 실천이다. 관련 자료를 『기해일기』 현경련 약전에서 인용하면 아래와 같다.

> "그 동생에게 부친 편지가 있으니, 대개 신·망·애의 열정으로 권면 위로한 사연이 비감하더라."[166]

위의 자료에서 보아 알 수 있듯이, 현경련은 동생 현석문에게 편지를 보냈다. 이 편지는 전후 문맥으로 보아 1839년 기해박해 때 현경련이 형조에서 심문을 받을 적에 옥중에서 작성하여 보낸 편지임을 알 수 있다. 이 편지가 현재 전해지지 않아 그 내용을 자세히 알 수 없지만,

---

[166] 현석문 지음, 하성래 감수, 앞의 책, 115쪽.

현경련이 신·망·애 삼덕의 열정으로 현석문을 권면하고 위로하는 비감한 내용이 들어 있었다는 사실만은 확인할 수 있다. 그리고 사연이 비감했다는 표현으로 보아, 현경련이 순교를 바라고 결심한 자신의 심정을 전하면서 현석문을 비롯한 가족들에게 삼덕을 충실히 실천하다가 기회가 되면 순교하여 천국에서 다 같이 만나 영복을 누리자고 권면하면서 자신의 죽음을 슬퍼하지 말라고 위로한 내용으로 되어 있었음을 알 수 있다. 여기서 현경련과 현석문 등 현계흠 가족들의 순교가 신·망·애 삼덕의 실천과 깊은 관련이 있음을 확인할 수 있다.

신·망·애 삼덕의 실천이 순교와 관련이 있음은 1801년 신유박해 때 순교한 이순이(루가다)의 경우를 통해서도 살필 수 있다. 이순이는 옥중에서 두 언니에게 보낸 편지에서 극심한 고난이 닥쳐와도 마음을 넓게 가지고 주님의 분부를 생각하여 주님께서 갚아 주시리라 믿고 선행으로 공로를 세우도록 마음을 쓰라고 큰언니 내외에게 당부하면서 다음과 같이 덧붙였다.

"다른 덕도 구하는 것이 좋으나, 믿음·소망·사랑 이 세 가지가 가장 중요한 덕이에요. 믿음·소망·사랑 이 세 덕을 진실 되게 실천하면, 다른 덕들은 자연히 따르게 됩니다."[167]

즉, 여러 덕들 중에서 믿음·소망·사랑 삼덕을 가장 중요한 덕으로 이해했으며, 이 삼덕을 진실 되게 실천하면, 다른 덕들은 자연히 따르게 된다고 밝혔다. 다시 말해서 삼덕은 여러 덕들 중에서 가장 중요한

---

[167] 김진소 편저, 양희찬·변주승 옮김, 앞의 책, 57쪽.

덕이고, 이를 진실 되게 실천하면 다른 덕들이 자연히 따르니, 삼덕을 진실 되게 실천하라고 당부했던 것이다.

이처럼 이순이가 큰언니 내외에게 믿음·소망·사랑 삼덕을 진실 되게 실천하라고 당부한 것은 바로 삼덕의 실천이 천국에 오르는 길이기 때문이었다. 관련 내용을 같은 편지에서 옮기면 아래와 같다.

"오로지 주님의 도우심에 의지하며, 착하게 살아 복되게 죽기로 마음먹도록 하셔요. 항상 언제나 힘껏 뜨거운 사랑[熱愛]을 실천하시고, 깊이 뉘우치는 뜨거운 사랑이 아주 없을지라도 힘써 사랑을 실천하면서 주님을 간절히 구하면, 주님께서 착실하게 살아 복된 죽음을 맞을 수 있는 은혜를 베풀어 주십니다. 한때나마 방심했거든 깊이 뉘우치고 깨우쳐서 열심히 주님께 뜨거운 사랑을 드리면 점점 주님께 가까워지실 것이에요. 주님께서 우리들 소원을 허락해 주셔서 주님도 뵙고, 그렇게 지내시다가 형제 모녀가 곧 만나면 얼마나 좋겠어요."[168]

위의 내용은 순교를 결심한 이순이가 두 언니들인 친정 언니와 올케 언니(이경도 아내)에게 간곡히 유언한 대목이다. 이순이는 두 언니들에게 오로지 주님의 도우심에 의지하며 착하게 살아 복되게 죽기로 마음먹으라고 당부했다. 이어 항상 사랑 특히 뜨거운 사랑을 힘써 실천하면서 주님을 간절히 구하면, 주님께서 착실하게 살아 복된 죽음을 맞을 수 있는 은혜를 베풀어 주시고, 한때나마 방심했거든 깊이 뉘우치고 깨우쳐서 열심히 주님께 뜨거운 사랑을 드리면 점점 주님께 가까워

---

[168] 김진소 편저, 양희찬·변주승 옮김, 앞의 책, 55~56쪽.

질 것이라고 하면서, 주님께서 우리들 소원을 허락해 주셔서 주님도 뵙고, 그렇게 지내다가 형제 모녀가 곧 만나면 얼마나 좋겠냐고 했다. 요컨대 이순이는 사랑 특히 뜨거운 사랑을 힘써 실천하면서 주님을 간절히 구하면, 주님께서 복된 죽음을 맞을 수 있는 은혜를 베풀어 주시니, 뜨거운 사랑을 힘껏 실천하여 복된 죽음을 맞아 천국에 가서 주님도 뵙고 형제와 모녀가 곧 만나 영복을 누리면 얼마나 좋겠냐고 했다. 그런데 복된 죽음은 죽음과 동시에 천국에 오르는 순교를 뜻하고, 사랑은 신·망·애 삼덕의 애덕을 의미한다. 여기서 이순이가 애덕의 실천을 순교하여 천국에 오르는 길로 굳게 믿고 강조하고 있음을 확인할 수 있다.

그러면 현경련과 이순이는 어떤 교회 서적을 통해서 신·망·애 삼덕의 실천을 추구했을까. 그들이 삼덕의 실천을 추구하는 데 도움을 준 교회 서적으로는 우선 『천주성교일과』·『수진일과(袖珍日課)』·『천주성교공과』·『천주성교십이단』 등의 기도서가 주목된다. 그중 『천주성교일과』는 예수회 소속의 중국 선교사 롱고바르디(Longobardi, 龍華民)가 저술한 연중 기도서로, 3권 1책으로 되어 있다. 1602년 중국 소주(韶州)에서 처음 출간된 이후, 내용이 증감되면서 여러 차례 중간되어 기도생활에 널리 활용된 『천주성교일과』의 1권에 신덕경(信德經)·망덕경(望德經)·애덕경(愛德經) 삼덕경이 수록되어 있다.[169]

그런데 홍낙안(洪樂安)은 1787년에 "성균관 근처 김석태(金石太)의 집에서 주야로 조만과(早晚課, 『천주성교일과』 1권에 들어 있음)를 외웠

---

[169] 龍華民, 『天主聖教日課』 상권, 1823, 45~46쪽.

다."라고 언급했다.[170] 그리고 1801년 신유박해 때 윤현(尹鉉)의 집에서 압수하여 소각한 천주교 서적들 가운데 한문 제목의 『천주성교일과』와 한글 제목의 『셩교일과』가, 김희인(金喜仁)의 집에서 압수하여 소각한 천주교 서적들 가운데 한글 제목의 『셩교일과』가 들어 있었다.[171] 이로 보아 한문본 『천주성교일과』가 일찍이 조선에 전래되어 1787년 당시 신자들에게 읽혀졌고, 또한 1801년 이전에 한글로 번역된 필사본이 신자들의 신앙생활에 사용되었음을 알 수 있다.

『수진일과』는 『천주성교일과』의 개정에 참여했던 예수회 소속의 중국 선교사 디아즈(Diaz, 陽瑪諾)가 1638년에 편찬한 연중 기도서로, 3권 1책으로 되어 있다. 1638~1659년 사이에 처음 출간된 『수진일과』에 신덕송·망덕송·애덕송 삼덕송이 수록되어 있다.[172]

그런데 정인혁은 1791년 붙잡혀 심문을 받을 때, 최필공에게 한문본 『수진일과』 등을 빌려 보았으며, 그 책은 천주교회에서 날마다 외우는 것이기 때문에 40여 장을 직접 필사하여 날마다 외웠는데, 영동에 사는 숙부 정도응(鄭道凝)이 1890년 9월에 상경하여 한문본 『수진일과』와 필사한 한글본 『수진일과』를 빌려 갔다고 진술했다.[173] 그리고 양덕윤(梁德潤)은 1791년 봄에 최필공에게 『수진일과』 등을 빌려 필사한 뒤 돌려주었다고 진술했다.[174] 이로 보아 한문본 『수진일과』도 일찍이 조선에 전래되어 1790년부터 필사되어 신자들에게 읽혀졌을 뿐만 아니

170　차기진, 『조선 후기의 서학과 척사론 연구』, 한국교회사연구소, 2002, 159쪽.
171　『사학징의』, 한국교회사연구소, 1977, 383~386쪽.
172　차기진, 「삼덕송」, 『한국가톨릭대사전』 6, 한국교회사연구소, 2001, 4165쪽.
173　이기경 편, 『벽위편』, 서광사, 1978, 127~128쪽.
174　이기경 편, 앞의 책, 128~130쪽.

라 한글로 번역된 필사본도 신자들의 신앙생활에 사용되었음을 알 수 있다.

『천주성교공과』와 『천주성교십이단』은 1837년 말에 입국한 앵베르 주교가 편찬한 기도서이다. 앵베르 주교가 입국할 당시 조선 교회는 한문본을 번역한 기도서들을 사용했다. 그러나 그 기도서들은 조선의 실정에 맞게 체계적으로 번역된 것이 아니고, 또한 오자와 탈자 등이 많았다. 이에 앵베르 주교는 4명의 조선인 통역들의 도움을 받아 한문본 『천주성교일과』와 파리외방전교회 소속의 중국 선교사 모예(Moÿe)의 한문본 『천주경과(天主經課)』를 대본으로 삼아 남녀노소 누구나 쉽게 익혀 사용할 수 있는 기도서의 편찬에 착수했다. 1년이 안 되어 주일과 첨례 때 필요한 기도서인 한글본 『천주성교공과』와 여기서 12개의 일상 기도문들을 발췌하여 엮은 『천주성교십이단』을 편찬하여 1839년 기해박해 이전부터 조선 교회의 공식 기도서로 널리 사용했는데,[175] 이들 두 기도서에는 똑같은 내용의 신덕송·망덕송·애덕송 삼덕송이 수록되어 있다.

과거 교황 베네딕도 14세(1740~1758)는 1756년에 삼덕송을 바치는 신자들에게 특별히 은사를 베풀었고, 교황 글레멘스 13세(1758~1769)는 삼덕송을 전심으로 바치는 신자들에게 '매번 7년 동안 40일 대사'를 베풀었다. 이후 삼덕송 기도문은 신자들에 의해서 널리 통상적인 기도로 바쳐졌다.[176] 그리고 『천주성교일과』의 삼덕경 뒤쪽에 "신·망·애 삼

---

175 윤선자, 「천주성교공과」, 『교회와 역사』, 175, 1989, 2쪽; 차기진, 앞의 책, 「삼덕송」, 4165쪽.
176 차기진, 앞의 책, 「삼덕송」, 4164쪽.

덕은 원래 천주교를 믿는 근본이다. 무릇 교우들이 천당의 길로 달려가고자 한다면 마땅히 날마다 이 마음을 분발하여 이 기도문을 외워야 한다."라고 덧붙여, 삼덕송을 신자들이 천당의 길로 달려갈 수 있는 기도문으로 강조했다.[177]

『천주성교공과』 1권에 보면, 삼덕송은 만과(晚課)에 포함되어 있다. 그리고 『천주성교공과』를 편찬할 때 대본으로 삼았던 『천주경과』에는 조과(早課)에 포함되어 있다.[178] 이로써 볼 때 삼덕송은 매일 조과인 아침기도나 만과인 저녁기도를 바칠 때 함께 바치던 기도문이라는 것을 알 수 있다. 그리고 신자 가정에서는 조과와 만과를 매일 아침과 저녁에 온 가족이 모두 참여하여 바쳤다. 그러므로 현계흠 가족들은 매일 아침이나 저녁에 아침기도나 저녁기도를 바칠 때 삼덕송을 함께 바치면서 천당의 길로 달려가고자 하는 열망을 불태웠을 것이다.

다음으로 현계흠 가족들이 신·망·애 삼덕의 실천을 추구하는 데 도움을 준 교회 서적으로, 공소에서 신자들이 주일과 축일에 그날의 복음을 읽고 묵상하며 말씀의 전례를 지낼 수 있도록 엮은 한글본 『성경직해광익』도 주목된다. 1790년대에 최창현 등은 디아즈의 한문본 『성경직해(聖經直解)』와 마이야(Mailla, 馮秉正)의 한문본 『성경광익(聖經廣益)』을 번역한 뒤, 『성경직해』에서 성서의 본문·주해·잠 등을 취하고, 『성경광익』에서 마땅히 실천해야 할 덕목[宜行之德]과 마땅히 힘써야 할 기도[當務之求]를 취하여 『성경직해광익』을 편찬했다. 이후 신자들은 주일과 축일에 공소에서 말씀의 전례를 지낼 때 『성경직해광익』

---

177 龍華民, 앞의 책, 47쪽.
178 차기진, 앞의 책, 「삼덕송」, 4165쪽.

을 가지고 그날의 복음과 잠(강론)을 독서하고 묵상했다. 또한 신자들은 그날의 성경에 누구나 쉽게 이해할 수 있도록 주해가 달려 있고 성덕 높은 교부들의 말씀으로 꾸며진 그날 성경의 강론인 잠이 달려 있는 『성경직해광익』을 독서하며 스스로 복음을 이해하고 소화했다. 아울러 신자들은 성인과 그리스도의 생활을 본받아 완덕을 이루고자 『성경직해광익』을 가지고 일과처럼 묵상 공부를 했다.[179]

그리고 『성경직해광익』을 대본으로 삼아 1892~1896년에 간행한 『성경직해』 2권 '삼왕 내도 후 제5주일 성경', 5권 '예수 승천 첨례 성경', 7권 '강림 후 제12주일 성경' 등에 신·망·애 삼덕에 대해 논의한 내용이 들어 있다. 특히 '강림 후 제12주일 성경'인 '착한 사마리아 사람'에 대한 잠에서 '천주를 사랑하고 또 네게 가까운 자를 자기와 같이 사랑하라'는 성경 말씀을 주제로 신·망·애 삼덕에 대해 아주 자세히 논의했다.

그 구체적인 내용을 살펴보면, 우선 신덕은 달 같고 다른 덕은 별 같은 데 비하여, 애덕은 해 같아 모든 덕의 으뜸이 되며, 따라서 사람이 애덕을 잃으면, 그 영혼이 빛이 없고, 모든 덕이 다 아름다움을 잃을 것이며, 애덕이 다시 나면, 영혼이 다시 빛나고, 모든 덕이 다시 아름다울 것이라고 했다.[180] 그리고 애덕은 마음을 땅에서 빼어 하늘에 두는 덕이라고 했다.[181] 또한 신덕과 망덕과 애덕이 있되, 홀로 애덕이 영존하여 멸하지 않는다고 했고, 사랑이 사람의 마음에 들어오매, 모든 덕

---

[179] 김진소, 「한국 천주교회의 소공동체 전통」, 『민족사와 교회사』, 한국교회사연구소, 2000, 265쪽.
[180] 뮈텔 주교 감준, 『성경직해』 2권, 1892, 51b.
[181] 뮈텔 주교 감준, 『성경직해』 5권, 1892, 80b.

이 함께 온다고도 했으며, 애덕은 천당에 가는 길로, 다른 덕이 애덕을 잃으면, 사람이 길을 잃음과 같아 능히 하늘에 이르지 못한다고도 했다.[182]

　이와 같이 신·망·애 삼덕에 대해 논의한 『성경직해』의 내용은, 이순이가 여러 덕들 중에서 신·망·애 삼덕을 가장 중요한 덕으로 본 점이나 신·망·애 삼덕을 진실되게 실천하면 다른 덕이 자연히 따른다고 한 점, 신·망·애 삼덕 중 애덕의 실천을 천국에 오르는 길로 굳게 믿고 강조한 점 등과 유사한 면이 많다. 이로써 볼 때 현경련 가족들이나 이순이 가족들은 『성경직해광익』에서 신·망·애 삼덕을 논의한 내용을 독서하고 묵상하고 실천하면서 천국에 오르고자 하는 열망을 불태웠다고 믿어진다. 이렇게 볼 때 현계흠의 가족들이 매일 아침기도나 저녁기도를 바칠 때 신·망·애 삼덕송을 함께 바치고, 또한 신·망·애 삼덕을 논의한 『성경직해광익』의 내용을 독서하고 묵상하고 실천하면서 천국에 오르고자 하는 열망을 불태운 점도 그의 가족들을 순교의 길로 인도한 동력이었다고 할 수 있다.

---

[182] 뮈텔 주교 감준, 『성경직해』 7권, 1893, 14a~16b.

5. 맺음말

 이제까지 교회 자료와 관변 자료를 두루 활용하여 현계흠 가계의 입교와 신앙 전승, 그 가계 입교자들의 교회활동과 순교, 그들을 순교로 이끈 그 가계의 신앙 실천 특성 등에 대하여 살펴보았다. 이제 이 글을 통하여 알아본 주요 내용들을 요약함으로써 맺음말을 대신하고자 한다.

 현계흠은 족보에 올라 있는 현계온이란 이름으로 처음에 신앙생활을 하다가 1794년 말에 주문모 신부가 입국한 뒤 교회활동을 활발히 하면서부터 1791년에 이미 체포되어 수사기관에 노출된 현계온 대신 현계흠으로 성명을 바꾸어 활동했다. 이 때문에 자료에 현계온으로 나오기도 하고 현계흠으로 나오기도 한다. 현계흠 가계에서는 증조 현하신 대부터 현계흠 대까지 의과 합격자가 4명이나 배출되었다. 현계흠과 그의 아들 현석문도 약국을 운영하며 생활했다. 그러므로 현계흠 가계는 역관 집안이 아니라 의관 집안으로 보아야 한다.

 천녕 현씨 가계에서 맨 처음 천주교를 받아들인 현계흠은 한국 천주교회 창설 직후인 1785년 이전에 사촌 처남인 김범우를 통해서 입교했고, 현계흠의 아내 평산 신씨도 김범우 가족들과의 교류를 통해 또는 남편 현계흠을 통해 거의 같은 시기인 1785년 이전에 입교했다고 이해된다. 현계흠이 1801년 신유박해 때 순교한 뒤, 그의 아내 신씨는 자녀들을 거느리고 시동생 현계탁 등의 친척들과 김범우 후손 등의 인척들이 사는 부산 동래로 내려가 살면서 자녀들이 부모의 신앙을 계승해 나갈 수 있도록 그들에게 신앙교육을 철저히 시켰다. 그의 자녀들 중 셋째인 딸 현경련은 17세이던 1810년 가족들과 함께 서울로 올라와 살던 중 그해에 1801년 순교한 최창현의 아들과 혼인했다. 그러나 자식도 없이 남편이 결혼 3년 만에 세상을 떠나자 친정으로 돌아와 삯바느질을 하면서 동생 현석문·어머니 신씨와 함께 열심히 계명을 지키며 신앙생활을 했다.

막내인 아들 현석문은 14세 되던 1810년 가족들과 함께 서울로 올라와 약국을 운영하면서 이경언 등과 교회활동을 시작했으며, 25세 되던 1821년 19세인 교우 김 데레사와 혼인했다. 1827년 정해박해의 여파로 가족들과 함께 강원도 금성으로 피신하여 2년 동안 지내다가 다시 서울로 올라와 가족들과 함께 신앙생활을 하면서 교회활동을 재개했다. 그들 부부는 딸 하나와 아들 현은석을 두었으며, 이 두 남매에게 천주교 신앙을 전승시켰다. 아울러 현계흠의 동생으로 동래에 살던 현계탁, 사촌 동생, 성이 다른 육촌 노선복도 천주교를 믿었다. 이들 중 황사영의 같은 무리[同黨]인 사촌 동생의 성명은 알 길이 없다. 육촌 노선복은 천주교 서적을 받아 온 죄로 1801년 함경도 길주에 유배되었다. 이들은 현계흠을 통해 입교했을 것으로 여겨진다.

현계흠은 주문모 신부가 1797년 4월 이후~1798년 중순경에 회원들이 교리를 익힌 뒤, 교우들과 비신자들에게 교리를 가르쳐, 교우를 깨우치고 비신자들에게 복음을 전파하기 위하여 설립한 명도회의 하부 조직인 여섯 모임 중 한 모임의 지도자로 활동했다. 그리고 명도회 활동의 일환으로 교회의 지도급 신자들과 함께 천주교 서적을 공부하는 자리나 주문모 신부에게 교리를 배우는 자리 등을 자주 가졌다. 아울러 1795년부터 1801년 신유박해 직전까지 신교의 자유를 획득하고 선교사를 영입할 목적으로 추진한 대박청원운동에 깊이 관여하여, 북경에 파견되는 밀사들의 생계유지를 돕는 일과 밀사 파견의 경비를 조달하는 일을 담당했다. 그리고 친인척들이 살고 있는 동래에 가서 주문모 신부와 신도들이 조선에 나오기를 고대하는 서양 대박의 실상을 파악하는 역할도 담당했다.

현경련은 명도회 회원으로 활동하는 데 그치지 않고 여회장을 맡아 여성들로 구성된 명도회의 활동을 모범적으로 이끌었다. 그녀는 기도와 묵상과 독서를 정한 시간에 하면서 자신의 성화에 힘쓸 뿐만 아니라 어리석은 사람들을 가르치고 냉담한 자를 권면하며, 근심 중에 있는 사람들을 위로하고 병자들을 간호하며, 죽을 위험을 당한 비신자 어린이들에게 기회 있을 때마다 대세를 주었다. 또한 그녀는 1833년 말에 유 파치피코 신부가 입국한 뒤에는 여교우의 일을 돕는 복사가 되어 여교우의 일을 많이 보살피다가, 앵베르 주교가 입국한 뒤에는 여회장에 임명되어 여교우들의 일을 보살폈다. 아울러 1839년 5월 29일 포졸에게 잡힐 때까지 앵베르 주교에게 부여 받은 순교자들의 행적을 수집하는 임무를 충실히 수행하여, 훗날 최영수와 현석문이 『기해일기』를 저술하는 데 도움을 주었다.

현석문은 명도회 회원으로 활동하면서 많은 냉담한 자들을 깨우치고 비신자들도 다수 권면하여 입교시키는 등 교회의 보전과 교세의 확대를 위해 힘썼다. 또한 이경언과 함께 성직자 영입을 위해 북경을 왕래하던 정하상을 도왔고, 정하상·유진길·조신철 등과 함께 샤스탕 신부·앵베르 주교 등 선교사들의 영입을 위해 밀사로 활동했다. 그리고 선교사가 없는 동안에 정하상·유진길·조신철 등과 함께 선교사를 대신해 교회를 돌보았고, 샤스탕 신부가 입국한 뒤 그의 복사가 되에 사목 순방을 도왔으며, 서울에서 신자가 매우 많은 공소의 회장을 맡아 보았다.

아울러 현석문은 기해박해 때 앵베르 주교로부터 목자가 없는 동안 교회를 보살피는 책임을 부여 받아 옥에 갇힌 교우들을 돌보았고, 선교사들이 새남터에서 순교한 뒤 그들의 시신을 거두어 노고산에 안장했으며, 경향 각지로 다니면서 냉담하는 자들을 권면하고 흩어진 교우들을 모아 다시 교우촌을 이루어 살도록 돕는 등 교회의 재건을 위해 노력했다. 또한 최영수가 저술하다가 순교로 중단된 『기해일기』의 초고를 수정 보완하여 완성했으며, 1842년 겨울 사행 때 김 프란치스코와 함께 책문에 가서 김대건 부제와 극적으로 접선하여 박해로 끊어진 파리 외방전교회 마카오 대표부와의 연락망을 복원했다. 그리고 1844년 겨울 사행 때 김대건 부제를 맞아들였고, 1845년에 동료들과 함께 김대건 부제를 따라 배로 상행에 가서 김대건 신부의 서품식에 참석한 뒤 타고 갔던 배로 페레올 주교와 다블뤼 신부를 맞아들였다.

김 데레사는 현석문과 결혼한 뒤 명도회에 가입하여 회원으로 활동했다. 그리고 현석문이 회장을 맡고 있는 공소에 선교사의 사목 방문이 있을 때마다 정성으로 선교사를 보살피고 여러 교우들을 인도하여 권면하고 가르쳐 성사를 받게 했다.

1791년 박해 때 배교한 적이 있는 현계흠은 1801년 신유박해 때 동래로 피신했다가 피해가 자신들에게 미칠 것을 우려한 친척들의 요구로 자수하여 배교하고 풀려났다. 그러나 황사영이 체포되면서 그가 대박청원운동에 관여한 사실이 드러나, 10월에 다시 붙잡혀 포도청·형조·의금부에서 차례로 심문을 받으며 믿을 수 없을 고문을 당했으나 모두 영웅적으로 감내하며 신앙을 굳게 지켰다. 그 결과 사형 판결을 받고 10월 24일 서소문 밖에서 참수형을 받아 39세의 나이로 순교했다.

현경련은 1839년 기해박해를 만나 가족들과 두루 피신하다가 5월 29일 체포되어 포도청과 형조에서 차례로 심문을 받았다. 이때 현석문과 샤스탕 신부의 거처를 알아내고 또한 그녀를 배교시키고자 혹독한 고문과 매질을 무수히 가했으나, 그녀는 모두 주님을 위하여 달게 받으며 신앙을 굳게 지켰다. 사형 집행을 위해 형장으로 압송할 때 조금도 두려워하는 기색이 없이 마치 잔치에 나가기라도 하듯 즐거운 마음으로 옥중 교우들과 작별하고 떠났으며, 11월 29일 서소문 밖에서 참수형을 받아 46세의 나이로 순교했다.

현경련이 체포될 때 아들 현은석과 함께 붙잡힌 김 데레사는 포도청에서 심문을 받았다. 이때 현석문과 샤스탕 신부의 거처를 알아내고 또한 그녀를 배교시키고자 혹독한 고문과 매질을 가했으나, 그녀는 굴복하지 않았다. 그러나 중간에 다른 사람이 석방되어 나가는 것을 보고 마음이 흔들려 배교했다가, 뒤에 자신의 잘못을 크게 깨닫고 배교를 취소했다. 그 결과 12월 28일 포도청 옥에서 교수형을 받아 37세의 나이로 순교했으며, 이때 아들 현은석도 포도청 옥에서 순교했다.

김대건 신부가 1846년 5월 12일 체포되면서 윤5월 17일 붙잡힌 현석문은 포도청에서 심문을 받았다. 이때 모든 형벌을 달게 받으며 조금도 굴복하지 않고 신앙을 한결같이 굳게 지켰다. 그리고 7월 29일 사형 집행을 위해 들것에 실려 새남터 형장으로 갈 때 조금도 두려워하지 않고 맑은 정신으로 태연하게 사방을 둘러보며 갔으며, 형장에서 효수형을 받을 적에도 용감하고 의연하게 칼을 열 번이나 받고 50세의 나이로 순교했다.

현계흠 가계의 순교자들은 대부분 명도회 활동을 했다. 그러므로 현계흠 가계의 순교는 명도회의 활동과 깊은 관련이 있다. 1797년 4월 이후~1798년 중순경에 주문모 신부가 설립한 명도회는 회원들이 교리를 익힌 뒤, 교우들과 비신자들에게 교리를 가르쳐, 교우들을 깨우치고 비신자들에게 복음을 전파하는 것을 주된 목적으로 하고 있다. 그리고 이러한 목적에 따라 현계흠 가계의 순교자들은 비신자들에게 복음을 전파하는 전교활동을 활발히 벌였다.

그런데 박해 시기에는 비신자들에게 교리를 가르쳐 복음을 전파하는 활동이 대단히 위험한 일이었다. 위험을 돌아보지 않을 정도로 믿음이 투철하고 굳건하지 않고서는 비신자들에 교리를 가르쳐 복음을 전파하는 활동은 엄두도 낼 수 없었다. 그러한 상황에도 불구하고 현계흠 가계의 순교자들은 전교활동을 활발히 전개했다. 바로 이러한 현계흠 가족들의 투철하고 굳건한 믿음과 그 실천이야말로 그의 가족들을 순교의 길로 이끈 동력이었다고 할 수 있다.

또한 현계흠의 가족들이 매일 아침기도나 저녁기도를 바칠 때 신·망·애 삼덕송을 함께 바치고, 삼덕을 논의한 『성경직해광익』의 내용을 독서하고 묵상하고 실천하면서 천국에 오르고자 하는 열망을 불태운 점도 그의 가족들을 순교의 길로 인도한 동력이었다고 할 수 있다.

〈표 1〉 현계흠 가계도[183]

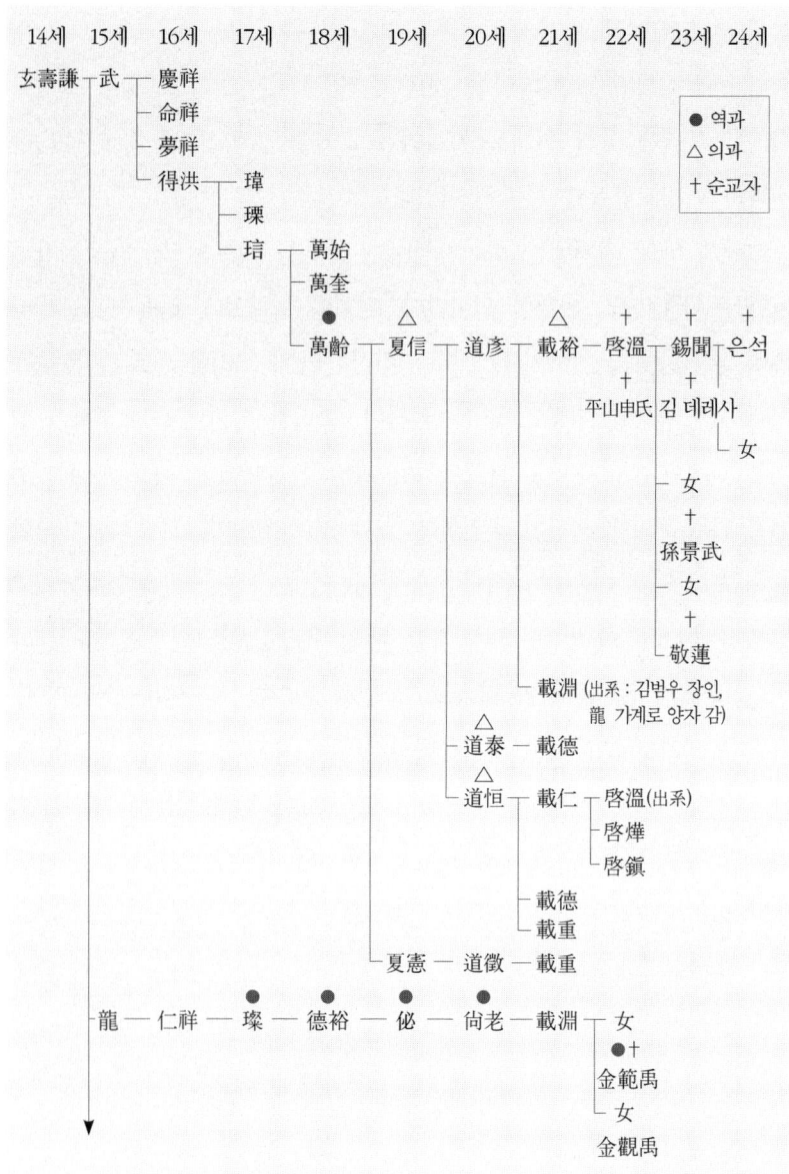

[183] 이 가계도는 손숙경·김양수·김두헌 선생의 논문과 손숙경 선생이 제공해 준 자료를 참고하여 작성했다.

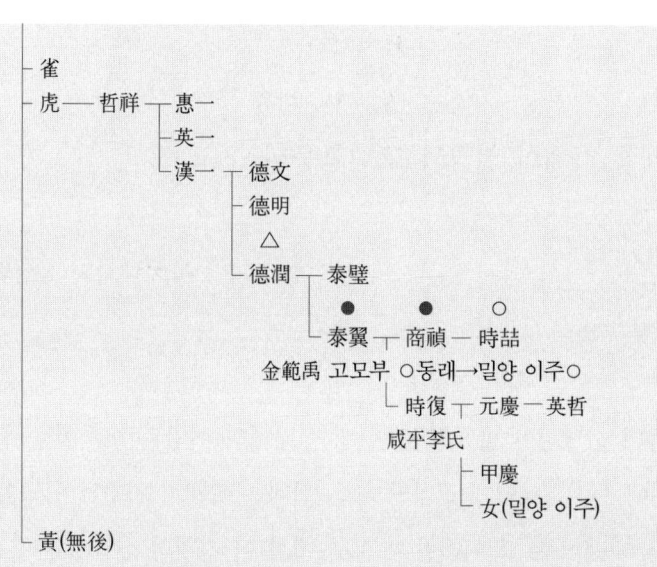

현계흠 가계의 신앙과 교회활동과 순교

논평

현계흠 가계의 신앙과 교회활동과 순교

손숙경 교수 | 동아대학교 석당학술원

서종태 선생님이 발표하신 「현계흠 가계의 신앙과 교회활동과 순교」는 3대에 걸쳐 5명의 순교자가 나온 현계흠 가계의 천주교 입교와 교회활동을 되짚어 보고 이러한 과정 속에서 이 가계의 신앙생활과 순교의 의미를 찾아보고자 한 글입니다. 그리고 이를 통해 조선 후기 천주교 박해기 순교자들의 모습과 형태를 살펴보았습니다.

현계흠 가족의 모습은 한국 천주교회의 순교사를 이야기해 줄 수 있는 매우 소중한 부분입니다. 그럼에도 불구하고 천녕 현씨 가계와 천주교와의 관계에 대해서는 본격적으로 논의되지 않았습니다. 그러므로 조선시대 대표적인 중인 가문으로 잘 알려진 천녕 현씨 가문의 여러 가계 중 천주교를 수용하여 순교한 현계흠이 속한 가계를 분석하여 이 가계 구성원들의 행적을 밝힌 것은, 이제까지 이 가계 순교자 개인의 각각 단편적으로만 알려져 있던 사실을 종합적으로 분석하여 파악한 점에서 이 논문이 큰 의미가 있습니다.

또한 이 발표는 조선 후기 천주교 신자들에 대한 자료가 상대적으로 부족한 점을 고려할 때, 이들의 교회활동에 대한 논의 전개에서 설명보다는 기술이 당시 역사를 재현하고 전달하는 데 나을 것입니다. 이러한 점에서 이 글은 적절하다고 여겨집니다. 그러므로 여기에서는 논의를 좀 더 진행시키자는 차원에서 의문나는 점과 덧붙여 생각해야 되는 부분에 관해 몇 가지만 말씀드리겠습니다.

첫째, 천녕 현씨 가계는 앞서 말한 바와 같이 조선 후기 전형적인 중인 가계의 하나로 주목되어 왔습니다. 그리하여 현전하는 천녕 현씨와 관련한 자료들을 활용하여 다른 중인 가계들에 비해 비교적 많은 연구가 이루어져 왔습니다. 이러한 연구 성과를 토대로 조선 후기 중인 가계의 실체와 그들의 사회적 성격이 어느 정도 밝혀졌습니다. 따라서 현계흠 가계의 천주교 수용과 관련하여 조선 후기 중인층의 동향과 이들의 사회적 연망에 대한 내용을 좀 더 보충한다면 이 가계의 천주교 입교와 전교, 이후 교회활동과 관련한 서술이 좀 더 풍요로워질 것이라 여겨집니다.

둘째, 현계흠의 천주교 입교와 관련하여 김범우와의 연관성을 설명하셨는데 이것은 설득력이 있다고 여겨집니다. 이에 대해 김범우 순교 이후 김범우의 후손들과 천녕 현씨와의 교류와 연망을 설명하면 논증이 좀 더 명확해질 것 같습니다. 이와 관련하여 천녕 현씨 가계 중 역관을 많이 배출한 또 다른 계열의 구성원은 왜관에 역관으로 와서 동래에 거주하였고 이후 그 후손들이 동래에 거주하였습니다. 현계흠이 1797년 동래에 와서 서양 선박을 살펴보았을 때와 현계흠의 순교 이후 그의 부인이 두 남매를 데리고 동래로 와서 약 9년 정도 거주하였을 당시 동래에 거주한 천녕 현씨 가문은 밀양에 거주하고 있던 김범우의 후손들과 연망관계를 가지고 있었던 것으로 보입니다. 따라서 이들의 관계를 좀 더 살펴보는 것이 필요할 듯합니다.

셋째, 현계흠 가족 즉, 그의 부인, 아들 현석문, 며느리 김 데레사, 딸 현경련, 손자 현은석 등이 천주교 박해 속에서도 신앙생활을 열심히 하며 끝내 순교까지 하게 되는 신심을 가질 수 있었던 원동력은 무엇이었을까요? 이에 대해서도 좀 더 서술하면 좋을 듯합니다.

넷째, 천녕 현씨 가계의 천주교 수용을 조선 후기 중인층의 천주교 수용과 관련하여 생각해 본 의문입니다. 신분제 사회인 조선에서 중인은 지배 엘리트인 양반의 주변부에 위치하였지만, 이들은 대민 지배를 받는 위치에 있지는 않았습니다. 다시 말하면, 조선의 지배 질서에서 중인은 양반과 마찬가지로 지배층의 범주에 있다고 할 것입니다. 제임스 팔레의 연구를 참조하면, 조선 후기 사회는 양반 엘리트 중심의 지배 질서가 흔들리기보다는 보다 견고해지고 안정화된 사회체제였다고 합니다. 따라서 양반은 조선의 지배 질서를 구축하고 안정화하는 데 주요한 역할을 했다고 말할 수 있을 것입니다. 그렇다면 양반에 비해서는 주변적이지만 지배층의 범주에 속한다고 할 수 있는 천녕 현씨와 같은 중인층이 불안정한 미래와 직결되는 천주교를 선택한 이유는 무엇일까? 중인들이 초창기 천주교를 신앙이 아닌 학문으로 받아들였던 것은 새로운 문물의 수용에 민감했던 이들의 집단 특성으로 설명할 수 있을 것입니다. 하지만 조선 정부가 천주교를 지배 질서를 위협하는 사교(邪敎)로서 규정한 이후에도 죽음의 위험을 무릅쓰고 이들 집단이 천주교 신앙에 대한 믿음을 유지했던 것은 어떻게 설명할 수 있을까요? 다시 말하면, 천주교를 받아들였던 천녕 현씨와 같은 중인 집단들에게 어떤 의미로 다가왔는가라는 근본적인 물음을 제기해 볼 필요가 있다고 생각합니다. 왜냐하면 개항 이후 천녕 현씨 집안에서는 조선 정부의 근대화 정책에 발맞추어 정부에서 파견된 국비 유학생으로 일본에 다녀와 입신출세를 도모한 인물들이 적지 않게 배출되었기 때문입니다. 천주교를 통해 박해받았던 천녕 현씨 집안의 구성원은 불과 몇 년 뒤 조선 정부의 근대화 정책에 한 발 앞장섰고 한말 식민지 시기 안정화된 입신출세를 추구하였던 것입니다.

감사합니다.

박해시대 이윤하 가족의
신앙생활과 순교

강 석 진 신부
한국순교복자성직수도회 순교영성연구소 소장

1. 서론
2. 이윤하 가계와 천주교의 관계
3. 이경도 형제의 신앙 실천
4. 이경도 형제의 신앙 특성
5. 결론

1. 서론

조선 후기 천주교는 전래와 더불어 가족 단위로 신앙을 수용했다. 가족 구성원이 중심이 되어 가정 안에서 천주교 신앙을 전수했고, 신앙을 실천했다. 천주교 박해가 일어났을 때 많은 경우 가족 단위로 신앙을 수용했던 이들이 체포된 후 순교했다. 이처럼 박해 시기에 가족 단위의 순교자들이 많았던 이유는 조선시대 사회가 '효'를 중심으로 집단체계를 이루었기 때문이다. 하지만 박해와 죽음 앞에서 단지 가족이기에 죽어야 했고, 순교자가 된 것이라면 설득력이 부족하다. 박해 시기 가정 안에서의 신앙 실천은 가족 구성원이 순교를 결행하는 데 중요한 영향을 미쳤다. 이 논문은 순교의 동인(動因) 가운데 하나로 가족의 신앙생활을 밝히는 데 그 목적을 두고 있다.

당시 가정 안에서 천주교 신앙을 실천했던 이들은 조선 사회가 지향하는 '효'와 '충'에 관한 성리학적 가치를 수용하면서, 그 위에 천주교 신앙을 접목시켜 나갔다.[1] 이는 천주교 신자들이 하느님에 대한 믿음만큼이나 부모에 대한 '효성(孝誠)'과 임금에 대한 '충성(忠誠)'을 고백했던 사실을 통해서 입증된다. 특히 천주교 신자들이 박해 당국자 앞에서 '효성'과 '충성'의 근거는 '천주십계(天主十戒)' 중 4계명에 있다고 고백했는데,[2] 이것은 가정 안에서 천주교 신앙 실천에서 비롯된다.

---

[1] 조광, 「한국에 있어 효사상의 성립과 전개 : 조선조 효 인식의 기능과 그 전개」, 『한국사상사학』 vol.10, 1998: 「조선 후기 서학사상의 사회적 기능」, 『한국근대사논집』, 오세창교수화갑기념논총간행위원회, 1995; 김진소, 「호남지역 신앙공동체의 특성 : 박해시대 호남천주교회사를 중심으로」, 『신학전망』 147호, 광주가톨릭대학교 신학연구소, 2004.

[2] 이상식 역주, 『추안급국안』 73권, 신유(1801, 순조1) 2월 12일, 「홍낙민 심문 기록」, 흐

천주교 신자들이 유교적 가치 규범과 천주교 신앙을 상호보완하면서 믿음살이를 할 수 있었던 것은 '모든 인간은 하느님의 피조물'이라는 교리 내용에 근거를 두고 있다. 이것은 당시 보급된 한글 서학서에서 '인간이란 천주교 신자나 외교인이거나를 불문하고 모두가 하느님의 모상(模像)'임을 강조했던 것에서도 확인할 수 있다.[3] 하느님의 모상으로 창조된 인간은 그 자체로 귀한 존재이며, '천주를 대신하여 이 세상에 있는 귀한 존재'도 된다고 보았다.[4]

　　이러한 교회의 가르침은 천주교 신자들 사이에서 가족 윤리에 대한 새로운 개념을 형성했다. 특히 '하느님은 아담과 하와에게 자식 낳는 능력을 주셨고, 온 세상 사람들은 모두가 다 그의 후손이므로 모든 사람은 하느님에게서 난 형제'라는 인식은[5] 유교적 가치체계 안에서 가부장제와 종법제를 바탕으로 하는 父子 중심의 수직적 관계에서 남녀 평등과 부부 중심의 수평적 관계로 변화시켰다.[6] 또한 이러한 변화는 '모

름출판사, 2014, 85쪽. "일찍이 이전 상소에서 십계(十戒)의 그릇됨을 논하였지만, 십계 안에 있는 '부모에게 효도하고 임금에게 충성하라'는 것은 올바릅니다."[供日 曾前上疏 論十戒之非 而十戒之中 如孝於親忠於君 則爲是矣]

[3] 『텬쥬셩교공과』, 「셩교] 대행ᄒ기를 구ᄒᄂ 경」, 제2권 11 ab. "텬쥬여 싱각ᄒ쇼셔. 모든 외교인의 령혼이 다 제가 내신바] 오 또 네 모샹으로 내신 바라"

[4] 『셩경직히』, 「강림후팔쥬일」, 권6, 102a. "이긍이 곳 쥬의 모샹이라 ᄒ시니 귀ᄒ다 이긍ᄒᄂ 사름의 귀홈이여 텬쥬를 디신ᄒ야 셰샹에 잇시니라"

[5] 빤또하 저, 박유리 역, 『칠극』, 일조각, 1998, 130쪽. "하느님은 모든 사람들의 할아버지이다. 그리고 대인이든 소인이든 모두 다 하느님이 낳아서 사랑으로 기른 손자이다.": 정약종, 『쥬교요지』하, 39 a. "텬쥬] 두 사람의게 ᄌ식 낫ᄂ 능을 주샤 ᄌ식을 나흐니 보텬하 억만 사름이 다 그 조손이 되는 고로 우리 사름이 서로 ᄉ랑ᄒ기를 ᄒ 부모의게로 난 동싱갓치 ᄒ게 ᄒ심이라"

[6] 조광, 「조선 후기 서학서의 인간관계에 대한 이해」, 『구중서 교수화갑기념사학논총』, 1996 참조.

든 인간은 한 형제'이므로,[7] '인간이 자신의 형제를 업신여길 수 없다'는[8] 교리 내용을 가정 안에서 습득했고, 이는 이웃에 대한 사랑과 관심으로 확대되었다.

논문에서는 이윤하 가족을 통해 서학에 대한 이해와 함께 신앙으로 수용하고 실천했던 과정을 볼 것이다. 이윤하는 초기 신앙공동체 형성에 어느 정도 기여한 인물이지만, 순교자는 아니다. 하지만 그의 다섯 명의 자녀 중 세 명이 신앙을 증거하며 순교했다. 이는 결국 가정 안에서 평소 실천해 온 신앙 실천이 순교를 결행하는 동인을 형성하는 데 모범이 되었다고 판단했다. 그러므로 가족의 신앙생활을 확인하면서, 가정 안에서 신앙 실천이 자녀들에게 미친 영향을 살필 것이다.

이 작업을 위해서 『이순이 루갈다 남매 옥중편지』는[9] 주요 사료다. 이를 통해 이윤하 가족의 전반적인 신앙생활과, 가정 안에서 신앙 실천이 순교를 결행하는 데 중요한 동인임을 밝히고자 한다. 이것으로 오늘날 현대사회 안에서 가족의 신앙생활과 신앙 실천의 중요성을 다시금 재확인할 것이다.

또한 논문 작업을 위해 사용한 관찬 사료로는 『조선왕조실록(朝鮮王

---

7 마테오 리치, 송영배 외 역, 『천주실의』, 서울대학교출판부, 1999, 216쪽. "모두가 천주 '하느님'께서 낳아 기르시는 백성들이요 만물들이나, 바로 자기의 본분대로 그것들을 모두 절실히 사랑하고 불쌍히 여기는 것이 마땅하다고 여깁니다."

8 『셩경직회』, 「강림후12쥬일」, 권7, 22b·23a. "사룸을 의론ᄒ면 보텬하 사룸을 도모지 포홉ᄒ니 혹 친ᄒ거나 혹 소ᄒ거나 굿흔 디방이나 다른 디방이나 다 텬쥬의 주식이라 … 셰샹 사룸은 다 텬쥬의 주식이라 동종되니 경에 홍샹 사룸을 형뎨라 닐ᄋ신 연고니라 경에 또 서로 해ᄒᄂ 쟈룰 깁히 쳑ᄒ야 굴ᄋ샤티 모든 사룸의 공변된 아비ᄂ ᄒ나이라 텬쥬ㅣ시니 네 오리려 감히 형뎨를 업수히 넉이ᄂ냐 ᄒ시니라"

9 김진소 편저, 양희찬·변주승 옮김, 『이순이 루갈다 남매 옥중편지』, 디자인흐름, 2010.

朝實錄)』,『사학징의(邪學懲義)』,『추안급국안(推案及鞠案)』,『일성록(日省錄)』,『승정원일기(承政院日記)』 등과 이 시기 천주교를 비판하던 유학자의 기록인 이만채의『벽위편(闢衛編)』 등의 내용을 참고했다. 그리고『남보(南譜)-예(禮)』와『성호전집』 등은[10] 이윤하 집안의 학풍과 가계를 살피는 중요한 자료가 되었다. 교회 측 기록으로는 다블뤼(Daveluy, 1818~1866)의『조선 주요 순교자 약전(Notices des Pricipaux Martyrs de Corée)』과『조선 순교자 역사 비망기(Notes pour l'histoire des martyrs de Corée)』, 그리고 달레(Dallet, 1829~1879)의『한국천주교회사(Histoire de l'Église de Corée)』 등이 있다. 그리고 당시 천주교 박해 상황을 확인할 수 있는 자료로 황사영(1775~1801)의「백서(帛書)」와 신자들 사이에서 널리 읽혔던『주교요지』 등도 중요한 참고 자료가 되었다.

이 부분에 대한 연구 업적을 살펴보면, 이순이를 중심으로 연구한 단행본으로 김성봉과[11] 정병설의 연구가 있다.[12] 영성신학자인 김성봉은 이순이와 유중철을 중심으로 그 집안 내력과 함께 동정부부의 영성을 다루었다. 국어학자인 정병설은 이순이 서한을 통해 편지 수신인과 편지 속에 등장하는 이순이 집안 식구들, 그리고 유중철 집안의 인물들을 조명하였다. 그 밖의 일반 논문으로 이윤하 집안에 관한 연구로 유홍렬의 연구가 있다.[13] 그 논문에서는 이수광의 생애와 서학에 대한

---

10 한국고전번역원,『성호전집』 1~17집, 한국고전번역원, 2010.
11 김성봉,『초남이 동정 부부』, 가톨릭출판사, 2012.
12 정병설,『죽음을 넘어서-순교자 이순이의 옥중편지』, 민음사, 2014.
13 유홍렬,『韓國社會思想史論攷』, 일조각, 1980, 160~202쪽:「李睟光의 生涯와 그 後孫들의 天主教 信仰」,『한국천주교회사논문선집』 제1집, 한국교회사연구소, 1976,

관심, 그리고 그 후손(이경도 형제)까지 다루고 있다. 그 밖에 이순이에 대한 연구 논문 몇 편과[14] 이경언(1790~1827)에 대한 연구가[15] 있다.

지금까지 이윤하 집안과 관련된 연구는 복자품에 오른 특정 인물의 덕행이나 영성에 집중되었다. 하지만 이경도 형제가 박해 시기 동안 순교를 결행하는 데 영향을 미친 동인을 심층적으로 분석하는 데는 부족한 면이 있었다. 이 논문은 가족의 신앙생활이 순교에 미친 영향을 확인하기 위해 이윤하 집안과 그 자녀들의 순교 사실을 확인한 후, 이윤하 집안을 통해 가정 안에서 신앙 실천이 순교에 미친 영향과 그 동인을 분석한다. 그러나 이 본문은 이경도 형제의 순교 동인 중 가족의 신앙생활에만 치중했기 때문에, 그 외의 다른 요인 분석은 논문의 한계로 인정하며 추후 계속적인 연구가 필요함을 밝힌다.

157~211쪽.

14 김옥희, 『순교자 이순이 루갈다의 삶과 그 영성』, 한국학술정보, 2007; 정인숙, 「이순이(누갈다)의 사상과 영성」, 『한국교회사논문집』I, 한국교회사연구소, 1987; 유종국, 「이순이 서간의 표현 양식 : 치명, 그 숭고한 비장미」, 『한국사회와 천주교 : 천산 김진소 신부 고희기념논총』, 디자인흐름, 2007; 유종만, 「이순이와 성김대건 신부의 영성 : 서간에 나타난 사상을 중심으로」, 『한국가톨릭 문화활동과 교회사』, 한국교회사연구소, 1991; 정두희, 「이순이 루갈다의 순교와 남긴 편지들」, 『세계의 신학』, 1997; 김지애, 「조선 후기 천주교 전래가 여성 신자들의 결혼관 및 가족관에 끼친 영향 - 이루갈다 동정 부부의 삶과 순교를 중심으로」, 경희대학교 석사학위논문, 1998; 이희옥, 「전라도 천주교전래와 이순이 루갈다의 순교」, 전주대학교 교육대학원 석사학위논문, 2010; 이민식, 「한국교회사에 나타난 동정부부의 영성 : 이순이·유중철 부부와 권 데레사·조숙 부부를 중심으로」, 가톨릭대학교 문화영성대학원 석사학위논문, 2010; 하태진, 「이순이 루갈다의 동정관 형성에 관한 연구」, 광주가톨릭대학교 석사학위논문, 2007.

15 한건, 「이경언의 옥중서간에 대한 고찰」, 『신앙과 삶』, 부산가톨릭대학교출판부, 2004.

2. 이윤하 가계와 천주교의 관계

이수광(李睟光, 1563~1628)의 후손인 이윤하(李潤夏, 1757~1793)는 이추(李硾)의 장남으로 태어났다. 그리고 종손 이극성(李克誠, 1721~1779)이 아들이 없자, 이윤하는 11세(1768)[16] 때 이극성에게 양자로 갔다.[17] 이윤하는 성장한 후 권철신의 여동생과 결혼하여 6남매를 낳았다. 6남매 중에 3명의 자녀는 천주교 신앙을 증거한 후 순교했다.

이윤하 가정의 신앙생활이 순교에 미친 영향을 우선적으로 살펴보기 위해, 이윤하의 부친 이극성과 모친 이씨를 시작으로 이윤하 집안의 가풍을 확인해 보고자 한다.

이윤하의 부친인 이극성은[18] 이익(李瀷, 1681~1763)의 사위이며,[19] 이익의 제자들과 교류했던 인물이다. 그는 이익과 오래전부터 가깝게 지

---

16 『承政院日記』, 순조 원년 10월 15일. "… 五代祖故領議政貞肅公聖求之宗孫故衛率克誠無嗣, 往在戊子, 取族潤夏爲後"

17 『景淵堂先生文集』, 「附錄」, "公無嗣。取從父昆弟子漢輔子之。晚有側室子。曰漢陟。漢輔生三男二女。德冑, 惠冑, 憲冑。皆以文章世其家。德冑尤高雅著稱。婿鄭熙佐, 權景彦幷進士。曰磐, 曰李東著妻。德冑出也。曰硾。惠冑出也。曰, 曰矼, 曰, 曰金相贄妻。憲冑出也。年十餘。以孝賜米。卒不勝喪夭。磐之子曰正夏。二女適人。硾之子曰潤夏, 寅夏。潤夏爲貞肅公宗孫克誠後。"; 『樊巖先生集』 卷之五十, 「墓碣銘」, "取從姪子漢輔子之。側室子曰漢陟。漢輔三男。德冑, 惠冑, 憲冑"

18 이용휴·박동욱 역주, 『혜환 이용휴 산문전집』, 소명출판사, 2007. "[題明史總綱後](『명사총강』 뒤에 쓰다) 이극성은 字가 유일(幼一)이고, 초명은 존성(存誠), 號는 고재(睾齋)다.": 이극성의 저서 『명사총강(明史總綱)』, 『경원록(景遠錄)』 등은 현존 여부를 확인할 수 없다.

19 『성호전집』 17, 앞의 책, 309쪽. 부록 제1권, 「墓碣銘 幷序」, [채제공(蔡濟恭)], "一女適衛率李克誠"

냈는데, 이는 이익의 문집에서 확인할 수 있다.[20] 특히 이익은 사위 이극성에 대해서 '(이극성) 성품은 고요하면서 문재(文才)가 있어 성균관 진사로 뽑혀 가통(家統)을 계승했다'고 언급했다.[21] 이익은 다른 문집에서도 사위 이극성의 인품에 대해서 칭찬한 것으로 볼 때[22] 당시 이극성과 그 집안의 가풍(家風)을 확인할 수 있다.

이극성의 아내이자 이윤하의 모친 이씨는 이익의 둘째 부인인 사천 목씨(泗川睦氏)에게서 태어났다.[23] 이윤하의 모친 이씨는 어린 시절, 자신의 부친이면서 근기 남인의 종장인 이익에게 가족 규범의 중요성을 배우고 익혔다.[24] 이익은 평소 '행하고 남은 힘이 있거든 학문을 하라'는 공자의 말을 근거로 삼아, 덕을 이루어 성인이 되는 공부를 지(知) 중심

---

[20] 『성호전집』 16, 앞의 책, 217~224쪽. 제63권, 「墓誌銘」, 「大司成李公墓誌銘 幷序」: 성호는 이한종의 동생 이한조의 장남 이영주에 대해서도 칭찬을 아끼지 않았다. 『성호전집』 14, 앞의 책, 404~405쪽. 제55권, 「제발(題跋)」, 「탄은고발(誕隱稿跋)」: 성호는 이극성의 부친 이계주의 「墓誌銘」에도 썼는데 여기서도 이계주에 대해서 칭찬을 아끼지 않고 있다. 『성호전집』 16, 앞의 책, 330~332쪽. 제65권, 「墓誌銘」, 「通德郎李公墓誌銘 幷序」.

[21] 『성호전집』 16, 앞의 책, 332쪽. 제65권, 「墓誌銘」, 「통덕랑 이공 묘지명 병서[通德郎李公墓誌銘 幷序]」 "…이극성은 성균관 진사로 뽑혔고, 성품이 고요하고 문재가 있어 가통을 넉넉히 계승하였다."

[22] 『성호전집』 14, 앞의 책, 47~49쪽. 제52권, 서(序), 「관이재서문[觀頤齋序]」, "계주가 나의 아들과 형제처럼 지내므로 그 가문의 법도를 자못 자세히 알고 있는데, 매번 들를 때마다 감탄하는 마음이 일지 않은 적이 없었다. 그 아들 이극성(李克誠)으로 하여금 조용하고 편하게 기거하도록 하였다고 한다. 이극성은 바로 나를 장인이라고 부르는 자이다. 어질고 문장이 있어서 약관에 벌써 진사가 되었는데 더욱 부지런히 공부에 힘썼으며 성품 또한 조용하니 집안의 어른들이 모두 그를 지목하여 지봉공(芝峯公)의 유풍이 있다고 말하였다."

[23] 『성호전집』 17, 앞의 책, 279·282·300·309·329쪽.

[24] 李成茂, 「星湖 李瀷의 生涯와 思想」, 『朝鮮時代史學報』 vol.3, 조선시대사학회, 1997, 113~114쪽 참조.

에서 행(行) 중심으로 바꾸고자 했다. 이익은 가정 안에서 효제 중심의 공부에 힘썼고, 교재도 논어와 효경을 주된 것으로 보았다. 이윤하의 모친 이씨는 부친으로부터 실천을 중시하는 학문적 영향을 받았고, 가정 안에서 이러한 교육을 받고 성장했다.[25]

특히 이익은 가정 안에서, 서민을 대상으로 하는 가례규범을 재정립하고자 노력했고, 자신의 외동딸을 이극성에게 시집보내는 과정도 규범으로 작성했다.[26] 이익이 만든 가례규범의 큰 특징은 『주자가례』의 체제에 따르면서도 조선 예학의 성과와 고례(古禮)를 이용하여 보완했고, 서민의 신분이 준행하는 가례의 형식을 제시했던 것이다.[27] 이는 이익이 일반 백성을 위해서 '신분에 맞는 예제의 준행'과 '불필요한 비용의 절약'에 초점을 두고 전개한 것이다.[28] 이윤하의 모친 이씨는 당시에 서민이 겪는 현실적인 문제를 고민하고, 이를 도우려는 부친의 노력을 알고 있었다.

이극성과 부인 이씨와 서학서와의 관계를 살펴보면, 우선 조선에 가장 먼저 천주교를 소개한 인물이 이극성의 6대조이며 『지봉유설』을 쓴 이수광이었다.[29] 그리고 이씨의 부친이자 실학자였던 이익은 17세기 초

---

25 서종태, 「성호학파의 양명학과 천주교」, 『동양철학연구』 제27집, 동양철학연구회, 2001, 123쪽.

26 『성호전집』 13, 앞의 책, 118~127쪽 참조. 제48권, 「雜著」, 「嫁女儀」

27 이봉규, 「실학의 예론-성호학파의 예론을 중심으로」, 『한국사상사학』 vol.24, 한국사상사학회, 2005, 106쪽 참조.

28 전성건, 「조선 후기 예론의 변동과 분화」, 『조선 후기 사족과 예교질서』, 소명출판사, 2015, 30쪽.

29 유홍렬, 「李睟光의 生涯와 그 後孫들의 天主教 信仰」, 앞의 책, 183~197쪽 참조. 이수광은 『지봉유설』에서 마테오 리치의 『천주실의』를 소개하면서, 천주교 교리 내용을 소개

부터 조선에 전래되기 시작했던 서학에 큰 관심을 갖고 있었고, 이익에 의해 서학에 대한 인식 수준이 한 차원 높은 단계로 전환됐다.[30] 특히 이익은 서양 과학에 대해 긍정적인 입장뿐 아니라, 서학의 천주교 교리에 대해서 비판적 배척과 함께 윤리적 문제에 대해서는 긍정하는 입장을 제시했다.[31] 이러한 서학에 대한 이익의 입장은 제자들에게 영향을 미쳐, 제자들 중에서 서양 과학뿐 아니라, 천주교 신앙을 수용한 이들이 등장하기 시작했다.[32] 이는 이익의 제자들뿐 아니라, 이익의 가족들에게도 영향을 미쳤다.

이윤하 집안은 부친 이극성 이전부터 중국에서 들여온 서학서(西學書)에 기본적인 관심을 가지고 있었다. 이러한 집안 분위기는 자연스럽게 서학에 대한 개방적인 학풍으로 이어져 마침내 이윤하에 이르러 천주교 신앙과 관계를 맺었다.[33] 이윤하는 자신의 외조부인 이익의 제자이자 당시 서학에 깊은 관심을 가지고 있었던 녹암 권철신(權哲身, 1736~1801)의 문하에서 가르침을 받게 되었고, 그 후 천주교 신앙을 실

했다.

30 서종태, 「星湖學派의 天主敎 수용 과정」, 『누리와 말씀』 23, 인천가톨릭대학교 복음화연구소, 2008, 36쪽 참조. 성호는 집안에서 전해 내려오는 서적 중에 천문(天文)·역법(曆法)·지리(地理)·지도(地圖)·수리(水理)·의학(醫學)·천주교(天主敎) 등의 내용이 들어 있는 25종의 서학서를 읽었던 것으로 확인된다. 뿐만 아니라 성호는 자신이 읽은 한문 서학서에 대해 논평한 「발천문략(跋天文略)」, 「발직방외기(跋職方外紀)」, 「발천주실의(跋天主實義)」, 「칠극(七克)」 등의 글을 남겼다.

31 성호가 언급한 서학 윤리서로는 『交友論』과 『七克』이 있고, 천주교 교리서로는 『天主實義』와 『主制群徵』을 들 수 있다.

32 금장태, 「星湖 李瀷의 西學인식」, 『동아문화』 제38집, 서울대학교 동아문화연구소, 2000, 3~5쪽 참조.

33 유홍렬, 『韓國社會思想史論考』, 앞의 책, 193~194쪽 참조.

천해 나갔다.³⁴

여기서 이윤하와 천주교 신앙의 수용과 실천에 대해서 살펴보면, 『사학징의』에 이윤하의 아들 이경도에 대한 심문 기록이 있다. 거기에 있는 이경도의 진술을 보면, 그는 "어릴 때부터 집안에 서학책이 있어 접할 수 있어서 항상 보고 읽혔다."고 한다.³⁵ 이는 이윤하 집에는 집안 대대로 전해 내려오는 천주교 서적들이 있었음을 살필 수 있다.

또한 정약전(丁若銓, 1758~1816)의 「묘지명(墓誌銘)」에서도 이윤하에 대해서 확인할 수 있다.³⁶ 거기에서 정약전은 1776년 무렵에 서울에 살면서 이윤하와 함께 이승훈(李承薰, 베드로, 1756~1801), 김원성과 친분을 맺었고, 이익의 학문을 계승하고자 권철신의 문하에 들어갔다.³⁷ 「묘지명」에는 1779년 주어사 강학 내용과 함께 참석자 명단이 있는데, 거기에 이윤하의 이름이 없다. 하지만 당시 정약전과 강학 참석자들의 전체적인 관계를 볼 때 이윤하도 그때에 강학에 참석했다고 보는 것이 타당하다.³⁸

---

34 조광 역주, 『사학징의』, 한국순교자현양위원회, 2001, 115쪽.

35 『사학징의』, 앞의 책, 241~242쪽.

36 『與猶堂全書』 3, 문집Ⅱ, 「先仲氏墓誌銘」, 다산학술문화재단, 2012, 242쪽. "공은 … 서울의 젊은 사류(士類)들과 교유(交遊)하며 견문을 넓히고 뜻을 고상(高尚)히 가져 이윤하(李潤夏)·이승훈(李承薰)·김원성(金源星) 등과 굳은 친분을 맺고, 성옹(星翁) 이익(李瀷)의 학문을 전수(傳授)받아… "

37 서종태, 「選菴 丁若銓의 實學思想」, 『동아연구』 제24집, 서강대학교 동아연구소, 1992, 273~279쪽 참조.

38 『與猶堂全書』 3, 문집Ⅱ, 「先仲氏墓誌銘」, 앞의 책, 242쪽; 『추안급국안』 73권, 앞의 책, 신유(1801, 순조1) 2월 14일, 「정약전 심문 기록」, 120쪽. "矣身 最初甲辰年 李承薰妖書持來之後 果得見其書(下略)"

이후 정약전은 1784년에 이승훈으로부터 영세를 받았고,[39] 이 시기에 이윤하도 "마태오"라는 세례명으로[40] 입교했다고 추정할 수 있다. 이러한 사실은 이윤하와 이승훈과의 관계에서도 뒷받침된다. 이윤하는 이익의 딸을 모친으로 모셨는데, 이승훈은 이익의 종손(從孫)인 이가환의 생질(甥姪)이므로, 이승훈은 이윤하와 인척관계에서 조카가 된다. 그리고 1784년 이승훈을 중심으로 천주교 신앙공동체가 형성되었고, 이 시기에 이승훈과 가깝게 지냈던 이윤하는 정약전과 함께 세례를 받았을 것이다. 1801년 박해 때 체포된 최창현(崔昌顯, 요한, 1754~1801)의 추국청 심문 기록에서 1784년 겨울에 천주교에 입문한 사람들의 명단 중에 이윤하의 이름이 있다는 사실이 이를 증명한다.[41]

또한 이윤하가 천주교 신앙공동체 안에서 어느 정도 관여하고 있다는 사실은 1785년(정조9)에 김범우(金範禹, ?~1787) 집에서 거행된 종교 집회 사건에서 확인할 수 있다.[42] 이 사건은 중인 출신의 집주인 김범우만 감옥에 가두고 나머지 사람들을 훈방하는 데에서 마무리되자, 이윤하를 비롯한 신자들이 형조로 찾아가서 김범우의 석방과 성화상

---

39 조광, 『朝鮮後期 天主敎使 硏究』, 고대민족문화연구소, 1988, 59쪽.
40 윤민구 역, 「조선 천주교 신자들이 북경 주교님께 올린 편지」, 『윤유일 바오로와 동료 순교자들의 시복 자료집』 제5집, 천주교 수원교구 시복시성추진위원회, 2000, 193쪽.
41 『추안급국안』 73, 앞의 책, 48쪽, 「최창현 심문 기록」, "…정약전·정약용·소아과 의원인 김종순·성(姓)은 이씨인데 이름은 알지 못하고 자(字)가 시보(時甫)라는 사람·최인길·권일신·권일신의 아우인데 이름을 알지 못하는 사람, 이가환의 생질 신여권과 함께 요사스런 책을 공부했습니다."
42 최기복, 「조선조 천주교회의 제사금령과 다산의 조상 제사관」, 『한국교회사논문집』 II, 한국교회사연구소, 1985. 143쪽.

의 반환을 요구했던 일이 발생했다.⁴³ 당시 천주교를 사학으로 규정하던 시기에, 이윤하의 행위는 그가 당시 천주교 신자공동체 안에서 상당한 역할을 하고 있었음을 말해 주고 있다.

그리고 『정조실록』에 관학 유생 송도정(宋道鼎) 등이 상소한 내용이 있다. 상소문에는 이윤하가 권철신의 이름과 나란히 있고, 당시 유생들 사이에서 그가 사학을 전수하고 익히는 데 중요한 역할을 하는 인물로 파악했다.⁴⁴ 또한 '홍낙안이 채제공에게 보낸 편지'에서도⁴⁵ 홍낙안은 이윤하가 부조(父祖)의 제사를 폐한 것과 관련하여 논란이 있음을 언급하였다. 이로써 이윤하는 사학(邪學)과 관련하여 조선 정부에서 주목하던 인물임을 알 수 있다.

1791년 박해 이후 정약전은 천주교 신앙을 끊었으나, 이윤하는 그 이후에도 천주교 신앙을 실천했다. 이를 확인할 수 있는 근거로 『승정원일기』에 이윤하의 파양(罷養)⁴⁶ 기사가 있다. 거기에는 이윤하와 11촌 친족인 이돈성(李敦誠)과 여러 후손들이 조선 정부에 연명으로 올린 글이 있다. 그 내용 중에는 '이윤하가 사학에 오염되어 제사를 폐기하기에 이르렀고, 집안에서는 이를 발견하지 못한 채 귀신이 벌을 내려

---

43 李晩采,「李龍舒等 通文」,『闢衛編』, 27쪽; 金時俊 譯,『天主教傳教迫害史(闢衛編)』, 國際古典教育協會, 1984, 95~96쪽.

44 『正祖實錄』, 정조 15년(1791, 신해) 11월 6일 "館學儒生宋道鼎等上疏曰: 李承薰之貿册, 乃其作俑之凶, 權日身之教主, 卽護法之賊也。其餘權哲身,李潤夏及轉相傳習者, 一以王章待之。申史源之守土庇護之罪, 宜不容姑緩而不論也明矣."

45 李晩采,「洪注書上蔡左相書」,『闢衛編』, 32~33쪽; 金時俊 譯,『天主教傳教迫害史(闢衛編)』, 國際古典教育協會, 1994, 116쪽.

46 '입양과 파양'에 관한 논문으로는 안영하,「15~16세기 문헌에 나타난 친족법관련 규범에 관한 일고찰」,『成均館法學』제21권 제3호(2009.12), 242~244쪽 참조.

죽었다'는 부분이 있다.⁴⁷ 이를 통해 이윤하는 그의 사망 원인에 대해서는 알려진 사실은 없지만, 천주교 신자로 살다가 선종했음을 확인할 수 있다.

또한 이윤하의 아내 권씨(1754~1835)에 대해서 살펴보면, 권씨는 권암(權巖, 1716~1780)과 남양 홍씨(1714~1799) 사이에 5남 2녀 중 막내딸로 태어났다.⁴⁸ 권씨 집안 안에서 천주교와 관계를 보면 권씨의 두 오빠 권철신과 권일신(權日身, 프란치스코 하비에르, 1742~1792)은 천주교 신앙과 관련해서 죽었고, 권일신의 아들 권상문(權相問, 세바스티아노, 1768~1802)와 권천례(權千禮, 데레사, 1784~1819)는 천주교 박해 때 순교했다. 권씨는 천주교 신앙과 관련 있는 집안 분위기 속에서 성장했다.

또한 권씨의 집안 분위기에 대해서는 권철신의 비문을 통해 알 수 있다. 「권철신 묘지명」에서는 그의 문하생들은 권철신 집안에서 학문의 향기를 느낄 정도로 학풍이 좋았고, 그 집안의 형제들과 자녀들은 친형제처럼 지냈고, 재물도 다툼 없이 함께 나누며 사랑을 실천했다고 한다.⁴⁹ 그러한 가정 분위기에서 지냈던 권씨는 권철신의 제자인 이윤하에게 시집을 갔다.

---

47 『承政院日記』,「순조 원년 10월 15일」. "權襈, 以禮曹言啓曰, 卽接西部幼學李敦誠等聯名呈單, …… 宗孫故衛率克誠無嗣, 往在戊子, 取族潤夏爲後, 潤夏以邪魁哲身之妹夫, 恒儉·箕延·錫忠之切姻, 染汚邪學, 至於廢祭, 未及摘發, 鬼誅先加。其子景陶, 世濟渠父之惡, 械囚捕廳, 先祖奉祀之托, 今不可更責於渠也。方欲斥黜, 移定宗祀, 而其父潤夏罪惡如右, 移宗之擧, 不可不先從潤夏, 而死者罷養, 雖非禮經所載, … 則況此潤夏罪惡, 若是凶慘, 先祀不可無主, 則豈可以其身之已故, 一刻容置乎? 卽爲入啓罷養, 更立宗孫事, 呈單矣。……"

48 임성빈,「신유박해 이후 교회 재건기의 지도자 권기인 요한에 대한 연구」,『교회사학』제8호, 수원교회사연구소, 2011, 35쪽.

49 『與猶堂全書』3, 문집Ⅱ,「先仲氏墓誌銘」, 앞의 책, 232~236쪽.

권씨의 천주교 입교 연대를 추정해 보면, 1784년에 이윤하가 27세의 나이로 천주교에 입교했다고 할 때, 이것은 이윤하와 권씨가 결혼한 이후가 된다. 그러므로 당시 가족 단위로 천주교 신앙을 실천하고 있음을 상기할 때, 그 둘은 결혼한 후 함께 천주교 신자가 되었다. 권씨에 대한 관찬 사료는 남아 있지 않지만 『한국천주교회사』에는 이순이 모녀에 대한 내용을 확인할 수 있다. 거기서 저자는 이순이에 대한 기록과 함께 모친 권씨는 '천주교 교리를 배워 자녀들을 천주교 신앙인으로 양육했고, 이순이는 어머니의 보살핌 속에서 성장하여 훌륭한 천주교 신앙인이 되었다'고 한다.[50]

그리고 권씨는 딸 이순이가 영세 후에 가졌던 동정의 결행을 털어놓자, 그 원의를 지켜 주고자 노력했고, 이순이가 유항검(柳恒儉, 아우구스티노, 1756~1801) 집안으로 시집가는 문제에 대해 적극적으로 도왔다. 또한 1791년 박해 때 오빠 권일신이 체포된 후, 감옥에서 나온 후 유배지로 떠나기 전 며칠을 묵었던 곳이 권씨(처남 이윤하)의 집이다.[51] 또한 이윤하가 1793년에 선종한 후, 권씨는 자녀들의 신앙교육과 신앙생활을 책임으로 돌보았다.

이윤하 집안은 조선에 천주교 신앙공동체가 형성되던 때부터 천주교 신앙을 실천하며 살았다. 이윤하 집안의 신앙생활은 자녀에게도 전달되었고, 1793년에 이윤하가 선종했음에도 불구하고 가정 안에서 천주교 신앙을 굳건히 지켜 나갔다. 이윤하 가족의 신앙생활은 그의 자녀들인 이경도 형제가 천주교 신앙을 수용하고, 확고하게 이해하고, 신앙을

50　달레, 『한국천주교회사』, 상, 한국교회사연구소, 2003, 534쪽 참조.
51　달레, 『한국천주교회사』 상, 같은 책, 358쪽 참조.

생활 안에서 실천하는 데 중요한 영향을 미쳤다.

3. 이경도 형제의 신앙 실천

이윤하와 권씨는 결혼 후 3남 2녀를 낳았으며, 태어난 순서로 '이름을 알 수 없는 큰딸',[52] 그리고 '장남 이경도', '이순이',[53] '이정중',[54] '이경언'이 있다. 그 중에 이경도와 이순이는 1801년 박해 때, 그리고 이경언은 1827년 박해 때 순교했다. 이들은 순교 직전 옥중에서 쓴 서한이 남아 있어서, 당시 박해 상황과 각자의 삶과 신앙을 확인할 수 있는 중요한 자료가 되었다. 이경도 형제가 남긴 옥중 서한을 중심으로 이윤하 가족의 신앙생활이 순교한 세 자녀의 신앙 실천에 미친 영향을 살펴보면 다음과 같다.

그 첫 번째로 이경도(李景陶, 가롤로, 1780~1801)는 아명(兒名)이 오희(五喜)고, 한림동(翰林洞)에 살았으며, 몸에 '뼈의 병'을 앓고 있었다.[55] 그리고 어릴 때부터 집안에 서학책이 있어서 항상 보고 자랐고,[56]

52　정병설, 앞의 책, 84~88쪽. 정병설은 이윤하의 큰딸이 홍갑영과 결혼했다고 한다.
53　다블뤼의 글에서는 'Ni Niou hei' 즉, '이유희'라고 기록되어 있다. 그리고 그녀의 세례명 역시 바르바라와 아가타로 불리기도 했다.
54　정병설, 앞의 책, 92~95쪽. 정병설은 이정중이 충주에 사는 이기연의 딸과 결혼했다고 한다.
55　『사학징의』, 앞의 책, 240~241쪽.
56　『純祖實錄』 3권, 1년(1801 신유) 12월 26일.

도저동(桃楮洞)의 조신행(趙愼行)과 서학을 토론했으며, 이가환과 황사영과 교류했고, 이경도라는 이름은 이가환이 지어 주었다.[57]

다블뤼의 기록에 보면, 이경도는 성격이 온순하며 신중하고 너그러웠다. 1793년에 부친 이윤하가 선종하여[58] 13세 나이에 가장(家長)이 되었지만, 어린 나이에도 모친과 함께 집안을 잘 이끌어 나갔다. 종손이라 많은 손님들이 그의 집을 방문했으나 그들과 어울리는 적이 거의 없었다. 또한 친척과 지인들을 방문하러 외출하는 일도 없었는데, 그것 때문에 주변 사람들에게 많은 비난과 질책을 사기도 했다. 그리고 이경도는 결혼하여 아들(동아) 하나를 두었다.[59]

이경도는 1801년 박해 때 21살의 나이로 체포되었고, 11개월간 옥살이를 했다. 다블뤼의 『조선 순교자 역사 비망기』에서는 박해 당시 이경도의 이름이 신자들 사이에 너무 유명했기 때문에 박해 때 피할 수도 없었다고 한다.[60] 1801년 12월 25일(음력) 사형을 선고받고, 그다음 날인 12월 26일에 새남터에서 8명의 동료 신자들과 함께 참수, 순교하였다.[61]

---

57 『사학징의』, 앞의 책, 241~242쪽.
58 『추안급국안』, 앞의 책, 신유년(1801, 순조1) 2월 20일, 「홍낙민 신문 기록」. "이윤하는 지금도 사학을 하는가?" "이윤하는 계축년(1793)에 이미 죽었사옵니다."
59 앙투안 다블뤼, 『조선 주요 순교자 약전』, 유소연, 내포교회사연구소, 2014, 198쪽.
60 A-MEP, Les Documents de Mgr Daveluy, vol.4., *Notes pour l'histoire des martyrs de Corée*, p.192. "Son nom trop connu ne pouvait lui laisser espérer d'éviter la persécution : en 1801 il fut pris en effet et paraît avoir noblement confessé sa foi."
61 『日省錄』, 순조 원년 12월 25일 「비변사」 보고. "命刑曹承款罪人依梟示例用法於沙場 備邊司啓言刑曹承款罪人中鄕民下送本道處法其外大臣草記事命下矣 今此諸囚俱是不待時之 罪人不可不於歲籥維新之前掃蕩凶穢而都門咫尺誠未安依軍門梟示例法於沙場事請分付

그 다음으로 이순이(李順伊, 루갈다, 1782~1801)는 다블뤼에 의하면 천성적으로 열정적인 마음과 굳센 의지를 지녔고, 육체와 정신의 모든 아름다운 자질을 타고났다. 그녀의 초년 시절에 대해서는 알려진 바가 없다.[62] 그리고 14세 때에 천주교 신자가 되고자 나흘 동안 방 안에서 성사받을 준비를 했고, 주문모 신부에게 세례와 첫 영성체를 받았다.[63] 그 후 그는 동정에 대한 결행을 가졌으며, 이를 주문모에게 알렸다. 그리하여 주문모는 전주 근처의 부유한 양반집 장남이며, 독신으로 살기를 원하는 유중철(柳重哲, 요한, 1779~1801)과 혼인을 주선했다.[64]

그러나 조선의 명문 가문의 후손인 이순이의 결혼 사실에[65] 집안 친척들은 신분상의 이유로 반대했다.[66] 하지만 이순이의 어머니와 장남 이경도는 친척들의 반대에도 굴하지 않고, '자기네 처지로서는 부잣집 사위를 얻어 곤란을 타개하는 방편을 만들어야만 했었다'는 핑계로 동정의 삶을 위한 결혼을 수락했다. 부친 이윤하의 상(喪)이 끝나는 1797년에 이순이는 유중철과 오누이로 살아갈 것을 약속한 채 혼인식을 치렀다.[67] 그리고 4년 동안 동정부부로 지냈다.

그 후 1801년 박해로 유항검을 비롯하여 남편 유중철 등 시댁 식구들이 체포되었고, 이순이도 같은 해 음력 9월 15일경에 체포되었다. 시

該曹允之"

62 다블뤼, 『조선 주요 순교자 약전』, 앞의 책, 203쪽.
63 다블뤼, 『조선 주요 순교자 약전』, 같은 책, 203~204쪽.
64 다블뤼, 『조선 주요 순교자 약전』, 같은 책, 204쪽.
65 다블뤼, 『조선 주요 순교자 약전』, 같은 책, 203쪽.
66 다블뤼, 『조선 주요 순교자 약전』, 같은 책, 204쪽.
67 다블뤼, 『조선 주요 순교자 약전』, 같은 책, 204~205쪽.

아버지 유항검의 연좌로 이순이는 평안도 벽동군 관비로 충정(充定)받았다. 그러나 『사학징의』에는 이순이 등이 '요사스러운 말[妖言]'을 구사하여 사형에 처해졌다[68]고 나와 있다. 이것은 서한에서 이순이가 관장에게 "우리들은 주님을 공경하니 국법에 죽이도록 되어 있는 대로 주님을 위하여 죽겠습니다."라고 고백했던 내용과 일치한다.[69] 그리하여 이순이는 귀양을 가다가 다시 관아(官衙)로 잡혀왔고, 여러 차례 문초를 받는 동안에도 "저는 주님을 공경하며 죽겠다."는 뜻을 밝혔다.[70] 그는 음력 12월 28일, 전주 숲정이에서 참수 순교하였다.

마지막으로 이경언(李景彦, 바오로, 1792~1827)은 서울에서 태어났고, 신체적으로나 정신적으로도 훌륭한 장점들을 타고났으며, 성격이 온유하면서도 올곧고 강인했다.[71] 이경언은 태어난 후에 부친이 선종했고, 1797년 5살 때 이순이가 시집갔으며, 1801년 9살 때 이경도와 이순이가 순교했다. 그는 어린 시절 천주교 신앙 때문에 가족이 겪어야 할 고통을 고스란히 경험했다. 그럼에도 그가 천주교 신앙인으로 성장했던 것은 가정 안에서 모친 권씨의 지속적인 신앙교육이 영향을 미쳤다. 1801년 이후 그는 홀로된 어머니와 미망인이 된 형수와 살면서 가난에

---

68 『사학징의』, 앞의 책, 64~65쪽 참조; 윤민구 역, 「조선 천주교 신자들이 북경 주교님께 올린 편지」, 『윤유일 바오로와 동료 순교자들의 시복 자료집』 제5집, 천주교 수원교구 시복시성추진위원회, 2000, 195쪽. "저희의 가슴속에는 만 권의 책이 들어 있으며, 만 번 죽어도 변하지 않을 신심이 들어 있습니다. 그러하오니, 만일 관가에서 저희를 그냥 살려서 귀양 보내신다면, 저희는 가는 고을마다 꼭 '본관이 나라의 명령을 따르지 아니하고 천주교인들을 죽이지 않았다'라고 떠들어 대며 담당관이 나라의 죄를 얻도록 할 것입니다."
69 김진소 편저, 양희찬·변주승 옮김, 『이순이 루갈다 남매 옥중편지』, 흐름, 2010, 34쪽.
70 『이순이 루갈다 남매 옥중편지』, 앞의 책, 35쪽.
71 다블뤼, 『조선 주요 순교자 약전』, 앞의 책, 104쪽.

서 오는 온갖 고초를 겪었다.

이경언은 허약한 몸으로 잔병치레가 많았으며, 성장한 후에 중인(中人) 신분의 여성과 결혼했다.[72] 여기서 조선의 유명한 양반 가문의 후손인 이경언이 중인과 강혼(降婚)한 사실에 주목할 수 있다.[73] 이를 통해 가정 안에서 '모든 사람이 하느님 앞에서 평등하다'는[74] 천주교의 가르침을 실천하였다. 이때 이경언은 아내와 서울에서 살았다.[75] 그리고 이경언은 자신에게 관심이 있던 부유한 집 젊은 과부를 천주교 신앙으로 인도해 주면서,[76] 당시 사회에서 일반적으로 용인되던 축첩을 거부하면서 천주교 신앙을 실천했다.[77]

이경언은 신앙의 스승이 외사촌인 권천례의 남편이자, 1819년에 순교

---

[72] 달레, 『한국천주교회사』 중, 앞의 책, 140쪽. 이경언의 아내에 대해 다음과 같이 묘사되어 있다. "이경언 바오로는 나이가 차서 중인 집에 장가를 들었는데, 천주의 허락하심으로 그의 아내의 성격이 어떻게나 그악하던지 그의 일평생을 두고 아내와의 사이에 수없는 풍파를 겪게 되었다. 그러나 이것을 모범적인 인내로 참아 견디었다."

[73] 1797년 당시 이윤하 家와 시골 양반인 유항검 家의 婚事를 꺼려했던 것과는 달리 불과 10~15년이 지난 후, 즉 1807~1812년 사이에 이경언이 중인의 딸과 혼인한 사실을 주목할 수 있다. 이미 그들은 강혼이라는 개념마저도 극복할 수 있었던 사람들이었다.

[74] 『성경직회』, 「강림후팔쥬일」, 권6, 97a. "이긍이 곳 쥬의 모상이라 ᄒᆞ시니 귀ᄒᆞ다 이긍ᄒᆞᄂᆞᆫ 사ᄅᆞᆷ의 귀흠이여 텬쥬를 디신ᄒᆞ야 셰샹에 잇시니라"

[75] A-MEP, Les Documents de Mgr Daveluy, vol.4., *Notes pour l'histoire des martyrs de Corée*, p.311. 다블뤼의 『조선 순교자 역사 비망기』에서는 이경언의 어머니와 형수가 연풍으로 이사를 간 이유가 이경언의 형이 그곳에 살고 있었기 때문이라고 했다. "En 1815 sa mère et sa belle soeur s'étant retirées en province chez son frère aîné à Ien p'ong, il resta seul à la Capitale avec sa femme."

[76] 다블뤼, 『조선 주요 순교자 약전』, 앞의 책, 102~103쪽 참조.

[77] 『성경직회』, 「삼왕ᄅᆡ조후2쥬일」, 권2, 23a. "대개 텬쥬ㅣ 처음에 혼인례를 셰우심이 지어미ᄂᆞᆫ 다만 ᄒᆞᆫ 지아비를 셤기고 지아비ᄂᆞᆫ 다만 ᄒᆞᆫ 지어미를 두게 ᄒᆞ신 연고ㅣ라"

한 조숙(趙淑, 베드로, 1786~1819)이라고 고백했고,[78] 그에게 받은 영향으로 종교적 의무에 전념했다. 그는 기도나 묵상할 때에는 하느님에게 집중했고, 이성(異性)과 말할 때에도 조심했다.[79] 또한 평소 교우들을 가르치고 권면했으며, 냉담자들에게는 신앙심을 북돋아 주면서, 예비 신자들의 입교에도 정성을 쏟았다. 이는 1835년에 2월(음력 정월)에 체포된 이호영(베드로, 1802~1838)이 자신에게 천주교 신앙을 가르쳐 준 사람이 이경언이라고 고백한 내용을 통해서도 알 수 있다.[80]

이경언은 동료 교우들과 서로의 결점을 나눔으로써 영적인 성장에 힘썼고,[81] 천주교 서적 필사와 성화를 베껴 그것들을 교우들에게 팔아서 생계를 이어 갔다.[82] 조선에 사제 영입을 위해서 언제나 기도했고,[83] 북경에 보낼 밀사(密使)에게 필요한 노자(路資) 마련에는 적극적으로 개입을 했다.[84] 또한 북경교구의 주교가 남녀 회장(男女會長)들을 선발하라고 하자, 이경언은 회장들을 양성하는 데 힘썼고, 매달 첫 주일에

---

78 『이순이 루갈다 남매 옥중편지』, 앞의 책, 57쪽.
79 달레, 『한국천주교회사』 중, 앞의 책, 141쪽.
80 달레, 『한국천주교회사』 중, 같은 책, 361~364쪽 참조. 「1837년 모방 신부가 파리외방전교회에 보낸 연례 보고서에는 1835년 2월에 체포된 이호영의 심문 기록이 있다. "누가 네 선생이었는지 말 못하겠느냐." "서소문 밖에 살던 이 모라는 사람이었습니다." "그 사람이 아직 살아 있느냐." "아닙니다. 전라도의 수부(首府) 전주에서 순교하였습니다."」
81 『이순이 루갈다 남매 옥중편지』, 앞의 책, 86쪽.
82 『이순이 루갈다 남매 옥중편지』, 같은 책, 57~58쪽.
83 『조선 주요 순교자 약전』, 앞의 책, 100~101쪽.
84 『한국천주교회사』 중, 앞의 책, 102쪽. "그동안 丁(夏祥) 바오로는 아직 젊은 나이에도 불구하고 사실상 교우들의 일을 주관하게 되었다. 순교자 玄啓欽의 아들 玄(錫文) 가롤로, 순교자 李(景陶) 가를로의 아우 李「종회」(景彦) 바오로와 그 밖에 여러 사람이 그와 함께 노력하였으니, 이들에 대하여는 선교사들이 조선에 들어온 다음 시기에 자주 이야기하게 될 것이다."

는 집에 모여 그들에게 묵상 자료를 주며 신심을 북돋았다.[85] 이는 이경언이 명도회 회원들에게 보낸 편지에서도 확인할 수 있다.[86]

그 후 1827년 전라도에 박해가 일어났고, 이경언은 천주교 서적과 성화를 유포한 죄목으로 전주에서 올라온 포교에 의해 서울에서 체포된 후 전주로 이송되었다.[87] 그는 수개월 동안 옥고를 치르면서 여러 차례 심문을 받았다. 그는 관장에게 심문을 받을 때면 이를 천주교 신앙을 알리는 기회로 삼았다. 특히 당시 박해 당국자들이 천주교에 대해 알고 있던 악의적 사실들에 대해서 이경언이 정당하게 해명함으로써 천주교 신앙의 본질을 알렸다. 조상 제사 금지에 대해서도 분명한 입장을 피력했다. 그러나 그는 오랜 시간, 고문 후유증으로 36세의 나이에 누나 이순이가 순교한 전주 땅, 감옥에서 순교했다.[88]

이처럼 이윤하 가족의 신앙생활은 자녀들의 신앙 실천에 중요한 바탕이 되었음을 이경도 형제의 생애를 통해 살펴보았다. 이들의 삶과 신앙은 결국 가정 안에서 배우고 익힌 신앙생활을 삶을 통해서 실천하는 과정임을 알 수 있었다. 그리고 박해 시기에는 신앙을 증거하고자 기꺼이 순교의 길을 걸었음을 확인했다.

지금부터는 이경도 형제의 생애를 바탕으로 그들의 신앙 실천이 가족관계 안에서 어떠한 영향을 주었는지를 살필 것이다. 이는 이경도 형제가 남긴 서한을 중심으로 보고자 한다. 사실 이경도 형제는 각각 다

---

85 『한국천주교회사』 중, 앞의 책, 140~141쪽.
86 『이순이 루갈다 남매 옥중편지』, 앞의 책, 83~87쪽.
87 『한국천주교회사』 중, 앞의 책, 125쪽.
88 『조선 주요 순교자 약전』, 앞의 책, 104쪽.

른 시기와 장소에서 박해 당국자에게 체포되어 처형되었다. 그리고 이들은 순교 직전에 현재 처한 자신의 상황을 서한으로 남겨 놓았다. 이 서한의 대표 수신인은 어머니요, 가족이었다. 그 다음 수취인으로 이경언은 명도회 회원들에게 따로 서한을 남겼다. 이 서한 속에는 이경도 형제가 갖고 있는 가족에 대한 깊은 애정과 형제간에 대한 우애를 확인할 수 있다.

순교를 앞둔 이경도 형제는 어머니에게 자신들이 처한 상황을 알리면서, 남은 가족들이 자신들의 옥중생활을 걱정할 것에 대해 염려했고,[89] 가족 안에서 사랑과 연민의 마음으로 서로 위로했다.[90] 그들은 어머니에게 부모 자식 간 연민의 정을 표현하면서,[91] 효성을 다해 드리지 못했다는 회한(悔恨)의 마음과 함께[92] 하늘나라에서도 가족관계를 계속 이어 가기를 염원했다.[93]

또한 이경도 형제는 어머니에게 남은 생애 동안[94] 화목(和睦)한 가정 안에서 신앙인의 꾸준한 삶을 살아,[95] 모두가 천상에서 행복을 누리기를 당부했다.[96] 이들은 어머니에게 받은 신앙교육이 순교로 결실을 맺고 있으며, 죽음 앞에서도 영원한 삶에 대한 희망을 드러냈다.[97] 순교

---

89 『이순이 루갈다 남매 옥중편지』, 앞의 책, 27·80쪽.
90 『이순이 루갈다 남매 옥중편지』, 같은 책, 12·14·18·37쪽.
91 『이순이 루갈다 남매 옥중편지』, 같은 책, 12·37쪽.
92 『이순이 루갈다 남매 옥중편지』, 같은 책, 12·44·72쪽.
93 『이순이 루갈다 남매 옥중편지』, 같은 책, 19·40쪽.
94 『이순이 루갈다 남매 옥중편지』, 같은 책, 12·72쪽.
95 『이순이 루갈다 남매 옥중편지』, 같은 책, 13·40쪽.
96 『이순이 루갈다 남매 옥중편지』, 같은 책, 14·18·45·73쪽.
97 『이순이 루갈다 남매 옥중편지』, 같은 책, 12쪽.

가 주님의 은총이며,[98] 어머니에게도 자랑스럽고[99] 영광스러움이며,[100] 그 자체로 '영적인 공명심(功名心)'이 되는 것이라고 했다.[101]

이경도 형제의 서한에서 확인할 수 있는 것은 가족의 신앙생활 안에 효성(孝誠)이 자리 잡고 있었고, 이 효성은 가족 전체를 묶어 주는 구심점이 되었다. 이 효성은 남아 있는 이들에게 어머니를 효로써 돌봐 주기를 원했다.[102] 이경도 형제는 다른 가족들에게 자신들의 순교는 주님의 은혜이므로 축하해 주기를 청하면서,[103] 형제 서로가 우애(友愛) 안에서 신앙인으로 충실히 살아간다면,[104] 하늘나라에서 모두가 만날 것임을 확신했다.[105]

이처럼 효성을 바탕으로 한 가족의 신앙은 자연스럽게 형제간의 우애로 표현되었다. 신앙이 바탕이 된 효성과 우애는 서로에 대한 사랑의 마음을 확인하는 데 중요한 요소가 되었다. 이는 이경도 형제가 순교 직전까지 동기간이 겪고 있는 어려움의 문제를 함께 걱정하는 모습에서 확인할 수 있다. 그들은 문제를 신앙 안에서 풀기를 요청했으며,[106] 궁극적으로 가정 안에서 화목한 삶을 살아 주기를 기원했다.[107]

---

98 『이순이 루갈다 남매 옥중편지』, 앞의 책, 45쪽.
99 『이순이 루갈다 남매 옥중편지』, 같은 책, 18·80쪽.
100 『이순이 루갈다 남매 옥중편지』, 같은 책, 80쪽.
101 『이순이 루갈다 남매 옥중편지』, 같은 책, 18쪽.
102 『이순이 루갈다 남매 옥중편지』, 같은 책, 13·72쪽.
103 『이순이 루갈다 남매 옥중편지』, 같은 책, 37쪽.
104 『이순이 루갈다 남매 옥중편지』, 같은 책, 72쪽.
105 『이순이 루갈다 남매 옥중편지』, 같은 책, 45쪽.
106 『이순이 루갈다 남매 옥중편지』, 같은 책, 41쪽.
107 『이순이 루갈다 남매 옥중편지』, 같은 책, 42쪽.

또한 가족의 신앙생활은 이경도 형제가 순교를 앞둔 상황에서 형제 간에 대한 연대감을 드러냈다. 1827년에 이경언은 서울에서 체포되어 전주 옥으로 갔을 때, 전주에서 순교한 누나 이순이를 떠올렸고, 자신의 순교를 누나의 부르심으로 인식했다.[108] 이경언은 이경도가 서한에 썼던 표현 방식을 쓰기도 했고,[109] 이순이가 쓴 편지 내용을 회상한다고 언급했다.[110] 이러한 연대감은 박해 상황에서 위로가 되었다. 특히 1827년에 작성한 이경언의 서한에서 1801년에 순교한 이경도와 이순이의 서한이 집안에 소장되어 있고, 가정 안에서 연대감을 통해 신앙 실천을 잇는 데 중요한 매개체가 되었음을 언급하고 있다.[111]

이순이는 서한에서 올케[112]언니(이경도의 부인)에게 화목과 친애의 마음으로 자신의 어머니를 위로해 드리고,[113] 효성으로 돌봐 주기를 당부했다.[114] 또한 이순이는 올케의 마음을 헤아려 주면서,[115] 아무리 서

---

108 『이순이 루갈다 남매 옥중편지』, 앞의 책, 58·80쪽.
109 『이순이 루갈다 남매 옥중편지』, 같은 책, 12·72쪽.
110 『이순이 루갈다 남매 옥중편지』, 같은 책, 80쪽.
111 호남교회사연구소에 소장된 『이순이 남매편지』 필사본은 1868년 8월 울산 장대에서 순교한 대구교구의 순교자 김종륜(金宗倫, 루가, ?~1868)이 필사하여 소장하던 것이다. 이를 통해서 『이순이 루갈다 남매 옥중편지』는 필사되어 신자들 사이에 읽혀지고 있었음을 확인할 수 있다.
112 이경도의 아내이자, 이순이의 올케는 오석충의 딸이다. 『추안급국안』, 앞의 책, 신유년(1801, 순조1) 3월 6일, 오석충 공초. 「심문관이 딸이 몇이고 사위가 누구냐는 질문에, "딸은 둘입니다. 하나는 권철신의 며느리이고, 또 하나는 이성구(李聖求)의 제사를 받드는 손자며느리입니다."」 여기서 이성구는 이윤하의 6대조이다. 그리고 오석충은 1801년 2월 체포되어, 다음 달 임자도로 귀양을 간 후, 1806년 귀양지에서 죽었다. 정병설도 이경도의 아내가 오석충의 딸이라고 주장했다. 정병설, 앞의 책, 88~92쪽.
113 『이순이 루갈다 남매 옥중편지』, 같은 책, 44쪽.
114 『이순이 루갈다 남매 옥중편지』, 같은 책, 44쪽.

러운 마음이 들지라도[116] 신앙 안에서 본분을 다하기를 당부했다.[117]

그리고 이순이는 남편을 잃은 올케언니에게 '순교자의 아내가 됨'을 축하하면서,[118] 두 사람이 함께 하늘나라로 갈 것임을 위로했다.[119] 또한 이순이는 올케언니에게 자신의 조카를 훌륭하게 키워 줄 것을 요청했고,[120] 올케언니가 공로를 쌓고 죽게 되면, 자신이 반드시 하늘나라로 모셔갈 것을 약속했다.[121] 이경언의 경우 자신을 어릴 때부터 돌봐준 형수에게 감사한 마음을 잊지 않았다.[122] 이경도는 자신의 누나와 매형에게는 '뜨거운 사랑[熱愛]' 말고는 주님의 마음과 통할 것이 없다는 것을 강조했고,[123] 자신의 자녀들이 가족과 흩어지지 않기를 당부하면서[124] 이경도 형제는 가족 안에서 서로에 대한 우애심을 드러냈다.

계속해서 가족의 신앙생활은 부부에 대한 신뢰와 사랑의 마음을 확인시켰고, 그 마음을 자녀들에게도 전했다. 이경언은 아내에게 순교 직전 남편으로서 부족한 부분에 대해 용서를 청했고, 자녀들을 신앙 안에서 돌봐 주기를 간청했다.[125] 또한 이경언은 아내에게 주님의 뜻에 따

---

115 『이순이 루갈다 남매 옥중편지』, 앞의 책, 44~45쪽.
116 『이순이 루갈다 남매 옥중편지』, 같은 책, 45~46쪽.
117 『이순이 루갈다 남매 옥중편지』, 같은 책, 41쪽.
118 『이순이 루갈다 남매 옥중편지』, 같은 책, 19쪽.
119 『이순이 루갈다 남매 옥중편지』, 같은 책, 43쪽.
120 『이순이 루갈다 남매 옥중편지』, 같은 책, 45쪽.
121 『이순이 루갈다 남매 옥중편지』, 같은 책, 49쪽.
122 『이순이 루갈다 남매 옥중편지』, 같은 책, 76쪽.
123 『이순이 루갈다 남매 옥중편지』, 같은 책, 13쪽.
124 『이순이 루갈다 남매 옥중편지』, 같은 책, 13~14쪽.
125 『이순이 루갈다 남매 옥중편지』, 앞의 책, 79쪽.

라 주님의 벗이 되는 삶이 진정한 행복임을 강조하면서,[126] 자신의 아내가 잘 살고, 은혜롭게 죽는 순간을 위한 기도를 약속했다.[127] 이경언은 아내에게 자신은 '행복을 전하는 사자(使者)'가 되어, 아내와 가족들을 영복을 누리는 곳으로 인도할 것이며,[128] 천국에서 다시 만나 영원한 복락을 누리자고 강조했다.[129] 자녀들에게도 신앙의 모범을 따라 살아가기를 당부했다.

이경도는 아들에게 신앙을 충실히 지킨 후 하늘나라에서 만나자고 했다.[130] 그리고 자녀들이 신앙뿐 아니라, 일상생활 안에서 사람과의 관계에서 공손하고, 선행을 실천하는 올바른 사회인이 되기를 당부했다.[131] 자녀들에게 하느님의 뜻 안에서 아버지가 되었음을 언급하면서,[132] 자녀들이 가족의 신앙생활에 따라 하느님을 충실히 따르면서, 효도의 삶을 살기를 강조했다.[133] 이순이도 올케언니에게 조카들이 가족의 신앙 전통 안에서 의지하며 훌륭하게 성장하도록 당부했다.[134]

이경도 형제의 서한을 통해 가정 안에서 형성된 가족애를 확인했다. 이를 통해 가족의 신앙생활은 효성에서 나온다는 사실과 신앙이 바탕이 되는 효성은 가족들 전체를 묶어 주는 구심점이 되었음을 알 수 있

---

[126] 『이순이 루갈다 남매 옥중편지』, 앞의 책, 79쪽.
[127] 『이순이 루갈다 남매 옥중편지』, 같은 책, 75쪽.
[128] 『이순이 루갈다 남매 옥중편지』, 같은 책, 75쪽.
[129] 『이순이 루갈다 남매 옥중편지』, 같은 책, 80~81쪽.
[130] 『이순이 루갈다 남매 옥중편지』, 같은 책, 13~14쪽.
[131] 『이순이 루갈다 남매 옥중편지』, 같은 책, 76~77쪽.
[132] 『이순이 루갈다 남매 옥중편지』, 같은 책, 76쪽.
[133] 『이순이 루갈다 남매 옥중편지』, 같은 책, 76~77쪽.
[134] 『이순이 루갈다 남매 옥중편지』, 같은 책, 44쪽.

었다. 이는 형제간 우애(友愛)를 간직하는 데 기여했으며, 가족이 고통을 겪을 때 함께 극복하는 힘이 되었다. 또한 가정 안에서 신앙 실천을 통해 드러난 효성과 우애는 가족에 대한 참된 배려의 마음과 시공간을 초월한 연대감으로 묶어 주었다. 가족의 신앙생활은 참된 신앙인으로 살아갈 수 있는 원동력이 되었고, 박해 상황에서 영원한 삶에 대한 희망과 그곳에서 가족 모두가 하나가 되는 일치감을 드러내면서 순교의 길로 나아갔다.

가족애의 밑바탕에는 꾸준히 실천하며 지켰던 신앙 실천들이 있었기에 가능했다. 가정 안에서 신앙 실천의 밑바탕을 이룬 몇 가지 방식들을 살펴보자.

이경도 형제가 가정 안에서 신앙 실천을 강화시켜 나갔던 방법으로 첫 번째가 기도의 삶이다. 가정 안에서 신앙 실천은 기도를 통해 신앙의 대상인 하느님을 만났고 신앙의 중심을 이루었으며, 일상 안에서 기도생활을 실천하며 살았다. 당시 기도가 바탕이 되도록 이끌어준 것은 『천주성교공과』와 같은 일반 기도서와[135] 『성교요리문답』 등의 교리서 등이 중요한 영향을 미쳤다.[136] 이경도는 매 순간 기도의 삶을 살았고,[137] 기도가 산 이와 죽은 이를 연결해 주는 것으로 보았으며,[138] 고통 중에서도 하느님께 감사의 마음으로 다가갈 수 있는 힘이 되었

---

[135] 『텬쥬셩교공과』(1862年 木版本) 뎨이권, 「고난쥬일」, 60쪽.
[136] 『셩교요리문답』, 「령셰문답」 "문. 예수ㅣ 엇더케 뭇사름의 죄를 구쇽ᄒ시뇨 답. 수난을 즐겨밧으샤십ᄌ가에 못박혀 죽으심으로 하시니라"
[137] 『이순이 루갈다 남매 옥중편지』, 앞의 책, 32·35쪽.
[138] 『이순이 루갈다 남매 옥중편지』, 같은 책, 80쪽.

다.[139] 그리고 이경언은 예수의 십자가 죽음 앞에서 하느님께 기도를 드림으로써 기도를 통해 하느님과 일치하고자 했다.[140]

또한 가정 안에서 신앙 실천을 강화시켜 준 것으로 성모님에 대한 믿음이다. 당시 교회에서는 성모님에 대해 하느님의 어머니요 평생 동정임을 강조했다. 그리고 교회에서 세례를 주기 위한 교리 공부 과정 안에 천주의 존재와 강생구속을 논하면서 그리스도가 동정녀에게서 탄생했음을 제시했다.[141] 『천주성교공과』에는 '성모를 찬송하는 경'과 [142] 그 밖에 성모님과 관련한 기도문이 실려 있었다.[143] 성모 마리아에 관한 모든 축일에 드리는 경문도 제시되었고, 전례력에 따른 성모축일에는 별도의 찬미경들이 마련되었다.[144]

성모님께 대한 기도의 삶은 교회의 가르침에 따라 가족의 신앙생활을 철저히 실천했던 이경도 형제의 서한에서 살필 수 있다. 이들은 성

---

139 『이순이 루갈다 남매 옥중편지』, 앞의 책, 66쪽.

140 『이순이 루갈다 남매 옥중편지』, 같은 책, 65쪽.

141 『셩교요리문답』(목판본), 4쪽. 제26조목-제28조목: (문) 예수의 모친은 뉘시뇨 (답) 성모 마리아이시니라/ (문) 마리아이 동정녀이시냐 (답) 종신토록 참 동정녀이시니라/ (문) 동정녀이 어떻게 예수를 낳았는뇨 (답) 천주 성신의 전능을 인하여 섬오의 조찰한 피로써 태를 일움이니 성모의 몸은 전과 같이 아해의 몸이니라;『셩교요리셔』(필사본), 「텬쥬강생」, 14쪽: (문) 여인의 인성을 의론하면 뉘 아들이시뇨 (답) 동정이신 마리아의 아들이니라/ (문) 이 동정녀는 뉘시뇨 (답) 지극히 거룩하고 지극히 조찰한 동정녀이시니 온전히 죄에 물듦이 없고 거룩히 성총을 입으신 자이라. 천주이 특별히 빠 모친을 삼으시니라/ (문) 천주의 아들과 마리아의 아들이 둘이냐 (답) 그렇지 아니하니 홀로 하나이시니라.

142 『텬쥬셩교공과』(1906년 활판본) 뎨일권, 11쪽.

143 『텬쥬셩교공과』 뎨이권, 11·13·52·59쪽. 이 책에 수록된 '셩모를 찬송하는 경'은 제일권과는 달리 모두 5종의 성모 찬미경과 축문이 수록되어 있다.

144 『텬쥬셩교공과』 뎨삼권, 11·18~24·33·39·53·56·69·70·71·73·76·90쪽.

모님을 '죄 없이 모태에 잉태하신 분'으로 인식했고[145] '대주보(大主保)'이고,[146] '착하신 어머니',[147] '인간의 모범'으로 보았다.[148] 인간의 고통을 함께하는 분이며,[149] 고통받는 인간에게 도움을 주는 분으로,[150] 의탁과 [151] 간구의 대상으로 인식했다.[152] 특히 이들은 성모님이 죽음의 순간에 함께하는 분으로 보았기에,[153] 이경도 형제는 순교 직전에도 가족들이 성모님을 통해 주님 영광을 드러내기를 당부했다.[154]

가족의 신앙생활에서 드러난 신앙 실천의 방법으로 여성의 경우, 하느님께 자신을 봉헌하는 삶의 형태로 동정을 선택했다.[155] 이것은 이순이의 서한 안에서 확인된다. 이순이는 천주교 입교와 함께 성체성사를 통해 '자신을 예수님께 드리고자',[156] 동정생활을 원했다. 이는 가정 안

---

[145] 『이순이 루갈다 남매 옥중편지』, 앞의 책, 83쪽.
[146] 『이순이 루갈다 남매 옥중편지』, 같은 책, 83쪽.
[147] 『이순이 루갈다 남매 옥중편지』, 같은 책, 84쪽.
[148] 『이순이 루갈다 남매 옥중편지』, 같은 책, 41쪽.
[149] 『이순이 루갈다 남매 옥중편지』, 같은 책, 64~65·79~80쪽.
[150] 『이순이 루갈다 남매 옥중편지』, 같은 책, 66·69쪽.
[151] 『이순이 루갈다 남매 옥중편지』, 같은 책, 63쪽.
[152] 『이순이 루갈다 남매 옥중편지』, 같은 책, 66쪽.
[153] 『이순이 루갈다 남매 옥중편지』, 같은 책, 72쪽.
[154] 『이순이 루갈다 남매 옥중편지』, 같은 책, 39쪽.
[155] 강석진, 「19세기 조선 교회 순교자들의 삶과 영성」, 『교회사연구』 제45집, 한국교회사연구소, 2014, 108쪽. "당시의 교회에서는 남녀 간의 순결을 강조했다. 그러나 이 순결은 비단 미혼 여성의 순결이나 과부의 정절만을 의미하는 일은 아니었다. 그것은 남녀노소 모두에게 요구되는 새로운 가치가 되었다. 박해시대 강조되던 순결은 이제 개인윤리의 차원을 넘어 새로운 사회를 전망하는 윤리로 발돋움해 나갔다."
[156] 『天主教要理』, 「제8절 사롬」, 789~790쪽. "(문) 성체를 영한 후에는 마땅히 어떻게 하느뇨 (답) 마음을 다하여 믿고 바라고 사랑하고 공경하는 뜻을 발하는 것 외에 마땅히

에서 신앙 실천을 영위하는 데 중요한 영향을 미쳤던 교리서의 가르침 중에 '성체성사' 부분에 관한 내용에서 확인할 수 있고, 이를 이순이가 삶의 실천으로 드러낸 것이다. 그리하여 이순이는 주문모 신부에게 세례와 첫 영성체를 한 후, 동정의 결행을 드러냈다.[157]

그리고 가족의 신앙생활은 교회공동체 발전에 헌신하는 계기를 마련해 주었다. 이는 이경언의 경우에서 확인할 수 있는데, 그는 '명도회'의[158] 가입을 통해 교회 발전에도 기여했는데, 이는 그가 순교 직전에 '명도회 회원들에게 보낸 편지'에서도 확인할 수 있다.[159] 이경언은 명도회에 대해서 자신의 그 단체 입회가 성모님의 뜻이며, 천주교 성장에 기여한 이 단체에 대해서 하느님께 감사드리면서 조선에서 천주교가 번성하기를 기원했다.[160] 또한 이경언은 명도회 동료들에 대한 애정과 그들의 신앙적인 열성을 감사했고, 자신이 끝까지 천주교 신앙을 지켜 가는 것이 동료 회원들의 기도라고 생각했다.[161] 이경언은 명도회 회원들이 신앙 안에서 선종(善終)을 얻기 위한 노력을 독려했고, 영원한 세상에서 만나기를 기원했다.[162]

예수의 성체를 감사하고 내 영혼과 육신과 내게 있는 모든 것을 도모지 예수께 드리고 다시 은혜를 구하는 것이니라."

[157] 『조선 주요 순교자 약전』, 앞의 책, 204쪽. "그녀는 오로지 자신의 영혼을 돌보고 모든 덕성으로 영혼을 꾸미는 데 전념하였고, 더욱더 천상배필의 마음에 들기 위해 그분께 영원히 동정을 바칠 결심을 군혔다."

[158] 명도회에 관해서는 방상근, 「초기 교회에 있어서 명도회의 구성과 성격」, 『교회사 연구』 제11집, 1996 참조.

[159] 『이순이 루갈다 남매 옥중편지』, 앞의 책, 83~88쪽.

[160] 『이순이 루갈다 남매 옥중편지』, 같은 책, 83~85쪽.

[161] 『이순이 루갈다 남매 옥중편지』, 같은 책, 83~86쪽.

[162] 『이순이 루갈다 남매 옥중편지』, 같은 책, 87쪽.

이상의 내용을 통해서 이윤하 가족의 신앙생활에서 보면, 가족 전체를 일치시켜 주는 것으로써 효성이 그 구심점이 되었음을 확인했다. 또한 효심에서 나오는 신앙생활은 가족에 대한 애정과 형제간의 우애심을 강화시켜 주었고, 서로에 대한 깊은 연대감을 형성했다. 가족의 신앙생활은 결혼한 가족 서로에게 친밀감을 형성했고, 부부에 대한 신뢰와 사랑의 마음을 드러냈다. 자녀에게도 신앙 실천의 모범을 전해 주는 계기가 되었다.

　이러한 신앙 실천을 강화하는 방법으로 기도가 중심이 되는 삶을 살았고, 성모님에 대한 믿음도 확고하게 다졌다. 이순이의 경우 하느님께 자신을 봉헌하는 삶의 실천으로 동정을 선택했고, 이경언은 명도회 활동을 통해 교회공동체 발전에 헌신했다. 이윤하 가족의 신앙생활은 이경도 형제의 신앙 실천에 중요한 바탕이 되었다. 이경도 형제의 삶과 신앙은 결국 가정 안에서 배우고 익힌 신앙생활을 삶 안에서 실천하는 과정이었고, 이것은 박해 상황에서 하느님을 향한 자신의 신앙을 순교로 드러냈다.

4. 이경도 형제의 신앙 특성

　앞 장에서 이윤하 가족의 신앙생활은 이경도 형제에게 효성과 우애의 삶을 살도록 이끌었고, 가족에 대한 애정과 사랑을 강화했음을 확인했다. 이들의 신앙 실천은 성모님에 대한 굳은 믿음과 함께 기도생활이 중심이 되는 삶이었음을 밝혔다. 또한 가정 안에서 신앙 실천은 동정에 대한 관심이나 명도회 활동처럼 개인적인 신심과 신앙활동에 적극적으로 참석하는 계기를 마련해 주었다.

이윤하 가족의 신앙생활은 결국 박해 때 이경도 형제로 하여금 자신들이 평소 갖추고 있던 신앙생활을 바탕으로 순교를 결행하는 동인이 되었다. 이 장에서는 이경도 형제의 신앙 실천을 토대로 궁극적으로 그들이 순교의 삶으로 나아갈 수 있도록 이끌어준 신앙 특성을 고찰하고자 한다. 이러한 작업은 가족의 신앙생활이 박해 당시에 순교를 이해하고, 순교를 온 마음으로 받아들이는 중요한 핵심 요인임을 밝히는 계기가 될 것이다.

이경도 형제가 순교의 길을 선택함에 있어서 기본적 바탕이 된 신앙 특성 중의 하나가 서학서의 영향이다. 박해 시기에 천주교 신자들이 신앙을 받아들이고, 전수하는 데 중요한 역할을 했던 것은 서학서였다. 그래서 이 당시 신자들은 가족 단위로 서학서를 소장했고, 이 책들을 통해 자녀들에게도 천주교 신앙을 전수했다.[163] 서학서는 이경도 형제의 신앙생활에도 영향을 미쳤다.[164] 앞서 살펴본 대로 이윤하 집안의 친가와 외가에는 17세기 초부터 서학서를 소장했고, 이를 접함으로써

---

163 李晩采,「進士洪樂安對 親策文」,『闢衛編』, 30쪽; 金時俊 譯,『天主敎傳敎迫害史(闢衛編)』, 國際古典敎育協會, 108쪽 참조. 천주교가 전래되던 당시 서학서의 영향은 1784년 천주교 신앙이 2년 만에 양반 계층뿐 아니라 중인과 평민, 그리고 천민 계층에까지 급속도로 확산되는 데 기여했다.

164 조광,『朝鮮後期 天主敎史 硏究』, 앞의 책, 85~97쪽 참조. 1801년 당시 형조에 압수(押收)되어 소각된 천주교 서적은 120종 117권 199책이었다. 그 중에서 한글 천주교 서적은 성서 3종, 전례서 10종, 성사서 7종, 기도서 17종, 신심묵상서 6종, 교리서 5종, 성인전 14종, 기타 14종 등 총 86종이다. 그리고 한문 천주교 서적은 성서 3종, 전례서 4종, 기도서 11종, 신심묵상서 10종, 교리서 4종, 전기 3종, 기타 2종 등 총 37종이다. 중국에서 들어온 한문 서학서 중에 한글 서적은 전체 69.2%가 번역이 되었음을 확인해 볼 수 있다.

서학에 대한 개방적 학풍을 갖고 있었으며,165 이러한 집안의 배경하에 이윤하 때부터 천주교 신앙을 믿고 실천할 수 있었다.

서학서와 관련하여 이윤하 집안의 신앙 특성은 후대 이경도 형제에게 전해졌고, 이경도 형제는 어릴 때부터 집안에 있는 서학서를 접할 수 있었다.166 이순이는 서학서의 영향으로 동정을 결행했다. 이경언은 서학서가 신자들에게 중요한 영향을 미칠 수 있도록 필사를 자신의 과업으로 삼았다.167 특히 이경언은 서학서 필사로 체포된 후 배운 것을 말해 보라는 관찰사의 질문에 당시 널리 익혀 온 서학서로 "십계(十戒)와 칠극(七克)을 안다."고 대답했다.168 이경도 형제는 집안에 오랫동안 소장되어 온 서학서로 일찌감치 천주교 신앙을 접했고, 가정 안에서 신앙을 유지하는 데에도 서학서가 중요한 역할을 하였다.

또한 당시 서학서는 천주교 신자들의 의식 변화에 중요한 영향을 미쳤다. 이 시기에 신자들은 서학서의 영향으로 하느님에 대한 신앙 안에서 인간의 존엄성과 평등사상 등의 개념을 수용했고, 이를 통해 새

---

165 『추안급국안』, 신유년(1801, 순조1) 3월 6일, 「홍낙민 신문 기록」. "사서(邪書)는 이윤하(李潤夏)의 집에서 이승훈의 책을 얻어 보았사옵니다. 함께 배운 자는 이승훈·정약전 형제·권일신 무리입니다."

166 『순조실록』 3권, 1년(1801, 신유) 12월 26일(무진) "죄인 이경도(李景陶)는 … 요서(妖書)를 혹독하게 믿었고 사당(邪黨)을 주무하였습니다.";『사학징의』, 앞의 책, 241~242쪽.

167 다블뤼,『조선 주요 순교자 약전』, 앞의 책, 100~101쪽 참조. "이경언 바오로는 천주교 서적을 필사하고 성화를 베껴 그려 그것을 교우들에게 팔아 생계를 이어 나갔고, 사제 영입을 위해 끊임없이 천주께 그 은총을 간구했다.;『이순이 루갈다 남매 옥중편지』, 앞의 책 57쪽.

168 『이순이 루갈다 남매 옥중편지』, 앞의 책, 59쪽.

로운 인간관과[169] 사회관을[170] 갖게 되었다. 이러한 인식은 이경언이 천주교 신앙에 대해 고백한 내용을 통해 알 수 있다. 그는 천주교 신앙에 대해서 '신분이 높고 낮음과 귀하고 천함이나 용모가 반듯하고 못생긴 것과는 상관이 없고, 다만 슬기롭고 총명한 영혼이 사리를 밝게 분별하는 데 있다'고 정의 내렸다.[171]

이경도 형제가 고백한 내용은 '하느님 안에서 모두가 한 형제, 자매'라는 천주교 기본 교리에서 나왔던 것이다. 이러한 교리는 가정 안에서 신앙교육을 통해 전수된 '인간의 존엄성과 평등사상'에 대해서 학습된 결과이다. 이처럼 천주교 교리 내용에 대한 신앙 학습은 이경도 형제로 하여금 천주교 신앙의 핵심인 믿음·희망·사랑의 삶을 살도록 이끌었다.[172] 이경도 형제가 보여 준 믿음·희망·사랑의 삶을 통한 신앙 특성은[173] 서한의 내용을 통해 확인된다.

---

[169] 마테오 리치, 『天主實義』, 앞의 책, 429쪽. "모두 같은 아버지의 형제가 되는 것입니다."
[170] 마테오 리치, 같은 책, 373쪽. "천주의 가르침에 뜻을 두면 사람들을 박애(博愛)하게 됩니다."
[171] 『이순이 루갈다 남매 옥중편지』, 60쪽: 이 부분은 정약종의 『주교요지』에서 잘 설명되어 있다. 정약종, 『主教要旨』, 하2. "또 천주 두 사람에게 자식 낳는 능을 주시어 자식을 낳으니, 보천하(普天下) 억만 사람이 다 그 자손이 되는 고로, 우리 사람이 서로 사랑하기를 한 부모에게서 태어난 동생같이 하심이라."
[172] 『이순이 루갈다 남매 옥중편지』, 앞의 책, 42쪽.
[173] 성 치쁘리아누스, 「인내와 선에 관하여」, 13-15. 치프리아노는 순교를 그리스도교적 덕행, 즉 믿음, 소망, 사랑 중에 가장 영웅적인 행위라고 언급한다. 그 이유는 순교가 최대의 인내를 보이는 결정적 애덕 행위이기 때문이라는 것이다.; 박재만, 「순교 영성의 재발견을 위한 시도」, 『사목』 제155호(1991.12), 13쪽; 순교영성을 大神德, 즉 신덕·망덕·애덕을 통한 완덕의 추구로 설명한 논문도 있다. 구본식·한명수, 「대구의 순교자들의 영성(靈性)에 관한 소고」, 『대구 순교사 연구』, 천주교대구대교구 시복시성역사위원회, 2001, 8~16쪽.

이경도 형제의 서한에서 확인할 수 있는 신망애 삼덕의 신앙 특성 중에 '믿음[信德]'의 사례를 확인해 보면, 이 믿음은 믿는 대상에 대한 인식에서 규명된다. 예를 들어 이경도는 하느님을 '자비롭고, 인자하심이 무한한 분'으로 보았고,[174] 이순이는 하느님을 '대군대부'요[175] '대부모'로 보았다.[176] 이경언은 "하늘과 땅, 천신과 사람, 만물을 만들어 내신 대군대부"[177]이며, 동시에 '대부모'이고,[178] '공번된 아버지'며[179] '세상 만물을 창조하신 분'으로 보았다.[180] 이경도 형제가 보여 준 하느님 인식은 교회가 가르치는 내용을 충실히 따르면서도, '대군대부'의 아버지 개념을 자연스럽게 고백했다. 이는 가정 안에서 학습된 신앙교육의 영향이 이경도 형제의 의식 속에 자연스럽게 표출된 것이다.

그리고 이경도 형제가 고백한 하느님에 대한 '대부모' 인식은 자연스럽게 '부모에 대한 효성(孝誠)'과 '임금에 대한 충성(忠誠)'으로 이어졌다.[181] 특히 이경언은 박해 때 체포되어 배교를 강요받자 '대부모이신 하느님에 대한 신앙과 헌신의 마음'을 고백하며 배교를 거부했다.[182] 이경도 형제가 고백한 하느님 인식과 그에 따른 믿음은 평소 자신의 삶

---

174 『이순이 루갈다 남매 옥중편지』, 앞의 책, 12쪽.
175 『이순이 루갈다 남매 옥중편지』, 같은 책, 48쪽. 그리고 이 표현은 『천주실의』에서 두 번 나온다.
176 『이순이 루갈다 남매 옥중편지』, 같은 책, 50쪽.
177 『이순이 루갈다 남매 옥중편지』, 같은 책, 58쪽.
178 『이순이 루갈다 남매 옥중편지』, 같은 책, 62쪽.
179 『이순이 루갈다 남매 옥중편지』, 같은 책, 73쪽.
180 『이순이 루갈다 남매 옥중편지』, 같은 책, 58쪽.
181 『이순이 루갈다 남매 옥중편지』, 같은 책, 59쪽.
182 『이순이 루갈다 남매 옥중편지』, 같은 책, 62쪽.

과 신앙 안에서 자연스럽게 경험했던 인격적이며 살아 계신 '대부모 하느님'에 대한 신앙고백이 바탕이 되었다. 이러한 믿음은 박해 앞에서도 자유롭게 자신의 신앙을 고백하는 동인이 되었다.

믿음에 이어서 '희망[望德]'도 중요한 신앙 특성 중의 하나이다. 이경도 형제가 보여 준 믿음은 결국 박해 당시에 '영원한 생명'에 대한 희망을 가지게 되는 원천이 되었다. 이경도 형제에게 '하늘나라'는[183] '공번된 아버지 앞에서 찬미하고 즐기는 곳'이며,[184] '주님의 대전(大殿)'이고,[185] 인간이 돌아갈 '참된 본향'이었다.[186] 또한 선한 공을 쌓아 육신과 영혼을 정결하게 한 후에 가게 될 곳으로,[187] 하느님 안에서 가족이 함께 모여 영원한 즐거움을 누리는 곳으로,[188] 이경도 형제는 그곳으로 가족 모두가 함께 들어가기를 바라는 간절한 마음을 청했다.[189]

천주교에 대한 인식과 관련하여 박해 당국자들은 천주교 신자들을 죽음을 두려워하지 않는 무리로 보았다.[190] 천주교 신자들에게 '죽음'이란 자신이 본래 왔던 고향으로 돌아가는 것으로 생각했고,[191] 자신들

---

183 『이순이 루갈다 남매 옥중편지』, 앞의 책, 13쪽.
184 『이순이 루갈다 남매 옥중편지』, 같은 책, 87쪽.
185 『이순이 루갈다 남매 옥중편지』, 같은 책, 81쪽.
186 『이순이 루갈다 남매 옥중편지』, 같은 책, 18·75쪽.
187 『이순이 루갈다 남매 옥중편지』, 같은 책, 49·50쪽.
188 『이순이 루갈다 남매 옥중편지』, 같은 책, 21·49~50쪽.
189 『이순이 루갈다 남매 옥중편지』, 같은 책, 49~50쪽, 72쪽.
190 李晩采,「進士洪樂安對 親策文」,『闢衛編』. 30쪽; 金時俊 譯,『天主敎傳敎迫害史(闢衛編)』, 國際古典敎育協會, 109쪽 참조.
191 『정조실록』33卷, 1791년 10월 20일(辛酉). 대사간 신기(申耆)가 상소하기를, "…그들은 임금도 없고 아비도 없는 학술에다 죽음을 제 고향에 돌아가듯이 여기는 마음을 겸하였으니"

의 신앙을 정도(正道)로 생각했기 때문이다.[192] 박해 당시에 믿음 안에서 확고한 희망을 두었던 순교자들처럼, 이경도 형제도 죽음에 대한 두려움보다,[193] '복된 죽음'을 갈망했다.[194] 그들은 자비하신 하느님 안에서 참된 희망의 원천을 발견했고,[195] 그 희망은 하늘나라에 대한 확신을 통해서 드러냈다.[196] 그러한 확신에 찬 희망은 박해 당시 배교에 대한 유혹을 물리치고 순교를 결행할 수 있었다.

믿음과 희망과 함께 확인하는 또 하나의 신앙 특성은 사랑[愛德]이다. 박해 시기에 사랑은 삶 속에서 행하는 실천으로 드러나며, 이는 믿음과 희망을 일상 안에서 드러내는 계기가 되었다. 당시 사랑에 대한 교회의 가르침은 '하느님께 대한 희사와 동일한 것'으로 해석했다.[197] 사랑의 삶은 그 자체로 '하느님의 모상(模像)' 만큼이나 중요했다.[198] 또한 사랑의 삶은 "주린 이를 먹이고, 목마른 이를 마시게 하고, 헐벗은 사람

---

[192] 李基慶,「洪樂安上左相蔡濟恭書」,『闢衛編』, 27쪽. "惟彼惡生樂死之徒" 자신의 신앙을 正道로 생각하여 죽음까지도 불사하려는 집단으로 인식하고 있었다.;『순조실록』3卷, 1801년 12월 22일(甲子) "…喜生惡死人情也, 而視刀鋸如袵席"살기를 즐거워하고 죽기를 싫어하는 것은 사람의 심정인데도 형벌[刀鋸] 보기를 깔고 자는 요와 같이 여기고"

[193] 『이순이 루갈다 남매 옥중편지』, 앞의 책, 19쪽.

[194] 『이순이 루갈다 남매 옥중편지』, 같은 책, 27쪽.

[195] 『이순이 루갈다 남매 옥중편지』, 같은 책, 80~81쪽.

[196] 『이순이 루갈다 남매 옥중편지』, 같은 책, 34쪽.

[197] 『성경직희』,「강림후팔쥬일」, 권6, 97a. "가난흔 사룸이 밧논 바논 텬쥬ㅣ 친히 밧으심이니 대개 날드려 닐ㅇ시딕 너ㅣ 은혜롤 내 젹은 형뎨의게 베플미 내게 베픔과 굿다 ᄒ시니라"

[198] 『성경직희』,「강림후팔쥬일」, 권6, 102a. "ᄋᆡ긍이 곳 쥬의 모샹이라 ᄒ시니 귀ᄒ다 ᄋᆡ긍ᄒᄂ 사룸의 귀흠이여 텬쥬롤 디신ᄒ야 셰샹에 잇시니 쥬ㅣ 가난흔 이롤 구코져 ᄒ시매 ᄋᆡ긍ᄒᄂ 사룸의 지물을 비러써 구ᄒ시니 다른 덕도 사룸으로 ᄒ여곰 텬쥬와 굿ᄐ라 ᄒ시디 ᄋᆡ긍ᄒᄂ 덕은 ᄒ여곰 굿기롤 더욱 간졀이 ᄒ다 ᄒ시니라"

을 입히고, 병든 이를 치료하고 구금된 사람을 돌아보고, 나그네에게 거처를 주고, 사로잡힌 이들을 속량하는 것"으로 규정했다.[199]

그러나 박해 당국자들은 천주교 신자들이 보여 주는 사랑의 삶을 통화통색(通貨通色)으로 파악했다.[200] 천주교는 '상호간의 이익을 주고받으며[交利], 만민에 대한 무차별적 사랑[兼愛]을 지향하기에 묵자(墨子)의 가르침과 같은 이단이며, 재화(財貨)와 정욕(情欲)을 서로 탐하며 세상을 어지럽히는 무리'로 보았다.[201]

이러한 인식과 관련하여, 1827년 박해 때 체포된 이경언에게 감찰사는 '천주교는 재산과 여자를 공동으로 소유하고 공동으로 사용하니, 부도덕적인 교리'라고 비판했다. 그러자 이경언은 '재산을 나누지 않으면 가난한 이들이 살아갈 수 없다는 것'과 함께 천주교 교리에는 '여자뿐 아니라 남의 아내까지도 탐내지 말라는 가르침이 있다'고 주장하면서, 천주교 교리를 옹호했다.[202] 이순이의 경우도 유중철과 대화 중에 천주교 신앙에 대한 자유가 오면, 자신들이 가진 재산들을 가난한 사람들에게 나누어 줄 것을 다짐했다.[203] 이러한 사랑에 대한 인식은 하느님에 대한 믿음과 희망을 증명하는 계기가 되었다.

지금까지 이경도 형제가 순교의 삶을 간직할 수 있도록 이끌어준 신

---

199 『텬쥬셩교공과』, 「봉지때찬미경」, 권2, 55b. "텬쥬의 이긍ᄒᆞ는 덕의 풍셩ᄒᆞ심을 참미ᄒᆞ고 구ᄒᆞᄂᆞ니 쥬ᄂᆞᆫ 우리의게 육신을 이긍ᄒᆞ는 모든 공에 부ᄌᆞ런흠을 주샤 ᄒᆞ여곰 주린이ᄅᆞᆯ 먹이고 목마른 이ᄅᆞᆯ 마시우고 버슨이ᄅᆞᆯ 닙히고 병든 이와 가친이ᄅᆞᆯ 도라보고 나그내ᄅᆞᆯ 집호고 사로잡힌 이ᄅᆞᆯ 속량ᄒᆞ고 죽은이ᄅᆞᆯ 장ᄉᆞᄒᆞ게 ᄒᆞ쇼셔"
200 이항로, 『華西集』, 권15 「溪上隨錄」, "聖人苦心血誠防貨色 洋學苦心血誠通貨色."
201 곽신환, 「유교에서 본 천주교, 천주교인」, 『가톨릭 신학과 사상』 제14호, 1995, 97쪽.
202 『이순이 루갈다 남매 옥중편지』, 앞의 책, 61~62쪽.
203 『이순이 루갈다 남매 옥중편지』, 같은 책, 32쪽.

앙 특성으로 믿음·희망·사랑의 삶을 확인했다. 이는 하느님 안에서 모두가 한 형제, 자매라는 믿음에서 시작했고, 믿음의 대상으로 하느님을 인격적이며 살아 계신 '대부모 하느님'에게 신앙을 고백했다. 희망은 하늘나라에서 가족 모두가 함께 영원한 삶을 갈망하도록 했다. 믿음과 희망의 삶은 결국 사랑 실천에서 드러났다. 이경도 형제의 신앙 특성은 믿음과 희망과 사랑에서 분명히 드러났고, 이러한 신앙 특성은 박해 앞에서도 죽음에 대한 두려움을 넘어설 수 있는 동기로 작용했다.

마지막으로 이경도 형제에게서 볼 수 있는 신앙 특성으로 그들의 순교 인식과 '예수의 십자가 사건에 대한 이해'가 있다. 먼저 가족의 신앙 생활이 순교에 미친 영향 중에 직접적으로 순교 인식과 관련하여 그들의 사고를 구체적으로 살필 수 있다. 이경도 형제는 순교를 앞둔 상황에서 죽음에 대해서 인간적으로 안타까움을 표현했다. 그들에게 죽음은 '이승과 저승의 갈림길에서 눈물을 흘리는 것'이며,[204] 이승에서 '영원히 이별'이기에[205] 두려움의 대상으로 생각했다.[206] 그럼에도 이경도 형제는 순교가 '하느님의 진정한 자녀'가 되고 '의로운 사람'이 되어, '하늘나라 잔치에 참여하는 영광을 받게 되는 것'으로 인식했다.[207]

이경도 형제는 순교란 주님에 대한 '뜨거운 사랑[熱愛]'이라고 표현했

---

204 『이순이 루갈다 남매 옥중편지』, 앞의 책, 55쪽.
205 『이순이 루갈다 남매 옥중편지』, 같은 책, 27쪽.
206 『이순이 루갈다 남매 옥중편지』, 같은 책, 59·80쪽.
207 『이순이 루갈다 남매 옥중편지』, 38쪽; 빤또하 저, 앞의 책, 343쪽. "나의 영혼이 장차 하늘나라로 올라가게 된다면, 저 빛나고 깨끗한 것들을 볼 것이며, 하느님을 뵙고, 천사와 여러 성현들을 만나게 될 것이다. 그러면 크게 영화롭고 매우 즐거울 것이다."

고,[208] 이 사랑을 통해 이승의 죄는 다 씻겨지며,[209] 마침내 '하늘나라로 들어가는 과정'으로 인식했다.[210] 그와 동시에 이경도 형제는 자신들의 순교가 남아 있는 가족들에게는 '순교자 가족'이라는 자부심을 가지게 해 줄 것이며,[211] 순교 안에서 가족 모두가 참된 일치감과[212] 연대감을 가지게 되는 것으로 보았다.[213]

또한 이경도 형제는 순교 자체를 하느님의 부르심이며,[214] 기회이자[215] 은혜며,[216] 하느님의 오롯한 뜻으로 생각했다.[217] 이어서 그들은 순교는 결코 인간적으로 장담할 수 없는 일이라고 고백하면서도,[218] 순교를 복된 죽음이라고 확신했다.[219] 그들은 천주교 신앙을 받아들이는 순간부터 순교를 각오했고,[220] 이순이의 경우는 천주교 신앙 실천을 통해서 늘 자신에게 순교의 상황이 닥칠 것을 준비하고 있었다.[221]

이경도 형제의 순교 인식은 하느님에 대한 분명한 개념과 믿음에서

---

208 『이순이 루갈다 남매 옥중편지』, 앞의 책, 13쪽.
209 『이순이 루갈다 남매 옥중편지』, 같은 책, 53쪽.
210 『이순이 루갈다 남매 옥중편지』, 같은 책, 38쪽.
211 『이순이 루갈다 남매 옥중편지』, 같은 책, 18쪽.
212 『이순이 루갈다 남매 옥중편지』, 같은 책, 28쪽.
213 『이순이 루갈다 남매 옥중편지』, 같은 책, 28쪽.
214 『이순이 루갈다 남매 옥중편지』, 같은 책, 11쪽.
215 『이순이 루갈다 남매 옥중편지』, 같은 책, 71쪽.
216 『이순이 루갈다 남매 옥중편지』, 같은 책, 12·28·37·43쪽.
217 『이순이 루갈다 남매 옥중편지』, 같은 책, 69쪽.
218 『이순이 루갈다 남매 옥중편지』, 같은 책, 68쪽.
219 『이순이 루갈다 남매 옥중편지』, 같은 책, 27·43~49쪽.
220 『이순이 루갈다 남매 옥중편지』, 같은 책, 53쪽.
221 『이순이 루갈다 남매 옥중편지』, 같은 책, 26쪽.

나왔으며,²²² 하느님의 영광을 위하여²²³ 박해 당국자 앞에서 흔들림 없는 신앙으로 순교의 길을 걸어가고자 했다. 이는 이경도 형제가 평소 가정 안에서 신앙을 실천하는 과정 동안 순교에 대해서 깊은 성찰과 숙고를 하고 있었음을 확인할 수 있고, 이를 통해 자발적으로 순교의 길을 선택했음을 알 수 있다.²²⁴

또한 가족의 신앙 실천은 순교 열망을 간직하는 근원이 되었다. 그리고 순교 열망은 박해 상황에서 죽음을 무릅쓰고 천주교 신앙을 증거할 수 있는 원천이 되었다. 가족의 꾸준한 신앙생활은 박해 시기 순교의 상황 앞에서 하느님에 대한 분명한 개념 인식을 갖게 했고, 순교 자체를 하느님의 부르심으로 인식하게 했으며, 마침내 그들은 신앙의 시작부터 죽을 각오를 하고 천주교 신앙을 믿었다는 사실을 확인할 수 있다.²²⁵

이경도 형제가 보여 준 순교 인식은 결국 '예수의 십자가 사건'에 대한 이해와 연결되었다. 그들은 순교에 대한 열망만큼이나 '예수의 십자가 사건'을 자신의 삶으로 받아들였다. 그들은 자신들의 순교 직전 상황과 예수의 십자가 사건을 비교하면서 순교에 대한 확신을 다졌다. 가정 안에서 신앙 실천을 통해 평소 순교에 대한 열망으로 '예수의 십자가 사건'을 상기했고, 순교에 대한 인식을 강화했다.²²⁶ 박해 당시에 체포된 그

---

222 『이순이 루갈다 남매 옥중편지』, 앞의 책, 34쪽.
223 『이순이 루갈다 남매 옥중편지』, 같은 책, 73쪽.
224 『이순이 루갈다 남매 옥중편지』, 같은 책, 35쪽.
225 강석진, 「19세기 조선 교회 순교자들의 삶과 영성」, 같은 글, 89~117쪽 참조.
226 예수 수난에 관한 성격은 『성경직히광익』 데오권, 「예수슈난 셩경」에 기록되어 있다. 조한건, 『셩경직히1광익 연구』, 서강대학교 박사학위논문, 2011, 44쪽.

들은 자신의 순교 과정이 '예수의 십자가 사건'이라고 받아들였다.

이순이는 인간적인 고통을 겪을 때에도 예수님의 고통을 생각하면서 어려움을 극복했다. 특히 그는 동정 서약을 깨고 싶은 유혹을 받을 때마다 '예수의 십자가 사건'을 생각하면서 그 유혹을 이겨냈다.[227] 또한 박해 당시 체포된 이순이는 유배길을 걷던 자신의 처지를 갈바리아 산으로 올라가는 예수의 모습으로 받아들였다.[228]

이경언은 평소에도 예수의 수난을 묵상 주제로 삼았고, '갈바리아 언덕을 오르신 예수를 따르기를 열망'하며, 순교에 대한 원의를 다졌다.[229] 그는 매 순간 예수의 십자가를 기억했고,[230] 체포되는 과정을 "예수의 십자가 길"에 대한 동참으로 받아들였다.[231] 특히 이경언은 밤에 문초받는 과정도 올리브 동산에서 체포된 예수의 모습과 동일시했고,[232] 고문받기 위해 형틀에 오르는 것을 '주님의 은총'으로 받아들였다.[233] 고문을 당할 때마다 "예수님의 십자가를 그리며 매 맞으심을 생각하며" 견디어 내면서[234] 순교에 대한 원의를 다졌다.[235] 이경언은 고문 중에 정신이 혼미해진 상황에서는 십자가의 예수가 했던 마지막 독

---

227 『이순이 루갈다 남매 옥중편지』, 앞의 책, 21쪽.
228 다블뤼, 『조선 주요 순교자 약전』, 앞의 책, 304쪽.
229 다블뤼, 같은 책, 같은 면.
230 『이순이 루갈다 남매 옥중편지』, 앞의 책, 64~65쪽.
231 『이순이 루갈다 남매 옥중편지』, 같은 책, 55·73쪽.
232 『이순이 루갈다 남매 옥중편지』, 같은 책, 55쪽.
233 『이순이 루갈다 남매 옥중편지』, 같은 책, 64쪽.
234 『이순이 루갈다 남매 옥중편지』, 같은 책, 64~65쪽.
235 『이순이 루갈다 남매 옥중편지』, 같은 책, 65~66쪽.

백을 그대로 읊조렸다.²³⁶

이경도 형제는 가정 안에서 꾸준히 신앙 실천을 하는 동안 예수의 삶을 닮고자 했고, 십자가 사건의 수난 받는 예수의 모습을 떠올리며 자주 묵상했다. 실제로 박해 때에는 예수의 수난을 상기했고, 자신이 겪는 박해와 고통 받는 예수의 모습을 동일시했다. 이경도 형제는 박해 당시 순교를 의연하게 받아들였고, 자신의 죽음을 예수의 십자가 죽음으로 이해하면서 순교의 길을 걸었다. 이것은 순교를 마침내 부활하신 예수처럼 자신들도 부활할 것이라는 믿음과 희망 안에서 하느님에 대한 사랑을 증거하는 행위로 받아들였기 때문이다.

5. 결론

이 논문은 박해시대 이윤하 가족의 신앙생활을 중심으로 순교를 결행했던 이들의 그 동인(動因)을 밝히고자 했다. 이를 위해서 이윤하 집안과 순교한 세 자녀의 삶과 신앙을 확인했고, 가족의 신앙생활이 순교에 미친 영향을 순교 동인 중의 하나로 주목했다. 이윤하 집안은 이전 세대부터 서학에 대한 관심을 가지고 있었고, 이러한 분위기가 서학에 대한 개방적인 학풍으로 이어졌으며, 마침내 이윤하를 시작으로 서학을 신앙으로 수용하게 되었음을 살펴보았다. 이윤하는 가족 안에서 천주교 신앙생활을 실천했고, 이는 이윤하가 선종한 후에도 꾸준히 지켜

---

236 『이순이 루갈다 남매 옥중편지』, 같은 책, 64~65쪽.

나갔으며, 박해 때에는 이윤하의 세 자녀가 순교를 결행하는 동인이 되었음을 확인했다.

이윤하 가족은 신앙생활을 통해 가족 구성원들에게 미친 영향으로 효성과 우애를 강화시켰고, 가족애를 확고하게 드러냈음을 분석했다. 그리고 가족의 신앙 실천은 가족에 대한 배려의 마음과 시공간을 초월한 가족 연대감을 드러내고 있음을 확인했다. 이러한 삶은 기도가 중심이 되었으며, 성모님에 대한 믿음을 확고하게 다져 주는 발판이 되었음을 고찰했다. 가족의 신앙생활은 참된 신앙인으로 살아가는 원동력이 되었고, 박해 상황에서는 영원한 삶에 대한 희망을 간직하면서 순교의 길로 나아갈 수 있었음을 살펴보았다.

이어서 이윤하 가족의 신앙생활을 통해, 순교의 삶으로 나아가도록 이끌어 준 신앙 특성을 분석했다. 그 중에 서학서가 중요한 영향을 미친 사실을 살펴보았다. 이로 보아 가정 안에서 신앙교육을 통해 전수된 인간의 존엄성과 평등사상이 의식 형성에 중요한 변화를 주었음을 확인했다. 이러한 삶이 믿음·희망·사랑의 삶으로 드러남을 고찰했다. 이경도 형제의 신앙 특성에서 나타난 믿음과 희망과 사랑의 삶이 박해 앞에서도 죽음에 대한 두려움을 넘어설 수 있는 동기로 작용했음을 확인했다.

이경도 형제에게서 드러난 신앙 특성으로 순교 인식과 '예수의 십자가 사건에 대한 이해'를 분석하여 순교 인식과 그에 따른 열망은 가족의 신앙생활에서 나왔음을 살펴보았다. 이러한 순교 인식을 통해 매 순간 하느님에 대한 분명한 개념 인식을 갖게 했고, 순교를 하느님의 부르심으로 받아들였음을 확인했다. 그리하여 이들이 가진 순교 열망이 박해 상황에서 순교 결행의 원천이 되었음을 고찰했다.

이윤하 가족이 보여 준 순교 인식은 '예수의 십자가 사건에 대한 이해'와 연결되었음을 살펴보았다. 그들은 순교에 대한 열망만큼이나 '예수의 십자가 사건'을 자신의 삶으로 받아들였다. 이들은 가정 안에서 꾸준히 신앙 실천을 하면서 예수의 삶을 닮고자 했고, 박해 당시에는 십자가에서 수난 받는 예수의 모습을 떠올리며 자신이 겪는 박해와 고통 받는 예수의 모습을 동일시했다.

이윤하 가족의 신앙생활은 박해시대에 죽음을 의연하게 받아들일 수 있었고, 마침내 순교의 길을 걸을 수 있었다. 이러한 모범을 통해 가족 안에서 충실한 신앙생활과 가정 안에서 꾸준한 신앙 실천이 오늘날 심각하게 대두되는 가정 문제 해결에 중요한 방향점을 제공할 것이라 생각한다.

논평

박해시대 이윤하 가족의 신앙생활과 순교

조한건 신부 | 한국교회사연구소 소장

1. 논문의 전체적 구성에 대하여

박해 시기 신자들의 가계와 신앙에 대한 기존의 연구는 몇몇 주요 순교자들의 가계를 주로 남보(南譜)와 다른 관찬 사료 등을 참고하여 밝힌 것과, 김범우 등의 중인 역할에 주목하여 밝힌 연구들이 있었다. 또한 이윤하 가족에 대한 연구는 「누갈다 초남이 일기 남매」와 같은 자료들을 이용하여 이순이 루갈다의 역할과 그 영성을 다룬 부분적인 연구들이 있었다.

한국 초기 천주교회의 역사가 분명히 가정을 중심으로 특히 남인계 유학자들 사이에서 퍼진 것이 확실함에도 불구하고, 그 가족생활에 대한 연구가 부족했던 것은 아마도 우리 교회의 시복, 시성운동이 초기가 아닌 기해-병오박해에서 시작되었기 때문은 아닐까 생각한다. 예컨대 정하상 바오로 성인의 부친인 정약종 아우구스티노는 그토록 유명한 초기 교회의 지도자인데도 그가 남긴 「주교요지」 등의 순교자 한 분의 특별한 연구에 그치고, 가족 안에 이루어졌던 신앙교육에 대해서는 많이 주목하지 못했다. 물론 신유박해 시 정하상의 나이가 만 6세에 불과했기 때문에 연구의 어려움은 있다. 작년의 124위 복자품을 계기로 신유박해 순교자와 이후의 순교자들이 가족관계로 연결되어 있음이 더욱 주목을 받게 되었다. 그런 면에서 순교자 개인에 대한 연구와 함께 그 가정에 대한 연구가 많아지기를 기대해 본다.

본 연구는 이윤하 가족을 중심으로 그 자녀들의 순교의 동인을 가정 안의 신앙교육에서 찾고자 하는 글이다. 연구자는 서론에서 밝히고 있듯이 이윤하 가족이 충효(忠孝)를 중심으로 하는 유교사상의 바탕 안에서 '하느님의 모상'이라는 천주교의 가르침을 수용함으로써, 신앙을 실천하는 가정이 되었고, 이러한 신앙공동체는 가정교육을 통해서 이루어졌음을 밝히고자 했다. 이를 위해 이 가족의 첫 번째 순교자 이경도 가롤로의 신앙생활과 순교의 동인을 가족의 관계에서 찾으려는 시도를 하였다.

그런데 서론에 나오는 연구사 정리 부분에서 좀 더 기존의 연구를 정리해 주고, 그 문제점을 지적했다면 좋았을 것이다. 특히 각주 14에 나오는 여러 논문들이 비록 이윤하 가정을 정면으로 다루지는 못했더라도, 여러 가지 관점들을 참고할 수 있으리라 생각한다. 예컨대 김옥희의 논문이 이순이 루갈다에 중심을 두고 있지만, "'모전여습(母傳女習)'의 여성사적 의미" 등의 내용은 시사하는 바가 크다고 생각한다.

이 연구를 위해 특히 이윤하의 생애를 재구성하는 데 관찬 사료와 많은 문집들을 참고한 것은 새로운 시도라 할 수 있다. 기존의 연구는 잘 알려진 일부의 자료만을 이용하기 때문에 잘 밝혀지지 못한 내용이 많았다. 앞으로는 좀 고단한 일이 되겠지만 이러한 문집들을 사료로 이용하는 것이 필요하다고 본다.

서술 방식에 있어서 사료를 분석할 때, 단락을 좀 더 나누어 전해 주었으면 좀 더 이해하기가 용이했을 것이다. 예컨대 이경도 형제의 신앙 실천 방법을 설명할 때, 기도의 삶, 성모님에 대한 믿음, 동정의 선택, 명도회 입회 등을 "첫째, 둘째……" 이런 방식으로 설명해 주면 한층 알아듣기가 편했을 것이다.

2. 사실 규명에 대해서

1) 이윤하의 강학 참여에 대해서, 아직 확실한 사료를 발견하지 못했다. 손숙경 교수도 『한국 가톨릭 대사전』에서 이윤하의 강학 참여에 대해 언급하고 있으나, 토론자는 아직 사료로 확인하지 못했다. 연구자가 각주 38에서 제시하는 사료(정약전 심문 기록)는 이윤하가 강학 참여를 했을 개연성만을 제시하는 사료로 보인다.

2) 이경도의 순교 장소 : 달레가 제시하고 있는 이경도를 포함한 8명의 순교지는 한양으로만 제시되고 있다. 작년 복자품에 제출한 내용으로는 서소문 사형터가 순교지로 제시되고 있다. 각주 61번의 『일성록』 기록이 이경도에 해당되는 보고라면, 새남터가 순교지임이 확실하다. 이에 대해 사료 검증이 요구된다.

3. 장 제목과 사료 분석에 대해서

1) 이경도의 신앙 실천을 다루는 2장 부분에서 사료 분석을 통해 그의 신앙 실천을 잘 묘사한 것으로 보인다. 그리고 거기에 덧붙여 그러한 실천을 행할 수 있는 원동력과 밑바탕도 제시하고 있다. 따라서 2장의 제목을 "이경도의 신앙 실천과 그 원동력" 정도로 붙이는 것이 더 옳을 것이다. 그리고 이 부분에서 '가족애', 가족의 '연대감' 등을 강조하고 있는데, 이러한 가족애가 '유교적 효'와 '천주교 신앙' 사이에서 어떻게 발전해 나갔는지를 좀 더 명확하게 할 필요가 있다.

2) 3장에서 이경도의 신앙 특성을 정리해 주고 있는데, 앞부분은 그 신앙을 만든 원동력, 곧 서학서의 영향, 의식 변화 등을 먼저 서술하고 있다. 그 이후로 향주삼덕을 중심으로 정리한 신앙 특성이 잘 정리되어 있고, 신유박해 순교자들의 특성인 '대군대부'의 고백, 십자가 길을 통한 순교 인식이 잘 드러나고 있다. 이 3장 부분을 예컨대 '신앙의 근원' '향주삼덕의 영성' '신유박해 순교자의 순교 인식'으로 큰 단락을 나누어 서술했더라면, 읽기가 편했을 것이다.

4. 연구에 대한 전망과 방향

오늘날 뉴스에 나오는 가정폭력 등의 기사를 보면 현대의 가정교육과 그 뿌리를 다시 돌아보게 되고, 이번 연구와 같은 우리 천주교 신앙 공동체, 가정의 신앙교육에 대해 다시 돌아보게 된다. 순교로 맺어진 가정이 어떤 세파가 두려울 것이고, 어떤 갈등이 두려웠겠는가?

종합토론

노길명 교수 : 사회를 맡은 노길명 세례자 요한입니다. 정년퇴임하고 지금은 한국교회사연구소에 근무하고 있습니다.

순교자 성월을 맞이해서 우리는 순교자들의 삶과 신앙을 기억하는 심포지엄을 갖고 있습니다. 오늘 심포지엄의 제목은 '순교자들의 삶과 신앙'입니다. 특히 가정 안에서의 신앙생활이 순교에 미치는 영향에 대해서 우리는 주목하고 있습니다. 가정은 인간이 태어난 후 제일 먼저 속하게 되는 집단입니다. 가정을 통해서 자기는 누구이고 자기의 지위는 뭐고 역할은 무엇인가 하는 자기의 정체성을 형성해 나가게 됩니다. 또한 가정을 통해서 사회적으로 인정되어 있는 가치, 태도, 이념 등을 학습하면서 하나의 사회 구성원으로 성장해 나가게 됩니다. 가족은 종교성을 부여해 주는 가장 중요한 매체인 동시에 신앙을 유지 강화시켜 주는 기반이기도 합니다.

우리는 한국 교회사를 통해서 그 심한 박해 속에서도 가족이 철저한 교리 교육과 가정 기도생활, 그리고 성사생활을 통해서 자녀들에게 신앙을 전수해 주는 모습을 많이 보고 있습니다. 따라서 순교자들의 삶과 신앙은 가정생활과 깊은 관련이 있습니다. 하지만 오늘 기조강연을 통해서 조광 교수님께서 지적해 주셨듯이 '순교'라고 하는 극적인 신앙의 증거 행위가, 가정 안에서의 신앙생활의 결과라고만 단정 지어서는 안 됩니다. 그것은 교수님께서 말씀하신 것처럼, 환원주의에 빠질 위험이 있기 때문입니다. 순교는 하느님의 은총입니다. 따라서 순교가 하느님의 은총임을 전제로 하면서 이 가정생활이 개인의 신앙생활 그리고 순교에 어떤 영향을 끼치느냐, 가정에서의 신앙생활도 신앙과 순교에 적지 않은 영향을 준다는 측면에서 이 문제를 규명해 보고자 하는 것입니다.

오늘 복자 현계흠의 가정과 복자 이경도의 가정을 분석한 두 편의 발표를 통해서, 우리는 가정적 배경이 순교에 어떤 영향을 끼쳤는지를 살펴보았습니다. 그리고 그에 대한 약정토론자들의 논평도 들었습니다. 이제 종합토론의 시간을 갖도록 하겠습니다. 이 종합토론에서는 우선 약정토론자들의 지적과 질문에 대한 발표자들의 답변을 듣도록 하겠습니다. 그리고 다음으로는 자유로운 토론의 시간으로 자리를 같이해주신 많은 참석자들로부터 질문을 듣도록 하겠습니다. 지금 들어온 질문은 2가지밖에 없습니다. 그러나 이 종이에 써내지 않으셨다 하더라도, 자유롭게 많은 질문들을 해 주시기 바랍니다.

오늘 종합토론 시간은 100분입니다. 이 심포지엄에서 100분씩 이렇게 많은 시간을 할당하는 경우가 그렇게 많지 않습니다. 많은 이야기를 할 수 있는 시간이 있으니까, 질문들을 통해 이 심포지엄의 의미를 더욱 풍성하게 해 주시기를 바랍니다. 그러면 제일 먼저 서종태 교수님의 발표에 대한 손숙경 교수님의 지적과 논평에 대해서 서 교수님의 답변을 듣도록 하겠습니다.

서종태 교수 : 감사합니다. 역사 논문은 사실을 규명하는 데 그치지 않고, 규명한 사실이 내포하고 있는 역사적 의미를 해석해야 하는데, 저는 사실을 규명하는 데 급급했던 것 같습니다. 그래서 발표한 논문에 부족한 부분이 없지 않은데, 그런 부족한 부분들을 논평자인 손숙경 교수님께서 잘 지적해 주셨습니다. 먼저 논평자께 고맙다는 말씀을 드립니다. 강 신부님께서 제 논문에 대한 논평자를 누구로 정하는 것이 좋겠느냐고 물으셨을 때, 제가 중인 김범우에 관한 손 선생님의 논문에 대해 논평한 적이 있어서 손 선생님을 논평자로 추천했습니다. 그러나

여러 해 전의 일이라 그 논문에 천녕 현씨에 관한 내용이 포함되어 있었다는 사실을 까맣게 잊고 있었는데, 손 선생님께서 친절하게도 천녕 현씨 가계도의 그림 파일을 보내주셔서 많은 도움이 되었습니다.

첫 번째 지적은 현계흠 가계의 천주교 수용과 관련하여 조선 후기 중인층의 동향과 이들의 사회적 연망에 대한 내용을 좀 더 보충하라는 것입니다. 천녕 현씨의 경우 지금까지 역관으로 이해해 왔습니다. 그러나 이번에 연구해 보니까 현계흠 가계의 경우 고조인 18세 만령부터 양부인 21세 재유까지 의과 합격자가 4명이고 역과 합격자가 2명입니다. 의과 합격자가 역과 합격자보다 배나 많다는 것을 알 수 있습니다. 이와 같이 의과 합격자를 다수 배출하고 있는 점이 이 집안의 천주교 수용과 깊은 관련이 있지 않나 생각이 듭니다. 의술을 익혀 의관으로 활동하거나 약국을 운영하게 되면 중인들뿐만 아니라 병을 치료하기 위해 드나드는 양반들과도 자연스럽게 교류할 수 있습니다. 그래서 그런지 천주교를 수용한 중인 계층 중에는 최필제, 최필공, 최창현, 현계흠 등 의관으로 활동하거나 약국을 운영했던 사람들이 많습니다. 현계흠 가계에서 의과 합격자가 다수 배출된 점에 주목하면서 현계흠 가계의 천주교 수용 문제를 좀 더 천착하겠습니다.

두 번째 지적은 동래에 거주한 천녕 현씨 가문과 밀양에 거주한 김범우 후손들의 연망 관계를 활용하여 현계흠의 입교에 관한 내용을 보완하라는 것입니다. 김두헌 선생님이 『교회사연구』 34호(2010)에 발표한 논문 「김범우와 그의 가계」에 의하면, 정약용과 김범우는 인척 관계를 맺고 있었습니다. 즉, 정약용의 서모 김씨의 숙부 김성택은 김범우의 증조 김익한의 손녀사위가 됩니다. 뿐만 아니라 정약용은 서모 김씨의 묘지명을 지어 후세에 남겼는데, 자신이 12살 때 서모 김씨가 자기 집으로 들어와 아버지를 20년간 지극정성으로 부지런히 섬기는 한편, 서캐가 많은 자신의 머리를 손수 빗질해 주고 또 자주 머리에 나는 부스럼과 종기의 고름이나 피를 닦아 준 일 등을 언급하면서 형제자매들 중에서 특별히 자기와는 정이 더 돈독했다고 밝혔습니다. 이러한 인척 관계를 연결 고리로 하여 정약용과 김범우 사이에, 그리고 김범우와 이벽 사이에 교류가 이루어졌던 것으로 보입니다. 이와 같은 정약용과 김범우의 인척 관계뿐 아니라 손 선생님께서 조언해 주신 동래에 거주한 천녕 현씨 가문과 밀양에 거주한 김범우 후손들의 연망 관계도 면밀히 살펴 논문을 보충하겠습니다.

세 번째 지적은 현계흠 가족 즉, 그 부인, 딸 현경련, 아들 현석문, 며느리 김 데레사, 손자 현은석 등이 천주교 박해 속에서 신앙생활을 열심히 하며 끝내 순교까지 하게 된 신심을 가질 수 있었던 원동력은 무엇이었는가를 보충하라는 것입니다. 그러나 현계흠 가계에 관한 자료 중에는 가정 안에서의 신앙생활을 밝힐 수 있는 구체적인 자료가 별로 없어서 고민이 많이 됩니다. 다블뤼 주교의 『조선 순교사 비망기』, 『정조실록』, 『순조실록』, 『사학징의』, 『추안급국안』, 황사영의 『백서』 등에 가장인 현계흠에 관한 자료가 들어 있지만, 자녀들에 대한 신앙교육이나 가정 안에서의 신앙생활을 언급하고 있는 내용은 하나도 없습니다. 다만 『기해일기』에 현경련 베네딕다가 감옥에 있을 때 현석문에게 편지를 보내 신·망·애 삼덕을 바탕으로 신앙생활을 잘 하다가 순교하라고 당부했다는 언급이 있습니다. 이러한 내용은 가정 안에서의 신앙생활을 밝힐 수 있는 단서가 될 수 있을 것 같습니다. 현계흠 가계에 관한 자료를 면밀히 분석하여 단편적이나마 가정 안에서의 신앙생활을 밝힐 수 있는 실마리가 될 만한 자료들을 모두 찾아내겠습니다. 또한 『칠극』,

『주교요지』 등의 교리서나 신심서에 가정교육이나 가정의 신앙 실천에 대해 언급하고 있는 내용을 살펴 '가정 안에서의 신앙생활이 순교에 미치는 영향'을 규명하는 이번 심포지엄의 취지에 맞게 논문을 보완하겠습니다.

네 번째 지적은 양반의 주변부에 위치하였지만 양반과 함께 지배층을 구성했던 천녕 현씨와 같은 중인 계층이 죽음의 위험을 무릅쓰고 천주교를 신앙으로 믿은 이유를 규명하라는 것입니다. 양반 계층이 서학 수용과 관련하여 당파나 학파에 따라 다양한 입장을 보였듯이, 중인 계층도 교류한 당파나 학파에 따라 다양한 입장을 드러냈습니다. 이를테면 서인의 주도로 시헌력을 도입하는 과정에서 일찍부터 중인 계층이 중국을 왕래하며 서양 선교사들과 접하기도 하고, 천주교 신앙 내용이 아울러 담겨 있는 서학서들을 두루 접하고 깊이 탐구했지만, 북학파의 경우 서양의 과학기술에만 주의를 기울이고 천주교 신앙에 대해서는 아무런 관심도 보이지 않았습니다. 아울러 북학파와 교류한 중인 계층 중에도 천주 신앙에 관심을 기울인 사람이 거의 없는 것 같습니다. 반면에 성호학파 중에서도 도덕적 실천을 강화하기 위해 양명학을 수용했던 권철신, 이기양 등 좌파 계열과 교류했던 김범우, 최창현 등의 중인 계층은 대거 천주교 신앙을 받아들였습니다. 이러한 사실을 염두에 두고 양반의 주변부에 위치하였지만 양반과 함께 지배층을 구성했던 천녕 현씨와 같은 중인 계층이 죽음의 위험을 무릅쓰고 천주교를 신앙으로 믿은 이유를 규명해야 되리라고 생각합니다.

노길명 교수 : 네. 조금 문제가 있는 부분은 그러니까 발표자가 토론자를 추천하셨네요. 왜 손숙경 교수님이 아주 점잖게 질문하셨는가 하고

생각했습니다.

서종태 교수 : 손 선생님은 공부가 굉장히 탄탄합니다. 그런데 주로 부산에 계시다 보니 사람들이 잘 모릅니다. 그래서 오늘처럼 복자수도회에서 이런 좋은 인재를 잘 활용하시라는 취지에서 추천한 것이지 다른 뜻은 없었습니다.

노길명 교수 : 오늘 세 번째 질문에서 손 교수님이 점잖게 핵심을 찔렀다고 봅니다. 이번 심포지엄 주제가 순교자의 삶과 신앙입니다. 그리고 부제가 순교자들의 가정생활이 순교에 미친 영향입니다. 그런데 서 선생님이 말씀하신 내용들 가운데 순교자들의 삶에 대한 이야기는 있지만 가정생활이 순교에 어떤 영향을 주었는지는 빠져 있으니, 그것을 밝혀내라고 하신 말씀이지요. 손 교수님의 질문이 점잖으면서도 핵심을 찌른 겁니다. 그리고 거기에 대한 답변에서 서 선생님께서는, 『기해일기』를 보면 현경현과 김 데레사에 관해서 참고할 대목이 있다고 말씀하셨습니다. 그렇다면 이 부분을 왜 참고하지 않았느냐 하는 겁니다. 이 점에 대해서는 조금 후에 다시 정리해서 말씀해 주시기 바랍니다. 다음으로는 강석진 신부님의 발표에 대해서 조한건 신부님께서 질문과 논평을 해 주셨습니다. 이에 대해서 강 신부님께서 답변해 주시기 바랍니다.

강석진 신부 : 오늘 아주 바쁜 와중에도 이 자리에서 좋은 논평을 해 주신 조한건 신부님께 다시 한번 감사를 드립니다. 우선 조광 교수님께서 오늘 종합토론 시간을 100분으로 제안하셨습니다. 왜냐하면 종합토

론은 발표자들만의 자리가 아니라 청중도 함께하는 자리가 되어야 한다는 취지에서 그렇게 말씀하셨습니다. 그래서 여러분의 많은 질문들이 이 자리에서 나오기를 기대해 봅니다.

질문에 대한 응답으로 넘어가겠습니다. 조한건 신부님께서 하신 질문 중에 논문의 서두에 '연구사와 연구의 문제점'에 대한 언급을 먼저 해 주었으면 좋았을 것이라는 말씀을 해 주셨습니다. 이 부분은 공감합니다. 사실 저는 논문을 준비하면서 이경도, 이순이, 이경언에 대한 기존의 연구 논문들은 거의 다 찾아서 읽어 봤습니다. 그래서 앞으로 이 논문을 보완할 때에 참고하도록 하겠습니다. 원래 논문의 분량은 46페이지 정도가 되었습니다. 그런데 조광 교수님께서 저의 발표 분량을 보시고, '논문을 발표하라고 했지, 책을 쓰라고 했느냐'고 말씀하셨습니다. 그리고 제 논문에서 아주 중요한 부분만을 집중적으로 다루라고 말씀하셔서 대폭 줄이게 되었습니다. 그래서 이렇게 되었습니다. 양해를 바랍니다.

그 다음으로 역사 연구에 있어서 중점이 되는 것은 사실 규명입니다. 여러분도 잘 아시다시피 초기 신앙 공동체 형성 직전 주어사 강학이 있었는데, 당시 강학에 참석했던 이들의 명단 중에 아쉽게도 이윤하는 빠져 있습니다. 그런데 당시 신앙에 대한 열성을 생각해 볼 때 분명 이윤하가 강학에 참석했다는 심증은 가는데, 물증, 다시 말해 이름이 없습니다. 그런 차원에서 이윤하의 강학 참석 여부에 집중하였습니다. 그리고 그 작업을 하는 동안 조선 후기 천주교와 관련하여 당시 문인들이 기록한 문집에 주목하였습니다. 저는 처음에 조선 후기 양반 문인들이 기록해 놓은 문집들은 천주교와 관련이 없다고 단정했고, 관련이 있다고 하더라도 거기에서 무슨 자료가 있을까 생각해서 외면한 적이 있습니다. 이번에 이윤하와 강학의 연관성을 공부하면서 몇 달 동안 거의 『성호문집』만 보면서 지냈는데, 이 『성호문집』에서 이윤하의 부친인 이극성과 이윤하 집안과 관련한 내용들을 살펴볼 수 있었습니다. 그래서 앞으로 조선 후기 문인들의 문집들도 틈틈이 읽어 보면서 연구에 임해야겠다고 생각했습니다.

그리고 이경도의 아내에 대해서도, 『추안급국안』에 보면 오석충이 문초받을 때 자신의 딸에 대해 언급한 부분이 있습니다. '내 딸이 누구냐고 하면, 뭐라뭐라' 했는데, 그 가운에 '지금 이성구 집안에 제사를 받들고 있다.'고 언급하였습니다. 그런데 앞서 문집을 읽지 않았다면 '이성구'라는 이름을 그냥 놓칠 뻔했습니다. 그런데 이성구는 이수광의 아들입니다. 그래서 이경도의 아내가 바로 천주교 때문에 잡혔다가, 유배당한 후 1806년에 죽임을 당했던 오석충의 딸이었다는 사실을 문집을 통해서 알게 되었습니다. 그래서 1850~60년 사이에 문인들이 남겨 두었던 기록들을 보면 문집 안에는 천주교와 관련하여 많은 이야기를 하고 있다는 것을 알았습니다. 그래서 저도 앞으로 문집을 열심히 보고, 문집에 관심을 가지며, 그 당시의 문집에 대해서는 언제나 그냥 지나치지 않아야겠다는 생각을 하였습니다.

그리고 이경도의 순교지와 관련한 이야기가 있습니다. 사실 이경도의 순교지와 관련해서 다블뤼 기록에서는 한양에서 순교했다고 합니다. 또 복자에 올랐던 이경도·김계완·홍익만·손경윤 네 분에 대해서 어떤 곳은 당고개라고 이야기하고, 또 어떤 곳에는 서소문이라고도 이야기하고, 한양이라고 이야기한 경우도 있습니다. 그리고 기록에 보면 그들 네 사람과 함께 같은 날에 죽음을 맞이했던 전체 9명의 순교자들이 있습니다. 또한 네 사람을 뺀 나머지 다섯 명은 황사영을 숨기기 위해서, 황사영에게 상복을 지어 주었던 사람들입니다. 즉 황사영과 관련하여 황사영을 숨겨 준 사람들이며, 그래서 이 사람들이 다 함께 체포되어 같은 날 죽게 됩니다. 이들 순교자들에 대한 기록을 살펴보면, 다블뤼는 자신의 기록에서는 '한양'이라고만 했습니다. 그런데 1801년 12월 26일자 『순조실록』을 보면, 순교자 9명에 대한 기록과 그들이 어떻게 죽었는지가 나와 있고, 거기에 『비변사등록』의 보고에서도 사장(沙場)에서 처형했던 기록들이 함께 나와 있습니다.

좀 더 언급하고 싶지만, 이 심포지엄은 가족의 신앙생활에 대해 초점을 맞추는 자리입니다. 그리고 2016년 2월 19일에 새남터에서 "순교지 새남터의 종합적 연구"라는 주제로 병인박해 150주년을 기념, 새남터에서 순교한 순교자들과 그들의 삶과 영성을 밝히는 작업을 합니다. 그때에 새남터의 위치와 처형지로서 조선시대에 자리매김, 새남터 순교자들 영성 등에 대해서 밝힐 예정입니다. 그때에 보다 더 공식적이며, 분명한 기록들이 구체적으로 나오지 않을까 생각합니다. 그때까지 어떤 이야기를 드리기가 좀 그렇습니다.

그리고 가족애라든지 가족 연대감의 '유교적 충효'와의 관계성에 대해서는 앞으로 조금 더 고민하며 연구해야 할 부분입니다. 또한 당시의 인간관, 사회관, 그리고 영의 문제, 특히 『영언여작』을 통해서 드러나는 영혼의 문제라든지, 천주교를 통해서 드러난 여러 가지 인식들이 당시 사회에 어떤 영향을 주고, 그 미쳤던 영향들 또한 가정에 어떠한 신앙실천으로 드러났는지를 꾸준히 밝히도록 하겠습니다. 아무튼 저의 발표에 대해서 많은 분들이 진지하게 들어 주셔서 감사합니다.

노길명 교수 : 예. 강 신부님의 답변에 대해서 조 신부님께 조금 시간을 드릴 테니까, 좀 수정을 하셔서 다시 재반론해 주시기 바랍니다. 그리고 이전에 서종태 교수님의 답변에 대해 손숙경 선생님께서 더 질문이 있으시거나 논평하실 말씀 있으시면 해 주시죠.

손숙경 교수 : 제가 원래 그 발표를 다음 번 토론으로 해서 끝내고 더 이상 질문을 안 하려 했는데, 서종태 선생님의 기대에 부흥하기 위해서는 해야 될 것 같은데요.

저는 세 번째 질문을 하면서 이것은 선생님만 아니라 한번쯤은 다시 또 생각해 봐야 하지 않을까 싶습니다. 어떤 것이냐면, 가톨릭에서 가족을 중심으로 입교하고, 가족을 중심으로 전해져 받았다고 하는데, 그것은 어떻게 보면 너무 당연한 것이기 때문에, 이 당연한 것을 또 당연하기 때문에 연구해야 할 가치가 있지만, '이 당연한 것 외에 다른 것들을 좀 더 우리가 봐야 되지 않을까?'라는 생각을 했습니다. 저는 이 심포지엄의 주제를 보는 순간 그러면 가족인데도, 자식이라든지 믿지 않았던 사람들은 우리가 어떻게 규정지을 수 있을까? 어쩌면 서종태 선생님께서 연구하시면서 이런 사람들을 통해서 가족으로서 신심이 이어지는 이러한 부분을 더 드러낼 수 있지 않을까? 역으로 그런 사람들을 찾아내서 본다면 더 좋지 않을까 하는 생각을 했습니다.

그리고 김범우와의 관계는 분명히 이것은 아주 밀접한 관계가 있는 것 같습니다. 이것은 검증 자료도 발굴되고 있고, '천녕 현씨' 하고 조선시대 때 중인들, 양반들도 자신들끼리 지체를 비슷하게 하기 위해서 혼인관계가 굉장히 중요했지만, 중인들도 중인들 간의 연망이라는 것이 굉장히 중요했기 때문에 이러한 부분들을 좀 더 보충한다면 굉장히 풍요로운 글이 되지 않을까 생각이 됩니다. 제가 오늘 날카롭게 질문했다고 하는데, 점잖은 것 같아서 죄송하기도 합니다.

노길명 교수 : 네. 가정에서의 신앙생활이 순교에 영향을 끼치는 건 당연하다. 그러나 그것보다는 가족이 신앙을 갖고 있지 않았는데도 사람들이 신앙을 가지면서 순교할 수 있었던 점을 연구하는 것이 오히려 더 좋지 않겠는가 하는 말씀을 해 주셨습니다.

서종태 교수님께서는 박해시대 때의 신앙에 대해서 누구보다도 많은 연구 업적을 내신 분이십니다. 그런데 서 선생님, 이렇게 볼 수 있지 않겠습니까? 성리학은 효를 기본 가치로 하면서 인간 심성에 내재되어 작용하는 원리를 추구하는 성향이 굉장히 강하기 때문에 주지주의적 성격이 강하고 합리주의적인 성격이 강합니다. 배타적 절대성이 강하지요. 자기에 대해서 조금이라도 손상되어질 수 있는 것은 철저하게 배척하는 이런 성격이 강합니다. 그러다 보니까 이질적인 가치를 받아들이는 데 있어서 굉장히 강하게 반발할 수 있거든요. 이벽의 경우를 통해서 우리가 볼 수 있는 것처럼, 오히려 가톨릭 신앙을 받아들이는 데에 있어서 효라는 가치가 이를 저해하는 요인으로 작용할 수도 있고요. 그러나 일단 가톨릭 신앙을 받아들인 가정에서는, 그 효라고 하는 가치가 가톨릭 신앙을 전수하고 강화시키는 데 기능할 수 있다는 점에서, 이 효라고 하는 것이 양쪽으로 작용할 수 있지 않겠느냐 하는 이런 생각이 있습니다. 그래서 박해시대 때에 가톨릭 신앙을 받아들이는 과정에서 어떤 가정에서는 심하게 배타적으로 나오거나 호적에서도 내쫓기는 경우들이 있고, 다른 한편 부모가 아주 신앙생활이 두터웠을 경우에는 효라고 하는 가치가 자식들에게 신앙이 이어져 나가도록 만드는 데 오히려 기능을 하는 이런 측면도 볼 수 있지 않을까 합니다.

게다가 이건 아주 초보적인 이야기입니다마는, 보통 사회심리학에서는 한 사람에게 가장 많은 영향을 끼치는 것이 가정이고, 또 가정에서 부모가 가장 많은 영향을 미친다고 합니다. 그러나 그 부모와 아이의 관계에서 내 부모가 나에게 가장 중요한 타자라는 인식을 할 때 부모로부터 영향을 받는 것이지, 그 부모에게서 실망하거나 부모에게 증오감을 갖고 있을 때에는 전혀 다른 식으로 나아가게 된다는 것이 기본 이론이거든요. 이런 측면에서 본다면, 부모의 신앙생활이 어떠했느냐? 어떤 사람이 순교했다는 것은 그 부모가 순교를 했건 안 했건, 정말 철저한 신앙생활을 했었다는 것을 드러내는 하나의 표지가 되지 않을까 하는 생각이 듭니다.

순교자들에 대해서 서 교수님께서는 워낙 많은 발표를 하신 분이시니까, 좀 전에 말씀드린 대로 오늘의 테마인 가정생활과 순교 간의 관계에 대한 최대한 많은 자료를 활용할 수 있었으면 합니다.

서종태 교수 : 현계흠은 1801년에 순교했습니다. 그의 슬하에 위로 두 딸이 있고 그 밑으로 현경련과 현석문이 있었습니다. 그중 위의 두 딸은 일찍 시집갔는데, 이 두 딸에 대해서는 언급한 내용이 없어서 그들의 입교 여부나 신앙 실천은 알 길이 전혀 없습니다. 그 아래 현경련과 현석문은 아버지 현계흠이 순교할 당시 나이가 어렸기 때문인지 그들의 입교 과정을 기술하고 있는 『기해일기』에 아버지의 신앙교육에 대해서는 언급한 내용이 하나도 없습니다. 그래서 현석문과 현경련이 아버지로부터 천주교 신앙과 관련하여 어떤 교육을 받고 어떤 영향을 받았는지 가늠하기가 어렵습니다. 그러나 어머니의 신앙교육에 대해서는 관

찬 사료에 짧게나마 언급이 있습니다. 즉, 현계흠이 순교한 뒤 어머니가 부산으로 두 남매를 데리고 가서 살면서 철저하게 교리교육을 시켰다고 합니다. 이를 가지고 어머니의 자녀들에 대한 신앙교육을 간략하게나마 밝힐 수 있을 것 같습니다.

그리고 『기해일기』에 현경련이 바느질해서 버는 돈이 적지 않아 한 푼도 개인적으로 쓰지 않고 모두 집안 살림에 보태니 집안이 화평하고 남들이 다 탄복했다는 언급이 있습니다. 여기서 효를 끄집어 내서 이야기할 수 있을 듯합니다. 또한 현경련과 김 데레사가 심문받을 때, 현석문이 샤스탕 신부의 복사였기 때문에, 그가 간 곳을 알아내려고 그들을 심문할 때 고문을 심하게 가했지만, 두 사람 모두 고통을 참으며 끝까지 현석문이 간 곳을 발설하지 않았습니다. 여기에서도 남매간 우애나 부부간의 사랑을 끄집어 내어서 이야기할 수 있을 것 같습니다. 지적해 주신 내용들에 유념하면서 논문을 수정하겠습니다.

노길명 교수 : 네. 기왕에 이야기가 나왔으니 말씀드리면, 아까 서 교수님 발표를 보게 되면 중인 계급과 천주교 수용 간의 관계에서 서학서의 운반자와 서학의 운반자는 다르다고 하셨습니다. 서학서를 처음에 접한 사람들은 오히려 천주교 신앙을 받아들이지 않았다. 그런데 양반들과 함께 공부했던 사람들, 이들이 받아들였다. 여기에는 학문적인 자세가, 그 바탕이 어떠했느냐가 작용했다는 말씀이었는데, 이와 관련하여 아까 손 교수님 말씀하실 때 '연망'이라는 말을 쓰셨습니다. 이게 연결망을 말씀하신 거죠. 인간관계라는 것을 이야기하는 겁니다. 여기에서 우리가 이야기할 수 있는 것은 역시 신앙의 전수라고 했을 때에는 이 단순한 교리 서적, 연극이나 매체보다도, 인간관계가 더 중요하게 작용

한다는 측면을 우리가 발견할 수 있지 않겠는가 생각합니다. 한역 서학서를 처음 보고, 우리나라에 들여왔던 사람들은 받아들이지 않았는데, 서로 어울려 다니던 사람들이 받아들인다. 여기에는 신앙의 전달이라고 하는 데에서는 오히려 서적도 중요하겠지만, 더 중요한 것은 사람과 사람의 만남이다라는 이런 측면을 우리가 생각할 수 있지 않을까 싶습니다.

서종태 교수 : 물론 그 점은 저도 인정합니다. 그러나 인간관계만 가지고는 해결이 안 된다는 것입니다. 인간관계를 맺은 사람들과의 교류를 통해서 천주교 신앙을 받아들일 수 있는 사상적 준비를 갖추었는지 여부도 함께 살펴야 합니다. 왜냐하면 앞에서 밝혔듯이 북학파와 교류한 중인 계층 중에서는 서양 과학기술 탐구에서 천주교 신앙 수용에로까지 관심을 확장한 사람이 거의 없었던 반면에, 도덕적 실천을 강화하기 위해 양명학을 수용했던 성호 좌파 계열과 교류했던 중인 계층 중에서는 천주교 신앙을 받아들인 사람들이 대거 나왔기 때문입니다. 그러므로 인간관계를 맺은 사람들과의 교류를 통해서 천주교 신앙을 받아들일 수 있는 사상적 준비를 갖추었는지 여부까지 아울러 살필 필요가 있습니다.

노길명 교수 : 네. 일단 서 교수님 발표 논문에 대해서는 그 정도로 접도록 하고, 강 신부님 답변에 대해서 조한건 신부님께서 또 보충 질문 있으면 해 주시죠.

조한건 신부 : 먼저 보충 질문을 하기 전에, 서학서 운반과 수용과 관련

해서 … 사실은 유일한 통로로 우리가 서학서를 접했다고 이렇게 전해 지죠. 조선 후기 때 부경사행원이라고 하는, 유일하게 중국을 통해서 천주교 서적이 들어오는데, 일반적으로 '한문 서학서', '한역 서학서'라고 불리는 상당히 많은 종류의 책들이 들어왔습니다. 하지만 초기 때부터 태워 없어지고 신유박해 이후로도 과학 서적이 많이 태워 없어졌는데, 일반 조선 지식인들과 천주교를 믿는 이들이 서로 본 책들이 다른 것 같아요. 제가 볼 때 중인들이 주로 볼 수 있는 책들이 어떤 거겠어요. 의학 서적 내지는 천문학 관련 서적, 과학 서적을 봤을 것입니다. 그런데 양반들, 오늘날로 말하면 문과 쪽 지식인들은『영언여작』같은 '영혼' 관련 책들, 이 책은 일종의 인간학과 관련되고요,『성학추술』같이 사람이 어떤 성격을 갖고 있는지 심리학 비슷한 책들도 있었고요. 그런 책들이 들어왔을 거라고 보입니다.『다산문집』같은 데 반영된 걸로 보면요, 영향을 줄 수 있는 책이 분명히 있었어요.

그리고 내가 관심이 있는 책, 관심사가 영향을 줄 수 있는데, 예를 들면 '영혼' 같은 주제요. 오늘날 아리스토텔레스『영혼론』등 신학 서적이 다 번역되어 있어요. 그런데 읽는 사람 별로 없습니다. 억지로 신학 공부할 때, 철학 공부할 때 읽으라고 해서 리포트 쓸 때 읽죠. 다시 읽으라고 해도 안 읽습니다. 근데 양반들, 그 당시 천주교 신앙을 믿는 이들은 그게 너무나 특별했다는 거예요. 내가 믿고 있는 유학의 어떤 효 사상, 임금에 대한 충의 사상을 완전하게 해 준다고 믿었던 거죠. 그게 흔히 말하면 보유론적인 배경 안에서 서적이 번역되고 그랬는데 불행하게도 우리나라가 천주교를 받아들였을 때는 그 보유론을 했던 예수회가 철수된 상태였습니다. 조상 제사가 폐지된, 특히 구베아 주교님 때에는 아주 강력하게 당신 지역에서도 조상 제사를 금지하는 정책을 펼치고, 그걸 조선 땅에도 요구했던 그 시대에 살았어요.

본래의 천주교 신앙인은 모두 하느님을 대군대부라 했죠. 그러나 누구도 '아버지도 없고 임금도 없다'라고 그런 적은 한 번도 없어요. 더 효도를 열심히 했고요. 기도도 1년간의 주일 미사 지향 중에 세 번이나 다섯 번 이상, 그리고 『칠기구(七祈求)』라고 하는 옛날 공과 기도서에는 매일 첨례·대첨례 때마다 일곱 가지 기도를 하는 중에 임금, 관장을 위한 기도가 반드시 들어갑니다. 얼마나 국가에, 조정에 충성했던 신자들이었어요. 그럼에도 불구하고 죄목은 무군무부였어요. 그런 부분들은 우리가 지금 생각해 봐야 하겠고요.

조금 간략하게 토론 질문을 드리면, 신앙은 가족 안에서 영향을 받았지만 동시에 본인이 선택했을 것 아니예요? 유아세례도 받았지만, 어떤 면에서는 배우는 과정에서 내가 지금 받아들인 세례명, 또는 성인에 대한 교육을 많이 받았을 거 같아요. 저는 개인적으로 볼 때, 그들이 성인전을 많이 읽었던 것으로 보입니다. 예를 들면 이경도 가롤로 같은 경우에, 가롤로 1월 2일을 당시 보니까 중세 때 주교님으로서 열심히 전도했던 인물로 나옵니다. 루갈다도 6월 16일인가요? 제가 찾아보니까 루트가르디스(Lutgardis) 이렇게 인터넷에서 검색하면 나옵니다.

루갈다에 대해 많이 생각해 봤어요. 요즘 세례명에 좀 관심을 갖고 찾아보는데, 6월 16일 역시 순교자로 나옵니다. 이 이름은 당시에는 성인전에 잘 없었던 세례명이에요. 일반적으로 말하는 성인전에. 주문모 신부님이 지어 준 건지, 하여튼 그런 것들을 고려해 보면서 세례명에 관심을 갖고 있는데 그런 부분이 많은 영향을 주었을 것 같아요. 그러니까 가족에게 물려받은 것도 있지만, 내가 본 성인전, 주문모 신부님으로부터 전달받은 세례명, 이런 것들에서 큰 영향을 받았을 것이고, 유교에서 성인은 그냥 공자, 맹자의 가르침을 따르고, 주자가 그 계통을 잇고 이런 수준인데, 천주교 신자들이 믿었던 이 성인은 또 달라요. 내가 그 성인을 그대로 따라서 실천해야 하는 내 발로 실천해야 하는 그런 인식을 갖고 있었을 것 같아요. 그 성인에 대한 그러한 공부가 그분들에게 어떠했을까 하는 질문을 하나 더 드리는 겁니다.

강석진 신부 : 여러분도 다 아시다시피 이순이 루갈다는 평소 '성녀 아가다'를 존경했다고 자신의 서한에 기록해 놓았습니다. 그리고 역사적으로 볼 때, 1801년 신유박해가 일어났을 당시에 박해 당국은 천주교 신자들이 가지고 있던 서학서들이 다 빼앗아 불태웠습니다. 그때에 불태워진 천주교 책 목록, 즉 「요화사서소화기(妖畵邪書燒火記)」에 보면 '순교자 아가다의 전기'가 낱권으로 기록되어 있습니다. 이러한 여러 상황을 볼 때, 당시 신자들 사이에서는 성인 성녀와 관련된 글들과 책들이 전해지고 있었고, 특히 성인전이었던 『성년광익』 등이 신자들 사이에서 전해졌음을 알 수 있습니다.

또한 성인 성녀들에 대한 이름은 특히 세례를 앞둔 신자들이 관심을 가졌을 것입니다. 그런데 오늘날 그 부분에 대한 연구에 있어서, 예를 들어 '이경도 가롤로'가 자신의 세례명을 왜 '가롤로'로 했는지에 대한 이유를 찾는 것은 어려움이 있습니다. 그것은 제가 태어나면서부터 '요셉'이었는데, 지금에 와서 '내가 왜 요셉이지?' 하는 의문을 갖는 것과 같은 경우라 생각합니다. '이경언은 왜 바오로지?' 하는 의문도 마찬가지입니다. 그런데 이순이의 경우 '성녀 아가다'를 존경해서 '아가다'로 궁리를 했을 것입니다. 그런데 왜 '루갈다'로 했는지는 알 수 없습니다. 그

밖에 1790년 당시에는 여성 신자들 사이에서 아가다 성녀에 대한 존경심이 컸습니다. 이런 것들을 볼 때 그 당시 성녀와 관련한 이름에 대해서는 성인전의 영향을 받았을 것입니다. 그래서 박해 시기 신자들 사이에서 성인 이름, 다시 말해서 그들의 세례명에 대한 연구는 저에게는 좀 어려운 연구 주제입니다. 앞으로 조한건 신부님께서 그와 관련한 좋은 연구를 할 수 있도록 도와드리고는 싶습니다.

노길명 교수 : 네, 감사합니다. 아직 남아 있는 시간은 여러분들 것입니다. 여러분들께서 많은 질문과 토론을 해 주시고, 논평도 해 주시기를 바랍니다. 우선 질문 들어온 것에 대해서 먼저 말씀을 드리겠습니다. 서종태 박사님께 질문이 하나 들어왔습니다. 제가 읽도록 하겠습니다. "현씨 본가는 연주 현씨 한 계통으로 알고 있습니다. 천녕 현씨라는 근거를 다시 한번 구체적으로 알려 주시기 바랍니다."

서종태 교수 : 여기에 대해서는 손숙경 선생님께서 답변하시는 것이 좋겠습니다. 왜냐하면 손 선생님께서는 중인에 대한 연구를 많이 하셨기 때문입니다. 손 선생님께서는 중인에 대해 연구한 와그너의 책을 번역하여 출판한 적이 있고, 또한 중인에 관한 논문을 여러 편 발표하셨습니다. 그러므로 저보다는 손숙경 선생님께서 답변하시는 것이 이해에 더 도움이 됩니다. 손숙경 선생께서 답변해 주시기를 부탁드립니다.

손숙경 교수 : 제가 뒤늦게 복을 받습니다. 순교자의 일을 하시는 서종태 선생님께서 저에게 기회를 주시니 답변하겠습니다.
천녕 현씨는 연주 현씨에서 분적이 되었습니다. 연주라고 하는 곳은

잘 아시겠지만 평북 영변에 있는 연주입니다. 그런데 9대째 현수라는 분이 여주 목사를 지내면서 여기에 거주하게 됩니다. 그 일가가 여주 천녕군에 대대로 살게 되면서 천녕 현씨로 이름을 바꿉니다. 지금 현재는 여기에 연주 현씨도 단일 군으로 반영을 하고 있지만, 이렇게 여주 천령현에 살았던 사람들은 계속 그 가계가 천녕 현씨 가계로 남습니다. 대동본에는 원래 연주 현씨로 올려놓았지만, 이 가계가 천녕 현씨라고 불립니다. 왜냐하면 천녕 현씨 가계에서 각과 합격자가 많이 나와서 현수 이후로 다섯 배열이 나누어지는데 오늘 서종태 선생님께서 말씀하신 그 현무 계열은 여기 장성 계열에서 의과, 상과가 많이 나왔어요. 그 밑에 계열로 들어가면 대부분 역과입니다. 그래서 천녕 현씨 가계 경우에는 보통 역과 가문, 역관 가문, 역관 합격자가 많이 된 가문 이렇게 얘기를 합니다. 그러다 보니까 현계흠 집안도 천녕 현씨의 역관 가문이라고 알려졌습니다.

노길명 교수 : 네, 감사합니다. 그런데 강 신부님께 질문이 몇 가지가 들어왔습니다. 우선 제가 읽도록 하겠습니다. 첫 번째 질문은 "본 심포지엄에서는 가정의 신앙생활이 순교에 미친 영향에 대해서 파악하였습니다. 조선시대 순교자 가정이 적지 않았겠지만, 그전 사료가 비교적 많이 나와 있는 가정을 표본적 이해로 삼아 파악한 것 같습니다. 대체적으로 조선의 가정 문화와 천주교 교리가 만난 것이 주요 배경임을 제시한 것 같습니다. 그런데 이러한 현상이 박해시대 조선 천주교에서만 볼 수 있는 고유한 현상일까요? 다른 나라들 특히 같은 동양 문명권에 속한 나라들 안에서도 비슷한 사례가 없는가요? 향후 더 살펴볼 부분이 아닐까 하는 생각이 듭니다." 하는 이런 말씀입니다.

강석진 신부 : 네, 질문해 주신 분께 감사드립니다. 박해 시기, 가족 단위의 신앙 실천이 한국 천주교회사에서만 볼 수 있는 고유한 현상인지를 물으셨는데, 우선 '고유한'이라는 말을 붙였을 때에, 박해 시기에 모든 천주교 신자들이 '가정의 신앙 실천'에 대한 특징을 모두가 보였는가를 생각해 볼 수 있습니다. 하지만 그렇지 않습니다. 박해 시기 천주교 신자 가정이 모두가 다 신앙 실천을 당연시하지는 않았습니다. 신앙 때문에 일어난 '가족 내 불목'이 그 예이며, 이는 우리나라뿐 아니라 어느 나라, 어느 시기에서도 볼 수 있는 것으로 복음 전파 중에 의당 일어나는 사실입니다.

그리고 여기서 밝히는 것이지만, 가족의 신앙생활에 대해서 제가 주목했다기보다는 저희 수도회 최고 장상의 의중이 들어가 있었습니다. 총장 신부님과 이번 심포지엄을 준비하고, 계획을 세우면서 주목한 부분이 있습니다. 그것은 현재까지 신자들에게 잘 알려지지 않은 사실인데, 우리 순교자들 중에서 굉장히 특색 있는 사람이나 가족이 누구인지를 살펴보는 것입니다. 그래서 찾은 분이 이번에 복자가 되신 현계흠, 그리고 그의 아들 현석문, 또 손자 현은석 이렇게 삼대의 가족 신앙을 주목하였습니다. 또한 지금까지 잘 드러나지는 않았지만 이번 심포지엄을 통해서 드러난 사람으로 이윤하를 주목하였습니다. 사실 이윤하의 경우는 비록 순교자가 아닐지라도 그의 세 자녀들이 순교했던 사실을 통해서 이것 또한 가족의 신앙 실천이 중요한 동기가 되었을 것이라고 생각하였던 것입니다.

이처럼 현계흠 집안과 이윤하 집안을 제대로 살펴볼 수 있다면 오늘날 한국 사회 안에서 가족의 신앙 실천이 얼마나 중요한지를 밝혀내는 좋은 사례가 될 것이라고 의견을 모았던 것입니다. 이러한 순교의 동인을 찾는 작업은 결국 지금까지 우리는 순교자들에 대해 '누가 얼마나 장엄하고 위대하게 죽었는지'에 대한 순교 사실에만 관심을 둔 것과는 달리 순교자들이 어떠한 삶과 신앙을 가지고 살았기에 자신의 고귀한 생명을 기꺼이 하느님께 내어드릴 수 있었는지를 주목하는 계기가 될 것이라 생각했던 것입니다.

그리고 이 자리에는 수녀님이 많이 오셨는데, '가족'이라는 개념을 '공동생활'로 '가족의 신앙 실천'은 공동체의 신앙 실천으로 바꾸어 생각해 볼 수 있습니다. 그래서 순교 동인을 찾는 작업은 곧 건강한 수도생활의 동인을 찾아볼 수 있는 여지를 제공해 줄 수 있으리라 생각합니다. 이러저러한 생각들을 종합한 후, 마침내 가족의 신앙 실천이라는 주제를 잡았던 것입니다.

또한 기조강연 때에 조광 교수님께서 말씀하신 것과 비슷한 관점으로 지금까지 교회가 순교자에 대해서 앞으로는 개인이 가진 고유한 특성에서 벗어나, 그 이면에 담겨 있는 박해 시기 당시의 구체적인 사실들을 함께 접목하는 연구도 필요합니다. 그런 측면에서, 이번 심포지엄은 조선이라는 당시의 시대적 배경 속에서 가족이라는 집단이 가지는 그 고유한 신앙 행위의 의미를 밝히고, 가족의 개념이 어떻게 신앙 실천으로 이어지는지를 규명하는 첫 작업이었다고 생각합니다. 저희는 '첫술에 결코 배부르지 않는다'는 사실을 잘 알고 있기에, 앞으로 계속해서 다른 연구자들과 연대해서 순교뿐 아니라, 순교로 이어지는 동인으로서의 삶과 신앙을 꾸준히 연구할 수 있도록 하겠습니다.

그리고 같은 동양 문화권 안에서 볼 때, 일본 교회사는 250년 동안의 박해 속에서 일본 역시 가족 단위로 철저하게 신앙을 실천하다가 순교했던 기록들이 있습니다. 그래서 만약 오늘 우리가 하는 이런 주제들이 앞으로 계속해서 중요한 논의가 될 수 있다면, 일본에서 교회사를 공부하는 우리 수도회 형제를 통해서 교류가 될 수 있으리라 생각합니다. 또한 동양 문화권 안에서 제가 지금 알기로는 일본과 우리나라가 가족 내 신앙 실천의 고귀한 전통이 있는 것처럼 다른 나라에서도 그러한 사례들이 있는지를 확인해 보는 작업이 필요합니다. 동양 문화권 안에서 그러한 연구들을 총체적으로 연구한다면, 동양 문화권 안에서 가족의 신앙 전수 혹은 신앙 전통이 어떠한 영향을 미쳤고, 가족 안에서 어떻게 확립되어 왔는지를 알게 해 줄 것입니다. 이러한 작업은 결국 신앙생활과 신앙 실천이 집안 대대로, 혹은 지역별로 어떤 방식으로 어떻게 내려왔는지를 비교 분석할 수 있는 중요한 자료가 됩니다. 또한 가족의 신앙 실천이 갖는 독특성과 고유성을 찾아내고, 그 사실을 통해 구체적이며 독창적인 가족의 신앙 실천을 규명하는 데 좋은 과정이 될 것입니다.

노길명 교수 : 네, 감사합니다. 또 하나의 질문이 있습니다. "이경언인가 이경도 부인이 남편을 박해했다는 이야기를 들었습니다. 아마도 이경언 바오로의 부인 같습니다. 확실히 누구의 부인인지요? 박해는 남편을 남편으로 여기지 않고 구박했다는 것을 뜻합니다. 또한 유대철 베드로 어머니며, 유진길 아우구스티노의 부인도 천주교를 믿는 부자를 집안에서 괴롭혀 부자가 집을 나갔다고 알고 있는데, 순교자 집안에서 다른 형태의 가족들을 어떻게 이해해야 하나요?" 하는 질문입니다.

강석진 신부 : 이경언이 맞습니다. 달레의 교회사에 보면 이경언의 아내가 '굉장히 포악스럽다'라고 나와 있습니다. 그리고 이경언은 그런 아내

의 모든 것들을 다 잘 받아 안으며 살았다고 기록되어 있습니다. 그래서 이경언의 부인이 '포악했다', '굉장히 거칠었다', '이경언을 힘들게 했다'고 생각할 수 있습니다.

그런데 저는 개인적으로 다른 생각을 해 봅니다. 이경언이 성장한 후 결혼을 하자마자 함께 살던 이경언의 어머니와 형수, 즉 이경도의 아내가 충주 청풍 쪽으로 이사를 갔다고 합니다. 이 기록을 보면, '이경언이 결혼하자마자 그들이 떠나 버린 것은 이경언의 아내가 그들을 때려서 그랬나!' 하고 생각할 수 있습니다. 그러나 그건 아니겠지요. 우선 달레의 교회사에서만 이경언의 아내가 난폭하다는 기록을 남겨 놓았습니다. 그런데 이경언 자체가 훌륭하고 덕행이 있는 분이어서 그럴 수도 있겠습니다만, 순교 직전에 그런 포악한 아내에게 절절한 내용의 편지를 썼다는 부분은 이해하기 어렵습니다. 저 역시도 결혼을 했다고 가정할 경우, 이제 곧 죽음을 앞둔 상황에서 아내에게, 설령 아내가 아무리 좋아도, 그러한 글을 쓸 수 없을 것 같습니다. 그런데 이경언이 아내에게 편지를 쓰면서 자신의 감정을 진심으로 나누는 걸 보면 과연 달레의 교회사에서 나오는 것처럼, 폭악했다는 내용이 과연 그랬을까 하는 생각을 해 봅니다.

또 다른 기록을 보면, 다블뤼가 쓴 순교자 기록으로 '조선 순교자 약전'에 이경언을 짝사랑한 젊은 청상과부의 이야기가 있습니다. 그런 이야기까지 생각해 보면, 이경언이 잘생기고 매력적인 남자라고 생각해 볼 수 있습니다. 그런데 이 모든 내용을 다 떠나서, 이경언의 아내는 당시 신분 사회에서 중인이었습니다. 우리가 알고 있듯이, 명문 양반가 신분인 이순이가 시골 양반 집안이었던 유중철과 결혼할 때에도 이순이 집안에서 대단히 큰 문제라고 난리가 난 적이 있습니다. 그런데 불과 10여 년이 지나, 성장한 이경언이 중인 신분의 여자를 아내로 맞이했다는 사실은 주목해야 할 부분이라고 생각합니다.

그리고 유진길과 그의 아들 유대철을 유진길의 아내가 천주교 때문에 바깥으로 쫓아냈다라는 말은 저도 들었습니다. 그런데 그 부분은 사실 미화된 것이 아닐까 생각합니다. 조선시대에는 아내가 조금이라도 포악함을 보이면 남편이 아내를 당연히 내쫓거나 버릴 수 있는 사회였습니다. 그런데 정반대로 그 여자가 남편과 아들을 내쫓았다고 하는 것은 유진길과 유대철의 삶을 숭고하게 미화시키기 위한 부분이 아닐까 합니다. 그래서 그의 아내를 유진길과 유대철 부자와 대비시켜 부정적인 이미지로 묘사하지 않았나 생각해 보았습니다. 그런데 이 문제에 대해서 정말 고민이 많으시다면, 좀 더 연구를 해 보겠습니다.

서종태 교수 : 성호 이익의 『성호사설』에 보면, 칠거지악을 범하는 아내를 내쫓는 법을 엄격히 시행해야 한다고 주장한 내용이 있습니다. 당시 남편한테 포악하게 구는 부인이 많았는데, 이런 부인은 시어머니와 시아버지에게도 포악하게 굴었다고 합니다. 그런데도 그 부인을 집안에서 쫓아낼 수 없었다는 것입니다. 왜냐하면 부인을 쫓아내면 재혼해야 하는데, 재혼할 때 갖춰야 하는 부인의 머리 장식인 다리가 너무 비싸서 그 돈을 마련할 수 없었기 때문입니다. 그래서 부인이 남편에게 포악하게 굴거나 시부모에게 사납게 굴어도 그런 부인을 쫓아내지 못하고 참고 사는 사람들이 많았다고 합니다. 성호는 이러한 사회적인 문제를 해결하는 방안의 하나로 칠거지악을 범하는 아내를 쫓아내는 법을 엄격히 준수해야 한다고 주장했습니다.

노길명 교수 : 지금까지 질문으로 들어온 건 이게 전부였습니다. 자유롭게 질문하고 싶으신 분, 논평하고 싶으신 분은 손을 들고 말씀해 주시기 바랍니다. 시간은 충분합니다. 말씀해 주시죠.

(질문) 김태건 신부 : 저는 한국순교복자성직수도회 김태건 라파엘 신부입니다. 오늘 가정 안에서 신앙생활이 순교에 미치는 영향에 대해서 좋은 말씀을 해 주신 모든 분들께 진심으로 감사드립니다. 새로운 시도 안에서 가정에 대해 좋은 말씀을 들었습니다. 오늘 함께하면서 도움이 되었던 부분과 아쉬웠던 점에 대해서 말씀드리고 싶습니다.

  먼저 도움이 되었던 부분은 학문적인 지식을 얻는 데 도움이 되었고요. 아쉬운 점이라면 과연 우리 순교자분들이 삶으로 보여 주신 가정 안에서의 삶이 현재를 살아가고 있는 우리들에게는 어떻게 적용될 수 있을까? 짧은 시간에 다 다룰 수 없는 한계를 인정하지만, 그런 부분에 있어서 더 연구가 되었으면 참 좋겠다라는 생각이 들어서 조금 아쉬웠습니다. 그러나 여기 계시는 발표자께서는 교육학자도 아니시고 심리학자도 아니시기에 사학자로서 순교자를 연구하고 발표하신 분으로서 현대의 가정에서 바람직한 환경이라고 얘기해야 할까요? 가정환경, 부모의 입장이 무엇인지 어떠해야 하는지 이론적인 지식이 아니라 실제적인 도움이 될 수 있는 말씀을 사학자의 입장에서 한 말씀 해 주시면 상당히 도움이 될 거라고 생각이 듭니다. 왜냐하면 여기 계시는 분들이 어떤 사목자가 있는 것도 아니고, 가정을 갖고 있는 분들이 많기 때문에 어떤 그런 작은 화해가 분명히 들어 있다고 생각합니다. 그런 측면 안에서 좋은 말씀을 해 주시면 대단히 감사하겠습니다.

노길명 교수 : 오늘 이 심포지엄을 통해서 우리는 순교자들의 가정이 신앙을 전해 주는 매체였고, 기도생활과 교리교육, 그리고 부모나 형제의 신앙 모범을 통해서 순교에 이를 수 있도록 신앙을 강화시켜 주는 토대였다는 것을 확인할 수 있었습니다. 그런데 이것을 통해서 오늘 우리가 무엇을 시사받아야 될 것인지를 구체적으로 알려 달라는 말씀입니다.

전통 시대의 가족과는 달리 오늘날 가족들은 위기를 맞고 있다고 그럽니다. 그래서 가족사회학자들은 '위기의 가족'이라는 말을 사용하기도 하고, 또 어떤 학자들은 '지금은 가족이 해체되는 시대'다. 그리고 '가족의 존재 이유를 찾기가 참 어렵다.'고도 합니다. 가족은 개인이 태어난 다음에 사회생활에 필요한 것을 가르쳐 주는 장소이며 양육시켜 주는 장소이고, 노약자들에 대해서는 보호 장치를 해 주는 장소요, 그리고 사회 안에서 갖게 되는 긴장과 갈등을 해소해 주는 장치이기도 합니다. 그런 다양한 원초적인 집단이 가족이었는데, 이 가족이 갖고 있던 그런 기능마저 전부 다른 사회제도나 다른 매체에 뺏겨 버리고 있지요. 그렇다면 가족만이 고유하게 지니고 해 줄 수 있는 기능이 뭐냐? 가족이 자녀를 출산해서 사회 성원을 공급해 주는 역할을 하는데, 요즘은 아기를 낳지 않고 있습니다. 가족의 기본 기능도 제대로 이루어지지 않고 있다는 것입니다. 이런 상황 속에서 종교 신앙을 전수해 주고 강화시켜준다면 어떻게 할 것이냐?

사실 엊저녁에 제가 다른 장소에서 발표를 하나 했습니다. 발표할 때 중요하게 다루었던 것이, 요즘에 우리 가톨릭 신자 대학생들이 대거 신흥종교의 길로 넘어가고 있다는 것에 대해서 어제 이야기하면서 원인을 설명할 일이 있었습니다. 오늘 이 심포지엄에서 다루고 있는 것처럼 순교자들은 가정을 통해서 신앙을 전수받았고, 가정을 통해서 교리교육을 배웠습니다. 그리고 가정을 통해서 기도생활을 했습니다. 또한 이 가정을 통해서 부모의 신앙을 보았고, 순교하는 것을 목격했고, 자기는 순교자의 자식이라는 정체성까지 갖게 되었고, 이러한 것들이 결국은 자기 자신이 순교의 길을 가는 데 중요한 통로의 역할을 했거든요.

오늘날 가정에서의 신앙교육이 어떻게 이루어지고 있느냐? 제가 실감나게 하기 위해서 말씀드리겠습니다. 제가 초등학교 4학년 때 견진을 받았습니다. 저희 본당신부님은 서울에서도 유명한 호랑이 본당신부님이셨습니다. 그 본당의 보좌신부로 발령 나게 되면 종대에 간다고 했습니다. 종대라는 것은 귀양 간다는 것이었습니다. 아주 엄한 신부님이셨습니다. 견진성사를 받기 위해 교리 찰고를 받는데, 그 당시에는 천주교 교리문답이라고 하는 320개의 항목으로 된 책이 교리 책입니다. 이 날은 신부님이 종이 한 장과 연필 한 자루만 들고 계시고 4명이 앉아서 찰고를 합니다. 너 1번 너 2번 그렇게 6번 7번, 순서도 틀리면 안 됩니다. 10번 틀리면 탈락입니다. 이것을 합격하기 위해서는 1년 전부터 할머니한테 교리를 배우는 겁니다. 하루에 문답 외워야 할 것이 할당됩니다. 그것을 다 외우지 못하면 그날 저녁밥 못 먹습니다. 못 먹는 걸로 끝나지 않아요. 회초리 맞고 다 외우게 합니다. 그 후 잠을 재웁니다. 토요일 주일날은 며칠 동안 배운 순서와 내용을 잊어버리지 않도록 복습하는 겁니다. 제가 지금은 신앙이 약하지마는 4개 틀리고 통과했습니다. 통과될 때 밖에서 부모님들은 가슴을 졸이면서 기다리고 있습니다. 통과가 되면 가문의 영광이고, 통과가 되지 않으면 가문의 수치입니다.

그런데 저희 아버님 말씀은 뭐냐면, (아버지께서는) 중조할머니께 엄청나게 회초리 맞으면서 문답을, 그것도 신문답도 아니고 구문답 더 긴

것을 외웠다고 합니다. 그리고 설날 제일 큰 관심이 세뱃돈 받는 겁니다. 아침 미사 갔다 오자마자 할아버지, 할머니에게 세배하려고 하면 말씀하십니다. "너 대부님께 세배하고 왔어? 영신의 아버지에게 먼저 세배하고 육신의 아버지에게 세배하는 거야." 이것이 옛날 한국 천주교 가정에서 해 오던 풍습입니다.

오늘의 우리 가정은 하루에 식구들 얼굴 보기도 어렵고 봤다 해도 시간이 부족한, 이런 가정 내에서 순교자의 삶을 통해서 무엇을 배워야 하는 것이냐? 그리고 구체적으로 어떻게 해야 하는 것이냐를 신부님께서 물으신 거라고 생각합니다.

자, 이제 순교자들의 신앙과 영성에 대해서 누구보다 많은 논문을 발표하신 서종태 박사께서 답변해 주시기 바랍니다.

서종태 교수 : 뭐 별다른 방법이 있겠습니까? 부모가 모범을 보이는 수밖에 없습니다. 현계흠 가계를 살펴보면, 아버지 현계흠, 딸 현경련, 아들 현석문, 며느리 김 데레사 등 모두가 교리 연구와 전교를 목적으로 설립한 명도회에 가입하여 활동한 특징이 있습니다. 저는 현계흠 가계의 구성원들이 대를 이어 순교할 수 있었던 것은 바로 이러한 명도회 활동과 관련이 있다고 생각됩니다. 끊임없이 자기 자신을 재교육하고, 또 남에게 전교하면서 신앙을 꾸준히 실천해 나가는 모범을 부모가 앞장서서 보이면 냉담했던 자식들이 언젠가 교회로 돌아오지 않을까 합니다.

저는 대학원에서 서학과 양명학에 관한 논문을 쓰면서 천주교를 알아야 논문을 제대로 쓸 수 있겠다는 생각이 들어 교리를 배워 영세했습니다. 그랬더니 제 아내가 몇 년 후에 제 발로 교리를 배워 영세했습니다. 딸과 아들도 스스로 교리를 배워 영세한 뒤 한동안 열심히 신앙생활을 했습니다. 그러나 지금은 자녀 둘 다 냉담하고 있습니다. 불만족스럽기는 하지만 크게 걱정하지 않습니다. 왜냐하면 우리 신앙 선조들에게서 답을 찾을 수 있기 때문입니다.

박해 시기에 신앙 선조들은 아무런 내색도 않고 묵묵히 계명대로 신앙을 실천했을 뿐인데, 이를 오랫동안 지켜보던 주위 사람들이 저절로 감화되어 한 사람씩 제 발로 찾아가 교리를 배워 신자가 되었습니다. 변화된 세상이나 달라진 자녀들을 탓하지 않고 박해 시기 신앙 선조들처럼 부모가 묵묵히 신앙 실천의 모범을 보이다 보면 언젠가 자녀들이 스스로 신앙을 회복할 것으로 저는 굳게 믿습니다.

노길명 교수 : 그리고 순교자들의 삶에 대해서 논문을 쓸 때마다 엄청난 분량으로 쓰기 때문에 항상 조광 교수님에게 반의반으로 줄이라고 야단을 맞고 계시는 강석진 신부님께서 여기에 대해서 답변을 주시기 바랍니다.

강석진 신부 : 이번에도 논문을 쓰면서 굉장히 많은 양의 원고를 쓰게 되었습니다. 그중 하나가 이윤하에 대해 연구하면서, 이윤하 집안의 가계도를 구체적으로 밝히는 계기가 되었습니다. 그래서 1대 경녕군부터 시작해서 2대, 3대 그 조상들을 계속해서 찾아 그들이 누구였는지를 찾아보는데 너무나 재미있기도 했습니다. 이렇게 연구한 원고를 조광 교수님께 가지고 갔더니, 조광 교수님의 첫 말씀이 "강 신부님, 단군부터 쓰지 그러셨어요?"라고 말씀하시더군요.

좋은 질문 감사합니다. 사실 이윤하와 관련하여 자료가 없었고, 그의 아내 권씨에 대해서는 자료가 더 없어서 글쓰기가 힘들었습니다. 하지만 중요한 단서로 이윤하의 아내 권씨의 경우 그 집안에는 권철신, 권일신 형제가 있었고, 그들 가족에 대한 이야기가 묘비명에 있었습니다. 그 묘비명에는 권철신, 권일신 형제의 가족들 모두가 우애가 얼마나 좋았는지가 기록되어 있습니다.

그 집에 머물렀던 사람들이 말하기를, 자신들은 그 집에 일주일 넘게 머물렀어도 누가 누구의 자식인지 모를 정도였다고 합니다. 다시 말해서 그 집안 식구들은 자기들의 조카들 모두를 가족 이상의 사랑을 가지고 돌보았다는 것입니다. 이를 보고 다른 많은 사람들이 감탄했다고 합니다. 그러한 이유로 다른 사람들도 권철신의 문하생이 되고자 찾아왔고, 또한 서학에 대한 관심이 많았던 권철신은 다른 제자들에게 천주교에 대한 긍정적인 영향을 미쳤던 것입니다. 그것이 결국은 이윤하와 자신의 여동생인 권씨에게도 영향을 주었다고 생각합니다. 이는 곧 가족들 서로가 가지고 있는 신앙에 대한 실천이 가족의 신앙생활에 중요한 영향을 미친 경우라고 생각해 봅니다.

그런데 사실 요즘 입시 때 보면 고3 학생들이나 대입을 준비하는 자녀들인 경우 주일날 성당에 안 가는 것을 자연스럽게 생각하는 분위기입니다. 그리고 말로는 '대학 가서는 잘해야지', 하는 생각을 합니다. 그런데 실제로 그들이 대학에 들어가면, 노길명 교수님 전공이 신천지인데, 냉담한 천주교 신자 학생들을 잡아먹은 이들이 신천지라는 표현이 있듯이, 신천지 신도들이 우리 신자 아이들을 자신들에게 이끌고 가려는 것을 직간접적으로 듣거나 보게 됩니다. 그래서 이번 심포지엄의 취지가 가족의 신앙 전통을 찾는 작업이며, 이는 곧 박해 시기 중요한 순교 동인이었던 가족의 신앙 전통이 오늘날에도 우리 신자들에게 유효

한 신앙 전통임을 입증하는 데 중요한 역할을 할 것이라 생각됩니다. 그렇다면 박해 시기 동안 신앙 안에서 박해를 극복하며 살았던 이들의 삶과 신앙에 대한 꾸준한 연구가 필요합니다.

과거 참된 신앙인의 삶을 모습을 오늘날에도 끊임없이 연구할 수 있다면, 이는 현대를 살아가는 많은 신자들에게 신앙의 중요성과 균형 있는 삶을 살아갈 수 있도록 이끌어 주는 계기가 될 것입니다.

노길명 교수 : 제가 사회학 교수입니다만 다 연결해 들어가면 결국 사회 구조와 관련을 맺습니다. 오늘날 사회가 가정을 옛날 가정처럼 만들어 주지 않습니다. 부부가 맞벌이를 나갑니다. 회사에서 지쳐서 저녁에 들어옵니다. 애들 양육이나 사회화에 대해서 투자할 수 있는 시장도 여력도 별로 없습니다. 그런데 지금 사회는 애들에게 입시를 과중하게 요구하고 있습니다. 그러다 보니 우리 성당도 고등학교 3학년만 되면 주일학교도 없습니다. 부모들도 애들한테 '그래, 대학 간 다음에 성당 가면 되지' 이렇게 얘기해 버리고 맙니다. 그리고 가족 간에도 대화가 있고 연대의식이 있어야 하는데, 밥 먹는 시간도 저마다 다르고, 가족끼리 가슴을 털어놓고 대화를 나눌 수 있는 분위기를 사회가 만들어 주지를 않습니다. 이게 위기지요. 그런 사회 풍조에 우리가 끌려가기 때문에 문제가 나오는 것입니다. 여기서도 이런 사회 풍조에 대해서 가정을 어떻게 보호하고 지켜 나가야 할 것이냐 하는 것입니다. 우리 교회의 사목적 문제와도 연결된다고 생각합니다. 참고로 이 자리에서 우리는 답을 얻기보다는 뭔가 많은 생각을 할 수 있는 그런 주제를 안고 가야 한다고 생각합니다.

또 다른 질문이나 논평을 해 주시기 바랍니다. 어떤 것도 좋습니다.

어떤 특정인을 지정하지 않고 해 주셔도 좋습니다.

(질문) **자매님** : 지금 발표하신 수사님에 대한 답변이기도 하고 본인에 대한 조언이기도 합니다. 저는 대학교 학생을 둔 주부입니다. 지금 교수님께서 말씀하신 현 상황과 가정에서 애를 어떻게 키워야 하는가는 늘 실존적인 부분입니다. 저한테는 그래서 이 자리에 와서 이 발표를 들을 때 이 주제가 던져 주는 (내용이) 실존적인 질문이 되었습니다. 도대체 내가 신앙교육을 어떻게 시킬 때 이것이 아이들에게 현대적 의미의 순교를 준비해 줄 수 있을까 하는 질문이었습니다. 그리고 저는 신부님의 논문에서 이미 답변을 얻었다고 생각합니다. 그 부분에 대해 제 이해가 틀렸을지도 모르고, 만일 틀렸다면 접할 수 없는 문제일 것입니다.

제가 첫 번째 얻었던 것은 과연 현대의 세계에서 제가 판단할 수 (없는) 문제로 원칙과 양심의 가치를 잃어버린 사람들입니다. 이 사회에서 순교란 것은 가톨릭 신앙 안에서 살아가면서 그것이 동시에 사회적인, 우리가 흔히 얘기하려는 그런 윤리적 가치를 실현하는 것, 그런 선택을 하는 것이 순교라고 생각했습니다. 그것이 순교가 원래 가지고 있는 그리스도 신앙의 증언이나 아니면 그리스도 신앙을 드러내는 것과도 일치하는 것이니까요. 그러나 정말로 신앙교육을 잘 시키면 아이들이 그걸 할 수 있을까? 도대체 선조들은 어떻게 교육을 시켜서 그게 어떤 메커니즘으로 삶 안에서 순교를 준비시켰을까? 이에 대해서 강 신부님의 논문 안에서 많은 걸 얻었습니다.

제가 신부님 논문에서 정리했던 부분은 신앙이 가정교육 안으로 침투했을 때 가족 관계 안에서의 공손함, 그 관계가 하느님으로부터 주어졌다는 거로 인해서 가족에 대해 다시 볼 수 있다는 거죠. 내 아버지가 그냥 아버지가 아니라 하느님께서 허락해 주신 아버지 또 내 자식이 그냥 나의 생물학적인 나의 어떤 것이 아니라 하느님께서 주신 선물, 이것이 신앙의 가정교육 안에서 봤을 때 그렇지 않을 경우와 다른 점이었고요.

두 번째는 선행을 실천하는 것에 대해서 늘 습관화되어 있고, 그것이 신앙과 선행이라는 것이 일치된다는 거였고요.

세 번째는 가족관계에 대한 신앙적인 이해가 결국은 더 나아가 순교의 길을 굳건히 걸어갈 수 있도록 했다는 거에요. 물론 한집안이 순교자 집안이기 때문에 앞서 사람들이 가니까 순교라는 걸 자연스럽게 받아들이기도 했겠지만, 단지 순교가 말씀하신 대로 여러 가지로 부활의 신앙이든지 죽고 나서 이런 것뿐만 아니라, 그것을 받아들일 수 있게 했던 건 그 이전까지의 삶이었다고 생각해요.

저는 오히려 희망을 발견했어요. 정말로 그 당시에 그걸 그렇게 했다면, 지금 우리 시대에도 가톨릭 신앙의 어떤 요구들을 잘 끄집어 내서 그걸 가정교육 안에서 실현을 시킨다면 가능하고요. 지금 우리가 안고 있는 문제에 대해서도 사회가 붕괴 되었다면 오히려 종교가 이제는 더 명확하게 역할을 해야 될 때이고, 그 역할은 신자로서 부모가 맡아야 되는 시점이 아닌가? 그래서 저는 강 신부님의 글을 통해서 '아! 우리 시대의 순교를 준비하는 건 가정에서부터구나.' 그리고 그건 가정교육이 세상을 바라보는 기본적인 창이고 가장 첫 번째 스텝이기 때문에 가능할 거다. 아주 구체적으로 지금 법에 입시가 붙어 있지만 그것은 조금만 노력하면 바뀌더라고요. 그러니까 입시를 같이 치른다고 생각하는 것도 있지만, 늘 한 번씩 아이들한테 '네가 내 아이여서 참 고마워.', 그러면 애들은 '엄마가 되어 줘서 참 고마워.' 하는 이런 한마디의 인사가 가족이라는 것을 다시 생각을 하게 하더라고요.

저희 아이들은 신앙이 없지만 그래서 신앙교육을 참 못 시킨 사람이기는 하지만, 어쨌든 저는 그런 부분이 가능하다고 보는 겁니다. 그래서 신부님이 말씀하신 것에 대비해서 저는 제 질문이 절절했기 때문에 그럴 수도 있지만, 지금 신부님의 논문 안에서 참 많은 답변을 얻었고, 현대에서 우리가 왜, 무엇을 어떻게 해야 되는지 답변을 얻었다고 생각하고 강 신부님께 특별히 감사드립니다. 고맙습니다.

노길명 교수 : 예, 감사합니다. 오늘의 심포지엄을 하게 되고 이 주제를 택한 그 이유가 지금 말씀하신 바로 거기에 있다는 생각이 듭니다. 순교자들의 가정 안의 모습을 통해서 우리가 신앙교육을 오늘날 어떻게 해야 될 것이냐에 대해서 해답을 찾고자 하는 시각에서 이 주제가 택해졌다고 생각합니다. 또 다른 분들 중에 질문 있으시면 자유롭게 말씀해 주십시오. 수녀님들도 말씀해 주시지요. 네, 더 질문이 없으시다면 이제 정리를 해야겠습니다. 이미 조금 전에 논평해 주신 분을 통해서 어느 정도 결론이 도출되었다고 생각합니다.

오늘 우리는 '순교하신 분들의 가정생활이 순교에 어떤 영향을 끼치느냐?' 하는 것에 대해서 함께 생각해 보았습니다. 순교는 하느님으로부터 선사받는 은총입니다. 그들의 윤리의 신앙이 순교로 연결되기 위해서는 그 신앙을 전해 주고 심어 주는 가정의 중요성을 생각할 수 있고, 그 가정의 중요성은 부모가 자녀에 대해서 교리교육과 기도생활을 통해서 모범을 보여 주고, 그리고 그 가정이 부모와 자식 간에 형제간에 화목한 모습을 보였을 때 그것이 결국은 나중에 순교로 이어질 수 있는 에너지가 되고 통로가 된다는 것을 오늘 우리는 확인했습니다.

　오늘의 심포지엄을 통해 해체된 가정, 위기의 가정 속에서 우리가 순교자들의 가정을 보며 많은 것을 시사받을 수 있었습니다. 오늘의 심포지엄은 바로 그런 면에서 우리에게 큰 도움을 주었다고 생각합니다. 이것으로 오늘의 심포지엄을 마치도록 하겠습니다. 발표해 주신 분들, 논평해 주신 분들, 질문하시고 참석해 주신 모든 분들께 감사드리면서 오늘의 심포지엄을 접도록 하겠습니다. 감사합니다.

한진욱 신부 : 다시 한번 훌륭한 발표와 정확한 논평, 그리고 정성스럽고 매끄러운 진행을 맡아 주신 교수님들과 신부님께 큰 박수 부탁드립니다. 그리고 이 자리에 참석해 주신 복자가문 수사님들 수녀님들 그리고 바쁜 와중에서도 귀한 시간 내주셔서 심포지엄에 참석해 주신 모든 분들께 감사드립니다. 이것으로 제2회 국내 학술 심포지엄 순교자의 삶과 신앙 심포지엄을 마치겠습니다. 감사합니다.

2부

회 장

기조강연

회장님 이야기

김 진 소 신부
前 호남교회사연구소 소장

1. 사제의 정에 굶주린 신자들
2. "내가 그리스도를 본받는 것처럼 여러분도 나를 본받는 사람이 되십시오"
3. "이제 내가 사는 것이 아니라 그리스도께서 내 안에 사시는 것입니다"
4. 사도시대의 공동체

1. 사제의 정에 굶주린 신자들

오늘 심포지엄은 그동안 한국 교회사 연구에서 비중을 크게 두고 다루지 않은 '회장제도'를 살피게 된다. 사실 오랫동안 교회사의 주된 연구는 한국 천주교회가 100여 년 겪어 온 박해사의 비중이 크고, 시복시성의 과제 때문에 박해의 실상을 밝히는 연구에 치중하였다. 그 결과 상대적으로 신앙공동체가 어떻게 살아왔는가를 밝히는 생활사에 대한 연구는 부족하였다. 오늘 심포지엄은 과거 신앙공동체를 실제로 이끌어 온 회장들의 임무와 역할을 밝혀 줄 것이다. 또한 이 학술 발표로 그동안 부족했던 신앙공동체의 생활사 이해에 큰 도움을 줄 것이다.

저는 문서를 통해서 본 역사가 아니라 현장의 소리를 말씀드리고자 한다. 한국 교회는 교회 창설부터 신교의 자유가 주어지기까지 100년이 넘는 세월 중에서 60여 년을 성직자 없이 살았다. 이렇게 성직자 없이 성장한 것을 두고 달레의 『한국천주교회사』는 '성령께서 직접 인도하심으로' 이루어졌다고 했다. 신도들 스스로 교회를 발전시킨 역사는 한국 천주교회의 자존심이며 자랑이다.

과거 한국 신앙공동체를 실제로 이끌어 온 것은 회장들이었다. 옛말에, 살아서 양반은 죽어도 양반이라고 했다. 천주교에서도 한번 회장은 죽어서도 회장이라는 말이 생길 정도로 회장에 대한 존경과 신망이 두터웠다. 그리고 회장들의 행실은 후대에까지 신화처럼 구전으로 전해져 왔다. 저는 오늘 학술발표를 돕기 위해 회장들이 보여 준 덕망과 사표를 이야기하겠다.

한국 교회는 사제의 태부족(太不足) 현상을 1970년 중반까지 겪었다. 저는 1972년 혼자서 임실·순창·남원 3개 본당을 맡았다. 이 시기까지 특히 지방 교구의 경우 공소로 유지되었다. 공소 신자들이 본당신부를 만나는 것은 1년에 두 번, 가을 판공과 봄 판공 때였다. 일제강점기까지 판공 때 공소 미사는 고해성사자수 25~30명을 기준으로 1대를 드렸다. 큰 공소는 5대까지 드리기도 했다.

신자들은 항상 사제의 정(情)에 목말랐다. 저는 1972년 가을 판공 때 처음으로 구교우들이 사는 공소를 방문하였다. 공소 판공이 끝나는 날 새벽미사를 봉헌하며 당황스런 일을 겪었다. 영성체가 끝나자 여기저기서 훌쩍이며 여교우들이 우는 것이었다. 미사를 끝내고. 공소회장에게 혹시 제가 이 교우들의 마음을 상하게 한 일은 없습니까? 물었다. 회장의 대답은 더욱 마음 아팠다. 신부님과 헤어지면 또 다음 판공 때까지 기다려야 한다고 생각하니 헤어지기 싫고 서운해서 우는 것이라고 했다. 이 사실을 알고 저 역시 마음이 짠했다. 다음 공소로 출발하기 위해 발걸음을 서두르는데 여교우들은 내 옷소매를 붙잡고 또다시 울기 시작했다. 제가 가는 것이 보이지 않을 때까지 동구 밖에 서서 손을 흔들며 눈물을 훔치고 있었다.

교우들의 신부에 대한 정은 제가 겪은 일만이 아니다. 저보다 120년 전 최양업 신부가 겪었다.(『최양업 신부의 서한』, 1850년 10월 1일 도앙골에서 쓴 편지. 도앙골은 1866년 전주 숲정이에서 순교한 손선지 성인의 고향 부여군 충화면 지석리이다.) 최양업 신부는 당시 상황을 소상하게 적었다.

"우리가 교우촌을 떠날 때에는 여행할 옷차림으로 갈아입을 때부터 공소집 전체가 울음바다가 되고 탄식 소리로 진동합니다. 어떤 사람들은 저를 못 떠나가게 붙들려는 듯이 저의 옷소매를 붙잡고, 어떤 이들은 제 옷

회장님 이야기

깃에 그들의 애정의 정표를 길이길이 남기려는 듯이 제 옷자락을 눈물로 적십니다. 그들은 저를 따라 나서서 제가 멀리 사라져 보이지 않을 때까지 지켜보며 돌아가려고 하지 않습니다. 어떤 때는 좀 더 오랫동안 제 뒷모습을 지켜보기 위해 야산 등성이에 올라가기도 합니다."

한국 천주교는 항상 변화가 느리다. 한국 교회는 제2차 바티칸 공의회 이후까지 영원한 생명을 얻는 길은 오직 눈으로 볼 수 있는 성사(聖事)를 통해서만 이루어진다는 '성사 제1주의'에 살고 있었다. 사제는 원죄와 본죄를 온전히 사해 주어 하느님의 자녀로 새로 태어나게 하는 세례성사를 베풀고, 성체성사를 통하여 영혼의 양식인 성체를 이루어 주고, 고해성사로 회개하는 사람의 죄를 풀어 주어 깨끗한 영혼으로 다시 태어나게 해 주고, 종부(병자)성사를 통하여 임종하는 병자의 모든 죄를 용서받게 하여 천당에 갈 수 있도록 해 주는 영신(靈神)의 아버지였다. 더구나 사제는 신자들의 죄를 모두 짊어지고 신자를 대신해서 지옥으로까지 가는 사람으로, 신자들을 위해 일생을 바치는 사람이었다. 그래서 신자들에게 신부는 육친의 부모에게 갖는 정(情)을 뛰어넘어 다른 차원의 정을 가지고 '영신의 아버지'로 받들었다.

회장은 신자들과 생활 현장에서 함께 살며 사제를 대신하여 신자들의 신앙생활을 지도하고, 돌보고, 관리하는 제2의 사제였다. 과거 신앙공동체에 회장의 노력이 없었다면 오늘의 교회는 없었을 것이다.

2. "내가 그리스도를 본받는 것처럼 여러분도 나를 본받는 사람이 되십시오"

회장은 신자들의 사표(師表)였다.

회장은 다른 신자들보다 교리 지식이 뛰어나고, 신심이 모범적인 지식인들이었다. 초기 교회 때 「황사영 백서」는 신자들의 사표가 될 뛰어난 회장으로 『성경직해』(디아스 양마락)를 번역한 서울 총회장 최창현과 『주교요지』를 지은 정약용을 소개하고 있다. 이들의 사표는 전통으로 이어졌다. 회장은 사도 바오로께서 "내가 그리스도를 본받는 것처럼 여러분도 나를 본받는 사람이 되십시오."(1 코린 11.1) 하고 말했듯이 신자들이 믿고 따를 만한 사표가 되었다. 한국 교회는 회장들의 신심과 노력으로 어려운 시절 시련을 견뎌 낼 수 있었다.

좋은 회장은 교회의 희망이었다.

선교사들은 공소를 방문하여 신자들의 사표가 될 만한 회장을 만나면 기뻐하며 공소에 대해 좋은 평가를 남겼다. 그리고 깊은 산골에 있는 공소라도 '착한 회장' '열심한 신자'가 있는 공소라면서 앞으로 신부가 거주할 만하다고 했다. 선교사들은 훌륭한 회장을 만나면 긴장하였다. 성직자들은 지식과 덕행을 갖추고, 수행생활이 철저하고, 봉헌 정신이 투철한 회장 앞에서는 신부 행세를 조심하였다.

지식을 갖춘 회장들은 신앙공동체를 위한 글을 남겼다.

회장들 중에는 신자들의 교리교육을 위한 교리서를 저술하거나, 신자들의 신앙교육과 신심을 다져 줄 천주교 가사(歌辭)를 짓거나, 후손들의 신심에 도움이 되는 글을 남기거나, 교회 역사를 밝히는 기록을 남기거나, 가정의 신앙 내력을 밝힌 가족사를 남겼다.

회장들은 신자들의 수계생활을 엄격하게 지도하였다.

한 예로 옛날 교우촌에서는 위리안치(圍籬安置)라는 벌이 있었다. 조선시대 형벌의 하나로 죄인의 집 주위에 탱자나무 가시로 담장을 쌓아 그 안에 사람을 가두어 놓고 밖으로 나오지 못하게 하는 중연금(重軟禁) 벌이다. 회장은 신자들 중 노름과 주색잡기로 문란한 생활을 하는 사람을 붙들어다가 자기 집에 위리안치하였다.

그리고 부모에게 불효하는 사람을 불러다가 남녀노소를 가리지 않고, 심지어 남의 집 며느리까지 회초리로 종아리를 쳤다. 그래도 누구 한 사람 불만을 표시하거나 반항하는 사람이 없었다. 회장은 신자들이 존경하고 본받아 따를 만한 인물이었다.

3. "이제 내가 사는 것이 아니라 그리스도께서 내 안에 사시는 것입니다"

조선 후기 천주교를 학문으로가 아니라 신앙으로 받아들인 지식인들은 어떤 사람들이었는가? 우선 정약용의 학문하는 자세를 말하고 싶다. 그는 "배움이란 깨닫는 것이다.(성찰) 깨달음이란 무엇인가 잘못을 깨닫는 것이다. 잘못을 깨닫는 것은 어떻게 하는 것인가. 바른말에서 깨달아야 한다. 이미 잘못을 깨닫고 부끄러워하고 뉘우치고(통회) 고치는 것(정개)이 배움이라."고 했다. 천주교가 말하는 성찰·통회·정개가 바로 이것이다.

초기 교회 때 천주교를 신앙으로 받아들인 사람들은 정약용처럼 일상을 깊이 성찰하고 뉘우치고, 행실을 고치고자 수행하던 지식인들이었다. 그들은 천주교를 통하여 사람은 하느님의 사랑과 자비와 용서가 없이 살 수 없다는 것을 깊이 알게 되었다. 그리고 이웃을 사랑하고 자비를 베풀고 용서하지 않는 것이 죄라는 것을 깨달았다. 그들은 하느님으로부터 받은 은혜를 갚는 길은 예수님이 모범으로 보여 주신 사랑과 섬김과, 베품의 삶을 실천하는 것이라고 깨달았다. 이들이 초기 신앙공동체의 지도자들이었다.

깨닫는 것은 곧 실천이었다. 초기 신앙공동체의 지도자들은 천주교 교리를 통해서 사람은 하느님처럼 존귀하고, 신분의 구별은 있을지라도 사람을 차별해서는 안 되며, 사람은 서로 존중해야 한다는 것을 깨닫고 신분 질서의 옷을 벗었다. 그리고 자기가 소유하고 있는 재물은 나의 이기적인 만족을 위해 있는 것이 아니라, 하느님의 것을 잠시 보관하고 있을 뿐 하느님이 필요로 하는 곳에 나누어 주어야 한다고 깨달았다. 그들은 입신출세와 부귀영화의 꿈에서 해방되어 자유로웠다. 예수의 가르침인 사랑과 섬김과 베품의 삶에 나섰다.

전라도 신앙공동체에는 이런 우스겟소리가 있다. "너 무엇을 위하여 성교회에 나오느뇨." 하면 "유항검 땅 논 부치기 위해 성교회에 나오느니라." 유항검은 호남의 대부호였다. 유항검은 세례를 받은 후 호남 지방 신앙공동체의 지도자가 되어 자신의 가치관과 양반이 꿈꾸던 모든 것을 버렸다. 그는 자기 집 종들을 차별하지 않고 인격으로 존중하였다. 그는 자기가 소유하고 있는 곡식을 가난한 사람, 굶주리고 헐벗은 사람들, 병든 사람들을 위해 서슴없이 나누어 주었다. 자기 자식들에게 자기 뜻과 생각을 강요하지 않고 자식들의 희망을 존중하였다.

예수님이 요구하신 사랑과 섬김과 나눔의 실천은 전라도, 충청도는 물론 신앙공동체의 지도자가 있는 곳이라면 어디서나 일어났다. 성찰과 통회와 정개의 생활이 자기 영혼의 구원만을 위한 것이 아니라 역사의 변혁에 나선 것이다.

사도 바오로께서 "이제 내가 사는 것이 아니라 그리스도께서 내 안에 사시는 것입니다."(갈라. 2. 20) 하신 말씀이 회장들의 생활 신조였다. '콩 심은 데 콩 난다.'고 회장 집안에서 순교자가 나오고 회장이 나왔다. 사랑과 섬김과 베풂의 실천은 일제시대까지 신앙공동체의 회장들을 통하여 이어져 왔다. 그들은 거의 순교자들의 후손이거나 신앙공동체를 이끌어 온 회장의 후손들이었다.

4. 사도시대의 공동체

달레의 『한국천주교회사』는 신유박해 이후 형성된 교우촌을 사도시대의 교회가 재현된 이상적인 그리스도교 공동체로 말하고 있다. 이러한 신앙공동체의 모습은 신교의 자유가 주어진 후에도 계속되었다. 1889년 보두네 신부는 공소를 방문하여 신자들의 아름다운 삶을 목격하며 감탄하여 글을 남겼다.

"주교님, 교우들의 협동심은 감탄스럽습니다. 그중에서 뛰어난 미덕(美

德)은 그들 서로가 사랑과 정성을 베푸는 일입니다. 현세의 재물이 궁핍하기 짝이 없지만 사람이나 신분의 차별 없이 조금 있는 재물을 가지고도 서로 나누며 살아갑니다. 이 교우촌을 바라보노라면 마치 제가 초기 그리스도교회에 와 있는 것 같습니다. 사도행전에 보면 그때의 신자들은 자기 전 재산을 사도들에게 바치고 예수 그리스도의 형제적인 애찬을 함께 나누는 것 이외에는 이 세상에서 아무것도 바라지 않았습니다. 이 교우촌 신자들은 선배(先輩) 형제들의 표양을 그대로 본받고 있습니다."

그러나 모든 신앙공동체가 아름다운 것은 아니었다. 1850년대 선교 활동을 하던 최양업 신부는 신앙공동체의 분열과 반목을 보고 괴로워하였다. 그 발단의 원인 제공자는 양반 출신 교우들이었다. '나무 양푼이 쇠 양푼 안 된다.'는 속담처럼 한번 뿌리박힌 양반들의 근성을 고치는 것은 체질을 바꾸는 것만큼이나 어려웠다. 양반들이 신앙공동체 안에서 갑(甲)질을 하였다. 그래서 이 시대만큼 칠극(七克)이 강조되어 노래 부른 때도 없다.

중국의 선교사 판토하(방적아)는 1614년 『칠극』이라는 천주교 윤리서를 펴냈다. 이 책은 초기 교회 설립 때 양반 지식인들이 천주교 입문서인 『천주실의』와 함께 교과서처럼 읽던 책이다. 이 책에서는 영혼의 모든 병의 뿌리를 칠지종(七罪宗, 일곱 가지 죄악의 뿌리) 곧 교만·질투·인색·분노·탐식·여색·게으름이라고 한다. 그리고 이것을 이겨내는 수련(修練)으로 칠극을 제시하였다. 즉 교만은 겸손으로, 질투는 사랑으로, 인색함은 베풂으로, 분노는 인내로, 탐식은 절식(節食)으로, 여색을 탐함은 정결로, 착한 일을 게을리함은 부지런함으로 이겨내는 데 몸과 마음을 갈고 닦도록 강조하였다.

1850년대에 지어졌을 것으로 여겨지는 천주교 가사들은 최양업 신부의 영향을 받은 것으로 이해되는데 가사들마다 칠극을 강조하고 있다. 이 『칠극』은 마치 사도 바오로가 에페소인들에게 호소한 영적투쟁을 읽는 듯하다.

"내가 끝으로 여러분에게 권고할 말은 이것입니다. 여러분은 주님과 함께 살면서 그분에게서 강한 힘을 받아 굳세게 되십시오. 속임수를 쓴 악마에 대항할 수 있도록 하느님께서 주시는 무기로 완전무장을 하십시오. 우리가 대항하여 싸워야 할 원수들은 인간이 아니라 권세와 세력의 악신들과 암흑세계의 지배자들과 하늘의 악령들입니다.

그러므로 지금 하느님의 무기로 완전무장하십시오. 그래야 악한 무리가 공격해 올 때에 그들을 대항하여 원수를 완전히 무찌르고 승리를 거둘 수 있을 것입니다. 그러므로 굳건히 서서 진리로 허리를 동이고 정의로 가슴에 무장을 하고 발에는 평화의 복음을 갖추어 신고 손에는 언제나 믿음의 방패를 잡고 있어야 합니다. 그 방패로 여러분은 악마가 쏘는 불화살을 막아 꺼 버릴 수 있을 것입니다.

구원의 투구를 받아 쓰고 성령의 칼을 받아 쥐십시오. 성령의 칼은 하느님의 말씀입니다.

여러분은 또한 언제나 기도하며 하느님의 도우심을 청하십시오. 모든 경우에 성령의 도움을 받아 기도하십시오. 늘 깨어서 꾸준히 기도하며 모든 성도들을 위하여 간구하십시오."(에페. 6. 10~20)

천주교 가사는 사회의 가치체계와 그 종말을 허무하게 표현한다.

"악한자는 이세상을 영(永)것으로 경영(經營)하여

부귀영화 많이쓰고 빈궁자(貧窮者)를 모만(侮慢)하며
　　교오간린 미색분노 탐도질투 해태함은
　　기회대로 행하다가 부지불각(不知不覺) 죽는때는
　　세상영복 다버리고 흑마(黑魔)중에 종이되어
　　영혼육신 떠난후엔 머무는바 시체로다."

　　　　　　　　　　　　　　　　　　『선종가(善終歌)』

　또한 『피악수선가(避惡修善歌)』에서는 인간의 욕망과 감정을 억제하고 칠죄종을 극복하는 적극적인 생활 태도로 선행(善行)을 권면하고 있다.

　　"사욕(私慾)에 침익(沈溺)하여 천주성명(性命) 거역말고
　　사마유감(邪魔遺憾) 다들어서 영혼을 해(害)칠마소
　　잠시육신 위하여서 사언(思言)행위 모든죄과(罪過)
　　죄가운데 주린영혼 어찌하면 해원(解怨)할고
　　무궁무진 육신사욕 금지할줄 모르느냐
　　사욕(私慾)바다 잠긴영혼 어찌하면 건져낼고
　　영혼하나 구하려면 삼구(三仇)를 이겨내소
　　삼구유감 이길진데 성교(聖敎)대로 준행하소
　　교오(驕傲)를 의론하면 죄가운데 뿌리되어
　　만악만죄(萬惡萬罪) 이끌어서 육신사욕 더으나니
　　간린(慳悋)이 중한죄라 구할궁핍(窮乏) 모르느냐
　　먹고쓰고 남은적곡(積穀) 심심장지(深深藏地) 간직하나
　　이웃사람 모른것을 천주먼저 알으신다
　　미색(迷色)불에 인유(引誘)함이 긘들아니 중한죈가
　　육계구계(6戒 9戒) 범한것이 더음죄가 완연하다

은밀하온 더러움을 천주벌써 알으셨네
분노(忿怒)불을 못이기어 본성본정(本性本情) 달리쓰면
광패(狂悖)하고 시악(恃惡)할제 오관백체 다해롭다
자기미처 몰랐은들 천주먼저 살피시네
탐도정(貪饕情)은 욕심이라 탈취(奪取)하기 장기(長技)로다
남에게 해된것을 갚을줄을 모르느냐
칠계십계(7戒 10戒) 더음죄를 천주벌써 미워한다
질투(嫉妬)하기 무삼일고 사람심술 괴이하다
부질없는 시기내어 본성정을(本性情) 잃는고나
음해(陰害)하는 저거동을 천주또한 싫어하네
나태(懶怠)하기 즐겨하면 해된곳이 무수하다
육신본성(本性) 전혀잃고 영혼양식(糧食) 핍절(乏絶)이라
허랑무실(虛浪無實) 일평생을 천주모두 알으신즉
칠죄종이 잔혹함을 어찌아니 소심(小心)하랴
겸손함을 극진하여 교오를 없이하고
활협(闊狹)은혜 베풀어서 간린함을 보속(補贖)하고
행실을 결정(潔貞)하여 미색을 멀리하고
화목하기 주장하여 분노를 안정하고
청렴(淸廉)함을 강작(强作)하여 탐도를 억제하고
유순하고 관후(寬厚)하여 질투를 금지하고
부지런히 힘을써서 나태함을 깨달아야
육신을 보존하고 영혼을 구하리라."

『피악수선가(避惡修善歌)』

이러한 칠극의 노력으로 병인박해가 끝나고 신교의 자유가 묵인되던 무렵, 천주교 신자들의 일상을 지켜보던 외교인들 중 상당수가 천주교

에 입교하였다. 신앙공동체가 하느님의 뜻에 맞고 외교인들에게 존경받는 공동체로 유지되기까지 회장들의 피나는 노력이 있었다. 신앙인의 좋은 표양보다 더 힘 있는 전교는 없었다.

이번 심포지엄은 회장들의 임무와 역할을 살펴보는 데 주안점을 두겠지만 언젠가 회장들이 남긴 성덕과 사표는 다시 연구되어야 하겠다.

박해시대 조선 천주교회의 회장제

방 상 근 박사
내포교회사연구소 연구위원

1. 머리말
2. 조선 교회의 회장들
3. 회장제의 도입과 운영
4. 회장의 역할과 지위
5. 맺음말

1. 머리말

　병인박해 이후 프랑스 선교사가 다시 조선에 입국하는 때는 1876년이었다. 1876년 5월에 블랑(Blanc) 신부와 드게트(Deguette) 신부가 처음으로 조선 땅을 밟았던 것이다. 그들은 숨어 있던 신자들을 찾아 신앙공동체를 재건하고, 동시에 동료 선교사들이 입국할 수 있도록 준비를 갖추었다.

　그런데 블랑 신부가 리델(Ridel) 주교에게 보낸 1876년 10월 10일자 서한을 보면, '서울 교회를 재건하는 데 영향력 있고 교육받고 열성적인 사람의 부재(不在)와 신자들의 가난을 두 가지 장애 요인'으로 들고 있다. 여기서 '영향력 있고 교육받고 열성적인 사람'은 바로 회장을 말한다. 회장들이 병인박해 때 모두 순교하거나 숨어 버렸기 때문에, 교회 재건에 어려움이 있다는 것이다. 그리하여 새로 입국한 선교사들은 회장들을 찾거나 새로 임명하는 작업을 우선적으로 진행해야만 했다.

　이처럼 회장은 선교사가 교회를 이끌어 가는 데 반드시 필요한 존재였다. 이것은 개항기뿐만 아니라, 박해 시기에도 마찬가지였다. 박해 시기의 회장은 박해와 재건이 반복되는 과정에서 교회를 유지하고 발전시킨 주역이었다.

　그런 의미에서 박해 시기의 회장은 일찍부터 주목되어 왔다. 그리하여 회장의 역사와 교회 내의 위치와 역할[1]은 물론, 그들의 삶과 신앙에

1　김승주, 「한국 교회 지도서들을 통하여 본 공소회장의 위치와 역할」, 대건신학대학 대학원 석사학위논문, 1979; 최석우, 「한국 교회 회장의 위치와 역할」, 『교회와 역사』 246호, 한국교회사연구소, 1995.11; 방상근, 「한국 교회의 회장」, 『회장』, 한국교회사연구소, 2006.

대한 연구도 많이 이루어졌다.[2]

그런데 지금까지 박해시대 회장에 대한 연구는 사실의 정리나 개별 회장들의 활동을 중심으로 이루어졌고, 제도로서의 회장제는 거의 주목받지 못하였다. 그리하여 한국 교회의 회장제가 어떤 과정을 거쳐 실시되었고, 어떤 조직 체계를 갖추었으며, 회장의 지위는 어느 정도였는지 등 아직까지 밝혀지지 않은 점들이 많이 있다.

회장제는 명도회와 함께 초기 교회를 이끈 핵심 조직이었다. 따라서 회장제는 한국 교회가 어떻게 운영되었는지를 밝히는 중요한 주제라고 생각한다. 필자는 이러한 문제 인식하에 회장제의 실시 과정과 조직 체계를 살펴보고자 한다. 그리고 이를 토대로 회장의 성격과 역할, 그리고 교회 내의 지위에 대해서도 정리해 보도록 하겠다.

2. 조선 교회의 회장들

조선 천주교회와 관련된 자료에서, 카테키스타(cătēchísta)로 지목되는 사람이 처음으로 나타나는 것은 1797년 8월 15일 북경의 구베아(Gouvea, 湯士選) 주교가 사천 대목구의 생 마르탱(Saint-Martin) 주교에게 보낸 서한이다. 구베아 주교는 이 서한에서 최인길(崔仁吉, 마티

---

[2] 『교회사연구』 13, 한국교회사연구소, 1998(황사영);『교회사학』 6, 수원교회사연구소, 2009(최경환);『순교자의 삶과 신앙』, 한국순교복자성직수도회, 2014(강완숙, 최창현, 정하상, 황석두).

아)을 이승훈(李承薰, 베드로)이 임명한 최초의 회장(cătēchísta) 중의 한 명이라고 소개하였다.³

물론 'cătēchísta'라는 단어가 처음 나타나는 것은 구베아 주교가 포교성성 장관에게 보낸 1790년 10월 6일자 서한이다. 이 서한에는 '이승훈이 세례를 받고 돌아간 후 여러 사람들을 개종시켜 세례성사를 받게 했고, 그런 다음 그들 가운데 몇 사람을 뽑아 '회장'으로 임명했다.'는 기록이 있다.⁴

라자로회의 빌라(Villa) 신부가 마카오에서 쓴 1791년 2월 11일자 서한에도 '이승훈이 귀국한 후 세례를 받은 1,000여 명 중에 남자 12명과 여자 12명을 회장으로 임명했다.'는 기록이 있다.⁵ 그리고 마카오 주재 포교성성 대표부의 마르키니(Marchini) 신부가 포교성성 장관에게 보낸 1790년 12월 24일자 서한에도 빌라 신부의 서한과 같은 내용이 수록되어 있다.⁶

한편 구베아 주교가 생 마르탱 주교에게 보낸 서한에는 "세례성사를 받기에 합당한 사람들이 '이 베드로와 다른 회장들'에게 보내졌고, … 이들은 자기들이 이해할 수 없거나 실행하기 불가능한 것들에 대한 교회의 가르침과 다른 기본적인 것들에 대해 북경 교회에 알아보기 위해

---

3   최석우, 「이승훈 관계 서한 번역문」, 『교회사연구』 8, 한국교회사연구소, 1992, 200쪽: 「한국 교회 회장의 위치와 역할」, 10쪽; 윤민구 역주, 『한국 초기 교회에 관한 교황청 자료 모음집』, 가톨릭출판사, 2000, 144쪽.

4   윤민구 역주, 『한국 초기 교회에 관한 교황청 자료 모음집』, 45쪽.

5   윤민구 역주, 『한국 초기 교회에 관한 교황청 자료 모음집』, 71~72쪽.

6   윤민구 역주, 『한국 초기 교회에 관한 교황청 자료 모음집』, 79쪽.

윤 바오로를 파견했다."는 내용도 있다.[7]

'이 베드로와 다른 회장들'이 윤유일의 북경 파견에 관여한 점, 이승훈에게 권한을 받아 세례를 베푼 사람은 평신도 신부라는 점에서, 이 서한의 '회장들'은 평신도 성직제(가성직 제도)하의 신부들을 가리킨다고 할 수 있다.[8] 즉 구베아 주교의 서한에서 언급된 '회장'은 평신도 신부를 가리키며, 최인길이 이승훈에게 임명된 회장 중의 한 명이라면, 최인길도 평신도 신부라고 할 수 있다.[9]

한편 빌라 신부와 마르키니 신부의 서한에는 구베아 주교의 서한과 다른 내용이 있다. 즉 이들의 서한에는 남자 12명과 여자 12명을 회장으로 임명했다는 내용이 있는데, 구베아 주교의 서한에는 24명의 남녀 회장에 대한 내용이 없다.

그러나 빌라 신부의 서한이 구베아 주교의 서한 내용을 발췌했다는 점에서, 빌라 신부와 마르키니 신부의 서한에 나오는 회장의 의미는 구베아 주교의 서한과 같다고 할 수 있다. 그리고 이 서한들의 내용이 윤유일이 전한 1790년 이전의 상황이고, 윤유일이 파견된 계기가 평신도 성직제였다는 점을 고려할 때, 남회장 12명은 숫자상의 차이는 있지만, 이승훈이 임명한 10명의 신부를 가리킨다고 생각된다. 그러나 평신도 신부들이 활동하던 시기에 12명의 여회장이 활동했다는 것은 믿기 어렵다. 따라서 여회장 12명은 구베아 주교가 잘못 알았거나, 선교사들

---

7 윤민구 역주, 『한국 초기 교회에 관한 교황청 자료 모음집』, 117~118쪽.
8 평신도 신부와 평신도 성직제에 대해서는 방상근, 「최창현의 삶과 신앙」, 『교회사학』 10, 수원교회사연구소, 2013, 12~13쪽 참조.
9 방상근, 「최창현의 삶과 신앙」, 13쪽.

이 구베아 주교의 서한 내용을 발췌하는 과정에서 생긴 착오라고 생각한다.

결국 구베아 주교의 서한에서 언급된 '회장과 이승훈이 최인길을 회장으로 임명했다'는 기록은, 주문모(周文謨, 야고보) 신부가 임명한 회장과는 다른 의미로 보아야 한다. 즉 구베아 주교가 언급한 'cătēchísta'는 1786년에 임명된 '평신도 신부'를 가리키며, 그런 점에서 최인길을 고유한 의미의 회장으로 보기는 어렵다고 생각한다.

조선 교회의 회장은 주문모 신부의 입국 이후에 나타난다. 1801년에 작성된 황사영(黃嗣永, 알렉시오)의 「백서(帛書)」에는 최창현(崔昌顯, 요한)을 총회장으로, 정약종(丁若鍾, 아우구스티노)을 명회장(明會長)으로, 강완숙(姜完淑, 골롬바)을 여교우를 관리하는 회장으로 소개하고 있다.[10] 그리고 1811년의 신미년 서한에는 윤점혜가 회장에 임명된 기록이 있고,[11] 달레 신부의 『한국천주교회사』에는 내포의 정산필(鄭山弼, 베드로), 서울의 김승정·황사영·손경윤(孫敬允, 제르바시오) 등을 초기 교회의 회장으로 언급하고 있다.[12]

「백서」 등을 통해 볼 때, 주문모 신부가 활동할 당시 조선 교회에는 총회장, 명도회장, 여회장, 지역 회장 등 여러 종류의 회장이 있었음을 알 수 있다. 아마도 주문모 신부는 사목상의 필요에서 지역·단체·여성

---

10 「백서」 24(32)行·25行·67行.

11 1811년 신자들이 북경 주교에게 보낸 서한에는 윤점혜를 회장으로 임명하여 동정녀들을 관리하도록 했다고 한다(윤민구, 「신미년에 조선 천주교 신자들이 북경 주교에게 보낸 편지에 대한 연구」, 『수원가톨릭대학교논문집』 2, 수원가톨릭대학교, 1990, 60쪽).

12 달레 원저, 안응렬·최석우 역주, 『한국천주교회사』 상, 한국교회사연구소, 1979, 420·505·558·604쪽.

등 분야별로 회장을 임명하여 활용했다고 생각한다. 즉 지방의 공소는 회장이 신부를 대신하여 신자들을 관리하도록 했고, 교리교육과 전교를 위해서는 명도회(明道會)13와 같은 단체를 설립하여 회장을 두었다. 그리고 여성 신자들은 강완숙과 윤점혜 등 여성을 회장으로 임명하여 그들을 가르치고 돌보도록 조치하였다.

그러나 1801년 신유박해가 발생하면서 회장들은 사망하고, 신자들은 각지로 흩어졌다. 그리하여 신앙공동체는 거의 와해되었는데, 그럼에도 신자들은 교회를 재건하고 성직자 영입 운동을 전개하여 1831년에는 조선대목구가 설정되기에 이르렀다. 그리고 1836년부터 파리외방전교회의 신부들이 입국하게 되었다.

이 시기에 활동했던 회장으로는, 서울의 이광헌(李光獻, 아우구스티노)·남명혁(南明赫, 다미아노)·박종원(朴宗源, 아우구스티노)·남경문(南景文, 베드로)·이문우(李文祐, 요한), 용인의 김제준(金濟俊, 이냐시오), 수원 양간의 정화경(안드레아), 양지 은이의 한이형(韓履亨, 라우렌시오), 과천 수리산의 최경환(崔京煥, 프란치스코), 내포의 홍병주(洪秉周, 베드로)·홍영주(洪永周, 바오로) 형제 등이 있고, 민극가(閔克可, 스테파노)도 회장으로서 각지를 다니며 전교활동을 했다.14

그러나 1839년에 발생한 기해박해로 다수의 회장들이 순교하였고,

---

13 명도회에 대해서는 방상근, 「初期 敎會에 있어서 明道會의 구성과 성격」, 『교회사연구』 11, 한국교회사연구소, 1996: 「'立聖母始胎明道會牧訓'과 조선 천주교회의 명도회」, 『교회사연구』 46, 한국교회사연구소, 2015 참조.

14 이외 서울의 현석문(『기해일기』 서)과 현경련 남매, 김대건 신부와 황해도 길을 동행한 박성천, 미나리골의 김 회장 및 양성 미리내의 최 회장 등도 회장으로 활동한 것으로 나타난다.

이어 1846년 병오박해가 겹치면서 한국 교회는 또 한번의 시련을 겪게 되었다. 하지만 이 시기에는 1845년에 입국한 페레올(Ferréol, 高) 주교와 다블뤼(Daveluy, 安敦伊) 신부가 활동하고 있었고, 또 최양업(崔良業, 토마스) 신부를 비롯하여 새로운 사제들이 계속해서 입국함으로써 교회가 유지될 수 있었다. 그 결과 1850년에는 185개의 공소가 존재할 정도로 교세가 회복되었다.

1850년에 공소가 185개 존재했다는 것은 그만큼 많은 수의 공소회장이 있었다는 것을 말해 준다. 비록 회장들의 수준이 낮고 유능한 회장이 부족하다는 평가가 있지만,[15] 서울의 정의배(丁義培, 마르코), 배론의 장주기(張周基, 요셉), 문경의 이윤일(李尹一, 요한), 서흥의 김기호(金起浩, 요한) 등은 교회를 유지하고 발전시키는 데 중요한 역할을 하였다.[16] 그러나 이들도 1866년 병인박해로 대다수 순교의 길을 걷게 되었다.

---

15 『한국천주교회사』 하, 174쪽.
16 병인박해기의 회장에 대해서는 서종태, 「병인박해기 신자들의 사회적 배경과 신앙 - 양반 신자들을 중심으로」, 『민족사와 교회사』, 한국교회사연구소, 2000, 310~313쪽; 방상근, 『19세기 중반 한국 천주교사 연구』, 한국교회사연구소, 2006, 145~147쪽 참조.

3. 회장제의 도입과 운영

1) 중국의 회장제

필자는 회장제와 명도회를 박해시대 조선 천주교회를 유지·발전시킨 핵심 제도로 평가한다. 그리고 두 제도는 모두 주문모 신부가 실시했으므로, 중국 교회의 영향을 일정 부분 받았을 것으로 생각했다. 실제 명도회는 1791년 구베아 주교가 북경에 설립한 것을 모방하여 조선에서 실시한 것이다.[17]

회장제도 주문모 신부가 입국하여 실시했다는 점에서, 중국에서 시행되던 제도를 조선에 도입했을 개연성이 크다. 그런 점에서 중국 교회의 회장제를 살펴볼 필요가 있다고 생각한다.

중국에는 성직자들을 도와 신자공동체를 유지하고 전교에 종사하는 사람들이 있었다. 이들을 전도원(傳道員, 혹은 傳教員)이라고 칭하며, 전도원에는 두 종류가 있었다. 하나는 향촌에 거주하는 '지방 전도원' 즉 '회장'이며, 다른 하나는 각지로 파견되어 전교활동을 수행하는 '순회 전도원'이다. 순회 전도원은 유급으로 신부가 선발하며, 신부와 동반하거나 홀로 파견되어 외교인에게 전교활동을 펼쳤다.

회장은 향촌에 거주하면서 공동체의 질서를 유지하고, 교우들의 종교생활을 이끌었다. 그는 주일과 축일에 자신의 집으로 교우들을 모아 예절을 거행했고, 예비자들에게 교리를 가르쳤다. 따라서 회장은 남을 가르칠 정도로 글을 알고 있어야 하며, 열성과 도덕도 요구되었다.[18]

---

17 방상근, 「立聖母始胎明道會牧訓'과 조선 천주교회의 명도회」 참조.
18 제네스 원저, 티엔용쩡 중역, 신대원 옮김, 『중국가톨릭교회 교리교육사』, 천주교 안

회장은 순회 전도원과는 달리 지역 내의 신자들이 선거로 뽑았다. 사천(四川)의 경우 신자들은 대부분 동종(同宗) 혹은 동성(同姓) 부락을 형성하고 있었는데, 그 결과 회장은 대체로 가족 중의 연장자가 선출되었다. 만약 교우 수가 적어 선거를 할 수 없을 때에는 추첨을 통해 회장을 뽑는 경우도 있었다.[19]

회장은 순회 전도원과 함께 성직자들이 부족한 금교(禁敎) 시기에 복음을 전파하고 신앙을 견고하게 다짐으로써, 교회를 유지하고 발전시키는 데 지대한 공헌을 하였다. 따라서 이들의 역할은 매우 중요했다. 이에 교회의 책임자들은 이들과 관련된 규칙을 제정하기도 했는데, 1744년에 운남대목구의 마르틸리아(Martiliat, 馬靑山) 주교[20]가 만든 16개 조항의 '전도원 규장(規章, une règle pour les catéchistes)'이 대표적이다.

[자료1] 전도원 규장
① 전도원은 마땅히 중인(衆人)의 모범이 되어야 하며, 매일 종교의 진리를 묵상하고, 매월 영성체를 해야 한다.
② 전도원의 주요 미덕은 겸손, 인내, 애인이다. 그들은 불신자가 귀화(歸化)하고, 신자가 규계를 준수하도록 방법을 강구해야 한다. 그러므로 그들은 철저히 교의를 연구하고, 영혼을 닦는 서적을 매일 읽어야 한다.

동교회사연구소, 2015, 121·145~146쪽.
19 『중국가톨릭교회 교리교육사』, 146쪽; 郭丽娜·陈静, 「论清代中叶巴黎外方传教会对四川天主教徒的管理和改造」, 『宗教学研究』, 2008 第1期, 117쪽; 沙百里 著·耿昇·鄭德弟 原譯·古偉瀛.潘玉玲 增訂, 『中国基督徒史』(增订版), 光启文化事業, 2005, 217쪽.
20 마르틸리아 주교는 1739년에 운남대목구장이 되었으며, 1744년에는 사천, 호광, 귀주 대목구의 책임도 맡았다.

③ 그들은 천주교를 믿기를 원하는 사람들을 격려하되, 신중하게 일을 처리하고 귀화자의 의향, 도덕, 개성을 확실히 조사해야 한다.

④ 신부가 부재할 때, 위험에 직면한 교우 가정의 아동과 외교인 아동에게 대세(代洗)를 주어야 한다. 단, 성인에 대해서는 그들이 천주교의 주요 진리를 알고 믿어야 하며, 필요한 조건을 갖추어야 한다. 그러나 죽을 고비에 처해 있을 때에는 그들에게 대세를 주어야 한다.

⑤ 교우들에게 교회가 정한 혼인에 대한 법률을 설명해 주고, 그들이 준수하도록 노력해야 한다.

⑥ 교우들의 봉헌은 서면으로 보고해야 하며, 종교 서적과 성상(聖像)을 보존해야 한다.

⑦ 병자를 방문한 결과를 신부에게 보고해야 하며, 신부가 부재할 때에는 죽음에 직면한 자를 돌보아야 한다.

⑧ 상례(喪禮)를 안배해야 하며, 부고(訃告)를 교우들에게 보내야 한다.

⑨ 곤궁한 과부와 고아들을 돌보아야 한다.

⑩ 교우 사이에 다툼이 있으면, 조정해 주어야 한다.

⑪ 지나친 음주, 도박, 말다툼을 하거나, 일하지 않고 놀고먹는 교우들에 대해서는 질책해야 한다.

⑫ 1개월 동안 성당에 나오지 않는 교우가 있다면, 나오지 않은 원인을 조사해서 밝혀야 한다.

⑬ 신부가 부재할 때, 주일과 축일에 교우들을 모아 규정과 순서에 따라 염경(念經)해야 한다. 염경 후 다음 주의 축일과 소재 날짜를 공포한 다음, 주교가 정해 준 대로 한 단락의 성서를 읽어야 한다. 예비자에게 교리를 가르쳐야 하지만, 성체성사는 가르치지 않는다.

⑭ 교우인 아동과 청년들에게 요리문답을 가르쳐 주어야 하며, 부모들로 하여금 자녀 교육에 주의하도록 촉구해야 한다.

⑮ 20리 이내에 거주하는 전도원은, 매월 첫 주일에 신부를 찾아뵈어야

하며, 그 외 전도원은 부활축일, 성모승천축일, 성탄축일에 신부를 뵙고, 신부에게 신자공동체의 정황과 문제에 대해 보고하고 이야기해야 한다.
⑯ 매월 첫 주일에 전도원들은 그들의 규장을 읽어야 한다.[21]

'전도원 규장'에는 회장으로서 해야 할 의무와 역할을 제시했는데, 회장 개인의 의무, 신자들에 대한 의무, 신부에 대한 의무로 나누어 볼 수 있다.

먼저 개인적인 의무로는, 매일 묵상과 매월 영성체(①), 겸손·인내·애인의 덕목을 갖추고, 교리 연구와 매일 신심 서적 읽기(②), 매월 규장 읽기(⑯) 등이다.

다음으로 신자들에 대한 의무는 다시 둘로 나뉘는데, 하나는 예비자들을 격려하는 것과 그들에 대한 조사 확인(③), 신부 부재 시 아동과 성인에 대한 대세(④), 교회의 혼인법 설명(⑤), 1개월 동안 성당에 나오지 않은 신자 조사(⑫), 신부 부재 시 주일과 축일의 예절 진행 및 예비자 교육(⑬), 아동과 청년들에 대한 교리교육(⑭) 등 종교적인 활동이며, 다른 하나는 상례 안배(⑧), 가난한 과부와 고아 돌봄(⑨), 교우 사이의 다툼 조정(⑩), 교우들의 폭음·도박·말다툼·게으름 단속(⑪)과 같은 일상생활과 관련된 것들이다.

그리고 신부에 대한 의무로는, 교우들의 봉헌 예물 보고(⑥), 병자에 대한 보고(⑦), 정기적인 방문 보고(⑮) 등이다. 아울러 종교 서적과 성상을 잘 보존하는 것(⑥)도 회장이 해야 할 일이었다.

---

[21] 『중국가톨릭교회 교리교육사』, 147~148쪽. 『중국가톨릭교회 교리교육사』에는 15개 항목으로 되어 있지만 16개 항목이 맞으며, 이 내용은 필자가 중역본(中譯本)을 보고 다시 정리한 것이다.

이상의 내용으로 보아, 회장은 신부의 명을 받아 교우들의 종교생활과 일상생활 전반을 주관하고 있었음을 알 수 있다. 즉 이들은 기층의 교회 조직이 유지되도록 관리하는 주체였고, 이러한 역할을 위해 회장직이 생겨났다고 한다.[22]

한편 '전도원 규장'을 만든 마르틸리아 주교는 1744년에 운남, 사천, 호광, 귀주대목구의 책임자로 임명되었다. 그 결과 중국의 서부 지역은 '전도원 규장'에 의한 회장제가 운영되었다고 할 수 있다. 그리고 이 규장은 이후의 회장 규정에 영향을 주었다는 점에서, 다른 지역의 회장제도 대체로 이와 같이 운영되었을 것으로 생각된다.

북경의 경우, 1873년 들라플라스(L.G. Delaplace, 田類斯) 주교가 『회장규조(會長規條)』를 중간했는데,[23] 이 책의 내용도, '전도원 규장'의 범위를 벗어나는 것은 아니었다.[24] 『회장규조』에는 '회장의 본분과 지위, 선출, 책임, 신부·교우·외교인에 대한 회장의 역할' 등이 서술되어 있다.

중국 교회에는 여자 전도원과 회장도 존재했다. 전도원의 경우 동정녀들이 맡았는데, 여자와 아이들에게 천주교의 교리를 전수하는 역할을 수행했다.[25] 당시 여성들의 생활은 대외적으로 차단되어 있었기 때

---

22   秦和平,「淸代中叶四川天主敎传播方式之认识」,『世界宗敎硏究』, 2002 第1期, 73~74쪽.
23   이 책은 1873년에 중간되었으므로, 초간본은 1873년 이전에 만들어졌을 것이다. 18세기 말에서 19세기 중엽 사이에 초간된 것으로 추정되며, 그 시기의 회장 모습을 보여주는 자료라고 생각한다. 이 책은 2006년 한국교회사연구소에서 간행한『회장』에 수록되어 있다.
24   방상근,「한국 교회의 회장」, 12~13쪽 및『회장』에 수록된「회장규조」참조.
25   『中國基督徒史』, 227쪽.

문에, 이들에게 복음을 전하고 교리를 가르칠 사람으로 동정녀가 주목되었다. 동정녀들은 18세기 후반부터 적극적으로 활용되었으며, 지역의 복음화에 지대한 역할을 하였다.[26]

여전도원과 함께 여회장의 존재도 확인된다. 즉 18세기 초 감숙성에서 활동하던 이탈리아 프란치스코회의 마오레티(Maoletti, 叶功贤) 신부는 감숙성에서 활동하던 시기에 전교 지도(地圖)와 4권의 (지도)주석 보고서를 남겼다. 이 기록에는 감숙성의 전교 정황이 자세히 소개되어 있는데, 난주(兰州), 양주(凉州), 서령(西宁), 금천보(金川堡), 진강(镇羌) 등지에 여신도 조직 혹은 교당이 있었다는 사실도 적혀 있다. 그중 금천보의 여교회는 신자가 300명에 달할 정도로 규모가 컸고, 회장의 모친이 여회장이었다. 그리고 진강은 회장의 처가 여회장직을 맡고 있었다.[27]

교우들의 신앙생활에 영향을 미친 것으로 선회(善會)라는 신자 조직도 있다. 선회란 명청시대 민간에서 자발적으로 세운 자선 조직을 말한다.[28] 마테오 리치(Matteo Ricci, 1552~1610)는 중국에 신앙을 정착시키는 한 방편으로, 신자들로 구성된 선회를 조직하고자 했다. 그리하여 유럽에서 유행하던 성모회를 북경에 설립했다.[29] 성모회는 신자들의 신앙심을 제고하는 것이 1차적인 목적이지만, 선교, 상호 부조, 자선 등

---

26 『中国基督徒史』, 233~234쪽.
27 汤开建·刘清华, 「明清之际甘青地区天主教传教活动钩沉」, 『兰州大学学报(社会科学版)』 第35卷 第5期, 2007, 59~60쪽.
28 肖清和, 「明清天主教徒宗教生活与組織形式初探」, 『国学与西学』, 国学与西学北欧论坛, 2011 第1期, 108쪽.
29 『중국가톨릭교회 교리교육사』, 70쪽.

여러 기능을 부가적으로 지니고 있었다. 그리고 신부가 부족한 상황에서, 전교 사업의 충실한 협력자이기도 했다.[30]

성모회 외에 중국에서 조직되어 활동한 선회로는 교우 아동들에게 교리를 가르치는 성 프란치스코 하비에르회와 천신회(天神會), 지식 계층의 전교를 위한 성 이냐시오회,[31] 장례 봉사를 통해 신자끼리 서로 돕는 인회(仁會) 등 다양한 선회들이 존재하였다.

선회 조직은 회장이 회의 공사(公事)를 주관했으며, 큰 선회는 부회장 등 다른 임원을 두기도 했다. 성모회의 경우 회장은 민주적인 선거를 통해 뽑았고 임기는 1년이었다.[32]

교우촌에도 선회가 조직되어 교우촌을 유지하는 데 중요한 역할을 하였다. 예를 들어 18세기 초반 호북성 서북부에 있는 곡성현 지역에 교우촌이 형성되었는데, 선교사들은 이곳에 선회를 조직하여 선교사가 없어도 공동체를 계속 유지할 수 있도록 했다. 선회의 구성원은 5개조로 나뉘어, 의례(儀禮), 교리문답, 교규기율(教規紀律), 지식 전도, 병자 방문과 망자를 위한 기도의 책임을 맡았으며, 여교우들로 이와 유사한 기구를 만들어 활동하였다.[33]

결국 선교사가 부족하고, 신앙이 금지되던 시기에 회장, 여회장, 선회 회장, 남여 전도원들은 중국 교회가 유지되고 발전할 수 있는 토대가 되었음을 알 수 있다.[34]

---

30 肖清和,「明清天主教徒宗教生活与組織形式初探」, 110쪽.
31 『중국가톨릭교회 교리교육사』, 70~71쪽.
32 肖清和,「明清天主教徒宗教生活与組織形式初探」, 109·111쪽.
33 『中国基督徒史』, 260~261쪽.
34 秦和平,「清代中叶四川天主教传播方式之认识」, 75쪽; 肖清和,「明清天主教徒宗教生活

한편 1716년경의 기록으로 총회장(總會長)이라는 명칭이 나오는 자료가 있어 주목된다. 이것은 1715년 3월 19일 교황 글레멘스 11세가 칙서 「엑스 일라 디에(Ex illa die)」를 통해 중국 의례를 금지한 사정과 관련이 있다. 즉 1716년에 북경의 총회장과 부회장 등 18명이 외성(外省)의 각 당(堂) 회장에게, 칙서의 공포 이후 북경의 상황을 알리면서 의견을 구하는 서한이었다.[35]

이것으로 보아 1716년 당시 북경에는 총회장과 부회장이 있었고, 각 성(省)에도 회장들이 있었음을 알 수 있다. 그렇다면 북경에 있는 총회장과 부회장은 어떤 존재일까? 현재 이들의 성격을 알려 주는 자료는 없지만, 강소성(江蘇省)의 사례에서 이해의 단초를 구할 수 있을 듯하다.

『강소성지·종교지(江苏省志·宗敎志)』에 의하면, 중국이 공산화되기 이전 강소성에 소재한 성당들은 일정한 수의 신자 대표와 회장을 뽑아 신부의 영도하에 본당 사무를 관리하였다. 그런데 신자 수가 많은 본당은 신자 집단을 여러 개의 조(組)로 나누고 각 조마다 회장을 뽑았다. 그리고 회장들이 총회장을 뽑았으며, 총회장이 주교와 신부의 뜻을 받들어 각 조를 이끌면서 본당 일을 해 나갔다고 한다.[36]

与組織形式初探」, 113쪽.

35 『耶穌會羅馬檔案館明清天主教文獻』第10册, 台北利氏學社, 2002.

36 解放前, 各天主堂由教徒代表选出一定数量的代表和堂管会长, 在神甫领导下共同管理堂内事务, 包括集资, 修缮, 举行宗教活动, 打扫卫生, 服务等。信徒多的堂口, 可多设几个代表小组, 每组选出一名会长, 从多个会长中再选出总会长。总会长执行主教, 神甫的旨意, 率各组按时完成任务。民国时期, 苏州杨家桥堂有教徒3000人, 分成4个代表组, 选出四名会长和一名总会长协助神甫管理教堂, 负责率领聚会过瞻礼, 收取经费, 注意教徒信德, 管理渔民生活事务, 调解纠纷等。(江苏省地方志编纂委员会编, 『江苏省志·宗敎志』, 江苏古籍出版社,

물론 이 내용으로 1716년의 북경 상황을 유추하기는 어렵다. 그럼에도 당시 북경에는 남당, 북당, 동당 등 3개의 성당이 있었다는 점에서, 총회장은 북경 전체를 총괄하고, 부회장은 각 성당을 관리하는 존재가 아니었나 생각된다.[37]

2) 조선의 회장제

조선에서 회장제를 실시한 주문모 신부는 1786년 이전에 북경에서 사제품을 받았고, 1793년 조선 선교사로 임명될 때에는 헌현(獻縣) 근처에 있는 통쿠커우(Tongt'cukouo)에서 신자들을 돌보고 있었다.[38] 따라서 주문모 신부는 서품 후 7년 이상 사목 현장에 있었기 때문에, 중국에서 시행되던 회장제의 효과에 대해 잘 알고 있었을 것이다. 그리하여 조선 교회를 맡게 되었을 때, 교회의 조직화와 체계화를 위해 회장제를 도입했다고 생각한다.

주문모 신부가 입국한 후 임명한 회장은 총회장 최창현, 명회장 정약종, (여)회장 강완숙·윤점혜, 지역 회장 김승정, 황사영, 손경윤(이상 서울), 정산필(내포) 등이었다. 임명된 회장의 명칭과 역할을 보면, 주문모 신부는 지역, 단체, 여성 등 사목상의 필요에 따라 회장들을 임명했음을 알 수 있다. 즉 강완숙과 윤점혜에게는 여성 신자들을 관리하는 역할을 주었고, 정산필은 신부를 대신하여 내포 지역의 신앙공동체를 책

2001, 第四章, 第三节, 四. 教堂管理)
37 이들은 규모가 큰 선회의 회장일 가능성도 있다.
38 최석우 지음, 조현범·서정화 옮김, 『조선에서의 첫 대목구 설정과 가톨릭교의 기원』, 한국교회사연구소, 2012, 94쪽.

임지도록 했다. 그리고 정약종은 명도회라는 신자 조직을 담당하도록 했다.

그렇다면 총회장과 서울의 회장은 어떤 성격을 지녔을까? 당시 한양에는 북경과 달리 성당이 없었다. 따라서 이들을 북경과 강소성의 총회장·부회장과 같은 존재라고 말하기는 어렵다.

필자는 총회장과 회장을 명도회와 관련해서 연구한 바 있다. 그 결과 교회 일을 총괄하는 총회장을 중국 명도회의 총추회장(總樞會長)에 해당한다고 보았고, '명도회의 모임 장소에 회장들을 파견했다'는 「신미년 서한」을 통해 회장들이 명도회와 일정 부분 관련이 있다고 생각했다.[39] 이러한 점에서 볼 때, 총회장은 당시 명도회를 중심으로 운영되던 서울의 교회 조직을 총괄하는 존재였고, 회장은 명도회의 하부 조직의 책임자이자, 서울의 공소회장이었다고 할 수 있다.

북경에는 성당 조직과 선회가 함께 조직되어 있었다. 그리고 지방에서도 회장과 선회 조직이 협력하여 활동하고 있었다. 그러나 조선에는 성당 조직이 없었다. 이에 주문모 신부는 명도회라는 선회 조직을 통해 서울의 교회 구성원을 조직화하고, 총회장과 회장에게 이들을 관리하도록 하였다. 즉 명도회의 육회(六會) 모임은 명도회의 하부 조직이면서, 동시에 서울의 신자들을 관리하는 조직이었다. 이 시기 서울의 신자들은 여섯 곳으로 나뉘어 관리되었고, 육회의 주인은 서울의 공소회장이었다.

서울의 교회 조직을 명도회과 관련지어 설명할 때 남는 부분이 있다. 즉 앞서 언급한 회장 중에 김승정과 손경윤의 존재이다. 이들은 명

---

39 방상근, 「'立聖母始胎明道會牧訓'과 조선 천주교회의 명도회」, 32~33쪽.

도회의 하부 조직인 육회의 주인이 아님에도 회장으로 임명되었다.[40] 그렇다면 이들의 역할은 무엇이었을까? 이 부분에서 우리는 카테키스타의 번역에 대해 재검토할 필요성을 느낀다.

카테키스타는 교리교사를 뜻하지만 회장으로 번역하고 있다. 그 이유는 '라틴어를 비롯한 서양어에 회장을 가리키는 고유한 낱말이 없어 카테키스타를 사용하지만, 회장은 교리교사의 역할만이 아니라 그 이상의 임무를 수행하기 때문에, 카테키스타는 교리교사가 아니라 회장으로 번역해야 한다'는 것이다.[41]

회장은 여러 방면에서 신자들을 관리하는 책임자이므로 이러한 견해는 옳다고 생각한다. 그러나 카테키스타를 모두 회장으로 번역해야 하는지는 의문이다. 이와 관련해서 중국의 회장제를 다시 한번 살펴보자.

중국은 신부를 돕는 전도원이 있고, 이 전도원은 역할과 성격상 회장과 순회 전도원으로 나뉜다고 했다. 여기서 회장은 조선 교회의 회장과 같은 의미이며, 순회 전도원은 전교와 교육이 그의 중심 활동이라는 점에서 전교회장이라고 할 수 있다.

그런데 전도원은 카테키스타를 번역한 말이다. 그렇지만 중국에서는 전도원이라는 용어만 사용하는 것이 아니라, 전도원을 다시 역할에 따라 회장과 순회 전도원(catéchistes itinérants)으로 구분하고 있다. 즉 거주지가 고정된 본당과 공소의 책임자면 회장이라 하고, 지역을 다니

---

40 육회의 주인은 황사영, 홍필주, 현계흠, 홍익만, 김여행이었고, 한 집의 주인은 이름을 알 수 없다.
41 최석우, 「한국 교회 회장의 위치와 역할」, 11쪽.

며 전교에 종사하는 사람은 순회 전도원으로 표기했던 것이다.

한국 교회사의 카테키스타도 두 가지 성격을 모두 지니고 있다고 생각한다. 따라서 한국 교회사에 등장하는 카테키스타도 회장과 전교회장 두 가지로 번역하는 것이 옳다고 생각한다.[42] 그럴 경우 위에서 언급한 김승정과 손경윤은 전교와 교리 교수를 담당하는 전교회장일 가능성이 크다. 그리고 당시 전교회장으로는 명도회의 회원들이 활동했을 것으로 생각한다.

박해시대 전교회장과 관련해서 다음의 자료가 주목된다.

> [자료2] (이경언) 바오로는 북경에 여러 번 보낸 밀사들을 위하여 노자를 마련하는 데 가장 많은 힘을 쓴 사람들 중에 낀다. 또 북경주교가 남녀 회장 몇 사람을 선발하라고 명령하자 그는 그 회장들을 양성하는 데 크나큰 열성을 보여, 매달 첫 주일에 집에 모아 가지고 그들에게 묵상 자료를 주며 참된 신심을 가지도록 격려하였다.[43]

[자료2]는 1827년에 순교한 이경언의 활동과 관련된 것으로, 이경언이 북경 주교의 명령에 따라 남녀 회장들을 선발하여 양성했다는 내용이 있다. 이 자료의 '회장'도 프랑스어 'catéchistes'를 번역한 것이다. 그런데 이경언이 주교의 명령으로 양성하려던 회장은 공소회장으로 생각되지 않는다. 이경언이 명도회의 회원이었고, 내용상 신심을 함양시킨

---

42 1825년 아산에서 체포되어 해미 진영에서 병사한 하 바르바라의 경우는 전교회장으로 번역하고 있다.(『한국천주교회사』중, 109쪽; 김진소, 『전주교구사 I』, 천주교 전주교구, 1998, 504쪽)

43 『한국천주교회사』중, 141쪽.

다는 점에서, 공소회장보다는 전교활동을 염두에 둔 전교회장의 성격이 강하다고 생각된다.

전교회장과 관련해서 베르뇌(Berneux) 주교가 파리외방전교회의 알브랑(Albrand) 신부에게 보낸 1856년 11월 5일자 서한도 주목된다. 베르뇌 주교는 이 서한에서 '회장과 설교자를 양성하는 학교'의 설립 필요성을 제기했고, '좋은 회장과 교육받은 설교자가 있으면 신입 교우들이 그리스도교 신앙에 뿌리내릴 수 있게 하고 많은 개종자를 얻을 수 있을 것'이라고 하였다.[44]

베르뇌 주교가 설립하고자 했던 학교도 공소회장보다는 전교회장의 양성을 목적으로 하는 것이다. 베르뇌 주교는 기존의 전교회장제를 좀 더 활성화시키려는 의도에서 학교의 설립까지 생각했던 것이다. 아울러 김기호 회장이 베르뇌 주교로부터 서북 지방의 전교회장으로 임명된 사실[45]도 박해 시기 전교회장의 존재를 확인시켜 준다.

프티니콜라(Petitnicolas) 신부의 전기에서도 순회 전교회장의 존재를 확인할 수 있다. 데지레(Désiré) 신부가 지은 이 책은 선교사들의 서한을 토대로 작성하였는데, 회장에 대해 다음과 같이 언급한 부분이 있다. "모든 교우촌에 한두 명의 회장이 고정으로 있으면서 신자들을 교육하고 이웃 외교인들을 개종시키는 역할을 맡았다. 게다가 수는 적

---

44 Coûte que coûte il nous faut des écoles prformer des catéchistes et des prédicateurs; avec de bons catéchistes et des prédicateurs instruits, nous pourrons christianiser nos Néophytes, et obtenir bien des conversions. Mais il faut des fonds.

45 원재연, 「김기호의 생애와 활동」, 『한국 근현대사와 종교문화』, 천주교 호남교회사연구소, 2003, 205쪽.

었으나 순회 회장(catéchistes ambulants)들도 있었다."⁴⁶

이상의 사실들을 통해 볼 때, 전교회장은 주문모 신부가 회장제를 도입할 때부터 베르뇌 주교가 조선 교회를 이끌어 가던 시기까지 존재해 있었다고 할 수 있다. 그러므로 카테키스타는 회장으로만 번역할 것이 아니라, 내용에 따라 회장과 전교회장으로 구분해서 번역하는 것이 옳다고 생각한다.

베르뇌 주교 대에는 도회장(都會長, 즉 총회장)도 있었다.⁴⁷ 1870년 서울에서 순교한 박 사도요한은 영남의 도회장으로 임명되었고,⁴⁸ 1868년 수원에서 순교한 윤 바오로는 공주 유구에 살 때 다블뤼 주교가 도회장의 책임을 맡겼다고 한다.⁴⁹

도회장에 대한 기록은 김기호의 『봉교자술(奉教自述)』에 나온다. 이 책에는 블랑 주교가 김기호를 도회장에 임명하고, '각 공소회장으로 하여금 주교에게 보고할 일이 있으면, 도회장을 통해 품달하라'는 내용이 있다.⁵⁰ 이것으로 보아 도회장은 공소회장들을 총괄하는 존재임을 알 수 있다.

김기호 회장의 사례를 통해 볼 때, 영남 도회장인 박 사도요한은 경상도의 공소회장들을 통솔하는 위치에 있었고, 공주에서 도회장에 임

---

46   데지레 신부 지음, 연숙진 옮김, 『미셸 알렉산드르 프티니콜라 신부의 생애』, 배론성지 문화영성연구소, 2012, 199쪽.
47   도회장에 대해, 필자는 1880년대에 임명된 김기호 회장만을 생각하고 있었는데, 이 논문의 심사를 맡은 심사자로부터 박 사도요한과 윤 바오로 회장이 도회장이었다는 지적을 받고 이 부분을 보완하게 되었다. 도회장 문제를 제기해 준 심사자께 감사드린다.
48   『병인치명사적』 3권, 절두산순교성지 소장, 46쪽.
49   『병인치명사적』 16권, 80쪽.
50   방상근, 「최창현의 삶과 신앙」, 19쪽.

명된 윤 바오로는 충청도의 공소를 총괄하는 회장이 아니었나 생각된다. 그리고 이러한 추정이 가능하다면, 도회장의 존재는 당시 각 지역의 신앙공동체가 공소회장→도회장→신부(주교)의 형태로 관리되고 있었음을 보여 주는 증거라고 할 수 있다.

한편 조선의 회장제와 관련해서 간과해서는 안 될 사실이 있다. 즉 비록 회장제가 주문모 신부에 의해 도입되었지만, 명례방 공동체(1785)와 평신도 성직제도(1786)에서 알 수 있듯이, 조선의 신자들은 주문모 신부의 입국 이전부터 교회를 조직적으로 이끌어 왔다. 그리고 총회장 최창현은 평신도 신부로서 역할을 하기도 했다. 따라서 주문모 신부의 회장제는 이미 형성되어 있던 교회 조직과 인원을 중국의 회장제와 결합시켜 제도화한 것이라고 할 수 있다.

주문모 신부가 조직한 회장제는 1801년 신유박해로 붕괴되었다. 그렇지만 박해로 형성된 교우촌에서는 기존의 회장 혹은 교우촌을 이끄는 사람들이 회장의 역할을 하고 있었다. 그리고 이경언(1827년 순교)과 현석문(1846년 순교)·김 데레사(1839년 순교) 부부가 명도회원이었다는 것은, 명도회가 선교사들이 입국하기 이전까지 회장과 전교회장의 명맥을 유지하는 데 어느 정도 기여했음을 말해 준다.

그러다가 1836년 이후 프랑스 선교사들이 입국했다. 선교사들은 공소를 순방하면서 가는 곳마다 회장을 임명하거나 승인하였다.[51] 이것은 회장이 없는 곳은 새로 임명하고, 회장으로 역할하던 사람은 승인이라는 절차를 통해 정식으로 회장의 지위를 부여했음을 의미한다.

이것으로 보아 1836년 이후의 회장제는 이미 형성되어 있던 기존의

---

51 『한국천주교회사』 중, 359쪽.

제도를 그대로 이어 간 듯하다.[52] 다만 1801년 이전과는 달리 명도회의 역할은 사라진 듯하며, 신부를 지근에서 돕는 복사와 집주인, 공소회장과 전교회장이 교회를 이끄는 핵심 존재가 되었다고 생각한다. 이처럼 프랑스 선교사들이 입국하면서 회장제는 점차 정착되어 갔고, 그런 가운데 『회장규조』와 같은 회장 규칙서도 나오게 되었다고 생각한다.[53]

한편 1836년 이후에는 매괴회, 성의회, 성모성심회 등이 설립되어 있었다. 이 단체들은 신심 단체이기는 하지만, 중국의 성모회처럼 회장을 중심으로 전교나 교육활동에도 참여했을 것으로 생각한다.

4. 회장의 역할과 지위

1) 임명과 자격

회장의 임명과 관련하여 박해시대 때 작성된 것으로 알려진 『회장규조』에는 다음과 같이 규정되어 있다.

[자료3] 신부가 교우들 지방에 임할 때에 감목의 권을 받들어 각 지방에

---

52 1837년에 입국한 앵베르 주교는 1825년부터 12년 동안 중국의 사천대목구에서 사목하였고, 1845년에 입국한 페레올 주교는 1840년부터 중국에서 조선 입국을 모색하였다. 그리고 1856년에 입국한 베르뇌 주교는 1844년부터 11년 동안 만주대목구에서 활동하였다. 따라서 당시 조선에 입국한 교구장들은 오랫동안 중국 신자들을 사목한 경험이 있었기 때문에 중국 교회의 회장제에 익숙했다. 그 결과 프랑스 선교사들이 입국한 이후에도 조선의 회장제가 기존대로 유지되지 않았나 생각한다.
53 김진소, 『전주교구사 I』, 502쪽.

회장 한두 사람을 정하여 세우되, … 회장을 배정하는 법은 신부가 교우의 지방에 가는 때 있으니, 귀천 빈부와 오랜 교우와 신문교우를 의논치 말고 다 능히 회장의 소임을 다할 것이로되, 다만 착한 표양과 좋은 명성이 있고, 또 도리를 명백하고 열심히 일을 가음 알고, 모든 교우들이 즐겨 원하는 이라야 상의하여 정할 것이오.[54]

이 내용은 대체로 공소회장의 임명과 관련된 것으로, 일정한 자격을 갖춘 사람 중에 모든 교우들이 원하는 사람을 상의하여 정한다는 것이다. 아마도 추천된 사람을 교우들의 평판을 듣고 신부가 주교의 권한을 받들어 임명하는 것으로 생각된다.

이것은 선출이나 추첨으로 뽑는 중국과는 형식상 차이가 있다. 하지만 교우들의 의사가 반영된다는 점에서 상통하는 측면도 있다. 모방 신부가 임명한 장주기 회장[55]과 수리산 공소의 최경환 회장[56], 앵베르 주교가 임명한 은이 공소의 한이형 회장[57] 등이 이러한 경우에 해당한다고 하겠다.

『회장규조』에는 서울 회장을 임명하는 절차는 없다. 그러나 주문모 신부 이래 선교사들은 꾸준히 서울에서 회장을 임명하고 있었다. 베르뇌 주교가 최사관을 회장으로 임명한 것[58]이나, "1862·1863년에 장 주

---

54 『회장』, 603·608쪽.
55 『한국천주교회사』 하, 432쪽.
56 김수태, 「최경환 성인의 천주신앙과 순교」, 『교회사학』 6, 수원교회사연구소, 2009, 20쪽.
57 『한국천주교회사』 하, 129쪽.
58 「崔士寬 供招」, 『포도청등록』 하, 보경문화사 영인본, 1985, 446쪽.

교가 교우도 많고 정 회장이 늙어 기운이 없는 것을 생각하여 다른 회장 셋을 내셨으나…"[59]라는 피영록의 증언에서도 회장의 임명 사실을 알 수 있다.

서울은 주교의 거주지이기 때문에, 서울의 회장들은 주교가 직접 임명한 것으로 생각된다. 그리고 [자료4]에서 알 수 있듯이, 주교는 이들을 매개로 서울 신자들의 신앙생활을 돌보고 있었다.

> [자료4] 나는 교우들과 연락을 주고받기 위해서 회장들을 데리고 있다. 이 4명의 회장들과 몇몇 사람들을 제외하고는 아무도 내 집에 와서는 안 된다. 도시는 네 구역으로 나뉘어 있으며, 각 구역에는 회장이 있다. 만약 사람들이 성사를 청할 것이 있거나 무슨 일이 생기면 회장에게 연락을 한다. 그러면 그가 내 집으로 와서 나를 데리고 종부성사가 필요한 병자의 집으로 가는 것이다. … 일 년에 두 번, 봄과 가을에 성무를 시작할 때가 되면 회장들이 교우들의 집 중에서 모일 공간이 될 만한 집을 선정한다.[60]

한편 회장은 아무나 임명될 수 없었다. [자료3]에서 지적했듯이, '회장이 되기 위해서는 착한 표양과 좋은 명성이 있어야 하며, 교리를 분명히 알고 일을 열심히 해야 한다.' 반대로 '착한 표양이 없거나, 사음(邪淫)을 범하거나, 교우의 전곡을 탐하거나, 게을러 일을 처리하지 않

---

[59] 『병인순교자 시복재판기록』 2권, 32쪽. 이 내용은 피영록이 1899년에 있었던 교구재판(6회차)에서 정의배에 대해 증언한 것이다.

[60] 베르뇌 주교가 누아르 신부에게 보낸 1863년 2월 20일자 서한(조현범, 『조선의 선교사, 선교사의 조선』, 한국교회사연구소, 2008, 188~189쪽).

거나, 신부의 명령을 이행하지 않으면 회장의 직책에서 배척되며, 환난을 만났을 때 배교하는 경우는 다시 회장이 될 수 없었다.'[61] 그리고 회장의 소임을 잘하기 위한 덕목으로, '예수를 간절히 사랑할 것, 인내의 덕을 지닐 것, 정결한 덕을 보존할 것' 등도 요구되었다.[62]

회장의 자격은 전체적인 의미에서 중국과 크게 다르지 않았다. 다만, 사음이라든가 정결의 덕, 전곡을 탐하는 것, 게으름, 배교 등 하지 말아야 할 사항들을 구체적으로 제시한 것은 중국과 다른 점이다.

2) 역할

선교사들은 공소를 순방할 때, 회장을 임명하거나 승인할 뿐만 아니라, 어린이 대세(代洗)와 혼인, 장례, 주일과 축일의 집회, 싸움과 소송의 판단 등에 관한 규칙을 정해 주었다고 한다.[63] 그런데 선교사가 공소에 상주하거나 여러 번 방문할 수 없는 상황에서, 이러한 일들은 공소 회장이 신부를 대신하여 처리할 수밖에 없었다.

『회장규조』는 박해시대 회장들이 해야 할 일들을 잘 설명해 주고 있다. 먼저 회장으로서 해야 할 본분으로, 첫째 교우들의 영혼을 구하는 일, 둘째 외교인에게 전교하는 일, 셋째 병든 사람을 보살피고 위험한 사람들을 도와주는 일, 넷째 영해들에게 대세를 주는 일[64] 등 4가지를 제시하였다. 그리고 공소 순방 때 신부를 맞이할 준비와 보고 사항에

---

61 『회장』, 608쪽.
62 『회장』, 608~609쪽.
63 『한국천주교회사』중, 359쪽.
64 『회장』, 603쪽.

대해서도 언급하고 있다.[65]

이어 신부를 대신해서 해야 할 업무로, 필요할 때 대세 주는 일, 주일과 첨례 때 예절을 주관하는 일, 혼배에 관여하고, 병자를 돌보는 일, 임종을 도와주는 일, 외교인에게 전교하는 일, 군난 때 신자들의 신덕을 견고하게 하는 일 등을 규정하고 있다. 그리고 교우 중에 화목하지 않고 표양이 착하지 않은 사람에 대해, 서로 화목하고 나쁜 습관을 고치도록 권면하며, 생명을 보존하기 어려울 정도로 빈궁한 교우가 있으면 주일마다 교우들에게 애긍을 거두어 도와주도록 했다.[66]

이처럼 공소회장은 신자들의 신앙생활은 물론 일상생활에도 관여하고 있었다. 그리고 이러한 모습은 중국 교회의 회장과 같았다. 다만, 군난을 대비하는 것과 곤궁한 교우를 돕는 애긍 문제는 중국의 규조에는 보이지 않는다. 아마도 당시 조선 신자들이 처해 있던 박해 상황과 가난을 고려한 것이 아닌가 생각된다.

서울의 경우, 최사관 회장은 '교우들을 통솔하고 신부와 신자 사이를 연결해 주는 일'[67]을 자신의 기본 직무로 이해했다. 그리고 이러한 모습은 [자료4]에서 확인할 수 있다. 이와 함께 주일날 신자들의 모임을 주선하고, 판공성사 때 교우들이 모일 장소를 마련하는 것도 회장의 몫이었다.[68] 아울러 기해박해 때 순교한 남명혁 회장이 남을 가르치는 데 열성적이었다거나, 회장들이 교우와 예비자들을 가르쳤다는 기록[69]에

---

65 이와 관련해서는 『한국천주교회사』 하, 157~158쪽 참조.
66 『회장』, 605~608쪽.
67 『포도청등록』 하, 446쪽.
68 『한국천주교회사』 하, 252쪽.
69 『한국천주교회사』 중, 294·393쪽.

서, 교육활동도 회장의 임무 중의 하나였음을 알 수 있다.

회장은 교회에서 운영하던 여러 사업에도 관여하였다. 서울의 정의배 회장은 영해회(嬰孩會)의 소임을 맡았고, 전교회 사업에도 깊이 관여하였다.[70]

회장의 임무와 관련하여, 1857년에 베르뇌 주교가 작성한 『장주교윤시제우서(張主敎輪示諸友書)』에도 어린이 대세, 혼배, 영해회 운영을 회장들이 관여해야 할 직무로 명기했고,[71] 베르뇌 주교가 1865년 평양의 정 빈첸시오에게 내린 「평양 회장 발령장」에도 교우들의 신앙생활을 돌보고 공소 때 성사 준비를 잘 시키는 것, 외교인들에게 천주교를 전하는 것을 회장의 역할로 규정하고 있다.[72]

3) 지위

『회장규조』에는 다음과 같이 회장에 대한 신자들의 의무를 규정하고 있다.

> [자료5] 교우들은 마땅히 회장을 사랑하고 그 명을 잘 듣고 제 신부를 대신하여 너희 영혼을 구하여 주려고 하는 노고를 생각하여 공경할 것이라. 만일 회장이 궁핍함으로 본분을 다하기 어렵거든 모든 교우들이 그 요긴한 일용을 도와 보살필 것이요, 혹 외인의 앞에서 고난을 만나는 때 누가 회장이라 말을 상없이 못할 것이니, 이러한 말을 짐작하는 사람

70　방상근, 『19세기 중반 한국 천주교사 연구』, 168~173·179쪽 참조.
71　『순교자와 증거자들』, 한국교회사연구소, 1982, 169~170·172·174쪽.
72　『순교자와 증거자들』, 251~252쪽.

은 여러 사람을 해하는 대죄를 범하느니라.[73]

[자료5]에 따르면, 회장은 신부를 대신해서 신자들의 영혼을 구하려고 노력하는 사람이므로 마땅히 공경해야 한다. 그리고 회장이 경제적으로 어려우면 돕고, 위험에 처하지 않도록 보호할 의무가 신자들에게 있음을 말하고 있다.

회장은 성직자가 없을 때, 그들의 역할을 대신하는 존재였다. 그러므로 일반 신자와는 다른 위치에 있었고, 대우도 달랐을 것이다. 이러한 회장의 지위를 구체적으로 알려 주는 자료가 1865년에 간행된『천주성교예규』(제2권, 상장 규구)에 있다.

이 책에는 교우가 죽으면 각처에 부고를 보내, 교우들이 죽은 사람을 위해 기도를 바치도록 했다. 그리고 부고를 받은 신자들은 만과(晚課) 때 천주경과 성모경을 한 번씩 외워서 죽은 사람의 영혼을 돕도록 했다. 그런데 기도하는 날수가 죽은 자의 직위에 따라 달랐다. '교황은 1년, 본 지방 주교는 9달, 본 지방 신부는 6달, 다른 지방 신부는 3달, 본 지방 회장은 1달, 다른 교우는 7일'을 하도록 규정하고 있다.[74]

사망한 회장과 신부의 기도 날수에 차이가 있듯이, 회장과 일반 신자도 기도 날수에 차이가 있었다. 따라서 이러한 사실은 당시 회장의 지위가 신부와 일반 신자의 중간에 있었지만, 일반 신자보다는 상당히 높은 지위였음을 구체적으로 보여 주는 예라고 하겠다.

---

73 『회장』, 608쪽.
74 『천주성교예규』제2권, 대전가톨릭대학교 소장, 51~52장.

한편 『천주성교예규』는 중국에서 간행된 『성교예규(聖敎禮規)』[75]를 토대로 번역한 것이다. 그런데 중국의 도광제(1820~1850 재위) 때 간행된 『성교예규』의 「성회상사규조(聖會喪事規條)」를 보면, 『천주성교예규』와 같은 내용이 있다.[76] 따라서 당시 회장의 지위는 중국과 조선에서 비슷했음을 알 수 있다.

5. 맺음말

이상에서 박해시대 조선 천주교회의 회장제에 대해 살펴보았는데, 그 내용을 정리하면 다음과 같다.

첫째, 조선의 회장제는 주문모 신부에 의해 시행되었다. 구베아 주교가 최인길을 카테키스타라고 칭한 기록이 있지만, 이것은 평신도 성직제하의 신부를 가리키는 것으로 보아야 한다.

---

[75] 이 책은 예수회 중국 선교사인 부글리오(Ludovico Buglio, 利類思, 1606~1682)가 저술한 것으로, 1840년경에 재판되었다고 한다.(허윤석, 『1614년 로마예식서에 비추어 본 천주성교예규(1864)의 장례에 관한 고찰』, 가톨릭대학교 대학원 박사학위논문, 2014, 11~13쪽)

[76] 每日念晚課時 宜誦天主經與聖母經各一遍 而依亡者之職位 可定日數如左 爲教宗宜誦一年 爲本處監牧 誦經九月 爲本處神父六月 爲在本省而顧別處之鐸德三月 爲本處會長一月 爲平等信輩七日(『聖教禮規』卷二, 한국교회사연구소 소장, 25장). 이 책에는 모예(Moye, 1730~1793) 신부가 지은 「연령 찬미경」이 수록되어 있다고 한다. 따라서 이 책의 내용은 17세기에 간행된 초판과는 차이가 있을 가능성이 있다.(허윤석, 앞의 논문, 14쪽 참조) 다만, 회장의 지위가 신부와 일반 신자의 중간 위치라는 것은 달라지지 않았을 것으로 생각된다.

둘째, 조선의 회장제는 중국에서 시행되던 회장제의 영향을 받았다. 주문모 신부는 서품 후 7년 가까이 중국에서 사목했기 때문에 중국 교회의 회장제에 대해 잘 알고 있었다. 따라서 주문모 신부는 회장제의 도입을 통해 조선 천주교회를 조직화, 체계화하고자 했던 것이다.

셋째, 중국의 회장제가 그대로 조선에 시행된 것은 아니었다. 중국 교회의 상황과 조선의 상황이 달랐기 때문에, 명도회와 마찬가지로 회장제도 조선의 현실에 맞게 변형되었다.

즉 명례방 공동체(1785)와 평신도 성직제도(1786)에서 알 수 있듯이, 조선의 신자들은 주문모 신부의 입국 이전부터 교회를 조직적으로 이끌어 왔다. 그리고 총회장 최창현은 평신도 신부로서 역할하기도 했다. 따라서 주문모 신부의 회장제는 이미 형성되어 있던 교회 조직과 인원을 중국의 회장제와 결합시켜 제도화한 것이라고 할 수 있다.

다음으로 본당 조직이 없었던 조선의 현실을 고려하여, 명도회 조직을 중심으로 회장제를 운영하였다. 즉 명도회의 운영을 총괄한 총회장과 하부 조직인 육회의 회장들은 서울을 여섯 구역으로 나누어 관리했고, 육회의 집주인은 서울의 공소회장이었다. 그리고 명도회의 회원 중에는 전교회장으로서 전교와 교육을 담당하는 사람도 있었다.

이외 주문모 신부는 여성 신자들을 관리하기 위해 여회장을 임명하고, 신부를 대신하여 지방의 신자들을 돌보도록 공소회장을 임명했는데, 여회장과 공소회장은 중국 교회에서도 시행되던 제도였다.

넷째, 1836년 프랑스 선교사들이 입국한 이후의 회장제는 이미 형성되어 있던 기존의 제도를 그대로 이어 간 듯하다. 다만 1801년 이전과는 달리 명도회의 역할은 사라진 듯하며, 신부를 지근에서 돕는 복사와 집주인, 공소회장과 전교회장이 교회를 이끄는 핵심 존재였던 것으로 생각된다.

다섯째, 지금까지 카테키스타는 모두 회장으로 번역하였다. 그러나 중국의 경우 카테키스타를 전도원(전교원)으로 번역하고, 이것을 다시 성격과 역할에 따라 회장과 순회 전도원으로 구분하였다. 즉 회장은 거주지가 고정된 본당이나 공소의 회장을 말하며, 순회 전도원은 각지로 파견되어 외교인에게 복음을 전하는 전교회장과 같은 존재였다.

따라서 한국 교회사에서도 카테키스타를 회장으로만 번역하는 것은 재고되어야 한다. 이 단어는 공소회장을 가리키는 경우가 많지만, 교리교사 즉 전교회장을 가리키는 경우도 있다. 본문에서 언급한 김승정과 손경윤 회장, 이경언이 양성했던 남녀 회장은 전교회장의 성격이 강하다고 생각한다. 그리고 베르뇌 주교가 설립 필요성을 역설했던 '회장과 설교자를 양성하는 학교'도 전교회장의 양성을 목적으로 하는 것이다. 그러므로 카테키스타는 내용에 따라 회장 혹은 전교회장으로 구분하여 번역하는 것이 옳다고 생각한다.

여섯째, 베르뇌 주교 대에는 각 지역을 총괄하는 도회장이 임명되어, 공소회장→도회장→신부(주교)의 형태로 신앙공동체가 관리된 듯하다.

일곱째, 회장은 추천된 사람을 교우들의 평판을 듣고 주교의 권한을 받들어 신부가 임명하였다. 이것은 선출이나 추첨으로 뽑는 중국과는 형식상 차이가 있었다.

회장이 되기 위해서는 착한 표양과 좋은 명성이 있어야 하며 교리를 분명히 알아야 한다. 그리고 '예수를 간절히 사랑할 것, 인내의 덕을 지닐 것, 정결한 덕을 보존할 것' 등의 덕목이 요구되었다.

회장의 자격은 중국 교회와 크게 다르지 않았다. 다만, 사음이라든가 정결의 덕, 전곡을 탐하는 것, 게으름, 배교 등 회장으로서 하지 말아야 할 사항들을 구체적으로 제시한 것은 중국과 다른 점이다.

여덟째, 회장은 교우들을 통솔하고 신부와 신자 사이를 연결해 주는 존재이다. 이들은 신부를 대신하여 어린이에게 대세를 주고, 혼인과 장례에 관여하며, 주일과 축일의 예절을 주관하였다. 그리고 신자들이 화목하고 나쁜 습관을 고치도록 권면하며, 싸움과 소송을 중재하였다.

뿐만 아니라 외교인에게 전교하고, 병자를 돌보고 임종을 도와주며, 신부의 공소 순방 때 관련 준비도 하였다. 그리고 영해회와 전교회 등 교회에서 운영하는 사업에도 관여하였다.

회장의 역할은 대체로 중국 교회와 같았다. 다만, 군난을 대비하는 것과 곤궁한 교우를 돕는 애긍 문제는 중국의 규조에는 보이지 않는다. 이것은 당시 조선 신자들이 처해 있던 박해 상황과 가난을 고려한 것이 아닌가 생각한다.

아홉째, 교회의 구성원이 사망했을 때, 회장을 위해 규정된 기도 기간은 신부보다 짧고 일반 신자보다 길었다. 이를 통해 회장과 신부, 회장과 일반 신자 사이의 지위 관계를 구체적으로 확인할 수 있었다. 그리고 조선 회장과 중국 회장의 기도 기간이 같다는 점에서, 양국의 회장 지위가 비슷함을 알 수 있었다.

한국 천주교회 전교회장의 활동과 의의
: 1923~1950
- 평양교구 유급 전교회장을 중심으로 -

최 선 혜 연구교수
가톨릭대학교(성신교정) 신학과

1. 머리말
2. 유급 전교회장 설치의 배경과 목적
3. 유급 전교회장의 양성과 운영
4. 유급 전교회장의 활동과 한국 천주교회의 성숙
5. 맺음말

1. 머리말

한국에 천주교가 수용되고 교회가 창설된 이래 극심한 박해를 겪으면서도 천주교 신앙은 발전·성숙하였다. 이러한 한국 천주교회의 역사를 고찰할 때 돌려놓을 수 없는 역할을 수행한 사람이 회장이었다. 한국 천주교회 초기부터 회장은 준(準) 성직자라고 할 정도로 교회의 발전과 성숙에 견인차였으며 토양과도 같은 존재였다. 한국 천주교회사를 보다 깊이 이해하기 위해 회장에 더욱 주목한 연구가 이루어져야 하는 까닭이 여기 있다.[1]

그런데 회장의 삶과 신앙을 구체적으로 추적하는 일에 박해 시기는 무엇보다 자료의 부족이라는 어려움에 봉착한다. 일제강점기 이후는 상대적으로 회장의 신앙과 활동에 학문적 관심이 크게 집중되지는 못하였다. 이 점에서 박해시대 이래 "근현대사의 구체적 삶의 자리에서 그들이 흘린 피와 땀을 생생하게 되살려 보고자" 하는 각별한 관심으로 '회장'을 주제로 심포지엄이 마련된 것은 큰 의미를 지닌다. 이 자리는 회장에 대한 풍부한 논의를 바탕으로, '순교의 유산 위에 선 한국 천주교회의 성숙한 변화와 질적 성장을 이끌어내는 견인차'로 자리매김되기를 바라는 학문적 목적을 담고 있다.

회장의 삶과 신앙을 추적하는 심포지엄의 기획 의도를 염두에 두고

---

[1] 회장(會長)은 전도사, 교리교사를 가리키는 카테키스타(라틴어 Catechista)에서 유래하였다. 회장에 관해서는 방상근, 「한국교회의 회장」, 『한국교회사연구자료 제26집 - 회장』, 한국교회사연구소, 2006, 5~18쪽 해제를 통해 한국 천주교회 회장의 역사, 직분, 그리고 회장 지침서에 대한 상세한 이해를 얻을 수 있다. 방상근, 「회장」, 『한국가톨릭대사전』 12, 한국교회사연구소, 9843~9846쪽도 참고된다.

본 발표자는 각별히 평양교구의 유급 전교회장에 주목하였다. 근대 한국 천주교회에 등장한 유급 전교회장은 한국 천주교회사에서 그 독특성이 주목될 뿐만 아니라 당시 천주교회의 특징을 이해하는 일에도 주요한 실마리를 제공해 주기 때문이다. 유급 전교회장 제도를 시행·운영한 메리놀회의 자료에 전교회장은 "Catechists"로 기록되어 있다. 한국 천주교회 문헌에서는 "전교회장"과 더불어 "전교사", "전도사", "교리교사" 등으로 나타난다.[2] 전교회장에는 유급과 무급이 있었지만, 명확히 서술하지 않아 그 구분이 모호한 경우가 매우 많다. 메리놀회가 한국에 진출하기 이전인 1918년 10월에 작성된 아시아 천주교회에 관한 보고에서 "한국에서는 선교사가 Catechists를 고용하지 않고 있다."라고 기록되어 있다.[3]

하지만 메리놀회가 한국에 진출한 이후 평양교구에는 곧 유급 전교회장이 등장하였다. 이들의 삶과 신앙을 돌아보고 나누는 작업이야말로 근대 이후 한국 천주교회의 변화와 성장을 가늠하게 해 주는 좋은 길잡이라고 믿는다. 이에 본 발표에서는 다음과 같은 내용을 다루고자 한다. 첫째, 유급 전교회장을 설치하게 된 배경과 목적을 검토한다. 둘째, 유급 전교회장은 어떻게 양성되고 운영되었는가를 알아본다. 셋째, 유급 전교회장의 구체적인 활동을 알아보고 그들이 한국 천주교회사에 갖는 의의를 정리해 본다. 이러한 내용을 검토하기 위해 본 발표

---

2 서술의 편의상 이 글에서는 '전교회장'으로 통일하였다. 하지만 인용문에 '전도사'·'전교사'·'교리교사' 등 다른 명칭이 사용된 경우는 그대로 두었다.

3 "*Maryknoll Mission Letters -China-*", Vol 1, 2, The Macmillan Company, 1923, 29~30쪽, 1918년 10월 27일자 메리놀회 창설자인 Thomas F, Price 신부(1860년 8월 ~1919년 9월)의 서신.

는 한국은 물론 중국, 일본 등 아시아에서 활동하던 메리놀회 소속 선교사들이 남긴 자료(서신, 보고서, 사진 등), 미국 메리놀회의 본부에서 발간한 아시아 천주교회 관련 자료(서신, 잡지『그 먼 땅에(*The Field Afar*)』등), 메리놀회 진출 이후 평양교구에서 발간한『가톨릭연구』(『가톨릭조선』으로 개명) 등을 활용하였다.4 특히 중국에서 활동하던 메리놀회 소속 선교사들의 서간집은 한국 천주교회와의 비교·검토에 매우 유용하였다.5 이 글이 주목한 시기는 평양에 메리놀회가 진출하여 유급 전교회장이 시행된 1923년 이후부터 캐롤(George Carroll, 安) 신부가 교구장 서리로 임명되어 교회 복구 작업을 착수했지만 다시 '침묵의 교회'로 남게 된 1950년까지이다.

---

4 메리놀회가 남긴 한국 천주교회 관련 자료에 대해서는 발표자의 일련의 글에 이미 상세하게 소개하였다. 최선혜,「한국 근·현대와 외방 선교회의 활동」,『교회와 역사』350, 2004:「서양선교사의 한국전쟁 예견—외방 선교회 관련 문서에 대한 소개를 중심으로」,『교회사연구』23, 2004:「냉전시대 캐롤 몬시뇰의 구호활동과 그 의의」,『교회사연구』34, 2010:「한국전쟁기 천주교회와 공산정권-초대 주한 교황사절 번 주교(Bishop Byrne)를 중심으로」,『교회사연구』44, 2014:「1940년대 천주교회의 한국 선교와 대한민국 정부 수립 -메리놀 외방전교회의 활동을 중심으로-」,『교회사연구』47, 2015:「한국 천주교회의 미국 천주교 외방선교회(메리놀회)와의 교류와 그 의의 : 1911~1923」,『교회사연구』49, 2016. 이번 발표에서는 필자의 선행 연구에서 소개·활용한 자료에 이어 2016년 뉴욕 메리놀회 아카이브에서 새로 수집한 자료, 평양교구에서 출간한『가톨릭연구』(『가톨릭조선』으로 개명) 등을 추가로 활용하였다.

5 "*Maryknoll Mission Letters -China-*", Vol 1·2, The Macmillan Company, 1923. 이 당시 중국과 일본 등에서는 이미 유급 전교회장이 설치·운영되고 있었다. 이에 대한 보고와 한국과의 비교에 관한 내용은 한국에 유급 전교회장 설치와 관련해 시사되는 바가 컸다.

2. 유급 전교회장 설치의 배경과 목적

한국 천주교회 창설 이래 회장은 목격되었고, 신앙의 자유를 확보하게 된 뒤에는 보다 체계적으로 그 직분에 관해 제도화되었다. 회장에는 크게 본당회장, 공소회장, 그리고 여회장과 남녀 전교회장이 있었다. 유급 남녀 전교회장은 1923년 메리놀회[6]가 한국에 진출하여 평양교구를 담당하면서 기존의 회장에 더하여 설치·운영되었다. 메리놀회가 유급 전교회장을 설치한 배경과 목적은 다음 몇 가지로 분석할 수 있다.

가장 먼저 생각할 수 있는 사실은 전쟁으로 선교지에서 활동하던 유럽 신부들이 본국으로 소환된 일이다. 한국은 물론 중국·일본 등 아시아 여러 지역 천주교회는 성직자의 부족이라는 큰 어려움에 봉착하였다.[7] 한국 천주교회도 그동안 한국인 성직자가 배출되었지만 외국인 선

---

[6] 미국 최초 외방전교회의 공식적 명칭은 'Catholic Foreign Mission Society of America'이다. 1911년 4월 27일 전미주교회의(全美主敎會議)의 인가를 얻고, 6월 29일 교황 성 비오 10세에 의하여 인준, 창설되었다. 뉴욕 대교구 호돈(Hawthorne)에 임시 본원을 설치하며 출발했고, 1년 뒤 지금의 뉴욕주 오시닝(Ossining)으로 이전하여 활동하면서 '메리놀'이라고 불려졌다. 이에 가톨릭 사전에도 'Catholic Foreign Mission Society of America'(*Maryknoll*)라고 병기된다(http://www.catholic-hierarchy.org/diocese/dqmm0.html). 이 글에서는 자료 출처와 서술의 편의에 따라 메리놀 외방전교회(이하 메리놀회)로 서술하였다. 아시아 선교를 목적으로 창립된 메리놀회는 1922년 교황청으로부터 평안도의 포교권을 위임받아 1923년 한국에 전교 신부를 파견하면서 한국에서의 선교활동에 들어갔다. 메리놀회에 대한 사전적 설명은 김성희, 「메리놀 외방전교회」, 『한국가톨릭 대사전』 4, 2004, 2595쪽 참조. 한국 진출 이후 전개한 메리놀회의 활동은 천주교평양교구사편찬위원회 편, 『천주교평양교구사』, 1981에 잘 정리되어 있으며, 메리놀회의 한국 진출과 활동에 대한 개괄적 소개는 방상근, 「선교회·수도회의 정착과 활동」, 『한국천주교회사』 5, 2014 참조.

[7] 『그 먼 땅에』, 1916년 4월호 54쪽: 1917년 7월호 102·104쪽, 9월호 134쪽 등에 보고된

교사가 떠난 자리를 메우기는 아직 여력이 없었다.[8] 이러한 상황을 극복하기 위한 노력이 전개되는 가운데 한국 천주교회에서는 미국 천주교회를 향해 외방선교에 대한 관심과 지원을 호소하였다. 특히 이 문제에 적극적으로 나섰던 드망즈 주교는 1915년 5월에 메리놀회 잡지인 『그 먼 땅에』에 다음과 같은 글을 기고하였다.

"의심의 여지없이 사람들은 유럽이 전쟁으로 말할 수도 없이 고통 받고 있음을 믿습니다. 그러나 선교지는 말할 수 없이 심한 고통을 받았으며, 안타깝게도 지금부터 몸과 영혼을 돌보는 책임을 가진 선교사들도 좌절에 대항하여 싸워야만 합니다. 유럽은 우리보다 훨씬 빠르게 회복될 것입니다. 그렇지만 이와 같은 엄청난 파괴의 한복판에 처한 멀리 떨어져 있는 선교지는 누가 생각해 줄 것인지요? 하느님이 우리를 보호해 주시기를, 하느님이 미국에 많은 소명을 일으켜 세워 주시기를!"(『그 먼 땅에』, 1915년 5월호, 70쪽)

드망즈 주교를 비롯해 한국 천주교회에서는 미국 천주교회에게 전쟁 이후 더욱 비참해진 선교지를 돌아볼 것을 적극 호소하였다. 미국 천주교회를 향해 아시아 선교에 대한 미국의 책임을 촉구하며, 교회가 침몰하지 않도록 미국 천주교회가 일정한 역할을 수행해야 한다고 주장하였다. 외방선교는 미국 천주교회의 명예를 세우는 일이라는 것, 이를

아시아 천주교회 상황 참조.
[8] 1898년부터 1910년까지 서품받은 한국인 성직자는 21명이었고, 전쟁이 발발한 1917년 당시 18명이 생존·사목하고 있었다. 15명의 외국인 선교사가 징집되어 한국을 떠난 반면, 한국인 성직자는 1913년 3명, 1914년 1명이 배출된 실정이었다. 윤선자, 『일제의 종교정책과 천주교회』, 경인문화사, 2001, 84~87쪽.

위해 유럽 천주교회가 헌신해 온 아시아 선교활동에 참여하라는 것, 그리고 한국은 동양의 그 어떤 나라보다도 영성이 일어나는 준비된 선교지라고 강조하였다.[9]

마침내 창설 이래 아시아 천주교회와 소통해 온 메리놀회 월시 총장은 1917년 9월부터 1918년 4월까지 중국, 한국, 일본 등의 아시아 천주교회를 직접 순방하였다.[10] 아시아 천주교회의 현장을 돌아보면서 월시 총장은 선교사의 공백을 보완하고 교회의 발전을 도모하기 위한 방안을 모색하였다. 특히 재정적 후원 못지않게 유럽 선교사의 빈자리가 큼을 목격하였다. 이러한 상황에서 '준 성직자와도 같은 회장'은 매우 긴요한 존재임을 절감했을 것이며, 월시 총장이 여러 지역에서 헌신적인 회장의 활동을 기록으로 남긴 것도 그러한 이유에서라고 해석된다.

둘째, 중국·일본 등 아시아 다른 천주교회는 이미 유급 전교회장이 설치되어 매우 긍정적인 활동을 전개하고 있었다. 이와 관련해『중국에서 온 메리놀 선교 편지(Maryknoll Mission Letters -China-)』에 수록된 여러 서신이 참고된다. 중국에서 전개한 메리놀회 선교사의 구체적이고 상세한 활동을 접할 수 있는 이 서신에는 유급 전교회장 운영의 필요와 효과가 잘 드러나 있다. 1918년 10월 25일 버나드(Bernard F.

---

9 미국 천주교회를 향한 한국 천주교회의 이와 같은 정책에 관해서는 최선혜,「한국 천주교회의 미국 천주교 외방선교회(메리놀회)와의 교류와 그 의의 : 1911~1923」,『교회사연구』49, 2016 참고.
10 이 여정에서 1917년 10월 24일 부산을 통해 한국에 입국하여 대구, 서울 등을 돌아보고 1917년 11월 2일 압록강을 통해 만주로 떠났다. 한국 천주교회에 대한 소개는 월시 주교의『동양관찰기(Observations in the Orient)』참조.(James A. Walsh, *Observations in the Orient*, Catholic Foreign Mission Society of America, NY, 1919, 82~97쪽)

Meyer)[11] 신부는 서신에서, 중국에서 가난한 이들을 위해 자선활동을 전개한 전교회장 육백홍(陸伯鴻, Lo Pa Hong, 1875~1937)에 관해 소개하였다. 버나드 신부는 '로(陸)씨의 병원(Mr. Lo's Hospital)'에서 미사를 봉행했는데 그곳은 정신병자, 절름발이, 가난한 환자, 죄수, 버려진 아이 등 가난하고 병든 사람들을 돌보는 곳이었다. 사업가이지만 천주교에 헌신한 전교회장인 로씨가 이 병원을 열정적으로 운영하고 있었다. 그는 매년 2천 명 이상의 어린이와 성인에게 대세를 준다고 보고되었다. 어느 날은 곧 죽어 가는 노동자가 실려 왔는데, 로 회장은 기본 교리를 가르치고 병에 든 세례수로 대세를 베풀었다고 한다. 로 회장은 이러한 위급한 상황을 위해 늘 세례수가 들어 있는 병을 지참하고 다녔다고 한다.[12]

중국에서 전교회장의 활동과 관련하여 중국 선교사였던 버나드 신부가 전문적 전교회장의 필요를 주장한 일련의 일기도 참고된다. 버나드 신부는 1918년 11월 10일 「중국인의 특징과 필요(Chinese Traits and Needs)」라는 글에서 중국에 가장 필요한 것은 어린이를 '진실한 그리스도인'으로 성장시키는 전교회장이 선생으로 있는 학교라고 강조하였다. 물론 선교는 보다 많은 사람의 '개종'만으로도 충분하지만, 어

---

11 Bernard F. Meyer(June 16, 1891~May 8, 1975). 메리놀회 소속 중국 선교사. 1916년 2월 12일 사제서품을 받은 뒤 1917년 남중국에 부임하여 최초의 메리놀회 선교사가 되었다. 2차 세계대전으로 홍콩에 머물다가 일제에 의해 구금되었다가 본국으로 송환되었다. 1946년 중국 광동에 돌아갔지만 1950년 공산당에 의해 중국으로부터 추방되었다. 메리놀회 아카이브 버나드 신부 전기(http://maryknollmissionarchives.org/?deceased- fathers-bro=father-bernard-f-meyer-mm)

12 *"Maryknoll Mission Letters -China-"*, Vol 1, The Macmillan Company, 1923, pp.42~43.

린 시절의 훈련은 종종 거의 불가능한 일들을 극복하게 해 준다고 하였다.[13] 즉 보다 전문적이고 체계적으로 교리를 가르칠 인력을 양성하여 운영하는 일이 가장 중요하다고 촉구하였다.

이러한 문제 제기는 다음 자료에 보다 구체적으로 언급되었다. 버나드 신부는 「버림받은 사람들(the outcast of the people)」이라는 제목으로 일련의 글을 발표해 교구 전체에 남녀 교리교사가 크게 필요하다고 강조하였다. 전쟁으로 인해 지난 4년여 동안 선교지가 황폐해졌다는 안타까움을 전하며 더 이상의 손실을 막기 위하여 즉각적인 조처를 취할 필요가 있다고 하였다. 그것은 교리교사를 각 구역에 파견하여 신자들을 돌보고, 유아세례를 베풀고, 어린이를 가르치며 인내로 개종자를 격려하는 일이라고 하였다. 이를 위해 양장(yeung-kong, 阳江) 교구에 적어도 6명의 남자 교리교사가 필요하다고 제기하였다. 그뿐만이 아니라 양장에는 5명의 여성 교리교사도 필요하며, 다른 지역도 차차 여성 교리교사가 필요할 것이라고 호소하였다. Yangjiang

여성 교리교사는 어린아이를 가르치는 데 매우 유용할 뿐만 아니라 특별히 여성에 대한 활동을 전개하기 위해 절대적으로 필요한 존재라고 하였다. 현재까지 여성 교리교사는 없는 실정인데, 그래서 더 많은 수의 개종자들은 남성이지만 그들의 아내들이 여전히 이교도라고 안타까워하였다.[14] 선교사들은 여성에 대한 선교를 적극 진행해야 할 필요로 축첩제도와 더불어 중국의 영아 유기 문제를 심각하게 지적하였다. 한 선교사는 이미 3명의 아이를 버렸는데, 그것이 죄인지조차 몰랐다

13　앞의 책, 49쪽.
14　앞의 책, 1918년 12월 11일, 54~55쪽.

고 하는 여성을 만난 이야기를 전하였다. 또한 딸을 죽이면 그 다음 출생하는 자녀는 아들이라는 미신이 중국에 퍼져 있다고 하였다.[15] 그러므로 여성을 위해 활동할 여성 교리교사가 필요하다고 하였다.

이러한 상황을 볼 때 교리교사가 시급함은 우선 전쟁으로 인한 선교사의 공백을 최소화할 인력의 필요 때문이었다. 또한 어린이 신앙교육과 여성을 대상으로 한 선교활동을 보다 적극적으로 전개하기 위한 '여성' 교리교사도 필요한 상황이었다. 이에 부응하여 중국에 교리교사는 교회의 성장과 더불어 크게 증가하였다. 1930년대에 이르러 중국 천주교회는 1만 2천 명의 교리교사와 1만 5천 명의 교사가 있었다. 그리고 교리교사는 매년 증가 추세에 있었다.[16]

일본에서도 유급 전교회장의 활동은 매우 효과적으로 보고되었다. 프란시스(Fr. Francis X. Ford) 신부는 1918년 10월 28일 서신에서 Fr. Cettour의 활동에 대해 이야기하였다. 제레미 세투르(Fr. Jérémie Cettour, 1867~1962) 신부는 불모의 땅인 일본에서 25여 년을 선교에 헌신하며 젊은이에 대한 비전을 갖고 있으며, 매우 탁월한 일본인 신자를 유급 전교회장으로 고용하고 있다고 보고되었다. 일본인 전교회장

---

15 앞의 책, 49·52쪽.

16 「支那에 가톨릭 現勢」, 『가톨릭조선』, 1936년 3권 1호, 105쪽. 당시 중국에는 주교 89명, 사제 4,104명(중국인 1,617명)과 더불어 1만 2천명의 전도사(교리교사·전교회장)와 1만 5천명의 교원이 있으며, 교우 총수는 270만 2,468명, 예비자는 46만 5천 명이라 보도되었다. 당해 년에 교리교사가 500명 증가하였다고 한다. 이 기록에 보이는 교리교사를 유·무급으로 구분해 알 수는 없다. 그런데 한국 진출을 모색하던 메리놀회는 중국·일본과 달리 한국에는 '유급' 교리교사가 아직 설치되지 않았다고 하였다. 정확한 숫자나 현황을 파악하기는 어렵지만 아시아 지역 다른 천주교회는 한국보다 앞서 유급 교리교사가 이미 활동하고 있었다.

들은 매년 2주간 가톨릭 교리에 대한 연속 강연을 하고 있으며, 사람들이 아주 많이 온다고 하였다. 이러한 비용 충당을 위해 제레미 세투르는 옛 친구로부터 연례 선물로 60달러를 받았는데, 이제 전쟁으로 인해 지원이 끊겼다고 하였다.[17] 이와 같이 중국, 일본 등 아시아 다른 지역에서는 유급 전교회장이 이미 설치 운영되고 있었고, 매우 긍정적인 성과를 거두고 있었다.

셋째, 아시아 여러 교회의 상황을 파악하며 한국 진출을 추진하던 메리놀회는 전문적 인력인 유급 전교회장의 활동에 많은 시사를 받았다고 생각된다. 이와 관련해 메리놀회 창설자인 프라이스(Thomas F, Price) 신부의 다음 설명이 참고된다.

> "나는 (선교)활동하는 방법이 장소에 따라 매우 다양하다는 것을 발견하였다. 한국에서는 선교사들이 '전교회장'을 고용하지 않으며, 그들을 원하지도 않는다. 그들은 스스로 나가서 개종자를 만들기 위해 노력하고 가톨릭 교리를 가르쳐 사제에게 데리고 오는 평신도 사도직을 수행하는 사람을 양성하는 것이 목표이다. 그리고 이러한 활동은 매우 잘 이루어지고 있으며, 주교와 사제는 다른 방법을 원하지 않는다. 평신도가 각 공동체의 지도자를 맡고 있으며 어린이 세례를 포함한 많은 성무를 수행하고 있다."[18]

전문적인 전교회장을 특별히 필요로 하지 않을 정도로 한국 천주교회는 평신도의 사도적 활동이 매우 잘 이루어지고 있다는 평가이다.

---

17 앞의 책, 23쪽.
18 1918년 10월 27일, Thomas F, Price 신부의 서신, 29~30쪽.

앞서 본 것과 같이 메리놀회의 창설자인 월시 총장과 프라이스 신부는 아시아에 선교사 공백과 재정적 어려움, 그 와중에 전개되고 있는 전문적인 유급 전교회장의 활동을 직·간접으로 목격하였다. 한국 진출을 계획하던 이들은 평신도의 사도직 활동이 매우 잘 이루어진다고 평가하였지만, 보다 효과적인 선교를 위해 다른 지역에서 실행되던 유급 전교회장제도에도 크게 고무되었다고 보인다. 특히 비로소 신앙의 자유를 갖게 된 시점에서 보다 정확하고 체계적인 교리교육은 교회의 발전과 성숙을 위해 매우 중요한 문제였기 때문이다. 여기에 일정한 훈련과 시험을 거쳐 양성된 유급 전교회장은 선교사의 부족이라는 시대적 어려움을 보완하고 보다 전문적으로 선교활동을 전개하는 매우 요긴한 인력이었다.

3. 유급 전교회장의 양성과 운영

한국 천주교회 창설부터 교회에서 주요한 역할을 수행한 회장은 그 임명 및 해임권이 본당신부와 교구장에게 있었으므로 전교회장 역시 그 틀 안에서 운영되었음은 분명하다. 개항 이후 회장에 대한 내용이 정리되고 법조문화되기는 하였지만 회장의 임명과 역할에 대한 체계적인 지침서는 마련되지 못하고 있었다. 회장의 직분을 다룬 지침서들은 1910년대를 넘어서면서 본격적으로 나타나기 시작하였다. 여기에 '전교회장'의 명칭과 역할도 정리되어 있는 등 회장제도는 체계화되어 갔다.

전교회장과 관련한 한국 천주교회의 지침은 1923년 10월에 회장들을 위한 지도서로 간행된 『회장직분(會長職分)』을 통해 대략을 그려 볼 수 있다.[19] 이 지침서의 서문에서 뮈텔 주교는 천주교가 널리 전파된 것은 많은 교우들이 사도들의 활동을 협조하였기에 이룬 일이라 평가하였다. 이에 모든 교우들은 주교와 신부를 도와 전교 사무에 더욱 힘을 기울여 줄 것을 강조하며 신자들의 전교활동을 크게 독려하였다. 그런데 전교활동은 주교의 지휘를 따라 하는 것이고, 실행하기 전에 본당신부와 필히 상의해야 할 것도 있음을 기억하라고 분명히 규정하였기에[20] 전교회장의 임명과 활동도 주교와 본당신부의 지도 아래 진행된 것으로 보인다.

전교회장의 특징으로는 다른 회장과 달리 특정한 공소나 본당에 정착해 활동하는 일과는 아무 상관이 없고 다만 본당신부의 지휘에 따라 전교 사무에만 힘을 쓴다고 설명되어 있다. 냉담 교우를 찾아다녀 권면하고 외교인을 권화하며 기회가 닿는 대로 힘써 대세를 줄 의무가 있다고 하였다.[21] 하지만 유급·무급의 구분이나 기준에 대한 지침은 보

---

[19] 『회장직분』에 대해서는 일찍이 김승주 신부가 석사논문에 이어 여러 편의 논문을 통해 상세히 분석하였다. 김승주, 「한국교회지도서들을 통하여 본 공소회장의 위치와 역할」, 광주가톨릭대학교(대건신학대) 석사학위논문, 1979. 여기에서 김승주 신부는 『장주교 윤시 제우서(張主敎輪示諸友書)』부터 『회장직분』에 이르는 10개의 지도서를 다루었으며, 회장의 역할을 공소 관리·교리교육·성사 집행의 세 가지 관점에서 분석하였다. 이어 「한국 천주교회 공소회장의 위치와 역할」 (1)·(2), (終), 『신학전망』 46·47·48, 광주가톨릭대학교 신학연구소, 1979·1980을 연이어 발표하였다. 공소회장에 주목한 것이지만 전교회장과 관련해서도 크게 참고된다.

[20] 『회장직분』의 본문은 『경향잡지』에 연재된 것과 이영춘 신부가 번역한 것을 참고하였다. 『경향잡지』 제12권 제5호 통권 397호 1918년 5월, 특히 「제삼편 전교회장(뎨삼편 전교회쟝)」,; 르 장드르 저, 이영춘 역, 『회장직분』 1999년 9월 14일, 가톨릭출판사.

[21] 『경향잡지』 제12권 제5호 통권 397호, 1918년 5월, 특히 「제삼편 전교회장(뎨삼편 전교회쟝)」, 203쪽.

이지 않는다. 따라서 유급으로 전교회장을 고용하는 제도의 실행은 메리놀회가 중국과 일본 등 다른 아시아 지역에서의 경험을 바탕으로 실행했다고 보인다.

평양교구의 유급 전교회장은 1923년 메리놀회가 평안도의 전교를 맡아 한국에 진출한 직후부터 확인된다. 1922년 11월 교황청이 평안도에 대한 포교권을 메리놀 외방전교회에 위임하여 1923년 5월 메리놀외방전교회 번 신부(Byrne, Patrick J., 1888~1950, 초대 평양교구장, 주교)가 평양지목구 설정 준비 책임자로 한국에 도착하였고, 이어 10월에 클리어리(Cleary, Patrick, 1896~1970) 신부와 11월에 모리스(Morris, John Edward, 1889~1987, 제2대 평양교구장) 신부가 입국하였다. 이때 모리스 신부가 남긴 기록에 따르면 1924년 5월에 학교교사 4명, 교리교사 2명이 있는 것으로 확인된다.

〈표 1〉 평양교구 학교·교리교사 현황(1924년 5월 28일 현재)

구 분	성 별	인 원	월 급
학교교사	남	2	20~30엔
	여	2	20~25엔
교리교사	남	2	30엔
	여	2	15엔

출처: 이정순 엮음, 『목요안 신부』, 영원한 도움의 성모수녀회, 1994, 93쪽.

메리놀회 진출 즉시 평양교구에는 학교교사와 거의 차이가 없는 급료를 받던 유급 전교회장이 이미 설치·운영되고 있었다. 메리놀회는 중국과 일본 등 다른 지역의 유급 전교회장의 활동을 참고하여 한국에 진출한 직후부터 이를 시행한 것이라 판단된다. 전교회장을 양성하여 운영하는 것에 대한 원칙과 방법에 관해서는 영유 성당에 모리스 신부의 다음 글을 통해 알 수 있다.

"다음을 곰곰이 되씹으며 심사숙고해 주십시오. 저희 전교사 양성 학교는 평생을 교리교사로 헌신할 열망을 지닌 본방인들을 상대로 우리 연구소에서 정기시험을 실시하며 출범하고 있습니다. 현재 15명 정도가 자기 집에서 공부하며 우리가 제시한 종교적 주제로 논문을 준비하고 있습니다. 그들이 모이면 필기시험을 치고 점수를 매깁니다. 그들은 능력에 따라 보수도 받게 됩니다. 이것이 우리가 본방인 교사팀을 구성하고 전교사 지망생들을 모아 전인교육을 시킬 몇 개의 중앙학교들을 세우기 전에 할 수 있는 최상의 일입니다."[22]

이 당시 모리스 신부는 영유 성당(1902~1950)의 4대 주임신부(1924~1927)로 재직하고 있었으며, 위 글은 성탄을 맞아 미국 뉴욕 메리놀 본회에 보낸 서신이다. 이를 통해 유급 전교회장의 양성에 관한 몇 가지 사실을 확인할 수 있다. 유급 전교회장은 정해진 임기를 두기보다는 '평생' 헌신을 기본으로 하는 일이었다. 한국인 지망생 가운데 시험을 통해 선정하였으며, 교리를 공부하여 논문을 준비하고 일정한 시험을 치른 뒤 점수에 따라 선발되었다. 보수는 능력에 따라 주어졌다고 하는데, 큰 차이는 없었다고 짐작된다. 지망생들은 선교사가 제시한 종교적 주제로 논문을 작성하고 학습과 시험이라는 방식으로 양성된 유급 전교회장은 보다 전문적인 교리 지식을 갖춘 교회의 인력이 되었다.

---

22 이정순 엮음, 『목요안 신부』, 영원한 도움의 성모수녀회, 1926년 12월 14일, 1994, 173~178쪽.

이와 같은 방식으로 출범하여 시행되고 있었지만, 모리스 신부는 지망생들이 한데 모여 공부하는 '중앙학교' 설립을 계획하고 있었다. 지망생들이 각자 자기 집에서 공부하는 상황보다는 학교를 통해 보다 체계적이고 종합적으로 양성되도록 함이었다. 모리스 신부의 기록보다 2년 뒤인 1926년에도 전교회장 양성은 개별 본당에서 이루어진 것이 확인된다. 진남포본당의 5대 주임신부로 부임한 메리놀회의 더피(Duffy, Patrick) 신부가 신자 가운데 신덕이 두텁고 일정한 소양을 갖춘 사람을 선발하여 전교를 담당할 전교사로 양성하였으며, 교리 연구반도 신설하였다는 기록을 보면 그러하다.[23]

앞서 알아본 『회장직분』「제삼편 전교회장(뎨삼편 전교회쟝)」에 따르면 전교회장이 되려면 회장의 직분을 다 알아야 한다고 하며 특히 전교회장이 수행해야 할 직분으로 네 가지를 강조하였다. 그 가운데 '천주교의 모든 요긴한 도리를 배우고, 외교인과 열교인(프로테스탄트)의 의심과 반대를 물리치기 위하여 성교회의 여러 가지 성서를 공부할 것'을 제시하였다. 본당신부의 지도 아래 전교회장은 교리와 성서에 대한 일정한 훈련을 받았음을 알 수 있다.

유급 전교회장을 운영하는 자금은 절대적으로 후원금에 의존할 수밖에 없었다.[24] 그렇지만 이를 위한 적극적인 선교와 여러 홍보활동은 교회에 보다 긍정적인 결과로 이어졌다.

---

23 평양교구사 편찬위원회 편, 『천주교평양교구사』, 1981, 348쪽.
24 모리스 신부는 '후원금으로 교사 한 명의 1년간 봉급을 마련하게 되었다'고 하였다. 이정순 엮음, 『목요안 신부』, 영원한 도움의 성모수녀회, 1924년 9월 6일, 1994, 101쪽.

"학생이 171명이나 되는 선교학교를 감독하고 32개의 외곽 공소들과 연락하며 전교사와 어학 교사가 월급 받는 것을 미안해할 이유가 없도록 일감을 마련하는 사이에 간간이 후원자들의 금전을 얻으려고 포교 홍보 펜을 놀리는 일들이 저희들로 하여금 늘 방방 뛰게 만들고 은총의 지위에 있게 합니다."25

유급 전교회장은 "오로지 전교 사무에만 힘을 쓰는 전도사"로서 교회로부터 기꺼이 급료를 받을 정도로 공소를 중심으로 활동을 전개하였다. 그리고 교회는 이를 후원하기 위해 더욱 문서 선교에 힘을 기울인 것이다. 유급 전교회장의 본분은 전교 사무에만 힘을 쓰고 이를 위해 교리를 익히고 성서를 공부하는 것이 무엇보다 최우선이었다. 이와 같은 전문성을 가졌기 때문에 유급 전교회장의 활동은 선교와 교육이라는 두 축을 통해 이루어졌다. 이와 관련해 덕원본당에서 전교회장을 운영한 칼 슈테거(Karl Steger, Gregor, 1900~1950) 신부에 관한 자료가 참고된다. 칼 슈테거 신부는 산골보다는 도시에 성당을 세워 유급 전교회장의 활동을 적극 격려하며 선교사업을 확장해 나갔다. 그는 가족에게 다음과 같은 내용의 서신을 보냈다.

"전교회장만이 선교사를 각 가정으로 인도하고 사람들의 마음을 열 수 있으며, 교리 수업이 풍성한 열매를 맺도록 보완해 줄 수 있습니다. 순박한 한국인들은 의문이나 망설임이 있으면 전교회장을 찾아갑니다. 전교회장은 또 한국인의 관례와 풍습, 교우들의 생활, 가족과 친족관계와 관

---

25 이정순 엮음, 1925년 5월 29일자 「영유 천주당에서 총장에게 보내는 서신」, 『목요안 신부』, 영원한 도움의 성모수녀회, 1994, 154쪽.

련해 선교사에게 조언해 줍니다. 아울러 선교사는 어린이들을 모아야 합니다. 어느 정도 학력을 갖춘 전교회장의 도움을 받을 때만 선교사는 어린이들을 모을 수 있습니다."(슈테거 신부, 가족에게 보낸 1931년 10월 5일 편지 중에서)[26]

유급 전교회장은 신자들이 신앙과 관련한 의문이나 어려움이 있을 때 크게 도움이 되는 존재였다. 특히 전문성을 갖추었기 때문에 어린이 교육 등 교회가 중요하게 지향하는 선교사업에 매우 긴요한 인력이었다.

〈표 2〉 평양교구 설정에서 10년 사이 유급 전교회장의 규모[27]

연 대	신도	교회	성당	공소	전도사 및 회장		
					무급	유급	총인원
교구준비기, 1925	5,484	7	4	67	(남 67, 여 66)		
교구설정, 1927	6,326	8	5	76	75	14	89
1928	6,883	9	5	88	75	14	89
1929	7,202	12	5	65	115	25	140
1930	8,143	14	6	88	?	?	?
1931	9,295	15	6	96	114	50	164
1932	9,370	?	?	?	?	?	?
1933	11,186	16	7	102	109	55	164
1934	13,054	17	9	123	126	64	190

26 리길재, 「덕원의 순교자들」(37) 그레고르 칼 슈테거 신부」, 『가톨릭평화신문』, 2014년 6월 15일, 1269회.

27 『가톨릭조선』, 1937년 4월, 평양교구설정기념특집, 575쪽에 게재된 내용을 필요한 항목을 선정하여 작성한 것이다.

| 1935 | 15,314 | 16 | 13 | 132 | 205 | 92 | 297 |
| 1936 | 17,388 | 18 | 13 | 134 | ? | 72 | ? |

교구가 설정될 때 89명이던 전교회장은 십 년도 채 안 되어 300명 가까운 인원으로 확장되었다. 그 가운데 유급 전교회장은 14명으로 출발하여 70~90명으로 증가하였다. 평양교구에서 유급 전교회장의 규모가 확대되어 나간 것은 그들의 활동이 일정한 성과를 거두고 있었음을 단적으로 보여 준다.

유급 전교회장의 활동과 관련해 제2대 평양교구장 모리스 몬시뇰을 돌아보며 남긴 다음 기록이 주는 의미가 크다.

> "목 주교는 만 六년간 신설 교구를 위하여 다방면으로 너무 로력하신 것이 그 사직의 원인이 되었다. 六년 동안 각하의 업적은 [위에 대략 말한 바이지마는 평양교구가 창설 十주년에 본당이 二十처가 되고 교도가 一만 八천에 달하였고 예비자가 三천 二백이며 교육기관과 자선기관이 거의 본당마다 시설되어 있으며 유급 전도사 남녀 七十여 명이오. 매년에 영세자 二천여 명을 헤아리게 되었으니 어젯날 이단자의 가라지밭이든 평안도는 오늘날 풍성한 추수를 하는 주의 밀밭이 되었도다."28

모리스 몬시뇰은 1930년 4월 평양교구의 2대 교구장에 임명되어 1936년 9월 한국을 떠나기까지 9개 본당과 65개 공소, 총 신자 수 7천여 명이던 교구를 불과 6년 만에 19개 본당과 134개 공소, 신자 총수 1

---

28 「평양교구 소사」, 『가톨릭조선』 제4권 제4호, 1937년 4월, 574~575쪽.

만 7,738명으로 발전시켰다. 평양교구 역사를 정리하는 자리에서 '풍성한 추수를 하는 주의 밀밭'이 되기까지의 역사에 각별히 '유급 전도사'를 지목할 정도였다. 한국 여러 교구의 연혁과 상황을 전망하는 자리에서도 평양교구 유급 전교회장은 특별히 주목받는 존재였다.

> "1923년 경성교구의 사무가 복잡하고 교구 구역이 너무 광활하므로 부 로데스당교파의 전성지인 평안남도를 분립하여 거기에 적응한 전교회 신부를 초빙하기로 되어 미국 메리놀 외방전교회 신부들이 조선에 들어와 1927년까지 조선어와 풍속을 연구한 결과 1927년에 평양교구로 분리하였다. … 이 교구의 전교 방침 중 특색은 본당과 중요 지대마다 남녀 유급 전도사를 두었으며 인쇄물로 선전하며 순회강연과 교구적으로 개최되는 교리강습과 작년에 조직된 가톨릭운동 연맹회원들이 개인 전도에 노력하는 사실이다."[29]

교구의 연혁을 돌아보는 자리에서 '유급 전도사'의 강연·문서 선교·교육활동을 평양교구 선교정책의 특징으로 제시하였다. 평양교구의 성장, 나아가 한국 천주교회의 성장과 발전에 유급 전교회장의 활동은 큰 견인차였던 것이다.

---

29 「(朝鮮가톨릭史的展望) 朝鮮敎區의 沿革과 現勢 -평양교구현세」, 『가톨릭조선』 제2권 제9·10합병호, 1935년 10월, 100~105쪽.

4. 유급 전교회장의 활동과 한국 천주교회의 성숙

1) 활동

교회 창설 초기부터 활동을 보인 회장은 신부를 대신하여 교회 일을 처리할 정도로 주요한 역할을 수행하였다. 이 때문에 한국 천주교회의 역사를 회장의 활동을 빼놓고는 설명하기 어려울 것이다. 회장이 갖는 그러한 위치는 신앙의 자유 이후로도 여전하였다.

> [회장 삼 년에 변성(變姓)]
> 허 회장의 외인 친구가 삼 년 만에 찾아왔다.
> 친구(문밧에서) : '허 신부 집에 계십니까'
> 부엌에서 밥 짓는 회장 마누라가 고개를 내노며,
> '허 신부라니 누구 말이오? 이 집은 허 회장의 집이오.'
> 친구 : '아~ 그럼 회장 삼 년 하고 아직 신부가 못 됐소?
> 하하 나는 벌써 됐으리라고 그러케 불렀지오.'
> 마누라 : '그러케 되는 신부는 허(許) 신부가 아니라 허(虛) 신부니까
> 변성하기 싫어서 아직 회장 그대로 있소.'[30]

이 일화는 '우스갯소리'이지만 당시 회장이 갖고 있던 이미지를 매우 적절하게 드러낸다. 회장이 수행하는 역할은 성직자와도 같은 존재로 비춰질 정도였다. 평양교구에서 유급 전교회장으로 활동한 사람은 많게는 수백 명에까지 이르렀다. 그들을 모두 알아내기 어렵지만 기록으

---

30 「破面相談所」(우수개 소리), 『가톨릭연구』 제1권 제3호, 1934년 3월, 48쪽.

로 남아 있는 사례만으로도 그 활동의 대략을 짐작할 수 있다.

<표 3> 평양교구 각 본당의 회장 - 본당회장, 공소회장, 전교회장[31]

구분	본당명	본당회장(공소회장)	전교회장
1	관후리교회 (1896~1950)	조신종, 이병염, 전좌현, 전낙수	김구정,[32] 조임세, 이성주, 김 아가다, 이 루시아, 김 크리스티나, 이 벨라뎃다, 김 프란치스카, 송 데레사
2	대신리교회 (1934~1949)	이태환, 최창전	임명배, 임해관, 손 마리아, 방 보나
3	기림리교회 (1940~1949)		강 안나
4	진남포교회 (1900~1950)	이재걸, 김윤성, 김해성, 김리식, 윤상	강왕보, 김윤성
5	마산교회 (1926~1950)	현상환,[33] 오의숙(吳義塾), 현승구, 현상현, 현용국, 김 사무엘, 현용기	김관해, 현상헌, 백여령, 현용기, 박 엘리사벳, 김긍로, 권 요세피나
6	강서교회 (1935~1944)	이주백	허순덕
7	중화교회 (1927~1950)	김관점, 윤 베드로, 고인덕, 정 로고	임해관, 윤승하, 윤 엘리사벳
8	서포교회 (1931~1950)	박태봉, 임용호	김관택, 강유선, 강왕보, 손 안토니오, 문만복,[34] 권 요세피나
9	영유교회 (1902~1950)	조상순, 강홍일, 김윤화(시몬), 李秉濂(도마, 공소회장), 金弘極(시메온, 공소회장), 마 요셉, 마원영(누가)	

---

31 [표 일러두기] 1. 본당회장으로 이름이 오른 회장 가운데에는 공소회장인 경우도 있음 2. 전교회장이라고 하였지만 교리교사, 전교사, 전교회장 등으로 칭해짐 3. 유급 전교회장은 능력에 따른 보수를 원칙으로 둠 4. 본당 소속 여러 단체의 회장은 제외함.

구분	본당명	본당회장(공소회장)	전교회장
10	숙천교회 (1931~1942) ·섭가지 교회 (1898~1902)	김양익, 김 마리아, 박치황, 康君贊,[35] 김 오벨도(金龍道), 김 노에(金承祚), 김 모리시오(金承禮), 김 도마(金允學)[36]	강봉길, 김관택, 강유선, 강 마리아, 유병식의 동생, 오씨, 강 막시모
11	안주교회 (1930~1950)	(본당회장 없음)	박정걸, 김 모니까, 김 엘리사벳, 곽 안나, 임해관, 김경애
12	순천교회 (1928~1944) ·은산 교회 (1926~1928)	김덕현, 이경희, 전 다테오	김 벨라도, 전회장, 박태호, 강유선, 이성주, 석익길
13	성천교회 (1936~1938)	석달윤	박봉서, 최 아무개, 윤승하
14	신의주교회 (1922~1949)	백상곤, 이석태	최호원, 김 도미니꼬
15	의주교회 (1911~1950)	김 요한, 김기석, 장 아무개, 문 아무개, 백용국, 박덕현	박봉서, 문효순[37] 외 2명[38]
16	비현교회 (1911~1950)	홍서락	김종직, 김정희, 신원섭, 양봉섭
17	운향시교회 (1936~1945)	조상옥	
18	정주교회 (1936~1944)		석익길, 김관택, 김 모니카, 민 요세피나, 문 바울라, 손 마리아
19	강계교회 (1933~1949)	최자백	이병모[39]
20	중강진교회 (1930~1941)	유종성	권 요세피나, 이 요안, 김경애, 양 마리아

전거: 평양교구사편찬위원회 편, 『천주교평양교구사』, 분도출판사, 1981.

---

32 김정숙, 「빛과 소금, 20세기 이땅에 평신도 - 교회사 연구에 여생을 바친 교육자 김구정 이냐시오(1898~1984)」, 『평화신문』 2016년 8월부터 10월까지 연재된 상세한 연구

메리놀회가 진출하였을 때 평양교구 본당은 7개였고, 서울교구 소속 김성학 신부만이 교구 신설을 돕기 위해 1922년부터 평양 성당(관후리 성당)에 파견을 나와 있었다. 김성학 신부는 평양교구가 설정된 이후에도 교구에 남아 사목을 지속하면서 전교회장의 활동을 크게 격려하였다.[40] 그는 영유본당, 서포본당 등을 맡아 보면서 새로이 한국에 진출한 메리놀회 소속 신부들은 물론 교구 소속 한국인 신부의 협력자로 활동하면서 선교사업에 전교회장을 적극 관여시켰다. 김성학 신부의 이러한 사목 방침은 평양교구에서 전교회장으로 활동한 김구정을 통해 잘 드러난다. 대구에서 대를 이어 회장을 지낸 집안 출신인 김구정(〈표 3〉의 1은 1931년부터는 평양교구 전교회장으로 활약하면서 강연과 집필에 역량을 발휘하였다. 그는 김성학 신부의 후원에 힘입어 신자

참조.

33 『가톨릭조선』 제4권 제6호, 1937년 6월, 874쪽에는 '현상환'이라는 이름이 있는데, 『평양천주교회사』에는 보이지 않는다.

34 메리놀문서 No8-R2 F3 2 182~188에 전교회장 문만복의 활동이 기록되어 있다.

35 『가톨릭조선』 제4권 제7호, 1937년 7월, 「평양교구설정십주년기념 각교회소개판」, 평남숙천교회, 991쪽.

36 『가톨릭조선』 제4권 제7호, 1937년 7월, 「평양교구설정십주년기념 각교회소개판」, 평남숙천교회, 991쪽. 김용도 이하 4명은 공소회장.

37 『가톨릭조선』 제4권 제5호, 1937년 5월, 「평북의주교회」, 735쪽에는 박봉서(요안) 이하 유급 전도사 3명이 있었다고 되어 있다.

38 『가톨릭대사전』 의주본당에는 1937년 현재 유급 전교회장이 4명이라고 되어 있다. 신부 1명, 수녀 3명, 총 교우 수는 474명, 공소 5개소 등이다.

39 『가톨릭조선』 1937년 8월, 1168쪽.

40 서울교구 소속인 김성학 신부는 1922년 평양 관후리본당에 부임하였는데 평양교구 설정 이후에도 남아 교구의 성장을 위해 크게 기여하다가 1936년 7월 서울교구로 복귀하였다. 평양교구사 편찬위원회 편, 『천주교평양교구사』, 1981, 100쪽.

들에게 교리를 가르치고 강연과 잡지 간행, 그리고 교회사 연구 등에 전교회장으로 큰 족적을 남겼다.[41]

강계본당의 이병모 유급 회장(〈표 3〉의 19는 1년 사이에 56명의 영세자를 얻을 정도로 열심히 활동한 인물로 본당사에 남아 있을 정도이다. 강계본당은 또한 부속 공소인 전천(前川) 시내에도 전도사를 파견하여 30여 명의 신도를 얻었고, 만포진에 공소를 세워 전도사를 파견하여 20여 명의 신자를 얻었다고 기록되어 있다. 별하 공소에도 전도사를 파견하여 전도에 힘써 1년 만에 30명의 영세자와 7~80명의 예비자를 얻었다고 하였다.[42] 서포교회도 다음과 같은 소식이 보도되었다.

"서포는 적은 빈촌으로써 평양교구 중앙관리소의 거대한 건물과 부속 기관이 있게 된 관계로 적은 본당의 이름을 차지하여 오륙 년을 지내오나 별로 전교 상황으로나 발전상 특기할 바 없더니 작년 이래로 본당신부와 전교회장들의 활동으로 예비자의 수가 날로 늘어 영세 입교하는 자가 발끝을 이어 생기게 되어 금년 1년 동안 영세자가 백 명가량이며 매 주일 모이는 문교자 및 예비자는 근방 촌락에서 모여들어 백여 명에 달하야 현

---

41 김성학 신부의 적극적 관심과 격려로 전개된 평양교구 전교회장 김구정 이냐시오의 활동에 관해서는 김정숙, 「[빛과 소금, 20세기 이땅에 평신도] - 교회사 연구에 여생을 바친 교육자 김구정 이냐시오(1898~1984)」, 『평화신문』 2016년 8월부터 10월까지 연재된 연구가 크게 참고된다. 평양은 신설 교구로서 신자공동체를 돌보고 선교에 헌신할 보다 전문적인 역량을 갖춘 평신도의 활동이 매우 필요했었기에 김성학 신부는 유급 전교사의 활동을 적극 장려하였다고 하였다. 여기에 김구정 이냐시오는 평양교구 전교사 6명 가운데 한 명으로 활동하였는데, 평양교구 전교회장으로서의 활동은 8월 21일자 「김구정의 방황은 끝나 가는가」 참고.

42 『가톨릭조선』1937년 8월호, 1169쪽.

재 서포본당 교우 총수가 3백이란 숫자를 돌파하였다 한다."[43]

이 기록은 서포교회의 성장을 본당신부와 전교회장의 활동으로 돌리고 있다. 본당신부는 말할 것도 없겠지만 전교회장이던 김관택, 강유선, 강왕보, 손 안토니오, 그리고 권 요세피나 등의 활동을 짐작하게 해 준다. 교회의 성장을 축하하기 위해 소인극(서포 祝賀素人劇)을 열었는데, 관람객이 무려 6~700명에 달하였다고 한다. 강유선 전교회장은 서포교회에서 개최하여 70여 명이 참가한 소년소녀수양회에서 강사로도 활동하였다.

"서포본당 소년소녀수양회 -3월 25일부터 29일까지 소년소녀수양회 개최, 참가 아동 70여 명, 지도신부는 황해도 신천본당 주임 임 신부, 강사로 순안 교회 전도사 강 요셉(有善) 씨와 본사 강 양고버(昌熙) 씨였다더라."[44]

전교회장의 활동에 힘입어 각 본당은 대인반·소년반으로 구분한 교리 강좌와 경쟁 대회를 가졌고, 전 교구 차원의 교리 시합도 열렸다. 본당 교리 경쟁회에서 선발된 사람은 교구 차원의 대회에 진출하였다.[45]

---

43 『가톨릭조선』 1936년 2월, 「各地敎會消息」 중 '서포 祝賀素人劇', 160쪽.
44 『가톨릭조선』 1936년 5월, 476쪽. 순천교회 전도사 강 요셉 유선과 함께 강사로 활동한 강창희 야고버는 평양지목구 재단 사무 담당이었는데 공산 치하 평양교구의 첫 순교자이다. 평양교구가 발행하던 월간 『가톨릭연구』(가톨릭조선)에서 출판을 김구정(《표 3》의 1)이 전담하고 강창희는 교구 재단 업무를 담당하였다. 강창희에 대해서는 오세택 기자의 「평양의 순교자들 (4) 강창희 야고보」, 『가톨릭평화신문』, 2017년 4월 23일 참고.
45 『가톨릭조선』 1936년 5월, 481쪽. '평남순천본당 부활축하회'에서 관람객 4백여 명이

1936년 연말에 5백여 명의 관람자가 있는 가운데 평양교구 내 10개 본당에서 31명이 참가한 교리 시합이 있었는데,[46] 이러한 대회는 각 본당 전교회장의 교리교육, 강의, 강연회가 바탕이 되어 있었기에 가능한 일이었다.

> "가톨릭연맹 비현지회 주최와 주임 '레이' 신부의 후원으로 지난 11월 중순부터 시작하야 본 교회 각 공소에 교리 강습회를 열었는데 낮에는 교리 강습, 밤에는 강연회, 수양 강화 등을 하였는데, 일반 신자들에게 영육간 다대한 이익을 주었다고.
> 기간 : 공소마다 각 1주일
> 강사 : 전도사(金鍾植) 바오로, 녀전도사(金正熙) 마리아
> 부기할 것은 이번 성탄첨례에 영세자가 본당에 48인, 공소에 54인. 주임 신부의 민활한 수완과 전도사들의 맹활동이 결승이 아니고 무엇일까?"[47]

전교회장은 공소마다 다니면서 1주일 동안 낮에는 교리 강습, 밤에는 여러 강연을 담당하였다. 전교회장의 이와 같은 '맹활동'으로 영세자가 백여 명이 넘었다는 소식이다. 공소에는 공소회장이 있었지만 유급 전교회장은 공소를 순회하며 선교활동을 전개하였다. 비현 교회만이 아니라 평양교구에 특히 유급 전교회장은 본당신부의 지도 아래 여러 공소를 두루 다니며 강연을 담당하였다.

참가한 가운데 대인반·소년반 교리 경쟁회가 열렸으며, 이들은 가을에 전 교구 교리 시합에 참가할 선수들이라는 소식.
46 『가톨릭조선』 1936년 12월, 1358~1359쪽.
47 『가톨릭조선』 1936년 2월, 「各地敎會消息」 중 '批峴교회 각공소교리강습회', 162~163쪽.

"현재(1937년) 전교 사무의 봉조자로 박 요안(박봉서) 전도사 이하 남녀 3인 유급 도사를 다리고 소속 공소 5개소 신도 5백여 명을 통솔하였다."[48]

유급 전도사가 선교의 조력자로 공소의 신자들을 돌보고 있음이다. 이처럼 교회는 일정한 지적 수준을 갖춘 사람을 전교회장으로 고용하여 교리 공부와 문맹 퇴치를 목적으로 다양한 연령의 남녀 모두를 대상으로 한 선교활동을 전개하였고, 전교회장은 전문 인력으로 신자들에게 신뢰와 존경을 받으며 활동해 나갔다.

2) 성숙

신앙의 자유 이후 조금씩 체계화되고 보완되어진 회장제도는 평양교구에 메리놀회의 진출을 계기로 유급 전교회장 제도까지 정착 운영되었다. 한국 천주교회의 전통이며 특징이었던 일반 평신도의 사도직 활동 위에 전문 인력인 유급 전교회장의 설치와 운영은 천주교 신앙을 한층 성숙시켜 나갔다고 생각된다. 여기에서는 그 일단을 분석하기 위해 구체적인 기록으로 남아 있는 몇 가지 사례를 보려고 한다.

---

48 『가톨릭조선』 1937년 5월, 「평양교구설정 십주년 기념특집-평북 의주교회」, 735~739쪽.

[사례 1] 서포본당 유급 전교회장 문만복의 활동(1941년 5월 5일 기고된 글)[49]

신자 아내를 핍박하던 비신자 가장(家長)을 선교

이 이야기는 분노와 좌절로 점철된 고집 센 한 노인이 천주교 신자인 아내의 순종과 인내, 장기를 함께 두며 벗을 해 준 서포본당의 전교회장 문만복(바오로)의 활동, 그리고 이를 후원한 신부의 관심 등에 감동받아 개종을 결심한 실화이다.

김 노인은 만주 투자를 명목으로 땅과 소, 그리고 집까지 없앨 정도의 큰 금액을 사기당한 뒤, 혼자 장기를 두며 분노로 싸인 나날을 보내고 있었다. 아내 마리아가 이를 인내하고 절제하는 것을 보며 그 고요한 인종(忍從)을 가능하게 한 새로운 종교에 무언가가 있다고 생각하였지만 더욱 화만 날 뿐이었다. 마침내 김 노인은 아내가 다시는 미사에 출석하지조차 못하게 하였다.

마리아에게 이 이야기를 들은 라킨(Fr. Larkin) 신부는 전교회장 문만복을 불렀다. 마리아의 사정을 듣고 문만복은 지금은 신부보다 자신이 가는 것이 더 나을 것이라고 하였다. 문만복은 서포 지역으로 부임한 지 얼마 되지 않았으므로 지역 사람들이 아직 그를 잘 모르는 상황이었다. 그러니 한국 사람들이 하는 것처럼 이웃으로 잠시 들러 이야기를 나누기 시작하면 좋을 것이라 하였다. 그 뒤로 문만복은 매일 김 노인을 찾아가 장기를 두었고, 매일 그에게 졌다. 마침내 김 노인은, "나는 천주교가 이렇게 친절한지 몰랐었다. 나는 집사람이 미사에 출석하

---

49 메리놀문서 No8-R2 F3 2 182~188.

는 것을 금지하였었다. 그런데 내일은 그녀가 갈 것이다. 당신의 종교에는 분명히 무엇인가 있다. 아마 나도 언젠가 미사에 갈 것이다."라고 하였다. 문만복은 신부에게 이 상황을 보고하였고, 신부는 웃으면서, "바오로 당신은 정말 장기를 못 두는 사람이군요! 하지만 좋은 전교회장입니다."라고 칭찬하였다. 문만복은 김 노인이 진정하게 개종할 때까지 이를 지속해 나갈 것이라고 하였다. 문만복의 인내롭고 지혜로운 활동은 가장 선교하기 어려운 대상이라 할 수 있는 고집 센 가장의 마음을 마침내 움직이는 데 성공하였다.

[사례 2] 유급 전교회장 박 요한의 한센병 환자 선교(1949년 4월 7일 접수된 글)[50]

이는 유급 전교회장 박 요한이 집에 구걸하러 온 한센병 환자들에게 친절을 베풀며 교리를 가르쳤고, 그 친절과 가르침에 감동받아 마침내 많은 나병 환자가 개종하였으며, 신부님과 전교회장이 한센병 환자 수용소에 정기적으로 방문하게 된 사건에 관한 일화이다.[51]

전교회장 박 요한은 본당신부의 지도 아래 공소를 돌아보며 바쁜 하

---

[50] 메리놀문서 No8-R2 F3 213~216. 이 문서는 캐롤 신부가 *The Field Afar*에 보낸 기고문인데 접수일은 1949년 4월 7일이며, 발행일은 그해 9월이라고 적혀 있다.
[51] 이 이야기에 등장하는 두 개의 본당인 'the Golden Village'본당과 'the Mercy Village'본당, 두 분의 신부님인 바오로 신부님과 베드로 신부님, 그리고 전교회장 박 요한에 관한 더 이상의 정보를 얻을 수 없었다. 캐롤 신부의 글에 따르면 박 요한과 베드로 신부는 'the Golden Village'본당을 거쳐 'the Mercy Village'본당에서 활동했다고 한다. 이 문서가 접수된 1949년 4월은 구라사업(救癩事業)도 체계적으로 자리를 잡기 이전이라 문서에 나오는 한센병 환자들이 모여 있던 곳도 어느 지역인지 확인할 길이 없었다.

루를 보낸 뒤 집에 막 귀가하였다. 피곤함을 씻으려는 순간에 세 명의 한센병 환자들이 구걸하러 왔다. 박 요한은 그들을 집안으로 맞아들여 방 안에 자리하게 하고 저녁 식사까지 대접하였다. 처음 맞는 이러한 친절에 한센병 환자들은 놀라고 당황할 뿐이었다. 식사를 마친 뒤 박 요한은 그리스도교를 전하였고, 비록 육체에 많은 시련과 고통이 있지만 결코 죽지 않는 영혼이 있다고 전하였다. 특별히 예수 그리스도가 어떻게 한센병 환자를 치유하였는가, 특히 육체적인 건강함 이상으로 훨씬 더 위대한 선물, 바로 믿음을 한센병 환자에게 주었다는 것을 말하였다. 이야기 끝에 밤이 늦어지자 요한 회장은 차가운 밤거리에 나가지 말고 자신의 집에서 자라고 고집하며 이부자리를 마련해 주었다. 그리고 약간의 친절이나마 베풀 수 있는 기회를 허락하신 하느님께 감사의 기도를 한 뒤 잠이 들었다. 다음 날 아침 식사 뒤 한센병 환자들은 눈물 어린 눈으로 감사의 인사를 하며 길을 떠났고, 박 회장은 전교활동으로 분주한 나날을 보냈다.

어느 날, 다른 본당으로 발령받아 활동하면서 보다 많은 사람들을 만나기 위해 장날에 마을 광장에 나갔다. 사람들과 이야기를 나누는데 박 회장은 누군가 자기의 옷자락을 잡아당기는 것을 느꼈다. 그때 박 회장은 질병이 더욱 심해졌음에도 불구하고 미소를 머금고 인사를 건네는 한센병 환자를 발견하였다. 그는 깊고 쉰 목소리로 전교회장인 박 요한이 아니냐고 물었다. 나이 많은 한센병 환자는 자신이 이 년 전 그토록 친절하게 대해 주었던 세 명의 환자 가운데 하나라고 말하였다. 그는 거기 모인 많은 사람들에게는 물론 구걸하고 돌아다니면서 만나는 모든 한센병 환자들에게 전교회장의 집에서 친절한 대접을 받고, 먹고, 잠까지 잤던 사실을 말하곤 했다고 하였다. 그 친절한 행동은 일종의 전설이 되었으며, 모든 한센병 환자들은 박 요한을 숭상하여 말한다고 하였다. 박 회장이 대세(代洗)의 방법에 대해 설명해 준 이래 그동안 적어도 스무 차례 대세를 주었으며, 죽어 가는 한센병 환자들이 세례를 받았다고 하였다. 박 회장이 설명해 준 것을 기억하여 그들은 할 수 있는 한 최선을 다해 죽어 가는 다른 환자들을 인도하였다고 한다. 이미 전교회장이 가르쳐 준 약간의 천주교 신앙에 대한 설명과 작은 친절로 인해 수십 명의 한센병 환자들이 천국에 갈 수 있었다고 하였다.

그 환자는 박 회장에게 현재 자신이 머물고 있는 곳에만도 대략 200명가량의 한센병 환자가 있다고 하였다. 그리고 그들은 심지어 한센병 환자에게 그런 친절함을 보여 준 신자가 믿는 그 신앙에 대해 더 많이 알고 싶어 한다고 전하였다. 그들은 박 회장에게 그 한센병 환자들을 방문해 달라고 부탁하였다. 이 일을 계기로 박 회장이 모시는 베드로 신부님과 박 회장은 한센병 환자 수용소를 정기적으로 방문하였다.[52] 그리고 많은 사람들이 곧 세례를 받을 준비를 하고 있었다.

박 회장은 이에 대해, "제가 생각하기에 믿음에 대한 저의 이야기는 아무 작은 것이었지만, 이 가난하고 불행한 사람들의 삶에 엄청난 변화를 가져왔습니다. 진실로 성경에서 '네 빵을 물 위에다 놓아 보내라. 많

---

[52] 문서가 작성된 시기인 1949년은 대한민국 정부가 출범하여 막 구라사업을 시작하였지만, 아직 제대로 진행되지는 못하고 있던 상황이었다. 1949년 6월에 보건부가 설치되어 「정부나병대책 기본정책 및 사업연차계획」을 수립하여 나환자 이상촌 건설과 국립 나 기관 확충 계획을 비로소 세웠다. 하지만 곧 한국전쟁이 일어나 실행하지 못하고 있다가, 1951년 9월 이후에 갱생원, 성혜원, 신생원 등의 나환자 요양소를 국립화하였다. 이 무렵 메리놀회도 캐럴 신부가 발 벗고 나서 구라사업에 착수하였다. 이에 1950년 6월 2일 경기도 시흥군 서면 광명리에 한국 최초로, 그리고 유일하게 설립된 가톨릭 나환자 마을인 '성 라자로 마을'을 설립했다. 이와 더불어 천주교 각 교구에서도 구라사업을 활발하게 전개해 나갔다. 한국가톨릭 나사업연합회, 『천주교구라사』, 2002.

은 날이 지난 뒤에도 그것을 찾을 수 있으리라.'(코헬 11,1)라고 하신 말씀이 그대로 이루어졌습니다. 그리스도께서는 '너희가 내 형제들인 이 가장 작은 이들 가운데 한 사람에게 해 준 것이 바로 나에게 해 준 것이다.'(마태 25,40)라고 하신 은혜를 다시 한번 보여 주셨습니다."라고 고백하였다.

박 회장의 친절과 교리에 대한 가르침은 한센병 환자에게 감동을 주었고, 결국 구라사업으로 이어져 갔다. 이 결과는 한 전교회장의 헌신적인 활동이 가져온 '나비효과'와도 같았다.

[사례 3] 여성 전교회장 활동의 일단(1950년 7월 작성된 글)[53]
폐결핵 말기로 죽음 직전에 이른 어린 소녀에게 신부의 지시로 여전교회장이 필요한 교리를 가르쳐 주어 세례를 받게 하였다. 소녀는 곧 사망하였지만 천주교회가 나서서 장례를 치러 주었고 그로 인해 주변의 많은 사람이 큰 감동을 받고 교회로 오게 되었다. 급박한 상황에 신부를 도와 여성을 돌본 여전교회장의 활동을 짐작하게 해 주는 실화이다.

어느 수요일, 4명의 남자가 임시로 만든 들것을 지고 천주교회가 운영하던 시약소를 찾아왔다. 11킬로미터 남짓 떨어진 거리로부터 10대의 어린 소녀가 들것에 실려 왔는데 이미 폐결핵으로 매우 쇠하여진 상

---

53 메리놀문서 No.8 R2 F4 238~240. 비슷하지만 보다 짧은 내용으로 *The Field Afar*의 편집자인 콘시다인 신부에게 보낸 문서도 있다. 여기에서는 비교적 자세하게 친필로 작성하여 마크 켄트 신부 앞으로 보낸 문서를 소개하였다.

태였다. 소녀는 세례를 받고 싶다고 하였다. 즉시 시약소의 신부 여전 교회장에게 그 소녀에게 필요한 교리를 간략하게 가르쳐 주라고 하였다. 세례를 위한 교리 공부를 수행하였기에 그 소녀는 마리아라는 이름을 받았다.

판자로 구분하여 지내는 정도의 허술한 건물에 이십여 가구 정도가 모여 사는 마리아의 집을 방문하였고, "힘든 밤을 보냈지만 세례의 순결함으로 빛날 뿐더러 오히려 상냥하게 웃는 마리아"는 곧 세상을 떠났다. 유해를 성당으로 옮겨 신부에게 사도예절[54]을 받게 하고 교회는 마리아의 장례를 치러 주었다. 마리아의 친척이나 친구 중에 아무도 천주교 신자는 없었지만, 그때부터 그들 가운데 몇 명이 교회에 오고 세례를 준비하였다고 한다.

이 이야기는 어린아이 하나를 통해 많은 주변 사람이 믿음의 빛을 받게 된 이야기로 보도된 일이다. 여기에서 신부 옆에서 긴박한 순간에 여성에게 교리를 가르쳐 준 여전교회장의 활동을 목격할 수 있었다.

[사례 4] 사제와 신자와의 중간 연결자로서의 전교회장[55]

이 실화는 먼 거리로 흩어져 살고 있는 신자의 상황과 처지를 파악하여 사제와 신자 사이의 가교인 전교회장의 활동을 보여 준다.

---

54 장례 예식 시에 유해가 성당 안으로 들어온 뒤 거행되는 사도예절(赦禱禮節, absolutio ad tumbam, Ritus Absolutionis)은 죽은 이와 마지막 인사를 나누며 하느님께 죽은 이의 영원한 생명을 청하는 기도로 꾸며진 예식이다. 1969년 이후 사도예절(또는 사죄 예식)은 예식서에서 사라지고 고별식이 그 자리를 대신하게 되었다. 「장례 미사」, 『한국가톨릭 대사전』 10.

55 메리놀문서 No.9-R2 F5 2 373

캐롤 몬시뇰은 예비자 교리 시험과 공소 신자들의 고해성사 집전 등으로 아주 길고 힘든 날을 보냈다고 기록하였다. 마침내 잠자리에 들어 막 잠이 들기 시작하였는데 전교회장이 찾아왔다. 20킬로미터 남짓 떨어진 마을에 사는 죽어 가는 한 나이 든 신자를 방문해 달라는 요청을 전하였다. 캐롤 몬시뇰은 매섭게 추운 밤에 급하게 전교회장과 길을 나섰다. 한밤중에 고꾸라질 듯 가파른 산길과 오솔길을 건너 마침내 환자 집을 방문하였다. 성유를 바르고 종부성사(병자성사)를 주고 몇 시간을 보낸 뒤에 돌아왔다고 하였다.

전교회장이 한밤중에 멀리 떨어진 신자의 소식을 전하고, 선교사를 그의 집으로 안내한 이 일은 일상적으로 이루어지던 그의 활동을 짐작하게 해 준다. 그는 흩어져 살고 있는 신자들의 거처와 상황을 파악하며 신자들과 소통하고 있었다. 그러한 전교회장은 긴급한 상황에 처한 신자가 먼저 손을 내밀 수 있는 가까운 존재였으며, 신자를 돌보는 사제의 사목에 긴요한 조력자였던 것이다.

전교회장의 일단의 활동이 기록된 구체적인 사례를 통해 드러난 한국 천주교회는 한층 성숙된 모습이었다. 교회로서도 그러하였지만 한국 사회로서도 더욱 그러하였다. 아내가 먼저 신자가 되어 남편인 가장을 전교하는 것이 자연스러운 일이었다. 가정의 사도로 아내, 딸, 누나, 여동생 등이 조망되었다. 이들 여성이 남편, 부모를 비롯한 가족과 이웃을 개종하게 이끈 경우가 부각되었다. 당시 한국 천주교회는 남녀의 동등함에 바탕을 둔 결혼에 대한 그리스도교의 가르침도 자주 언급하였다. 다른 생명을 먼저 창조한 예를 들면서 남성이 먼저 창조된 것이 우월함의 증거가 아니라고 하며 성 가정을 향한 천주교의 가르침을 가르쳤다. 여기에서 더 나아가 여성이 남성과의 동등함을 넘어 보다 적극적인 가정의 사도로 그려졌다. 마리아라는 소녀의 일화와 거기에 등장한 여성 전교회장에서도 이러한 일단을 볼 수 있다.

　사례를 통해 드러나는 환자에 대한 관점도 주목된다. 교회는 환자를 구령의 대상으로서만이 아니라 주체적인 전교자로서 조망하였다. 전통적으로 환자는 긍휼과 보살핌의 대상이었다. 기존의 특정한 종교나 사상에서 그 이념의 구현을 위해 환자가 주체적인 역할을 수행하는 존재로 자리하지는 못했었다. 그런데 한센병 환자가 신앙을 받아들여 다른 한센병 환자를 구원으로 이끌었고, 죽음이 임박한 환자였던 마리아가 가족과 이웃을 회심하게 한 일이 그려졌다. 전교회장이 환자에게 교리를 가르치고 친절을 베푼 사례를 통해 환자가 교회의 주체적인 전교자로 세워진 것은 한층 성숙된 교회와 한국 사회의 단면이라고 하겠다.

　한편 전교회장의 주요한 임무 가운데 하나는 교리를 가르치는 일이었다. 대개 성인반과 아동반으로 나누어 담당하였다. 그런데 이 시기 어린이에 대한 교회의 관점도 크게 변화하였다. 교회는 어린이 자체의 독립적인 영혼 구령을 목표로 한 신앙교육을 전개하였다. 뿐만 아니라 교회는 어린이를 죄악과 불의를 대상으로 한 모든 개혁의 무기라고 하며 조선 천주교를 구원할 존재이니 조선 복음화의 주인공이라고 강조하였다.[56] 그러나 참된 진리를 가르치는 교육이 부재하여 어린이와 청년 남녀를 볼 때 뜨거운 눈물을 금치 못하겠다는 안타까움을 표하였

---

56 『가톨릭조선』(당시는 『가톨릭연구』) 창간호인 1934년 제1권 제1호, 39쪽. 어린이 교리 교육의 중요성에 관한 내용은 오기선 신부(公敎司祭 吳基先)가 『가톨릭연구』 창간호부터 「주교교재(主敎敎材)」, 「주일학교교재강의(主日學校敎材講義)」 등의 제목으로 연재한 일련의 글에 잘 드러난다.

다. 이에 교리 습득 지식을 어린이와 청년 자신이나 부모에게 맡길 수만은 없다고 하며 주일학교 교육의 필요성을 강조하였다. 교리를 잘 아는 사람이 주일에 가르치게 해야 한다고 강조하였다.[57]

주일학교 교재를 연속 기고한 오기선 신부는 어린이들을 "나의 동포들아"라고 칭하며, '좋은 신자로 천국에 갈' 동등한 존재라고 하였다. 또한 "너희의 모든 존재가 아득한 조선 땅의 희망의 싹이다." "너희는 우리 조선 카톨릭의 구원이다." "너희 두 주먹과 다리는 땅으로부터 하늘에 이르기까지 죄악과 불의를 대상으로 한 모든 개혁의 무기이다."라고 하며 한국을 구원에 이르게 해 주는 희망이며 무기로 어린이를 강조하였다.[58] 또한 어린아이(어쩌면 소년보다는 오히려 어린 소녀)가 공동체의 변화를 불러올 만큼 신앙의 본을 보인 존재로 강조하였다. 특히 남성(아들, 오빠, 남편 등)보다는 어리거나 젊은 소녀나 여성(딸, 누나, 아내 등)의 신앙이 가정과 사회의 변화를 이끌어낸 주요 동기로 묘사되었다.[59] 가정 안에서 어린 소녀나 젊은 여성이 오히려 복음의 사도로 관심을 받는 경향이 나타난 것이다.

근대 이전 어린이는 공동체 구성원이 함께 지향하는 이념의 추구나 도덕의 실현에서 상대적으로 그 역할이나 의미가 소외된 존재였다. 그런데 천주교 안에서 어린이는 그 독립성과 인격이 존중되고 강조되었

---

57 『가톨릭연구』 1934년 제1권 제2호, 37쪽.
58 『가톨릭연구』 1934년 제1권 제1호, 39쪽, 41~42쪽: 1935년 제2권 제2호, 19쪽: 1935년 제2권 제3호, 19~20쪽: 1935년 제2권 제4호, 29~36쪽 등.
59 평안남도 마산에 어린 소녀가 가장 먼저 세례를 받은 뒤 그 소녀는 가정의 사도가 되어 부모님을 개종하게 하고, 나중에 남편과 시할머니, 시부모, 시누이를 포함한 시댁까지 천주교인이 되게 한 이야기(메리놀문서 No8-R2 F4 2 269~271)가 소개되는 등 남성(아들, 남편 등)보다는 오히려 여성(딸, 아내 등)이 전교자가 된 실화가 자주 소개되었다.

으며, 신앙의 자유 이래 어린이에 대한 인식의 변화는 보다 적극적으로 발전되어 나갔다.⁶⁰ 이는 천주교가 수용된 이래 한국 사회와 소통하면서 일으킨 여러 변화 가운데 주목되는 사실이며, 바로 그러한 변화의 현장에 어린이 교리를 담당하는 유급 전교회장이 있었다. 전문적 훈련을 받은 유급 전교회장의 활동은 한국 천주교회가 한층 성숙하는 데 일조했다.

5. 맺음말

오랜 박해기를 견디며 성장해 온 한국 천주교회는 19세기 후반을 지나서야 비로소 신앙의 자유를 얻게 되었다. 그러나 곧이어 일제 식민정권의 통제가 가해졌고, 다종교 사회라는 또 다른 시대를 맞게 되었다. 천주교 수용과 박해, 그리고 근대사회로 진입하기까지의 여정에 회장

---

60 한국 사회에 '어린이'라는 말은 1910년대에 등장하여, 1930년대 이르면 공통적으로 사용하는 개념이 세워졌다고 지적되었다. 유럽에서 '어린이'의 성립은 가족의 근대적 변화와 불가분의 관계를 맺으며, 한국도 식민지 시대 근대 가족이 형성되면서 어린이 개념이 등장하였다고 연구되었다. 근대의 가족은 배타적인 공간이 되었고 그 공간의 가족에서 권력의 중심으로 자리잡은 구성원은 '남성 가장'이었다고 하였다. 이러한 문제에 대해서는 필립 아리에스 저, 문지영 옮김, 『아동의 탄생』, 새물결, 2003, 345~356쪽; 김혜경, 『식민지하 근대 가족의 형성과 젠더』, 창비, 2006, 65~68쪽; 국성하, 「어린이」 개념의 변화에 관한 연구 -1920년대 신문 잡지 기사를 중심으로-」, 『한국교육사학』, 32권 1호, 2010 등 참조. 어린이 개념의 등장은 교회만이 아니라 이 시기 한국 사회에도 등장하였다. 그런데 한국 천주교회에서 목격되는 어린이 개념은 당시 사회에서 나타난 '남성 가장의 보호 아래 어린이', '보호자로 어머니와 함께 존재하는 어린이' 등의 방식과는 차이가 있었다.

은 시대에 따른 어려운 조건에도 불구하고 헌신적인 활동을 전개해 왔다. 특히 근대 한국 천주교회에 등장한 유급 전교회장은 일정한 훈련과 시험을 거친 전문적 인력으로서의 역할을 수행하였다. 그들이 자신의 삶의 자리에서 실천한 천주교 신앙은 한국 천주교회의 성숙한 변화와 질적 성장으로 이어졌다고 하겠다. 이러한 유급 전교회장의 삶과 신앙을 짚어 본 이 글은 대략 다음과 같이 정리할 수 있다.

먼저 유급 전교회장이 긴요했던 배경은 한국 천주교회가 선교사의 부족이라는 문제에 봉착했음을 생각할 수 있다. 사실 교회 창설 이래 선교사는 언제나, 어느 지역에서나 부족한 실정이었다고 하겠다. 그러나 특히 1차 대전으로 유럽이 전쟁에 휘말리면서 한국은 물론 중국, 일본 등 아시아 천주교회는 재정적 어려움과 선교사의 부족이라는 이중고를 겪고 있었다. 한국 진출을 앞둔 메리놀회는 보다 효과적인 선교와 발전을 위해 선교사의 공백을 보완할 방안을 모색하였으며, 이러한 상황에서 '준 성직자와도 같은 회장'은 매우 긴요한 존재임을 절감했을 것이다.

이 시기에 이미 중국·일본 등 아시아 다른 지역은 유급 전교회장이 설치되어 적극적인 활동을 전개하고 있었다. 선교사의 공백이라는 난관을 극복하고 보다 활발한 선교활동을 전개하는 방안을 모색하던 시점에 이러한 유급 전교회장의 활동은 마땅히 주목되었을 것이다. 특히 박해기를 지나 본격적인 신앙의 자유기를 맞은 시점에서 체계적이고 정확한 교리교육은 매우 중요한 문제였다. 사실 한국 천주교회는 전문적인 전교회장을 특별히 필요로 하지 않을 정도로 평신도의 활동이 매우 잘 이루어지고 있다고 평가되었다. 하지만 일정한 훈련과 시험을 거쳐 전문적 인력으로 양성된 유급 전교회장은 선교사의 부족이라는 시대적 어려움을 보완하고 보다 체계적이고 정확한 교리교육과 선교활동을 전개하는 데 매우 필요한 직분이었던 것이다.

한국 천주교회 창설부터 교회에서 주요한 역할을 수행한 회장은 그 임명 및 해임권이 본당신부와 교구장에게 있었으므로 전교회장 역시 그 틀 안에서 운영되었다. 전교회장은 다른 회장과 달리 특정한 공소나 본당에 정착해 활동하는 것이 아니라 본당신부의 지휘에 따라 전교에만 힘을 기울이게 되어 있었다. 교회에서 멀어진 신자를 찾아가 권면하고 외교인을 교회로 인도하며 기회가 닿는 대로 힘써 대세를 줄 의무가 있었다. 하지만 유급·무급의 구분이나 기준에 대해 정해진 지침은 찾을 수 없었다.

이들은 정해진 임기가 있기보다는 '평생' 헌신을 기본으로 했다고 보아진다. 한국인 지망생 가운데 시험을 통해 선정하였고, 교리 공부와 논문을 작성하고, 신부의 지도로 일정한 시험을 거쳐 선발되었다. 보수는 능력에 따라 주어졌다고 하는데, 큰 차이는 없었다고 짐작된다. 이처럼 양성된 유급 전교회장보다 전문적인 교리 지식을 갖춘 교회의 인력이 되었다. 교리교육, 강연, 출판을 통한 선교, 그리고 일반적인 선교활동을 전개해 나갔다.

유급 전교회장은 신자들이 신앙과 관련한 의문이나 어려움이 있을 때 크게 도움이 되는 존재였다. 특히 전문성을 갖추었기 때문에 교리교육과 출판을 통한 선교활동 등 교회가 지향하던 선교사업에 매우 긴요한 인력이었다. 평양교구에 유급 전교회장의 규모가 설치 이래 점차 확대되어 나간 것은 이러한 활동이 일정한 성과를 거두고 있었음을 보여준다. 한국 여러 교구의 연혁과 상황을 전망하는 자리에서도 평양교구 유급 전교회장은 특별히 주목받는 존재였다. 이들의 적극적인 활동으로 문서 선교·순회강연·교리 강습 등이 활발히 이루어졌으며, 평양교구의 성장, 나아가 한국 천주교회의 성장과 발전에 유급 전교회장은 큰 견인차 역할을 하였던 것이다.

사실 종교는 개인 자신에 대한 이해만이 아니라 사회와의 관계를 이해하는 방식이다. 그러므로 정도의 차이가 있겠지만, 개인들의 심리 상태나 가치관 등 내면은 물론 외부로 드러나는 행동에 종교는 일정하게 작동한다. 개인들은 자신이 믿는 종교 이외에도 사회적인 도덕, 관습, 규범 등을 여전히 지니고 있겠지만 그 내면에 종교는 일정한 기능을 수행하고 있는 것이다. 조선 후기 이래 천주교를 수용한 사람들은 더 이상 천주교를 수용하기 이전의 심리적 상태나 가치관으로 돌아갈 수는 없는 사람들이었다. 현재 신앙의 상태가 어떠하든지 간에 어떤 의미로든 천주교를 신앙으로 받아들인 사람은 내면에 천주교의 작용을 없애기는 어려운 일이다.

이 점을 고려할 때 천주교회 유급회장의 삶과 신앙, 그들의 활동은 가장 현장에서 한국 사회를 살아가던 사람들의 내면과 외면을 천주교에 바탕한 것으로 성숙시킨 사람들이었다고 할 수 있다. 그들의 활동과 더불어 성장해 간 천주교회의 인간과 사회에 대한 이해는 한층 성숙한 것이었다. 고집 센 가장을 비롯해 환자, 여성, 어린이를 향한 그들의 활동은 환자의 치유나 영혼 구령을 넘어선 성숙한 인식의 표현이었다. 전교회장의 활동을 통해 사회 구성원이 지향하는 이념의 추구나 도덕의 실현에서 상대적으로 그 역할이나 의미가 소외되었던 존재를 바라보는 관점의 변화를 확인할 수 있었다.

교회는 단지 긍휼이나 때로 기피의 대상이었던 환자를 동등한 가치를 지닌 존재로 존중하였을 뿐만 아니라, 보다 적극적인 공동체의 구성원으로 사랑을 표현하였다. 심지어는 전교회장의 활동을 통해 환자가 주변 사람을 향해 사도적 사명을 수행하는 자로 발전한 경우까지 나타났다. 전통적으로 환자는 긍휼과 보살핌의 대상이었다. 특정한 종교나 사상에서 그 이념의 구현을 위해 환자가 주체적인 역할을 수행하는 존재로 자리하지는 못했었다. 그런데 유급 전교회장의 활동을 통해 드러난 당시 한국 천주교는 전통적인 환자에 대한 가치관이나 관점과는 전혀 달라진 것이었다. 여성이 교회라는 공적 영역에서 활동을 시작한 것에서 더 나아가 오히려 여성(딸, 여동생, 누나, 아내 등)이 교리를 먼저 배워 가족과 주변의 전교자가 된 실화도 자주 소개되었다. 가정 안에서 어린 소녀나 젊은 여성이 오히려 복음의 사도로 그려졌다. 교회는 어린이에 대해서도 매우 주목하였다. 어린이의 독립성과 인격을 존중하고 강조해 온 것에 이어, 이제는 어린이야말로 복음화의 주인공이며 한국을 복음으로 개혁할 무기와도 같은 존재라고 강조하였다. 교회가 유급 전교회장에게 특히 어린이를 향한 교리교육을 강조한 것도 이 때문이었다.

전문적 훈련을 거치고 본당신부의 지도 아래 교리교육과 강연, 출판 등을 통한 선교의 현장에서 헌신적 활동을 전개한 유급 전교회장은 한국 천주교회의 성숙한 변화와 질적 성장을 이끌어낸 핵심적 존재라고 할 수 있다. 그들의 삶과 신앙은 오늘의 교회와 신자에게 큰 도전을 던진다.

[사례 1]
서포본당 유급 전교회장 문만복의 활동(1941년 5월 5일 기고된 글)

장군 받으시오!
- 한국에서의 작은 친절에 관한 실화 -

눈물을 머금고, 김 마리아는 시장으로 떠났다. 그녀가 간 뒤에 그녀의 늙은 남편 김씨는 그녀를 꾸짖은 장소에 서 있었는데, 왜 그녀가 눈물을 보였는데도 만족스럽지 않은지 이상하였다. 그의 목청은 여전히 오래된 분노를 표출하였다. 그의 말들은 마리아에게서 소중한 것을 박탈했고, 상처를 주었으며, 울게 만들었다. 그래도 그의 분은 풀리지 않았다.

천천히 그는 그의 장기판을 집어 들었는데 거기에서는 먼지가 날렸으며, 문지방을 넘어 따뜻한 온돌 바닥으로 가까이 갔다. 그는 그의 곰방대를 집어 들었고, 혼자 장기를 두기 위해 패를 잔뜩 펼쳐 놓고 장기의 말을 움직였다. …… 마음속에 쌓여 온 불평으로, 그는 마리아를 더욱 강하게 노려봄으로써 분노를 표출하였다. 세례를 받은 이후에 마리아는 묵묵히 참고 견디며 괴로운 문제들을 자신의 운명으로 받아들였다. 그것에 대한 감정이 계속적으로 묵혀 있는 바람에, 김 노인은 불 같은 분노에 휩싸여 심하게 성을 내고 상처를 가했던 것이다.……

어느 날 외국 옷을 입은 말솜씨가 능란한 한 한국 젊은이가 그의 농장에 왔는데, 만주에 땅을 살 일확천금을 노린 계획을 눈앞에 들이밀며 유혹하였다. 김 노인은 심사숙고했다. 그 계획은 괜찮아 보였다. 그는 젊은이의 제안이 마음에 끌렸고, 마침내 수락하였다.

마리아의 강렬한 소망과는 반대로 그들의 농장, 황소들, 집이 팔렸다. 마침내 김 노인이 그 언변이 뛰어난 젊은이에게 돈을 건네주었을 때, 젊은이는 큰 금액이 넘는다는 사실에 놀라 어린아이처럼 기뻐했으며, 김 노인에게 이 일에 대해 친구들에게 말하라고 요청하였다. 그 젊은이는 그들로부터도 돈을 모았으며 김 노인과 동조해서 투자할 것을 약속하였다. 그 뒤에 젊은이는 떠나가 버렸다.

한동안 김 노인은 매우 유명하였다. 그의 친구들은 자주 방문했고, 그들의 투자에 대해 이야기를 하였다. 점차 친구들은 더 자주 왔다. 그들은 (차차) 방문이 줄어들었지만, 질문은 셀 수 없이 많아졌다. 만주로부터 편지를 받았는가? 왜 그 친구가 편지를 안 쓰는가? 언제 그가 편지를 쓸 것인가? 뭔가 잘못된 것은 아닌가? 김 노인은 차차 불안해졌다. 갑작스럽게 풀이 죽으면서, 그의 친구들은 오는 것을 멈췄다.

마침내 김 노인은 조사하기 위해 나갔다. 그는 그 젊은이가 전혀 만주에 가지 않았다는 것을 알았지만, 이미 모든 돈과 함께 사라져 버린 뒤였다. 마음을 편히 갖고 있던 그는 완전히 서리 맞아 버렸고, 그의 모든 친구들에게 의심을 받았다. 집으로 돌아와 그는 이 소식을 마리아에게 말했다. 그녀는 차분하게 이를 받아들였다. 단지 딱 한번 그가 자신의 뜻과는 다르게 행동한 것을 상기시키며 질책하였을 뿐이다. 김 노인은 마리아의 절제력에 놀랐으며, 다소 고마웠다. 그는 그녀가 공부하는 이 새로운 종교에 아마도 무언가가 있다고 생각하였다.

하지만 지금 그는 마리아가 하고 있는 이 고요한 인종(忍從)을 더 이상 견딜 수 없었다. 왜 그녀는 그가 하는 것처럼 안절부절못하지 않는가? 여자야! 그는 장기판 위에 있는 졸(卒)을 보며 얼굴을 찡그렸다. 마리아는 늘 그보다 현명하였다. 그녀는 아무런 권리도 없다! 왜 그녀는 그와 더불어 고통을 받아야 하는가?

지난밤 잠이 깨어 누워 있다가, 각기 새로 온 순찰대가 외치는 소리와 더불어 분노의 절정이 그의 목에 차올랐다. 그녀와 그녀의 새 종교! 김 노인은 마리아로부터 이 새로운 종교를 빼앗으려고 작정했다. 그는 그녀가 다시는 미사에 출석하지 못하도록 막았다. 마리아는 시장에 가서 울었고, 김 노인은 집에서 생각에 잠겨 시무룩하게 앉아 있었다.

서포본당의 신부는 마침 성당 계단에 서서 한 늙은 여인이 흰옷을 펄럭이며 경쾌하게 다가오는 것을 보았다. 그녀는 신부를 보자, 고개를 숙이며 "신부님, 찬미 예수님!" 하고 인사하였다. 한국 가톨릭 신자들이 서로에게 하는 인사말을 건넸다. 신부는 "아멘!" 하며 답하였다. (중간 중간 펜으로 지워 불완전한 문장) ……

"신부님, 제가 큰 곤경에 처했습니다." 하고 말하였다. "그래요?" 신부님이 물었다. "네, 그렇습니다. 저의 남편 때문입니다. 그는 가톨릭 신앙에 대해 애정이 없습니다." 조금도 주저함 없이 마리아는 이야기 전체를 쏟아내었다.

그녀가 이야기를 마쳤을 때, 신부는 그녀의 어깨를 다독이며 말했다, "할머니, 성당으로 들어가세요. 그리고 당신의 어려운 문제를 우리의 주님께 이야기하세요. 그동안 저도 도울 방법을 찾아보겠습니다." 하였다. 감사의 기미를 표현하는 마리아의 굳게 주름진 얼굴은 늦은 가을 태양이 드리운 날의 나뭇잎과도 같았다. 인사를 하며, "신부님, 평화를 빕니다." 하고 말하였다. 신부님도 "평화를 빕니다." 하고 대답한 뒤 서둘러 떠났다.

몇 달 뒤, 라킨(Fr. Larkin) 신부는 신발을 벗고 이전에 학교로 사용하던 건물로 들어갔다. …… 많은 어린이들이 그의 주변에 몰려들었다.

…… 그는 아이들 중 한 명에게 말하였다. "글라라, 코트를 입고 가서 전교회장 바오로더러 내가 보잔다 하여라."

"내 생각에, 내가 좀 가서 김 노인을 만나 보는 것이 좋겠소." 라킨 신부는 마리아의 이야기를 전교회장에게 하였다. "어쩌면, 만일 제가 간다면 그게 더 나을 것 같습니다." 하고 바오로가 말하였다. 마리아에 관한 신부의 이야기를 듣고 난 뒤 바오로 전교회장은 신부보다는 자신이 가는 것이 더 현명하다는 것으로 뜻을 모았다.

"만일 신부님이 가신다면, 아마도 김 노인은 신부님과 이야기를 나누려 하지 않을지 모릅니다. 그는 저도 모르기 때문에 마리아에 대한 의심을 일으키는 일 없이 다른 한국 사람들처럼 그저 잠시 들러 이야기를 나누면 좋을 것 같습니다."라고 하였다. 바오로 전교회장은 서포 지역에 새로 온 사람이었기 때문에 아직 사람들이 그를 몰랐다.

바오로 전교회장이 집으로 들어갔을 때, 김 노인이 장기판 앞에서 졸고 있는 것을 보았다. 부드럽게 그는 물었다. "김 선생님, 집에 계십니까?" 김 노인은 얼른 일어섰고, 놀란 입에서 곰방대가 떨어졌다. 그는 당황해하였다. 누군가가 실제로 그를 방문하러 온 것이다.

바오로 전교회장이 인사하였다. "김 선생님, 잘 지내셨는지요?" "예, 감사합니다." 바오로에게 답하였다. 바오로는 의도적으로 자신의 세례명을 빼고 자신을 소개하였다. "저는 서포의 문만복입니다. 밖이 아주 추운데, 안으로 들어가도 되겠습니까?" 하고 말하였다.

김 노인은 온돌 위의 자기 자리를 내어주며, 손님을 앉도록 초대하였다. 먼 길을 걸어와 한기가 났던 바오로는 매우 감사해하였다. 그는 신부님이 목적이 있어 선물한 담배 보루를 마주하고 김 노인에게 앉도록 청하였다. "당신의 직업이 무엇인가요? 문만복 씨?" 김 노인이 물었다.

다음 날, 신부님이 주장하는 바람에 전교회장은 다시 가서 장기를 두었다. 그는 일주일 동안 매일 방문하였다. 매번 그가 졌고 김 노인이 이겼다. 그리고 토요일 오후에 김 노인은 그에게 말하였다. "나는 가톨릭이 이렇게 친절한지 몰랐었다. 나는 집사람이 미사에 출석하는 것을 금지하였었다. 그런데 내일은 그녀가 갈 것이다. 당신의 종교에는 분명히 무엇인가 있다. 아마 나도 언젠가 미사에 갈 것이다."

그날 밤, 고해성사 뒤에 바오로는 라킨 신부에게 김 노인이 말한 것을 이야기하였다. 신부는 크게 웃었다. "바오로 당신은 정말 장기를 못 두는 사람이군요! 하지만 좋은 전교회장입니다." 그는 전교회장의 눈을 보면서 싱긋 웃었다. "그러면, 당신이 김 노인에게 멋있게 한 방 하는 것은 언제입니까?" "그것은 모르겠습니다. 하지만 멀지 않을 겁니다. 저도 그러고 싶습니다. 언젠가 그렇게 할 것입니다. 하지만 그가 진정한 의미의 '장군 받으시오!'를 아는 은혜를 받아들이기 전까지는 아닙니다."

[사례 2]
유급 전교회장 박 요한의 한센병 환자 선교(1949년 4월 7일 접수된 글)

네 빵을 물 위에다 놓아 보내라

박 요한은 힘든 하루를 보냈다. 바오로 신부가 그를 'the Golden Village'본당의 공소로 보냈었고, 그는 따뜻한 저녁 식사를 기대하며 일찍 돌아왔다. 그가 막 손과 얼굴을 씻고 닦는 것을 마쳤을 때 누군가 문을 두드리며 밖에서 "주인장 계십니까?" 하는 익숙한 한국인의 인사를 들었다. 요한은 주저주저하다가 문을 열었다. 거기에는 세 명의 남자가 서 있었다. 다른 두 사람보다 조금 더 나이가 들어 보이는 사람이 두 걸음 앞으로 나와 인사를 하였다. "우리는 나병 환자입니다. 저희에게 동냥을 좀 해 주겠습니까?" 하고 말하였다. 요한은 예전부터 가톨릭 신자 가정에서 자랐고, 즉각적으로 그리스도인으로서 훈련된 행동이 나왔다. "누추하지만 저의 집으로 들어와 좀 쉬십시오." 하고 말하였다. 그의 말에 나병 환자들은 매우 놀랐다. 이 사람이 진심인 것일까? 그가 한 말이 정말일까? 요한이 가난하고 불행한 사람들을 집으로 들어오게 하였을 때 이러한 질문들이 상응하여 일어났다. 요한은 방석을 가져와 그들에게 앉으라고 권하였다. 나병 환자들은 미처 무슨 말을 꺼내기도 전인 잠깐의 순간에 베풀어진 이러한 친절에 아주 압도당했다. 요한은 그와 나병 환자들을 위한 저녁 식사를 준비하라 말했으며, 식사가 들어왔을 때 그가 직접 나병 환자들을 시중들었다. 이 저녁 식사는 아마도 수많은 날 중에 처음으로 맛본 진짜 식사였을 것이다. 나병 환자들은 침묵으로 빠져들었다. 오직 마지막으로 조금 남은 음식을 마저 먹어 버려 그릇들이 깨끗하게 비었을 때 비로소 새롭게 만난 이 은혜를 베푸는 사람에게 건네는 감사의 인사말이 침묵을 깼다.

저녁을 먹은 뒤에 요한은 믿음에 대해서 이야기하였다. 요한은 그들에게 비록 육체에 많은 시련과 고통을 겪었지만, 그러나 그들에게는 결코 죽지 않는 영혼이 있다고 말하였다. 그것은 영원히 사는 것이다. 요한은 그리스도에 대해서와, 특별히 나병 환자에 대한 그리스도의 사랑에 관해 말하였다. 그리스도가 어떻게 나병 환자를 치유하였는가. 하지만 그보다도 육체적인 건강함 이상으로 훨씬 더 위대한 선물, 바로 믿음을 나병 환자에게 주었다는 것을 말하였다. 그들은 앉아서 밤이 늦도록 이야기를 하였다. 그러고는 나병 환자들이 이제 가야겠다고 말했을 때, 요한은 이 차가운 밤길에 나가지 말고 자신의 집에서 자라고 고집하였다. 그들은 거절하였지만 결국 요한의 친절한 태도가 이기고 말았다. 요한은 한국인이라 침대를 사용하지는 않으므로 바닥에 이부자리를 마련해 주었다. 요한은 잘 자라는 인사를 건네고, 일종의 가겟방으로 사용하는 곳으로 나가 요와 이불을 폈다. 가난한 자신이 약간의 친절이나마 베풀 수 있는 기회를 허락하신 하느님께 감사의 기도를 한 뒤 잠이 들었다.

다음 날, 아침 식사 뒤, 나병 환자들은 눈물이 그렁그렁 매달린 눈으로 요한과 그 가족의 친절함에 깊은 감사를 표하며 떠났다. 요한은 그들이 시야에서 사라질 때까지 바라본 뒤, 바오로 신부의 집에서 하루 일과를 시작하기 위해 서둘렀다. 날이 가고 달이 가면서 요한은 그 나병 환자들을 잊었으며, 전교회장으로서의 수많은 일의 한복판에 있었다.

2년 정도가 지난 뒤, 몇 년간 'the Golden Village' 본당에서 바오로 신부의 보좌신부로 있다가 이번에 첫 임명을 받아 떠나는 젊은 베드로 신부의 전교회장으로서 일하기 위해 요한은 'the Golden Village' 본당에서 대략 50마일 정도 떨어진 'the Mercy Village' 본당으로 이사를 갔다. 장날에 마을 광장에는 사고, 팔고, 물물교환을 하거나 단지 구경을 하는 사람들로 붐볐다. 언제나처럼 요한은 사람들과 섞이기 위한 장소를 만들고 그리스도인과 예비자들과 인사를 나누었다.

그가 몇 사람의 농부들과 이야기를 나누며 서 있는 동안에 그의 길고 흰 옷자락을 잡아당기는 것이 느껴져 누군가 하여 돌아보았다. 요한은 이미 무서운 질병이 얼굴의 부분을 삼켜 버렸는데도 불구하고 미소를 머금고 그에게 인사하는 가장 나이가 많았던 거지였던 나병 환자를 발견하였다. 요한은 그가 원하는 것이 무엇인가를 살폈다. 나병 환자는 느리게 나병 환자의 특징인 깊고 쉰 목소리로 천주교 'the Golden Village' 본당의 전교회장인 박 요한이 아니냐고 물었다. 요한은 그렇다고 하였다. 내내 요한은 이 남자를 예전에 어디서 보았는지 기억하려고 애썼다. 나병 환자는 자신은 이 년 전에 요한이 그토록 친절하게 대해주었던 세 명의 나병 환자 가운데 하나라고 말하였다. 그는 요한과 거기 모인 많은 사람들에게 세 명의 그 나병 환자는 요한의 친절을 잊지 못할 뿐만 아니라, 돌아다니면서 만나는 모든 나병 환자들에게 전교회장의 집에서 친절한 대접을 받고, 먹고, 잠까지 잤던 사실을 말하곤 했다고 하였다. 그 친절한 행동은 일종의 전설이 되었으며, 모든 나병 환자들은 박 요한을 숭상하여 말한다고 하였다. 요한이 대세(代洗)의 방법에 대해 그들에게 설명해 준 이래 그동안 적어도 스무 차례 대세를 주었으며, 죽어 가는 나병 환자들이 세례를 받았다. 요한이 설명해 준 것을 기억하여 그 나병 환자들은 할 수 있는 한 최선을 다해 죽어 가는 다른 나병 환자들을 인도하였다. 가톨릭교회의 전교회장이 가르쳐 준 약간의 가톨릭 신앙에 대한 설명과 작은 친절로 인해 20명의 나병 환자들이 천국에 갔다. 나병 환자가 말하기를 정부가 선정한 장소 가운데 현재 자신이 머물고 있는 곳에만도 자신과 같은 사람이 대략 200명 가량 있다고 하였다. 그 나병 환자들은 가난한 사람들, 심지어는 나병 환자에게까지 그런 친절함을 보여 준 신자들이 믿는 그 신앙에 대해 더 많이 알고 싶어 한다고 하였다. 그들은 요한에게 그 나병 환자들을 방문해 달라고 부탁하였다. 그들은 20여 마을을 돌며 구걸을 하여, 요한이 자신들의 동료에게 그러한 친절을 보여 준 사람이라는 소식을 들었을 때 돈을 모금하여 그 돈을 공동기금으로 하였다. 그들은 요한에게 자신들의 비용으로 점심을 대접하겠다고 고집하였으며 요한의 가족을 위해 집으로 가져가라면서 한 광주리의 사과를 가지고 왔다.

베드로 신부님과 요한은 현재 나병 환자 수용소를 정기적으로 방문하고 있다. 나병 환자 스스로의 힘으로 성당이 건설 중에 있으며, 많은 사람들이 곧 세례를 받을 준비를 하고 있다. 그날은 요한에게 대단한 날이 될 것이다. 최근 요한은 이 이야기를 말하면서, "제가 생각하기에 믿음에 대한 저의 이야기는 아무 작은 것이었지만, 이 가난하고 불행한 사람들의 삶에 엄청난 변화를 가져왔습니다. 진실로 성경에서 '네 빵을 물 위에다 놓아 보내라. 많은 날이 지난 뒤에도 그것을 찾을 수 있으리라.'(코헬 11, 1.)라고 하신 말씀이 그대로 이루어졌습니다. 그리스도께서는 '너희가 내 형제들인 이 가장 작은 이들 가운데 한 사람에게 해 준 것이 바로 나에게 해 준 것이다.'(마태 25,40)라고 하신 은혜를 다시 한번 보여 주셨습니다."라고 하였다.

[사례 3]

여성 전교회장 활동의 일단(1950년 7월 작성된 글)

죽음의 수용소에서의 마리아

4명의 남자가 임시로 만든 들것을 지고 시약소의 문을 두드린 것은 로이 신부[61]와 매주 수요일 오후 쉬는 날을 이용하여 여기에 오는 그의 친구인 젊은 의사 콤프턴 군종신부가 몰려든 환자의 검진을 막 끝마쳤을 때였다. 들것에 누워 있는 어린 소녀는 기껏해야 18세나 19세도 안 되어 보였다. 그 소녀는 폐결핵으로 매우 쇠하여 왔음을 한눈에 봐도 알 수 있었다. 이 사람들은 그녀를 7마일 떨어진 곳에서부터 싣고 왔기 때문에 의사는 그녀를 검진하고 그녀를 위해 무언가 조치를 할 수 있었다. 그런데 의사 콤프턴이 그녀를 검진하고는 고개를 완전히 설레설레 흔들었다. 그는 그 소녀가 기껏해야 대략 48시간 정도 살 것이라고 하였다. 그 소녀가 세례를 받고 싶다는 소망을 표현하자 로이 신부는 여전교회장에게 그 소녀에게 필요한 교리를 간략하게 가르쳐 주라고 하였다. 그녀는 교회로 실려 가 로이 신부는 세례를 위한 성수를 그녀에게 부었고, 그 다음 날이 성모성명첨례일(聖母聖名瞻禮日)[62]이었기

---

61 페티프렌 로이(Petipren Roy, 1893~1977) 메리놀 외방전교회 소속 한국 선교사. 한국 성은 변(邊). 1925년 한국에 입국, 평양 영유에서 교구 사목을 시작하여 신의주본당 (1927~1935 4대 주임, 1940~1941 6대 주임), 정주본당 등에서 활동하였다. 태평양전쟁으로 추방되었다가 1947년 1월에 다시 입국하여 청주교구 삼양리본당 신설 주임, 인천교구의 부평2동본당, 백령도본당, 용현동본당 등에서 활동하였다.

62 현재는 '복되신 동정 마리아 성명(聖名)'이라 하며, 축일 등급에서 제외되어 있다.

때문에, 그녀에게 마리아라는 이름을 주었다.

그녀를 집으로 데려가기 위해 가톨릭구제회의 지프차를 개인 응급차로 사용하였다. 골목을 돌아 지프차가 갈 수 있는 데까지인 그녀가 살고 있는 장소의 문까지만 그녀를 운반하였다. 그녀가 사는 곳은 가로 15피트, 세로 50피트가량의 엉성한 판잣집이었다. 우리는 그녀를 안으로 옮겼는데, 거기에는 18가구가 그곳을 이른바 "집"으로 삼아 살고 있었다. 그것은 아래 위층으로 나뉘어 있는데, 각 가구가 똑바로 서는 것이 불가능한 1㎡ 정도의 공간을 사용하고 있다. 주변을 둘러보니 18가구 가운데 오직 2가구만이 이불이나 요 등의 침구류를 갖고 있었고, 다른 가구는 그저 아무것도 없는 널빤지에 누워 있었다. 나는 다가오는 겨울에 기온이 섭씨 0도 이하로 떨어질 때를 생각하지 않을 수 없었다. 아이들은 물론 어른들도 추위로 인해 고통스러울 것이다.

아픈 소녀의 가족들은 나의 수고로움에 감사를 표했고 나는 그곳을 나왔다. 이 소식은 사방으로 퍼졌고, 수백 명의 사람들이 가난하고 아픈 소녀를 위해 모든 수고를 아끼지 않은 '외국인'을 보러 집 밖에 몰려들었다. 다음 날 아침 미사 뒤에 아침을 먹고 구호품 창고에 가서 미군으로부터 받은 이불과 요를 지프와 트레일러에 실었다. 우리는 마리아(그 소녀)가 살고 있는 곳으로 갔고 매우 감사해하는 사람들에게 그것을 나누어 주었다. 나는 힘든 밤을 보냈지만 세례의 순결함으로 빛날 뿐더러 오히려 상냥하게 웃는 마리아와 이야기를 나누었다. 빛나는 얼굴에 미소를 머금고 있는 마리아와 이야기를 나누었다. 나는 그녀에게 강복을 주고 길을 떠났다.

나는 점심 시간에 조금 늦게 집에 돌아왔다. 집에 갔을 때 마리아의 아버지가 나를 기다리고 있는 것을 보았다. 그가 말할 필요도 없이 나는 알아챘다. 마리아는 그녀의 고향 땅으로 돌아갔다. 돌아갔다는 말은 말 그대로 한국인 방식의 직역이다.

이제 문제는 장례식이다. 그 가족은 가진 것이 아무것도 없으므로, 내가 그들에게 관을 살 돈을 주고, 마리아를 매장하기 위해 필요한 약간의 옷을 주었다. 나는 그들에게 내일 오전 10시에 영구차로 사용할 지프와 트레일러를 가지고 올 것이며, 유해를 성당으로 옮겨 신부에게 사도예절을 받고 묘지로 갈 것이라고 말했다. 다음 날 오전 10시에 그 집으로 차를 끌고 갔을 때 정말 많은 사람들이 모여들었다. 외국인 신부가 그의 지프와 트레일러를 끌고 와 가난한 가족이 장례식 비용을 절약할 수 있도록 마치 장의사처럼 행동하는 것은 아직 사람들에게 매우 놀라운 일이었다. 나중에 알게 되었지만 이 일은 많은 사람들에게 매우 강한 인상을 남겼다. 이는 마치 편견을 깨고 하느님의 말을 듣기 위해 심장과 마음을 여는 것과도 같은 일이었다. 말이란 매력적이지만 실제의 예는 끌어당긴다.

성당의 신부는 우리를 기다리고 있었고 사도예절을 마친 뒤 우리는 대략 10마일 떨어진 가톨릭 묘지로 향했다. 사망자 가족의 친구 6명이 각기 삽과 곡괭이를 들고 관과 함께 트레일러에 탔다. 그들은 무덤을 파는 일꾼들이었다.

무덤을 파 마침내 그것이 준비되었으며, 마지막 사죄경과 망자에 대한 축복을 마친 뒤, 최근 세례의 성수로 정화된 그녀의 영혼이 천국의 그녀의 자리로부터 내려다보고 있는 동안 우리는 소녀 마리아의 쇠약한 시신을 땅으로 내려놓았다.

나는 죽음이라는 문제와 어떻게 우리가 늘 죽음을 준비해야만 하는가에 관해 잠시 이야기를 하였다. 마리아의 친척이나 친구 중에 아무도

가톨릭 신자는 없었다. 그들은 처음으로 가톨릭 장례식을 보았으며, 매우 큰 인상을 받았다. 그때부터 그들 가운데 몇 명은 교회에 오고 세례를 준비하였다. "어린아이 하나가 그들을 이끌 것이다."라는 옛말이 진실이다. 마리아의 전구는 더 많은 그녀 주변의 사람이 믿음의 빛을 받게 할 것이다.

[사례 4]

사제와 신자와의 중간 연결자로서의 전교회장

스쳐 지나간 낯선 사람들

 그날은 아주 길고 힘든 날이었다. 오전 중에 세례를 받을 예비자들의 교리 시험을 마쳤고, 성체를 영하기 위해 공소에서 온 아주 많은 사람들의 고해성사를 들었다. 그래서 내가 마침내 침대에 들 수 있게 되었을 때는 군인들이 하는 말처럼 완전히 곯아떨어지기 일보 직전이었다.

 금방 잠이 들었지만, 잠든 지 한 시간도 못 되어 깨어났다. 10~12마일 떨어진 마을에 사는 한 나이 든 신자가 죽어 가고 있다는데 와 줄 수 있느냐는 요청을 받았다. 내가 가야 하겠지? 우리는 출발하였다. 보름달이 휘영청 빛나는 아주 매섭게 추운 밤이라 눈에 졸음이 확 달아나 버렸다. 소식을 가져온 연락자인 교리교사와 나는 빠른 걸음으로 걸었다. 우리는 주도로를 따라 5~6마일가량을 갔으며, 왼쪽 지름길로 들어서 우리가 찾고 있는 마을이 있는 언덕길로 올라갔다. 우리는 섬뜩한 느낌을 느끼며 올라갔고, 고꾸라질 듯 가파른 산길 또는 오솔길을 한밤중에 넘어갔다.

 나는 성체를 가져갔으며, 거기에 가는 동안에 터벅터벅 길을 따라 걸으며 묵주기도를 올렸다. 낮은 언덕의 꼭대기에 거의 도달했는데, 갑자기 어둠 속에서 세 사람이 우리를 향해 다가오기 전까지만 해도 사람이라곤 그림자도 보이지 않았다. 내가 확신하건대 그 세 사람도 우리와 마찬가지로 '저 사람들은 이 한밤중에 몰래 빠져나가기 위한 도둑 또는 산적일 것이다라는 생각을 했을 것이다.

　우리는 그들과 마주치게 될 때까지 발걸음을 재촉하였는데, 그 다음에 그 세 사람으로부터 안심해도 좋다는 신호를 얻게 되었다. 그들은 멈춰서 우리에게 말을 걸었는데, 우리를 밤도둑이라 생각하여 다가오기 두려웠다고 하였다. 잘 가라는 인사를 하고 우리는 죽어 가는 남자에게 가기 위해 서둘렀다. 그에게 성유를 바르고 종부성사(병자성사)를 주고, 잠시 휴식을 취한 뒤에 숙소로 돌아갔다. 우리는 거기에서 몇 시간을 보냈다.

　하느님, 성체 안에 계시는 하느님은 우리를 지켜보시고 우리를 환자에게 인도하셨으며, 마침내 안전하게 돌아오게 해 주셨다. 우리가 주님의 뜻에 따라 우리의 신자들을 도운 것처럼, 우리의 길고 힘든 하루도 하느님의 축복이었다.

[참고 1]
김군자 마리아의 이야기[63]

그리스도에게로의 여정

늙은 김군자는 매우 긴 여정을 발견하였다. 그녀는 오늘만이 아니라, 이전부터 자주 자신이 늙어 가고 있다는 사실을 깨달았다. 점점 황혼으로 접어들고 있었는데, 종착지까지는 그래도 아직 먼 길이 남았다. 시골에서도 이 지역은 집도 몇 채 없기 때문에 길 아래에 있는 집에서 전등 불빛이 빛나는 것을 보자 그녀는 매우 반가웠다. 그녀는 그 집 문으로 어기적거리며 걸어가서 "거기 집에 누가 있나요?" 하고 불렀다.

중년의 여성이 등에 아기를 업고 부엌문으로 나와 그녀를 반겼다. 거의 즉각적으로 방 두 개 있는 집의 문이 열렸고, 키가 크고 건장한 농부인 그 집의 남자가 밝은 얼굴에 친절한 미소를 보이며 들어와 가족들과 함께 밤에 머물라고 하였다. 이러한 반응은 그녀가 기대한 이상이었다. 그녀는 그저 잠시 휴식을 취할 생각이었기 때문에 그렇게만 하려고 서둘렀지만, 집 안주인과 바깥주인은 매우 정중하게 그녀가 자신들의 초대를 받아들이기를 원했다. 그녀는 짚신을 벗고 들어가 따뜻한 바닥에 앉았다. 세 아이가 다가와 그녀에게 인사를 하였다. 이 집과 가족들에게는 무언가 다른 것이 있었는데, 그것이 무언지 파악할 수가 없었다. 그들은 마음을 활짝 열었으며 친절하였다. 마침 저녁 식사 시간이어서 밥상이 차려지고 모두들 모여 앉았다. 음식이 각 사람들 앞에

---

63 메리놀문서 No8-R2 F3 2 233~234, 1953년경 캐롤(George Carroll) 몬시뇰 작성.

놓여졌지만, 아무도 손대지 않았다. 노부인은 '왜 그럴까?' 하며 의아했다. 가장이 그의 오른손을 들어 이마에 대고 그의 가슴으로 내려 긋고 다시 두 어깨에 각각 대면서 동시에 말했다. "성부와 성자와 성령의 이름으로 아멘" 그리고 하늘에 계신 주님께 거기 모인 모든 사람과 그들이 이제 먹으려는 음식에 강복해 주실 것을 청하였다. 노부인은 이 얼마나 멋진 광경인가 하고 생각했다. 불교도는 이와 같은 관습이 없었다. 저녁 식사 뒤 그릇을 씻고 정리한 뒤에, 가족 모두는 저녁 기도[만과]와 묵주기도를 위하여 모여 앉았다. 노부인은 매우 깊은 인상을 받았다. 그녀를 위한 이부자리가 늘 손님에게 내어드리는 자리인 바닥에서 가장 따뜻한 곳 위에 펴졌다. 안주인과 바깥주인과 어린아이들은 그녀에게 "이제 편안히 주무세요." 하는 관례에 따른 인사를 올리고 물러났다.

노부인은 수많은 생각이 그녀의 기억 속에 가득 차 곧바로 잠들지 못했다. 그녀는 결혼을 할 것인지 아니면 비구니로 독신의 삶을 살 것인지를 결정하던 20세의 젊고 아름다운 여인인 자기 자신을 다시 한번 돌아보았다. 그녀는 불교 사찰로 들어갔고 지난 60여 년 동안 '열반'을 추구해 왔다. 그녀는 불교의 세계에 도달하리라는 것을 오늘 밤 이전까지는 한번도 의심해 본 일이 없었다. 이 가톨릭 가족은 그녀에게 어떤 아주 특별함을 보여 주었으며, 그녀는 아침에 이 종교에 관해 좀 더 알아봐야겠다고 결심하였다. 이렇게 결심하고 나니 마음이 편안해져 잠으로 빠져들었다.

가족들이 아침 기도(조과)를 드리는 소리에 잠이 깨어 똑바로 앉아 기도를 마칠 때까지 그들을 바라보았다. 그들은 안녕히 주무셨냐는 인사를 한 뒤에 자질구레한 아침 일을 하기 위해 나갔다. 아침 식사 뒤

길을 떠나기 전에 노부인은 생전 처음으로 접한 이 종교에 대해 어디에서 좀 더 배울 수 있는가를 물었다. 노부인은 바깥주인은 김 베드로, 그의 아내는 강 마리아라고 불린다는 것을 알았다. 그들은 논산에 양로원[64]을 운영하고 있는 샬트르 성 바오로 수녀회[65]의 수녀님들과 그곳의 사제인 프랑스 신부인 생제 신부님[66]을 말해 주었다. 노부인은 신부님이 일 년에 두 번씩 그곳을 방문하며, 가족 몇 명이 교회의 대축일에 논산을 방문한다는 것을 알았다. 노부인은 기회가 닿는 대로 수녀님들을 만나러 가겠다고 말하면서 눈물을 흘렸다. 노부인이 불교를 포기하

64 샬트르 성 바오로 수녀회가 설립, 운영하던 논산의 쌩뽈 양로원. 한국에 수녀회를 초청한 블랑 주교는 고아 사업과 양로 사업을 모두 맡아 주기를 원했다. 미처 여력이 없어 고아 사업에만 힘을 기울이던 중 1952년 10월 하순경, 논산본당의 오채경 말지나 수녀가 성당 문전에 쓰러져 있는 걸인 노인을 발견하였다. 오 수녀는 중병인 노인에게 대세를 주고 부엌방을 마련하여 간호하고, 선종하자 장례까지 치러 주었다. 이 일이 있은 뒤 사방에서 의지할 곳 없는 노인들이 와서 입주를 간원, 1953년 10여 명의 할머니들을 받아들였다. 마침내 성당 구내에 양로원이 설립되었고 초대 원장으로 논산 본당 주임신부이던 생제 신부가 부임하였다. 샬트르 성 바오로 수녀회 100년사 편찬위원회 편, 『한국 샬트르 성 바오로 수녀회 100년사』, 1991, 511쪽.

65 1696년 프랑스의 루이 쇼베 신부가 어린이 교육과 병자 간호를 목적으로 창설한 수녀회. 총원은 로마에 있으며 한국에는 1888년에 진출하였다. 1948년 일본 관구로부터 독립하여 한국 관구로 승격되었고, 1967년에는 관구도 서울과 대구로 분리되었다. 샬트르 성 바오로 수녀회 100년사 편찬위원회 편, 『한국 샬트르 성 바오로 수녀회 100년사』, 1991. 『한국가톨릭대사전』 7권, 4285~4293쪽.

66 생제 피에르(Singer Pierre, 1910~1992) 파리외방전교회 소속 한국 선교사. 한국명은 성재덕(成載德). 1935년 11월 1일 한국에 입국하여 1936년 4월 30일 합덕본당의 부좌로 사목활동을 시작하였다. 일제의 탄압과 수탈이 가중되고 태평양전쟁마저 발발하자 생제 신부는 불우하고 어려운 이웃과 고아, 전사자 등을 위해 헌신적으로 봉사할 수녀회가 필요하다는 것을 절감, 1943년 12월 백동본당에서 '서울 성가 소비녀회'를 창설하였다. 이 문서가 작성될 무렵에는 1949년 대전 논산본당 주임으로 활동하다가 1953년 창립된 '논산 쌩뽈 양로원'의 초대 원장을 맡아 운영하고 있었다. 서울 성가 소비녀회 역사 자료실 편, 『성재덕 신부』, 1993; 성재덕, 『성재덕 신부 서한집』, 1993; 『초창기 수도 생활과 고유 사도직』, 서울 성가 소비녀회, 1994; 『한국 가톨릭 대사전』 7권, 4274~4276쪽.

고 가톨릭 신자가 되기를 원한다는 말을 할 때 그들의 얼굴은 함박 미소로 가득 찼다. 모든 가족은 길 아래편 가까운 거리에 그녀를 배웅하였고 정답게 작별 인사를 하였다.

김군자는 정오 무렵에 사찰에 도착하였다. 오찬을 들기 전에 머리를 숙여 인사하며 베드로의 집에서 처음으로 들어 본 식사 전에 올리는 그 감사의 말을 기억하려고 애썼다. 다른 비구니들이 그녀가 어디가 아픈가 하고 물었지만, 그녀는 아프지 않다고 말하며 식사를 마쳤다. 그날 하루종일 그녀는 골똘히 생각에 잠겼다. 그날 늦게 김군자는 사찰의 주지에게 가서 떠나겠다는 결정을 공표하였다. 주지는 떠나려는 그녀가 얼마나 어리석고 경솔한지와 그녀가 누렸던 지난날의 모든 평화를 잃게 되리라고 말하였다. 주지는 다시 한번 생각해 보라고 설득하였다. 이 모든 대화는 아무 소용이 없었다. 다음 날 아침에 김군자는 동료들과 지난 60여 년간 그녀의 집이었던 곳에게 작별 인사를 하고 논산으로 출발하였다.

오후 늦게 김군자는 도착하였고, 그 선한 자매들에게 그녀의 방문은 천사의 방문인 것처럼 통보되었을 것이 틀림없었다. 왜냐하면 그들은 김군자를 마음을 활짝 열어 환영해 주었으며, 생제 신부님도 그녀에게 가장 친절하게 대해 주었기 때문이다.

김군자는 『노인문답(老人問答)』[67]을 공부하였으며 '성모승천대축일' 저녁에 세례를 받아 하느님의 자녀가 되는 즐거움을 누렸으며, 첫 영성체

---

67 『노인문답』, 1934년 서울 성서 활판소에서 라리보(Larribeau, 元亨根) 주교를 편집 겸 발행인으로 하여 간행된 노인들을 위한 교리문답서. 11개의 주요 기도문과 76개의 교리문답이 수록되어 있는데, 그 내용은 같은 해에 간행된 『천주교 요리 문답』에서 발췌하였다.

를 가졌다.

요즘 한나(김군자의 세례명)는 그녀의 불교 신자 동료들의 개종과 훌륭한 가톨릭 가족과 밤을 보낸 기회를 주신 것에 대해 하느님께 감사드리는 묵주기도로 하루하루를 보내고 있다. 세례를 받은 뒤 그녀가 취한 첫 번째 행동은 그녀를 "어둠에서 벗어나 빛으로, 하느님 왕국으로" 이끌어준 김 베드로 가족을 방문하여 감사의 인사를 하기 위한 일정을 만든 것이었다. 이러한 일은 함께 기도한 가족에 의해 성취되었다. 보다 많은 사람들이 그들의 모범을 따를 것이다.

[참고 2]
여성에 대한 관점[68]

특출난 어린 소녀

특출난 어린 소녀 김양은 톰 신부에게 달려왔다. 그녀는 그날 특별히 행복해 보였는데, 자신이 행복한 이유를 곧 마산[69]의 젊은 보좌신부에게 말하였다. 특출난 소녀는 막 그녀의 교리 시험을 마쳤고 성공의 깃발을 휘날리며 통과하였다. 주임신부인 요한 신부는 성 토요일에 세례를 받게 될 것이라고 그녀에게 말했다. 오늘이 있기까지 특출난 소녀의 여정이 쉬운 것은 아니었다. 그녀는 성당에 있는 '교리 학교'에 출석했는데, 그녀의 부모는 줄곧 그녀가 세례받는 것을 거부해 왔었다. 승낙을 얻기 위해 그들을 설득하는데 이 년이 걸렸다. 매일 방과 뒤에 그녀는 성당으로 가서 기도를 하였다.

"하늘나라는 폭행을 당하고 있다. 폭력을 쓰는 자들이 하늘나라를 빼앗으려고 한다(마태 11,12)."는 그리스도의 말씀이다. 특출난 어린 소녀는 부모님의 반대가 무너질 때까지 하늘나라에 빗발치게 기도했었다.

---

68 메리놀문서 No8-R2 F4 2 269~271, 1950년 12월 이전 서울에서 캐롤 몬시뇰이 작성.
69 이 내용은 북한 지역 성당에서 있었던 일이고, 그 본당은 문서에 "Horse Mountain Village"라고 되어 있다. 이로 미루어 평안남도 마산(馬山)이 아닐까 짐작된다. 그런데 문서의 주인공인 젤투르다가 다닌 성당의 주임신부이며 그녀의 혼배미사를 집전한 Fr. John은 마산본당에서 찾을 수 없었다. 전쟁이 발발했을 때 본국으로 가게 되었다는 Fr. Tom도 정확하지 않다.

톰 신부에게 말한 뒤에, 그녀는 그녀에게 세례의 축복을 내려 주시는 하느님과 복되신 성모 마리아께 감사드리기 위해 성당으로 달려갔다.

특출난 소녀는 성 토요일에 성당에 가장 먼저 나왔다. 그녀의 영혼은 긴 예식에도 불구하고 전혀 지치지 않았다. 그녀의 차례가 왔고, "젤투르다(Gertrude)"로 세례를 받았다. 이전에도 행복했었지만, 지금 그녀는 한량없이 기뻤다. 그녀는 그리스도께서 귀한 보배, 곧 믿음이라고 설명하신 것을 발견하였다.

그날 이후로 소녀는 그녀 가정의 사도가 되었다. 부모님에게 자신의 세례를 보러 오라고 강력히 주장했었다. 아버지는 참석하는 것을 내키지 않아 했다. 어린 딸, 특출난 소녀가 세례받기 위한 허락을 내려 주는 일은 자신과 너무 동떨어진 문제라고 생각하였다.

어머니는 와서 보고 매우 깊은 인상을 받아 예비자 교리를 받기 시작하였다. 젤투르다의 자매와 형제들은 하라는 대로 하였다. 하지만 몇 달 뒤 그들이 세례를 받게 되었을 때 젤투르다는 완전히 만족해하지 않았다. 여전히 그녀의 부친이 만만치 않은 사람으로 남아 있기 때문이었다. 아버지가 신앙을 받아들여 결국 그녀가 승리하기까지 일 년이 걸렸다.

세례를 받은 뒤에 김씨는 요한 신부에게, "제가 믿음이란 것에 감동을 받게 된 까닭은 우리 가정에 미친 영향을 보았기 때문입니다. 아내와 젤투르다를 비롯한 모든 가족들이 매일 저녁 무릎을 꿇고 만과를 올렸습니다. 가끔 지난 일 년간 저도 가족들과 함께 무릎을 꿇고, 믿음의 빛과 선물을 저에게도 내려 달라고 하느님께 부탁하는 기도를 듣고는 했습니다. 그들의 신앙은 무어라 설명하기 어려운 방법으로 저를 위해 자신들을 헌신하게 만들었습니다. 그들의 진시함과 헌신은 그런 영혼이 스며들 수 있는 종교가 얼마나 가치가 있는 것인가를 시험해 봐야겠다는 생각을 갖게 만들었습니다." 하고 말하였다.

젤투르다는 세례받기 아주 오래전에 이교도 청년과 약혼하였었다. 그런데 결혼을 위한 공식적인 절차가 진행되었을 때, 우리의 작은 사도는 미래의 남편이 가톨릭으로 개종하지 않는 한 결혼식을 올릴 수 없다고 주장하였다. 그녀는 약혼자가 사제와 만나도록 일정을 잡았다.

6개월 뒤, 젤투르다와 제오르지오는 요한 신부[70]의 주례로 "혼인미사"를 통해 결혼하였다. 젤투르다는 그녀 남편의 많은 친구와 친척이 미사에 참례한 것을 보았다. 그들 가운데 상당수는 이 예절에 참석한 것이 처음으로 가톨릭 신앙과 접촉한 것이었다.

젤투르다는 그녀의 시댁에 가족 기도의 관습에 관해 소개하였다. 남편과 시댁에 대한 헌신으로 그녀는 전 본당에 깊은 인상을 주었다. 그녀가 시댁에게 미친 영향은 정말 믿기 어려울 정도이다. 시어머니와 두 명의 시누이가 처음으로 세례를 받았다. 그 뒤를 이어 시할머니와 마지막으로 시아버지에 이르기까지 모두 신자가 되었다.

전쟁이 발발했을 때 요한 신부와 톰 신부는 억류된 뒤 고향으로 보내졌으며, 한국인 사제가 그 선교지를 맡았다. 서한을 통해 이 모든 일이 일어난 곳, 즉 북한 밖으로까지 몰래 스며 나왔다. 그가 쓰기를, "김 젤투르다는 지금 여섯 자녀의 어머니입니다. 그녀는 여전히 매우 활동적입니다. 그녀의 모범적인 행동과 기도를 통해 마을의 많은 사람들이 가톨릭 신자가 되었습니다. 하느님이 그녀에게 축복 내려 주시기를! 저는 그녀 같은 사람을 더욱더 많이 갖게 되기를 희망합니다."

---

70 마산본당의 7대 주임(1940~1944.11) 강현홍 요한 신부.

일제강점기 대구대목구의 유급 전교회장 (Catéchistes Ambulants) 운영

김 정 숙 교수
영남대학교 역사학과

1. 머리말
2. 대구대목구의 전교회장직 설치와 그 성격
3. 1910년대 전교회장제도의 배경과 그 활동
4. 1920년대 '전교회장사업'
5. 1930년대 전교회장의 변화 양상
6. 전교회장제도의 세부 운영 형태
7. 맺음말

1. 머리말

'전교회장'은 병인박해가 끝날 무렵 새로 설치된 제도였다. 그리고 이는 천주교회가 처음으로 설치한 유급 교회 사무자(事務者)였다. 대구대교구의 초대 교구장 드망즈(Demange, 安世華, 1875~1938) 주교는[1] 사목을 하면서 회장의 역할을 높이 평가했다. 그는 회장·복사는 교회의 협력자(collaborateur)[2]이며 그들이 없다는 것은 선교사에게 '연장없는 일꾼'과 같다고 했다.[3] 그리하여 그가 택한 대표적인 선교 방법 중 하나가 유급 전교회장제도이다.

드망즈 주교는 한국이 일제에 의해 강제 병합된 직후, 새로 설정된 대목구를 맡아 교회 안팎의 변화를 감당했다. 일제강점기 35년은 정신적, 물질적으로 요동치던 시절이었다. 나라 잃은 백성의 생활은 나날이 어려워졌고, 젊은이들은 '신문화'라는 이름으로 밀려드는 비종교적 사조에 휩쓸렸다. 신자들도 종교적 기반이 된 교우촌을 떠나 외교인들과 더불어 살게 되었다. 더구나 신자들이 일제 통치를 피해서 이민을

---

1 한국 교회에서는 대목구, 대목을 각각 교구, 주교 등으로 부른다. 본고에서는 당대 시간을 나타내는 경우 외에는 일반적 관례로 교구 등의 용어를 사용했다. 대목구장은 언제나 주교로 지칭했음을 밝힌다. 그리고 본고의 선교사들의 약전은 Robert Jézégou 신부가 정리한 『Manuscrits』에 근거함을 밝힌다.
2 드망즈 주교는 이들을 catéchistes prédicants, catéhistes-servants, catéchistes-résidents이라고 했다.(Les Missions catholiqes, 1922.2.3.) 이는 현재 용어로 전교회장, 복사, 공소회장으로 대치될 수 있다. 그러면서도 그는 전교회장에 대해 catéchistes prédicants과 catéchistes ambulants의 두 표현을 모두 사용했다.
3 드망즈 주교가 1927년 3월 14일 인도 퐁디세리(Pondychéry)의 모렐(Morel) 대주교에게 보내기 위해 작성한 문서.(Les Missions catholiqes, 1928, 347~351쪽 게재)

가거나 거주지를 옮기는 경우가 많았다.[4] 그 결과 천주교 신자들은 급변하는 상황에 직면하여 이에 상응하는 교리 지식이 빈곤한 경우가 허다했다.

드망즈 주교는 이러한 당면 과제에 대한 대안의 하나로 유급 전교회장을 운영했다. 드망즈 주교는 대구교구를 시작하면서부터 전교회장을 두었고 사회 변화에 맞추어 이를 수정, 보완해 갔다. 전교회장은 교회의 필요에 맞추어 운영된 특수 제도였으므로 전교회장제도의 설치와 운영은 교회의 상황을 잘 드러낸다. 무엇보다도 대구대교구의 전교회장 운영을 파악하는 일은 한국 교회 내 전교회장에 대한 가장 체계적·종합적 이해가 된다. 그럼에도 불구하고 아직까지 대구교구는 물론, 한국 교회 전교회장에 대해서도 본격적으로 연구된 바 없다.[5]

기존의 회장에 관한 연구는 일반적으로 『사목지침서』와 회장 문헌을 고찰하는 정도였다. 전교회장에 관해서는 문헌에 나오는 정도를 언급하거나 통계에서 다루어질 뿐, 이에 대해 별도의 주의를 기울이지는 않았다.[6] 다만 김진소, 장동하, 김정숙의 글 등이 전교회장의 일면을 다

---

[4] 「대구대목구 공문」 9호 1912.9.13: 18호, 1913.10.14. 드망즈 주교의 공문은 영남교회사연구소 편, 『Demange(안세화) 주교 공문집: 대구대교구 초대교구장(1911~1938)』, 2003에 의거하여 근거를 제시한다.

[5] 본고가 집필되는 동안, 2017년 함께 세미나에서 토론되었던 논문(최선혜, 「한국 천주교회 전교회장의 활동과 의의; 1923~1950, 평양교구 유급 전교회장을 중심으로」, 『교회사연구』 51, 85~123쪽)이 탈고되어 소개되었다.

[6] 이종만, 「드망즈 주교의 선교활동(1911~1920년대를 중심으로)」, 부산가톨릭대학교 대학원 신학과 석사논문, 2004; 윤선자, 「일제 강점하 천주교 회장의 현황과 교육」, 『한국사회와 천주교』, 2007, 369~397쪽; 이송섭, 「한국천주교회의 회장에 대한 고찰-'한국 천주교회 지도서' 들을 중심으로-」, 부산가톨릭대학교 신학대학 신학과 석사논문, 2013, 91~92쪽 등. 이종만은 드망즈 주교의 선교활동이라는 입장에서 전교회장을 짧게 언급했

론 바 있다.

장동하는 개항기 논문 속에서, 전교회지를 사료로 하여 '순회 전교회장 양성학교' 설치의 시대 배경을 밝혔다.7 시기적으로는 이보다 앞서 김진소 신부가 『전주교구사』에 전교회장 항목을 설정하여 '전교회장 학교'부터 전주교구의 전교회장 설치와 운용을 찾은 바 있다.8 한편, 2004년 발표된 이종만의 석사논문은 전교회장을 다룬 논문은 아니지만, 드망즈 주교가 전교회장제도를 한국 교회에 안착시켰으며, 이 제도가 서울교구에까지 전파되었음을 지적했다.9 그러나 이종만은 전교회장의 실체를 주목하기보다는 드망즈 주교의 선교활동에 중점을 두었고 더욱이 다루는 시기를 20년대로 한정하여 전교회장제도 이해에는 한계를 지녔다. 2013년 발간된 대구대교구 100년사인 『사랑과 은총의 자취』에도 전교회장에 대해 짧게 언급했을 뿐,10 그 중요도나 역할 등에 대해서는 관심을 기울이지 못했다. 또 설치 연대 등에 오류가 있다. 끝으로 김정숙은 대구교구를 중심으로 전교회장제도의 시작, 성격, 전교회장의 활동 등 전반적인 흐름을 검토했다. 그러나 이 글은 분량이 짧고 주가 없는 글이었다.11

고(56~57쪽), 윤선자는 교구통계에 나와 있는 전교회장의 수를 집계했을 뿐이다. 이송섭은 회장 문헌을 비교하면서 문헌에 보이는 전교회장을 언급했으나 본격적으로 주목하지는 못했다.

7 장동하, 「개항기 교회의 재건운동과 복음화」, 『인간연구』 4호, 2004, 145~165쪽; 「개항기 교회 재건운동과 교구장들의 선교정책」, 『인간연구』 5호, 2004, 88~115쪽.
8 김진소, 『천주교 전주교구사』 1, 빅벨, 1998, 503~504·807~813쪽.
9 이종만, 앞의 논문, 56쪽.
10 대구대교구, 『사랑과 은총의 자취』, 2013, 145~146쪽.
11 김정숙, 「전교회장의 길」, 『빛』 354, 2012, 44~49쪽.

이에 본고는 신앙의 자유를 얻은 교회에서 중요한 역할을 수행했던 전교회장에 대해 본격적으로 논하고자 한다. 전교회장에 관해서는 『회장의 본분』 등의 회장 문헌들과 『대구대목구 사목지침서(Directorium de la Missions de Taikou)』(이하 『사목지침서』라 칭한다), 『교구연보』 등, 선교사들의 사목보고서, 참사회의록, 교구 공문 등이 중요한 사료가 된다.[12] 특히 드망즈 주교가 전교회장에 대해 정리·소개한 편지는 이 제도의 기틀을 보게 한다.[13] 또한 교구에는 전교회장 관련 자료가 연대기적으로 남아 있으며 교구 공문도 보존되어 있어 전교회장의 실제 운용 형태를 상당 정도 파악할 수 있다. 이외 드망즈 주교 일기와 선교사 서한, 당시 신문·잡지들도 참조된다.

유급 전교회장이란 자격을 갖춘 사람을 전교회장으로 뽑아 급여를 지급하며 활동시키는 시스템이다. 따라서 전교회장의 자격과 선택, 임명 절차와 처우, 급여, 전교회장의 활동 등을 파악하는 일이 관건이다. 본고에서는 그 첫출발로 일제강점기 전교회장제도의 설치와 전교회장의 활동을 파악하는 데 중점을 둔다. 해당 시기 35년간의 현상을 10년 단위로 고찰하겠다.

일제강점기 대구대교구는 세 명의 주교가 이어 갔다. 드망즈 주교는 1911년부터 1938년까지 교구를 이끌었다. 2대 교구장은 드망즈 주교 시절 당가신부로서 주교의 의도를 실천에 옮겼던 무세 신부이다. 무세

---

[12] 천주교부산교구, 『교구연보』, 1984; 영남교회사연구소, 『Demange(안세화) 주교 공문집, 2003: 대구대교구 초대교구장(1911~1938)』; 영남교회사연구소, 『교구장 공문 및 문서』, 2006; 영남교회사연구소, 『대구교구 사목지침서』, 2007; 영남교회사연구소, 『대구교구 참사, 재무위원회 회의록』, 2007 등.

[13] 드망즈 주교와 모렐 대주교의 서신. 이는 *Les Missions catholiqes* 1928년에 게재됨.

(Mousset, 文濟萬, 1876~1957) 주교가 일제에 의해 물러난 후 광복 때까지 2년간은 하야사카 구베에(早坂久兵衛, 1888~1946) 주교가 교구장이었다. 따라서 일제강점기 전교회장은 이 제도를 설치한 드망즈 주교의 결정에 따라 운영되었다고 하겠다.

또 드망즈 주교는 교구장 시절 거의 10년 단위로 유럽에 갔다. 1919년에는 로마에 회의 참석차 출국하여 1920년에 귀국했다.[14] 1928년에는 병 치료차 프랑스에 가서 2년 반 후에 돌아왔다.[15] 그는 다시 입국한 후에는 새로운 결단들을 내렸고 교구 행정에는 큰 변화가 있었다. 물론 이 결단 중에 유급 전교회장제도도 포함되었다.

본고에서는 우선, 드망즈 주교의 전교회장제의 성격을 검토하겠다. 이어 전교회장을 설치한 배경과 1910년대 전교회장의 활동과 효과를 검토하고, 이어 1920년대 전교회장제도의 심화와 '전교회장사업'도 분석한다. 다음 1930년대 전교회장의 역할 분화를 보고 드망즈 주교 이후 이 제도의 침체 상황을 다룬다. 마지막으로 전교회장 운영에 나타나는 임명 절차와 급여 문제 등을 정리한다.

---

14 드망즈 주교는 파리외방전교회 대표 전체회의 조선 대표로 뽑혔다. 그는 1919년 5월 29일에 대표 주교들의 소집장을 받고 준비를 마쳐 11월 24일 출발했다. 이 회의는 봄에서 가을로 연기되어 그의 유럽 체류가 더 길어졌다. 『드망즈 주교 일기』 1919년 5월 29일·1920년 1월 14일 일기 등.

15 『교구연보』 1931년도 보고서 및 『드망즈 주교 일기』 1928·1929·1930년도 일기 참조.

2. 대구대목구의 전교회장직 설치와 그 성격

드망즈 주교는 교구장 취임 초기부터 전교회장을 구상했고 임기 내내 이를 운영하고 유지하는 데 힘썼다. 대구대목구에서는 1913년부터 유급 전교회장을 두기 시작했다. 드망즈 주교는 1914년도 선교사들의 보고서를 분석한 공문에서 "2년 전까지는 전교회장(유급)을 두지 않고 있다가 작년부터 5명이 있었고, 금년에는 10명"이라고 보고했다.[16] 사실상 대구대목구에서는 1913년 전교회장을 5명 임명했다. 이듬해에는 벌써 한 명을 해임하고, 전교회장이 없는 본당에 새로 4명을 채용했다.[17] 이는 해마다 발간되는 교구통계표로도 확인된다.

종래 대구대교구의 전교회장 설치에 대해 이종만은 1914년,[18] 『대구대교구 100년사』는 1920년 이후로 보았다. 『대구대교구 100년사』에서는 드망즈 주교가 『사목지침서』에 유급 전교회장을 언급했지만 재정 형편상 실시하지 못하고, 한국인 신부들에 의해 여성 전교회장만 두었다고 보았다. 이어서 1922년 유급 전교회장제도를 처음으로 도입, 1923년 미국의 희사로 전교회장을 한 명 두었다고 해석했다.[19] 그러나 앞서 본 바와 같이 교구 공문에 근거하면 전교회장제도는 1913년에 이미 운영

---

16 「대구대목구 공문」 23호, 1914.10.12, 1913~1914년도의 통계표와 활동보고서 및 지적사항.

17 「대구대목구 공문」 23호, 1914.10.12. 이 공문에서 1914년 현재 전교회장이 10명이라고 보고하고 있는 점은 서울대목구에서 파견되었던 전교회장을 포함한 숫자로 파악된다. 이는 뒤에 언급하겠다.

18 이종만, 앞의 논문, 56쪽.

19 『사랑과 은총의 자취』, 145~146쪽, 아마도 교구사는 교구의 1930년도 보고서에 근거한 듯하다. 그러나 그것은 전교회장제도를 강화한 '전교회장사업'에 대한 보고였다.

되었고, 여성 전교회장 설치보다 선행했다.[20]

한편, 전교회장제도의 이해를 위해 전교회장의 성격이 공소회장과 전혀 다른 개념으로 출발했음도 주목을 요한다. 드망즈 주교는 공소회장과 전교회장의 성격을 달리 규정했다. 이는『회장의 본분』발간 과정을 통해 명확히 드러난다. 대구대목구는 출발 초기인 1913년 10월 14일 회장에 대한 문헌인『회장의 본분』을 출간, 배포했다.[21] 그런데 이곳에는 전교회장에 대한 내용이 실려 있지 않다.

『회장의 본분』은『사목지침서』제2편 중에서 회장에 관한 부분을 떼어 본당과 공소의 회장들을 위해 인쇄한 책이다. 그런데『회장의 본분』의 원본이 된『사목지침서』에는 201조부터 206조에 걸쳐 회장에 대해 논의하면서 204조에서 전교회장에 대해 규정했다. 즉,『사목지침서』에는 전교회장이 공소회장들과 함께 언급되고 있다. 그럼에도 불구하고 『사목지침서』에서 회장에 대한 조항만 추출한『회장의 본분』에는 전교회장 조목이 제외되었다.

더구나 그 출판 과정을 보면 드망즈 주교의 의도를 분명히 파악하게 된다. 드망즈 주교는 대목구장이 되면서 전라도를 시작으로 사목 방문을 행했다. 이때 그는 새로 출발하는 대목구에 적합한『사목지침서』를 만들어야겠다고 생각했다.[22] 이어 1912년 1월 경상도 지역을 방문하면서 일치와 화합을 위한『사목지침서』편찬을 서두르기로 했다.[23] 그는

---

20 「대구대목구 공문」 23호, 1914.10.12, 1913~1914년도의 통계표와 활동보고서 및 지적사항.
21 「대구대목구 공문」 18호, 1913.10.14.
22 『드망즈 주교 일기』, 1911년 12월 31일자.
23 『드망즈 주교 일기』, 1912년 1월 25일~2월 18일자;『안세화 주교 공문집』, 23~26쪽.

그해 2월 3일까지 지침서 초안을 작성해서 참사회의를 거쳐 모든 선교사들에게 보냈다. 드망즈 주교는 여러 번의 검토 과정을 거쳐 1912년 5월 26일 『사목지침서』를 완성했다.[24] 이 지침서는 이후에도 계속 수정, 보완되어 1914년에서야 출간되었다.[25]

주교는 그 사이 회장에 관한 내용만을 추려 1913년 2월 12일부터 16일까지 열린 회장 첫 피정에서 검토했고[26], 그해 10월 『회장의 본분』으로 발간했다.[27] 그런데 출판 과정에서 저본에는 명시되어 있는 전교회장 항목이 제외되었다. 더욱이 『회장의 본분』 10편에서는 '전교에 있어서 유의 사항'을 다루면서도 전교회장에 대하여는 언급하지 않았다. 게다가 이때는 이미 교구 내에서 전교회장이 활동하고 있었다. 그러므로 드망즈 주교가 『회장의 본분』에서 전교회장을 다루지 않은 점은 의도적이었다고 하겠다.

드망즈 주교는 전교회장을 공소회장과 달리 인식했다. 그의 이러한 인식은 '회장의 본분'이란 서명(書名)에 대한 설명을 참조할 수 있다. 그는 『회장의 본분』을 '회장회칙'이라고 명명하지 않은 것은 '보수를 받지

---

24 『드망즈 주교 일기』, 1912년 1월 24일자. 주교는 교구 지도서를 만드는 단계를 세웠다.; 『사랑과 은총의 자취』, 115~118쪽.

25 드망즈 주교는 들고 다닐 수 있는 크기의 『대구 사목지침서』 부록을 임시로 인쇄하여 낱장으로 보낸다고 하면서 재정적인 어려움으로 인쇄가 늦어진다고 설명했다.(「대구대목구 공문」 11호 1912.10.19. 비오 10세의 자주 영하는 영성체와 어린이 영성체에 관한 두 가지 교령과 안내)

26 *Nouvelles de la Mission*, 1913.2.12~2.16; *Compte Rendu de Taikou*, 1913; 계산동본당 창립 100주년 기념행사위원회, 『대구본당 100년사』, 231쪽 재인용; 『드망즈 주교 일기』, 1913년 2월 12일자.

27 「대구대목구 공문」 18호 1913.10.14; 『사랑과 은총의 자취』, 115~118쪽.

않는 회장'들에게 드리는 '권고'이기 때문이라고 했다.[28] 당시 대구대목구에는 공소와 신부의 비율이 374대 19여서 공소 신자들은 1년에 3, 4일밖에는 신부를 만날 수가 없었다. 나머지 기간은 공소회장이 전적으로 신자공동체를 맡고 있었다.[29]

드망즈 주교는 회장의 중요성에 대해 절감하고 그 역할에 대해 통찰했다. 그는 공소 신자들의 자질 향상이나 공소의 교세 확산은 공소회장에 의해 좌우된다고 판단했다. 주교는 선교사의 활동이 공소회장들에 의해서 활발해지고, 그들이 없으면 선교활동은 감소되거나 아니면 정지 상태에까지 이른다고 단언했다.[30] 주교는 공소회장 직임이 공소의 모든 교회 사무를 다루는 무거운 소임이면서도 그들이 '회장'이라는 이름이 주는 존경심 외에는 아무 보상도 없이 일하는 사실을 잘 알고 있었다. 이것을 그는 굳은 신념과 그리스도교적인 인생관에서 나온다고 평가했다.[31] 주교는 이러한 회장들에게 감사 어린 권고 사항을 책으로 펴낸 것이다.

---

[28] "이 책의 명칭에 두 가지 이유에서 '회장의 회칙'이라는 말을 붙이지 않았습니다. 첫째는 한국적 문서 작성의 관행상 너무 엄격한 표현이고, 공식적 표현에는 적합하지 않으며, 특히 부드럽지 못하고 명령적 형식이므로 적합하지 않다는 것입니다. 둘째는 사실 완전한 것이 되기 위해서 엄격한 의무에 관한 것뿐만 아니라, 권고적인 것까지도 수록하려고 했던 것입니다. 또한 우리 회장들은 보수를 받는 분들도 아니고 좋은 뜻 이외에는 달리 얽매인 사람들이 아닙니다. 그분들이 해야 할 것과 필요한 모든 것을 부탁하면서, 과중하다는 인상을 주지 말아야겠다는 것이 핵심적인 생각이었습니다."(「대구대목구 공문」 18호. 1913.10.14, 『회장의 본분』 발송 건. 공문 번역집에는 '회장직분'으로 되어 있으나 이를 '회장의 본분'으로 수정한다.)

[29] 『교구연보』 1916년도 보고서, 64쪽.

[30] 『교구연보』 1913년도 보고서, 32쪽.

[31] 『교구연보』 1913년도 보고서, 39쪽.

따라서 드망즈 주교의 회장 개념에 의하면, 『회장의 본분』에 전교회장이 제외됨은 당연하다. 그는 전교회장을 직업인으로 생각했다. 즉 공소회장은 무급 봉사인데 비해 전교회장은 교회에 의해 고용되며 급여를 받으면서 교회에서 기대하는 활동을 하고, 또 그만큼의 성과에 부응해야 하는 사람들이었다. 이 같은 전교회장의 성격을 제대로 파악하는 일은 이 제도의 향후 변천을 가늠하게 한다.

이와 같은 연유로, 전교회장제도를 보려면 『회장의 본분』이 아니라 『사목지침서』를 보아야 한다. 그리고 대구대목구의 『사목지침서』의 초안은 한국 교회 내 전교회장제도의 기초가 되었다. 이 내용은 고스란히 1923년 『회장직분』으로 이어졌다. 이후 같은 내용이 교회 내 회장 문헌들에서 반복적으로 이어져 나갔다. 결국, 한국 교회 전교회장제도는 드망즈 주교에 의해 체계화되고 문헌으로 다져졌다.[32]

물론, 전교회장은 드망즈 주교가 처음으로 고안한 제도는 아니다. 그는 대목구가 출발할 때부터 전교회장을 구상했지만, 대목구 내에는 이미 전교회장이 존재하고 있었다. 드망즈 주교가 첫 사목 방문을 시작하면서 각 선교사에게 보낸 질문 중에 전교회장에 대한 인원 파악이 포함되어 있었다.[33] 또 교구의 1912년도 통계에서도 전교회장의 존재가

---

32 현재까지 회장에 대한 연구로 『사목지침서』나 회장 문헌을 비교 분석한 논문들이 있다.(김승주, 「韓國敎會指導書들을 통하여 본 公所會長의 位置와 役割」, 大建神學大 석사 논문, 1979나 이송섭, 앞의 논문, 2013 등) 그러나 기존의 회장 문헌이나 『사목지침서』 분석 연구들은 전교회장을 따로 다루지 않았다. 더욱이 『회장직분』은 『대구대목구 사목지침서』와 드망즈 주교의 선교책을 바탕으로 보완되었고 『조선교회 지도서』 등은 그가 편찬 책임자였다. 전교회장에 관한 문헌만도 방대한 양이므로 후고로 미루어 둔다.
33 「대구대목구 공문」 4호, 1911.8.22, 전라남도 1차 사목 방문에 대한 계획과 설명.

<그림1> 『회장의 본분』

확인된다.34

본래 전교회장은 블랑(Blanc, 白圭三, 1844~1890) 주교가 1889년 '전교회장 학교'35를 설립하고 두세(Doucet, 丁加彌, 1853~1917) 신부를 교장으로 세움으로써 서울에서 시작되었다.36 블랑 주교는 전교에서 효과를 거두려면 전교회장이 필요하다고 판단했다. 그래서 그는 두세 신부를 종현(명동)본당신부로 임명하고 전교회장 양성 교육을 맡겼다. 1차로 선교사들이 지방에서 선발해 보낸 9명이 교육을 받았다. 이들은 교육을 이수하고 각자 전교 지역으로 돌아가 외교인들에게 전교

---

34 「대구대목구 공문」 9호, 1912.9.13, 파리외방전교회 본부에서 보내온 통계표에 대한 분석 당부.
35 김진소 신부는 이를 '순회 전교회장 양성학교'라고 했다. 원어는 'l'Ecole de catéchistes ambulants'이다. 따라서 '전교회장 학교'가 보다 간단명료하다. 김정숙은 「전교회장의 길」에서 '순회 전교회장 양성학교'라고 썼으나 '전교회장 학교'가 나을 듯하다.
36 『서울교구연보』 1, 1889년도 보고서, 84쪽; 김진소, 『전주교구사』 1; 장동하, 앞의 논문, 「개항기 교회의 재건 운동과 교구장들의 선교 정책」과 「개항기 교회의 재건운동과 복음화」.

했다.[37] 드망즈 주교가 대구에 부임했을 때 대구대목구 관할에서 활동하던 전교회장은 서울의 전교회장 학교에서 양성된 사람일 가능성이 있다.

드망즈 주교가 전교회장을 구상한 이유는 명확치 않다. 다만 분명한 사실은 선교사 대목구장 드망즈 주교는 선교에 대한 갈망과 계획, 실천을 전교회장 조직에 담았다. 그가 구상한 전교회장제도에 관하여는 『사목지침서』를 통해 알 수 있다. 『사목지침서』에서 회장에 관한 내용은 201조부터 206조까지에 걸쳐 나와 있다. 201조에서 주교는 'catéchiste'들이 선교사의 가장 필요한 협조자들이며 이 때문에 251조에서 말하는 수입의 1/3을 우선적으로 이에 사용해야 한다고 명시했다. 주교는 'catéchistes'에는 공소회장과 전교회장이 있는데, 그중에서 202, 203, 205조와 206조가 공소회장에 관한 것이고 204조가 전교회장에 관한 내용이라고 했다.[38] 204조는 아래와 같다.

204. 선교사들은 자신의 관할구 안에 전교회장을 한 명 내지 여러 명

---

37 『서울교구연보』 1890년 연말보고서, 102쪽.

38 "201. Avec un servant apte, des catéchistes remplissant bien leur office sont les auxiliaires du missionnaire les plus nécessaires, et dont l'action pour l'évangélisation est le plus efficace. C'est pourquoi dans l'utilisation du 1/3 des revenus dont il est parlé à l'art. 251 et qui doit être immédiatement affecté aux oeuvres des districts, la question du servant et des catéchistes sera mise en première considération. Du servant il est parlé au chapitre suivant. Les catéchistes sont de deux sortes: les catéchistes résidents ou catéchistes de kongso, dont il est parlé aux articles 202, 203, 205 et 206, et les catéchistes ambulants, dont il est parlé à l'art. 204."(*Directoire de la Mission de Taikou*, p.59). 영남교회사 연구소에서 간행한 번역서에는 공소회장을 '상임 전교회장'이라고 했는데 이는 공소회장으로 수정해야 한다.

을 두도록 힘써야 한다. 전교회장은 임지의 소득으로든 전교회가 제공하는 보조금으로든 혹은 개인적으로 그들 스스로 얻을 수 있는 수입원으로든 급료를 받는다. 전교회장의 직책은 두 가지인데 일반적으로 이 두 업무를 연령, 활동과 급료 등 서로 조건을 달리하여 두 사람에게 배당할 수 있을 것이다. 첫 번째 직무는 개종을 독려하는 전도사 직무이다. 두 번째 직무는 영세 지망자들의 마을에 얼마간 머물면서 그들에게 글과 교리를 가르치는 교사의 직무이다. 본질적으로 두 직무에서 여자들을 제외시킬 필요는 없다. 사정이 가능한 곳에서는 여자들이 아주 잘할 것이다. 임명과 일급, 계절급 혹은 연급 등 급료 원칙은 각 경우마다 선교사가 정할 것이며 주교에게 재가를 받는다. 일반적으로 규칙이란 통제하기 어려운 상황에서는 남용되기 쉽다. 그런 상황이 되면 전교회장은 까닥하면 한낱 월급쟁이나 신자들의 식객이 되어 버릴 수 있다. 예전에 이러한 (역할의) 남용으로 거의 시작 단계부터 이 일이 중단된 일도 있다.[39]

---

39 "204. Les missionnares s'efforceront d'établir dans leurs districts un ou plusierus catéchistes ambulants, qui seront payés soit avec les revenus du poste, soit avec les subsides que la mission pourra fournir, soit avec les ressources que personnellement ils pourront se procurer. L'Office du catéchiste ambulant est double, et généralement gagnera à être réparti sur deux personnes les conditions d'âge, d'activité et de salaire différant notablement pour les deux offices. Le 1er office est celui de Propagandiste excitant les conversions. Le 2ème office est celui d'Instructeur, résidant quelque temps dans les villages de catéchumènes, leur enseignant la lettre et la doctrine. En soi, il n'y a pas de nécessité d'exclure les femmes de ce genre d'office; là chose est possible, elles peuvent être très utiles. Les règles concernant l'admission, le principe du salaire à la journée, à la saison ou à l'année, seront établies pour chaque cas par le missionnaire, et approuvées par l'Evêque. Les règles génèrles entraineraient facilement des abus pour une situation difficile à contrôler, et dans laquelle le catéchiste ambulant peut aisément devenir trop exclusivement un salarié et un parasite des chrétiens, abus qui ont amené autrefois la suppressin de cette oeuvre presque dès son début."(*Directoire de la Mission de Taikou*, p.60.

『사목지침서』 204조에는 위와 같이 전교회장의 수, 임무, 대우 등이 규정되어 있다. 전교회장은 각 사목 관할구 안에 적어도 한 명 이상, 다수를 두도록 권장되었다. 그들은 전교하고, 또 새로 입교자가 생긴 곳에 살면서 교리교육을 한다. 이 두 업무, 전교와 교리교육을 분리하여 사람을 고용할 수도 있다. 전교회장은 원칙적으로 대목구에서 관리, 운영하나 그 급료는 일정치 않다. 급료는 대략 선교사가 정하고 주교에게 재가를 받는데, 임무나 근무 기간이나 형태를 달리하여 차등제를 실시하는 편이다. 한편, 이 문헌에서 여자 전교회장을 따로 언급하며 어떤 지역에서는 여성이 더 탁월할 수 있다고 하는 주교의 인식은 주목된다. 주교는 전교회장제도의 악용에 대한 우려도 상기시켰다.

그러나 204조에서는 회장의 자격이나 훈련에 대해서는 언급이 없다. 이는 『사목지침서』에서 함께 논하는 공소회장과 공통되는 내용으로 간주하여 반복을 피했다고 보인다. 실제로 대구대목구에서는 전교회장과 공소회장이 함께 회장 피정을 했다. 드망즈 주교의 경우에는 자신이 직접 회장 피정을 지도하거나 또는 그 내용을 일일이 지시했다. 대구대목구의 회장 피정 내용은 자세하고 분량이 많다. 이를 후속 원고로 미룬다.[40]

지금까지 살펴본 바와 같이 전교회장에 대한 이 문헌은 매우 간단하다. 그러므로 실제 현장에서 전교회장이 어떤 역할을 담당했는지는 실례(實例)를 분석해야 한다. 공문이나 교세통계 등의 실제 사례를 분석하여 시대별로 전교회장의 운영 양상을 살펴보겠다.

---

40 김정숙, 『회장』 심포지엄 자료집, 2017, 81·84~85쪽 참조.

3. 1910년대 전교회장제도의 배경과 그 활동

교회에서 전교회장에 대한 기대는 자못 컸다. 드망즈 주교는 "전교회장이 새로운 신자들 사이에 살면서 법을 어긴다면, 이러한 그의 배교 행위는 공소 전체를 망치게 만든다."라고 했다.[41] 그는 교세통계를 작성할 때마다 전교회장의 활동과 업적을 자세히 보고했다.

전교회장제도 초기, 주교는 전교회장을 활용한 성과를 알리면서 전교회장 고용을 독려했다. 이때 신부들은 해당하는 인적자원이 없다고 답했다.[42] 그러나 신부들은 전교회장이 일반인에게 다양한 시도로 다가가고 효과를 거두면서 차츰 그 필요를 공감했다. 1913년 대구대목구에는 본당 18개소에 전교회장이 5명이었는데, 10년대가 끝나는 1919년에는 27명에 이르렀다. 27명은 당시 선교사 수보다 많고, 조선인 신부보다 5배 많은 수였다.

〈표 1〉 1910년대 전교회장 수와 교회 상황[43] (단위: 명)

연도	전교회장	비 고
1913	5	주교 1, 선교사 15, 조선 신부 5, 교우 26949, 공소 392
1914	10	주교 1, 선교사 18, 조선 신부 5, 교우 27382, 공소 409
1915	10	주교 1, 선교사 17, 조선 신부 5, 공소 399
1916	9	주교 1, 선교사 17, 조선 신부 4, 교우 28963, 공소 396

---

41 「대구대목구 공문」 23호, 1914.10.12, 1913~1914년 통계표와 활동보고서 및 지적사항.
42 「대구대목구 공문」 29호, 1915.9.23, 1914~1915년도의 통계표와 활동보고서. 김진소 신부는 그 이유를 봉급의 문제로 설명하고 있다.(『전주교구사』 1, 809쪽 참조)
43 『경향잡지』에 실린 교세통계표 활용.

1917	9	주교 1, 선교사 17, 조선 신부 4, 교우 29356, 공소 384
1918	7	주교 1, 선교사 16, 조선 신부 5, 교우 29703
1919	27	주교 1, 선교사 16, 조선 신부 5

1910년대 종교적 사회환경은 악화일로를 걷고 있었다. 대구대목구는 출발하면서부터 일제 총독부에 의해 종교적 제재를 받았다. 그리고 대목구가 기틀을 잡기도 전, 제1차 세계대전이 일어났다. 전쟁으로 인해 유럽으로부터 오는 선교 후원금이 대폭 감소했고, 보조금도 전쟁 발발 이듬해에는 기존의 3분의 1로 줄었다.[44] 프랑스는 선교사들에게도 총동원령을 내렸고, 대구대목구에서도 성직자가 세 명이나 징집됐다. 더욱이 이후 5년간은 선교사가 파견되지 않았다.[45] 이제 문을 연 유스티노 신학교에서 신부가 배출되기도 요원했다.

설상가상으로 사회에는 천주교회에 불리한 여건이 형성되었다. 당시 한국 내 일본인은 대부분 신도 신자였고, 불교를 옹호했다. 그들은 제1차 세계대전의 와중에 있는 가톨릭을 빗대어 '서로 물고 뜯는 국민들의 종교'라고 선전했다.[46] 일본인들은 선교사를 위험한 인물로 보이도록 유도하며 천주교 신자들을 선교사를 편드는 불충한 국민으로 취급했다.[47] 일본인 이주민이 개화라는 명목으로 한국 문화에 나쁜 영향을 미치고 있는 데다가, 학교 다니는 젊은이들은 신사조(新思潮)에 민감했다. 사회 사조는 점점 비종교적으로 흘러갔고 법률은 교육을 종교로부

---

44 『교구연보』 1916년도 보고서, 60쪽; 「대구대목구 공문」 26호, 1915.8.18.
45 『교구연보』 1918년도 보고서, 75~80쪽.
46 『교구연보』 1916년도 보고서, 62~63쪽.
47 『교구연보』 1916년도 보고서, 62~63쪽.

터 분리시키고 있었다.⁴⁸ 1915년부터는 총독부령 제83호 포교 규칙으로 총독부의 허가 없이는 포교활동을 못하게 했다.

이와는 별개로 한국 사회에서는 신분 변동의 진행, 일본 총독부의 묘지법으로 야기되는 조상 숭배에 대한 충격 등을 겪으면서 외국 문화에 대한 인식이 변하고 있기도 했다. 전교에 유리한 기회일 수도 있었다.⁴⁹ 이런 상황에서 드망즈 주교는 신자들이 보다 전교에 열정적이기를 바랐다. 신자들은 대부분 본당에서 멀리 살았기 때문에 성사도 자주 받지 못했다. 그들은 본당신부로부터 전교 사명에 대해 듣지도 못했고, 또 전교에 무관심했다.⁵⁰ 주교는 "구교우들은 전교에 대해 신경 쓰지 않으며, 비신자들과 사귀지 않는 습성을 가지고 있다. 마치 유대인처럼 자신들은 선택된 사람이고 다른 사람은 그렇지 않은 것처럼 생각한다."⁵¹고 걱정했다.⁵² 드망즈 주교는 조선이 새로운 변화를 시작하는

---

48 『교구연보』 1916년도 보고서, 60~61쪽.

49 「대구대목구 공문」 23호, 1914.10.12, 1913~1914년도의 통계표와 활동보고서 및 지적사항;『교구연보』 1914년도 보고서, 46쪽.

50 『교구연보』 1916년도 보고서, 60~61쪽.

51 「대구대목구 공문」 23호, 1914.10.12, 1913~1914년도의 통계표와 활동보고서 및 지적사항. 이외, 가실본당의 뚜르뇌(Tourneux, 呂東宣, 1879~1944) 신부도 옛 공소들은 외교인들을 개종시키는 데 열성적이지 않은 반면, 왜관의 신교우들은 외교인을 개종시키려 열성을 다한다고 보고했다.(『교구연보』 1929년도 보고서, 170쪽) 이러한 보고는 1920년대도 계속되었다. 김천-신자들은 이기적이며 열성적인 신자는 자기만 열성이고 전교 열성이 없다. 함양본당-구교우는 전교에 열정이 없고 신입 교우가 열성적이다.(1925~1926년 대구교구 통계표 본당별 보고 분석)

52 박해가 끝났을 때 선교사들의 보고에는 "하나씩 오는 신입 교우들은 모두가 그 주위에 있는 교우들이 펼친 개인적인 개종 권유의 결과입니다. 하기는 이것이 아직 조선에서는 가장 좋은 신자 획득 방식이고 가장 확실한 전교 방법이라는 것이 증명되는 것 같습니다."(1893년도 쁘와넬(Poinel, 朴道行, 1855~1925) 신부 보고, 『서울교구연보』 1, 140쪽)와 같은 보고가 이어지고 있다. 그러나 일제강점기에 들면서는 교우들이 선교에 관심을

시기에 입국했다. 반면에 박해기 교우촌을 중심으로 신앙을 지켜 온 신자들은 이제 막 디아스포라인 교우촌 신앙생활에서 성당 신앙생활로 옮겨 가야 할 때였다. 첫 출발의 에너지 넘치는 주교는 밀려드는 변화에 아직 적응하지 못하고 머뭇거리는 신자들을 이렇게 표현했다고 하겠다. 또 주교는 신자들이 임종대세 등 다양한 상황에서 엄격한 규정에만 얽매이지 않도록 교리교육을 새로 할 필요를 절감했다.[53] 결국, 주교는 전교회장을 이러한 인적자원 부족과 시대 변화가 요구하는 선교 대안으로 선택했다.

1914년 전교회장들의 첫 순방활동은 직접적 효과를 크게 일으키지 못했다. 두 전교회장은 냉담자를 찾아다녀 네 가족을 회두시켰다. 다른 한 전교회장은 59명을 회두시켰다. 전교회장이 신자들에게 음주와 도박을 근절시켰는데, 이로써 미신자 가정들이 마을의 표양과 평화에 감화되어 천주교회에 나올 생각으로 공소 마을로 이사 오기도 했다.[54]

1917~1918년도에는 페랑(Ferrand, 1868~1930, 일본인 담당) 신부의 전교회장이 23명을 영세시켰다. 그리고 뤼까(Lucas, 柳嘉鴻, 1887~1964) 신부의 전교회장은 영세자를 10명 냈다. 더욱이 이 전교회장은 장티푸스가 번져 25명이나 한꺼번에 사망한 가난한 마을에 들어가서 사랑을 베풀어 영세자를 얻었다. 그러자 마을에서는 그에게 마을 운영도 맡길 만큼 호응이 높아졌다. 이는 자선활동으로 마을 전체

쏟지 못한다고들 이야기하고 있다.

53 『교구연보』 1913년도 보고서, 32쪽.
54 「대구대목구 공문」 23호. 1914.10.12, 1913~1914년도의 통계표와 활동보고서 및 지적 사항.

를 신앙으로 인도할 수 있다는 선례가 되었다.[55] 김 스테파노(김양홍, 1874~1945) 신부도 전교회장이 열심인 20개 공소는 잘되고, 전교회장이 신통치 않은 10개 공소는 침체되었다고 보고했다.

물론, 여성 전교회장도 초기부터 활동했다. 주교는 1914년경 조선 신부 2명이 자신의 본당에 유급 여자 전교회장을 두어 훌륭한 성과를 거둔 사례를 소개하면서 선교사들도 이를 고려해 보도록 권했다.[56] 실제로 드망즈 주교는 『사목지침서』 204조에 두 직무(전교와 교리교육)에서 여자들을 제외시킬 필요는 없다면서 사정이 가능한 곳에서는 여자들이 매우 유용할 것이라고 명시해 두었다. 교구에서는 조선인 신부가 먼저 여성 전교회장을 채용했고 그 성과도 높았다. 이후 여성 전교회장의 활동은 점점 활발해져 여성 회장만 두는 본당도 생겼다. 1934년부터는 여성회장이 남성 전교회장의 숫자보다 많아졌다.

1910년대 전교회장은 신자들에게 교리 지식을 가르치고 냉담자를 회두시키는 역할을 했다. 그리고 새로 영세할 사람들을 찾아내고 교육

---

[55] 「대구대목구 공문」 40호. 1918.9.15, 1917~1918년도 통계표와 활동보고서 송부 건; 『교구연보』 1918년도 보고서, 79쪽.

[56] 「대구대목구 공문」 29호, 1915.9.23, 1914~1915년도의 통계표와 활동보고서; 『교구연보』 1915년도 보고서, 55쪽. "조선 신부 2명은 자기 본당에 유급 여자 전교회장을 두었는데, 그들은 많이 돌아다니지 않고 필요하고 할 만한 일이 있는 곳에 꽤 오래 머물러 있으면서 같은 여자 예비신자들의 영세 준비에 집중했습니다. 그런 일이 없는 곳에는 가지 않는 것입니다. 지난 사제 피정 때 회합에서 이 신부들은 조선의 많은 여자들은 12단을 배울 수 없고, 세 가지 문답의 글자도 모른다고 하면서 그들 자신은 읽을 줄도 모르는데 주변에 여교우도 없고, 또 글을 아는 여자들도 없는 데다가, 그렇다고 남자들한테 배울 수도 없는 형편이랍니다. 이러한 상황에서는 많은 미신자 여자들은 스스로 구원을 위해 아무것도 할 수 없다고 지적한 바 있습니다. … 이 신부님들은 여자 전교회장을 통해 과부들과 할머니들을 모두 합치시켰는데 그 유지는 아주 미약한 예산으로 되고 있다고 합니다. 이러한 여자 전교회장 활용은 지침서에서도 말하고 있으니, 전교회 신부님들은 이 두 한국 신부님들이 하고 있는 것을 본받아 하실 수 있는지 판단에 맡깁니다."

시켰다. 자선활동을 통해 외교인 사회에 들어가기도 했다.

4. 1920년대 '전교회장사업'

1920년에는 교구 신자 수가 3만 명을 넘어섰다.[57] 또한 1925년 7월 5일 기해·병오박해 순교자 79위 시복식이 있었다. 한국 교회는 이 큰 경사를 계기로 국내에 천주교에 대한 관심을 환기시킬 수 있었다. 더욱이 대구대목구에서는 1923년 드망즈 주교 사제서품 은경축이 또 하나의 결집 기회를 만들었다. 그럼에도 1920년대에도 1910년대와 마찬가지로 조선인들의 삶은 나날이 황폐해지고, 신앙생활을 가로막는 장벽은 높아만 갔다. 세금이나 기부금은 매년 늘어나고 새로 제정된 법에 의해 백성들은 차압당하거나 토지를 빼앗겼다.[58]

1918년에 공포된 조선임야조사령과 1921년 선포된 조선연초전매령으로 말미암아 산속 교우촌이 와해되어 갔다.[59] 산간 교우는 일반적으로 도시 주민들보다 훨씬 견고한 신앙을 지켜 온 이들이었다. 박해 때부터 산간 지역에서 화전과 연초 재배, 옹기업을 주요 경제 수단으로 삼고

---

57 『교구연보』 1920년도 보고서, 90쪽.
58 『교구연보』 1921년도 보고서, 93~94쪽.
59 「대구대목구 공문」 62호 1924.7.31, 1923~1924년도의 통계표 송부 건; 『교구연보』 1922년도 보고서, 104쪽 라크루(Lacoruts, 具瑪瑟, 1871~1929) 신부의 보고 및 1924년도 보고서 119쪽 등.

있던 신자들은 생계에 타격을 입고, 고향을 뜨게 되었다.[60] 산지 경작을 허락받은 사람들도 가꾼 담배를 손해 보고 팔아야만 했기 때문에 그들도 차츰 평야 지대로 내려왔다.

신자들은 도시로 이주하거나 간도로 갔다.[61] 그들은 만주로 가서 더 잘살 수 있게 되는 것도 아니고 더 나은 신자가 되지도 못했다.[62] 도시로 밀려오는 사람들은 더 이상 잃어버릴 것이 없는 처지에서 쉽사리 공산주의에 빠져들었다.[63] 일본인들에게 고용되어 산에서 내려오는 신자들도 계속해서 본분을 지키는 예는 드물었다.[64] 한편, 일본으로 이민 가는 신자들도 많아 마산포본당이나 제주도 홍로본당은 심각한 상태였다. 그들이 해협을 다시 건너올 때는, 물질적인 면에서 얻은 것도 없고, 정신적인 면에서는 많은 것을 잃고 난 후였다.[65]

유럽을 다녀온 드망즈 주교는 이러한 시대의 대안으로 새로운 선교 방법을 채택했다. 이는 '전교회장사업(Oeuvre des catéchistes

---

60 『사랑과 은총의 자취』, 115~116쪽; 『교구연보』 1919년도 보고서, 82쪽.
61 『교구연보』 1924년 보고서, 116쪽; 「대구대목구 공문」 66호, 1926.9.24, 1925~1926년도의 통계표 송부 건.
62 『교구연보』 1920년도 보고서, 90쪽.
63 1925년도 문경본당-지금은 공산주의가 생기고 있으나 구교우와 예비신자 중에 생활이 해결되면 공산주의에서 회개할 수도 있을 것이다.(「대구대목구 공문」 66호, 1926.9.24, 1925~1926년도의 통계표 송부 건)
64 『교구연보』 1924년도 보고서, 119쪽. 나바위본당 신자들이 대폭 감소한 이유는 일본인들의 논을 얻어 붙이려고 왔던 신자들이 다시 떠났기 때문이다.(「대구대목구 공문」 66호, 1926.9.24)
65 「대구대목구 공문」 62호, 1924.7.31, 1923~1924년도 통계표 송부 건; 『교구연보』 1924년도 보고서, 119~122쪽; 「대구대목구 공문」 66호, 1926.9.24, 1925~1926년도의 통계표 송부 건; 「대구대목구 공문」 68호, 1927.9.24, 1926~1927년도의 통계표.

prédicants)'으로써 외교인 지역을 새로운 복음화 목표로 삼고 전교회장을 신부와 함께 묶어 외교인들에게 파견하는 방법이었다. 즉 선교사보다는 조선인 신부를 외교인 가운데로 보내 그들과 자연스럽게 관계를 맺도록 하는 선교 전략이었다.[66] 그런데 주교는 조선인 신부 파견에 앞서 반드시 전교회장을 먼저 보내야 한다고 보았다. 주교는 '선구자'로서는 조선인 신부들보다 회장이 더 바람직하다고 판단했다. 그는 '지금으로서는 선교사에게도 조선인 신부들에게도 외교인 마을의 복음화를 기대할 수가 없다. 첫 접촉으로 조선인을 감화시키려면, 사회적인 조건이 같은 다른 조선인이 있어야만 한다.'고 생각했다.[67]

회장은 외교인 지역에 먼저 들어가 조사하고 그들과 교류할 방법을 모색했다. 그리고 이후 파견되는 조선인 신부들은 둘에서 세 지역을 맡아 함께 여행하며, 함께 일했다. 드망즈 주교는 선교를 위해 특별한 교육을 받아 연구 검토된 방법으로 전교할 줄 아는 회장만 있다면 이 선교는 반드시 성공한다고 믿었다.[68] 이렇게 전교회장은 선교 첨병으로 서게 되었다.

드망즈 주교는 1922년부터 인도 퐁디셰리(Pondychéry)의 모렐(Morel) 주교에게 대구대목구의 전교회장제도를 소개했고, 그 내용은 1923년, 1928년 외방전교회지에 실렸다. 그는 기본적으로 개항 이후 개신교가 들어와서 급성장하는 것은 (개신교) 전도사의 역할이라고 보았다. 또한 천주교 신자들은 교우촌을 이루고 격리되어 살고 있어 일일이

---

66 『교구연보』 1930년도 보고서 참조.
67 『교구연보』 1927년도 보고서, 148쪽.
68 『교구연보』 1920년도 보고서, 92쪽.

방문하여 교리교육을 시켜야 하는데, 이를 위해서는 전교회장이 적합하다고 강조했다. 아마 이러한 소개를 하면서 재정 지원을 얻은 것 같다. 1927년에 뜻밖의 돈이 들어와 1927년과 1928년 전교회장 경비를 감당했다. 그리고 1927년에는 전교회장을 12명에서 두 배로 늘려 24명을 두었다.[69] 전교회장의 월급도 올릴 수 있었다.

대구대목구의 1920년대 전교회장 숫자는 기복이 있었다. 전교회장은 1920년 24명이었는데, 이는 1919년보다 감소한 숫자였다. 이러한 추세는 1923년 10명, 1926년 12명 등으로 계속되었다. 이를 살펴보면, 드망즈 주교가 '전교회장사업'을 계획하고 소개하여 외국으로부터 지원을 받던 때는 대구대목구에서 전교회장 숫자가 줄고 있는 때였다. 아마도 재정상의 이유였던 것 같다. 그러나 앞서 본 바와 같이 드망즈 주교의 '전교회장사업'이 추진되면서 1927년 12명이던 전교회장이 두 배로 늘어났고,[70] 1920년 말에는 37명으로 늘어났다. 또한, 주교의 적극적인 노력으로 전교회장제도에 대한 호응이 높아져 각 본당에서 전교회장 요청이 쇄도했다. 드망즈 주교는 각 본당마다 적어도 남녀 회장 각 1명씩 둘 수 있기를 희망했다.

〈표 2〉 1920년대 전교회장 수 (단위: 명)

연도	전교회장	비 고
1920	24	주교 1, 선교사 16, 조선 신부 7, 교우 30002, 공소 398
1922	15	주교 1, 선교사 16, 조선 신부 7, 교우 30672, 공소 403

---

69 『교구연보』 1927년도 보고서, 148쪽.
70 「대구대목구 공문」 68호, 1927.9.24, 1926~1927년도의 통계표 송부 건.

1923	10	주교 1, 선교사 15, 조선 신부 12
1924	11	주교 1, 선교사 15, 조선 신부 13
1925	13	
1926	12	주교 1, 선교사 16, 방인사제 12, 본당 26
1927	24	주교 1, 선교사 16, 방인사제 23
1928	41	주교 1, 전교사 17
1929	37	주교 1, 선교사 16, 방인사제 21

한편, 1920년대는 전교회장의 활약은 주교의 노력에 걸맞은 성과를 일구었다. 1920년 진안에서는 전교회장의 신자 방문이 효과를 발휘해 냉담자 104명이 돌아왔다. 이듬해인 1921년에는 부산(페셀(Peschel, 白鶴老, 1887~1972) 신부 담당)에 콜레라가 만연했다. 이때 전교회장이 경찰의 경비를 뚫고 들어가 격리된 환자들에게 대세를 베풀었다. 불과 1개월 동안 열 명 넘는 병자가 대세를 받고 세상을 떠났다.[71] 1922년에는 보수적인 지역 진주에도 아담한 경당과 열성적인 회장을 둘 수 있었다.

1923년 진주본당(김 스테파노 신부)에서는 전교회장이 세 읍(邑)에서 활동하여 부모들의 협력으로 새로운 입교자들을 얻었다. 또 되재본당(파르트네(Parthenay, 朴德老, 1791~1969) 신부)에서는 여자 전교회장의 노력으로 냉담자 15명이 회두했다.[72] 그리고 미국의 희사 덕택으로 전주부에 전교회장 한 명을 고용했는데, 이를 통해 김 스테파노 신부는 109명의 성인 영세자를 냈다.[73]

---

71 『교구연보』 1921년도 보고서, 98쪽. 공문에 의하면 이는 포항 지역임.(「대구대목구 공문」 48호 1921.8.4, 1920~1921년도 통계표와 활동보고서 송부 건)
72 「대구대목구 공문」 62호, 1924.7.31, 1923~1924년도 통계표 송부 건.
73 『교구연보』 1923년도 보고서, 113쪽; 「대구대목구 공문」 62호, 1924.7.31, 1923~1924

1925년 마산포본당은 심한 홍수 재해에도 불구하고 전교회장의 활동으로 성과를 냈다. 수류본당 전교회장 중 한 명은 자기 대신에 신자 부인들을 여러 마을로 보내 예비신자들에게 교리를 가르치게 하고 남자들에게는 청년들이 가서 가르치게 해서 어른 영세자 10명을 냈다.[74] 이처럼 전교회장이 솔선수범하여 일을 나누는 현상도 시작됐다.

1926년에도 전교회장들의 활동은 눈부셨다. 거창에는 예비신자들이 많이 생겨, 집을 한 채 마련해서 전교회장이 예비신자들과 살기도 했다. 경주와 하양에는 여자 전교회장만 있었는데 이들의 활약이 컸다. 안동읍은 이전에 여관에서 신자들에게 성사를 주어야 할 정도로 신자가 드물었는데, 여건이 좋아져 서정도 신부와 전교회장이 파견됐다.[75] 또한 마산포본당(베르몽 신부, Bermond, 睦世永, 1881~1967)에서는 심한 가뭄에도 불구하고 여자 전교회장이 매월 15일 동안 예비자를 가르쳐 17명이 영세할 준비를 했다.[76]

특히 1927년에는 회장들의 조직이 두 배로 불어났다.[77] 그리하여 이주자가 많아 고생하는 제주도 이경필 신부에게 전교회장을 보냈다.[78] 거창읍에는 전교회장을 파견하고 유선이 신부가 방문한 덕택에 복음이 싹텄다.[79] 또 새 사제와 전교회장을 보낸 경주에는 초기 신자가 300

년도 통계표 송부 건.
74 「대구대목구 공문」 66호, 1926.9.24, 1925~1926년도의 통계표 송부 건.
75 「대구대목구 공문」 68호, 1927.9.24, 1926~1927년도의 통계표 송부 건.
76 위의 공문.
77 『교구연보』 1927년 보고서, 153쪽.
78 『교구연보』 1927년 보고서, 149쪽.
79 『교구연보』 1927년 보고서, 150쪽.

명 정도였는데, 얼마지 않아 성당이 너무 비좁아 새로 지었다.[80] 또한 뚜르뇌 신부의 낙산본당에서도 왜관의 전교회장이 전력을 기울이고 있었다.[81]

1929년도에 들어서는 신부들이 전교회장의 활동에 칭찬을 아끼지 않고 있으며, 도처에서 주교에게 전교회장을 보내 달라고 요청했다.[82] 가실본당 뚜르뇌 신부의 왜관에 대한 보고가 희망이 넘친다.

"올해 43명의 성인과 42명의 외교인 자녀가 임종대세를 받았습니다. 성실한 예비자들은 약 200명에 이릅니다. 12년 전에는 3명의 교우밖에 없었던 이 신생 교우촌은 이제 200여 명의 교우를 헤아리고 있습니다. 이 읍에는 한때 개신교도들이 많았으나 이제는 상당히 줄어들었습니다. 자신들의 잘못을 안 개신교 신자 여러 명이 벌써 세례를 받았고, 다른 많은 사람들이 예비자 명단에 등록되어 있습니다. 이러한 결과는 이곳에 거주하는 회장과 교구에서 보수를 받는 두 명의 회장 덕택입니다. 앞날은 기대에 차 있습니다. 왜관의 선교사는 생긴 지 얼마 안 되는 이 교우촌에 악습이 생기지 못하게끔 이끌어 갈 방법을 알고 있습니다. 따라서 그는 매년 많은 영세자를 보면서 위안을 받을 것입니다. 약 800명을 수용할 수 있는 아름답고 커다란 성당이 이곳 회장과 이웃 공소회장 2명의 희사로 지난해에 건축되었습니다."[83]

---

80 『교구연보』 1927년 보고서, 151쪽.
81 「대구대목구 공문」 68호 1927.9.24, 1926~1927년도의 통계표 송부 건.
82 『교구연보』 1929년도 보고서, 166~167쪽.
83 『교구연보』 1929년도 보고서, 170쪽.

이와 마찬가지로 대도시이며 불교 세가 강한 진주에서 정영길 신부와 전교회장들의 노력으로 21명의 성인 영세자를 배출했다.[84] 정읍 읍내에 정착한 전교회장도 전력을 다했고 많은 사람이 그를 찾아오기 시작했다.[85]

이러한 고유 업무 외에도 대목구에서는 전교회장들을 통해 공소와 교우가 연락을 취했다. 예를 들면, 주교는 신자들에게 보내는 비오 10세의 자주 영하는 영성체와 어린이 영성체에 관한 두 가지 교령을 전교회장 피정 때 전해 주고 설명하도록 했다.[86] 본당별로 모이는 공소회장보다는 순회하는 전교회장이 보다 더 신자 혹은 비신자의 매개 역할을 했다.

한편, 1920년대 대목구에서는 '전교회장사업'으로 전혀 연고 없는 외교인 지역에 전초기지를 구축하고 그 지역 복음화에 나섰다. 주교는 이런 사업을 위해 전교회장의 지식을 보완해 주려고 노력했다. 그는 1921년 전교회장의 교리 지식을 강화하고 전교에 참고할 교재를 발간했다. 이 홍보지는 국문, 한문 두 개의 언어로 발행되었다. 드망즈 주교는 이를 전교회장 각자에게 20부씩 주고 전교회장의 능력대로 더 분배하라고 지시했다. 그는 전교지를 미신가, 개신교 신자, 역사가, 학자 등과 어려운 문제나 이들의 반대를 논할 때 사용토록 했다.[87]

요컨대, 1920년대 초반에는 전교회장제도 운영이 부진했다. 그러나

---

84 『교구연보』 1929년도 보고서, 172쪽.
85 『교구연보』 1929년도 보고서, 173쪽.
86 「대구대목구 공문」 11호, 1912.10.19.
87 『교구연보』 1922년도 보고서, 100쪽; 「대구대목구 공문」 51호, 1921.12.20, 전교용 홍보지 발행과 활용에 관한 건.

'전교회장사업'으로 전교회장의 수는 급증했고, 그들의 활동도 활발해져 여러 비신자 지역에 복음화 거점을 열었다. 그런데 주교는 향후 이 복음화 지역으로 교우촌보다는 도시를 택해 나갔다.

5. 1930년대 전교회장의 변화 양상

1930년대는 교회의 의지를 다시 다지는 시기였다. 1931년 9월 13일부터 26일까지 조선교구 설정 100주년을 기념하는 전조선지역공회의가 서울에서 개최됐다. 이듬해에는 조선 교회 지도서를 발간했다.[88] 1937년 4월 13일, 대구대목구에서 1931년에 분리되어 독립을 준비하던 전주감목대리구가 지목구로 독립하고, 동시에 광주지목구가 설립됐다. 이로써 대구교구는 다시 교구 설립 때 정도의 규모가 되었다. 선교사 19명과 조선인 신부 25명이 신자 25,886명을 사목하게 됐다.

또한 『교리서』, 『사목지침서』 등 교회 문헌들이 새로 정리되었다. 특히 1935년에는 회장 생활 지침인 『회장회칙』이 새로 발간되었다. 이 책은 드망즈 주교의 주도하에 이루어졌기 때문에 대구대목구에서는 이 규칙의 적용이 훨씬 활발하게 지켜졌으리라 생각된다. 주교는 이 책을 회장 인원수만큼만 인쇄하여 배분하면서 앞서 발행된 책은 없애고 회장 피정 때는 새 내용으로 설명하라고 당부했다.[89]

---

88 『교구연보』 1932년도 보고서.
89 「대구대목구 공문」 110호, 1935.9.9, 『회장회칙(Regula Catechistarum)』 송부 건.

〈그림 2〉 1934년 대구 시내 전교회장

〈그림 3〉 1934년 대구 시외 전교회장

한편, 드망즈 주교는 1920년대 말 병 치료차 프랑스에 갔다가 1931년 2년 반 만에 돌아왔다. 그는 귀국하여 1931년도 보고서를 제출하면서 '전교회장사업'에 대해 되돌아보고 이 사업을 평가했다. '전교회장사업' 은 1922년 대구대목구에서 발족되었다. 특히 조선인 신부들의 조언을 많이 듣고 조직을 만들었다.

그런데 2년 후 이를 포기해야만 했다. 이는 '일정' 봉급을 주는 데 따른 부작용 때문이었다. 적은 액수의 정액 봉급 때문에 회장을 지원하는 사람이 매우 적었다. 또 지원한 회장들도 주어진 상황과 기회가 다른데 같은 봉급을 주자 그저 면피 활동만 하고 안주하는 경향이 있었다. 결과적으로 봉급만큼 성과를 내지 못했다. 이때 주교가 데리고 있던 회장 두 명만이 일 년 내내 일을 계속해서 전 가족을 부양할 수 있었다.[90] 결국, 주교는 선교사들에게 자기 신자 가운데서 적당한 사람을 뽑아 전교회장으로 추천하고, 그들 스스로가 지역 여건과 개인 형편에 알맞은 봉급을 제의하도록 했다. 이후 주교에게 전교회장들의 선교 성과가 속속 올라왔다.[91]

1920년대 말부터는 외교인의 개종 움직임이 두드러졌다. 또 천주교가 전래되지 않은 지방들도 새로 길이 트였다. 그러자 '전교회장사업' 초기에 회의적이었던 이들도 이 사업의 중요성과 필요에 대해 인정했다. 모든 신부들이 전교회장을 두겠다고 요청했다. 주교도 각 본당마다 최소한 남녀 회장이 1명씩 있기를 바랐다.[92]

그리하여 1930년대는 전교회장의 수가 대폭 증가했다. 1931년 주교는 전교회장을 15명 더 늘렸다. 따라서 회장들의 급료 예산이 8,000원에 육박해 주교는 일반적인 경비 외에 이를 따로 마련해야만 했다. 재

---

90 드망즈 주교가 퐁디셰리의 대주교에게 편지를 쓰던 1927년에 전교회장이 30명이었는데, 그중 40엔을 받는 이는 두 명뿐이었고, 다른 여러 사람들은 이보다 훨씬 적었다.
91 『교구연보』 1931년도 보고서, 197~199쪽.
92 『교구연보』 1931년도 보고서, 198쪽.

정 문제로 사업을 더 확장할 수 없었지만 그래도 그는 새로 설정되는 전주지목구에는 본당마다 전교회장을 배치했다.[93] 주교는 '전교회장사업'이 궤도에 올랐기 때문에 그 수만 늘린다면 발전 가도를 달리리라고 전망했다.

한편, 드망즈 주교는 일반적 예상을 깨고 아직 신자 수십 명밖에 없는 도회지에 본당을 창설했다. 당시 본당은 시골에 있었으며 시골 본당은 선교사 한 명이 3천~4천 명이나 되는 신자를 사목하고 있었다. 그런데 주교는 이런 본당을 분할하는 대신 새로 탄생하는 사제들을 도시로 보냈다. 처음에는 사람들이 의아해했으나, 차차 주교의 선견지명에 공감했다.[94]

임야조사령과 연초전매령 등으로 교우들이 계속 산골 마을인 오랜 교우촌을 떠났다. 또 산업화의 진행과 새로운 시대사조에 의해 조선인들이 주요 도시로 모여들었다. 결과적으로 전교할 대상이 훨씬 밀집해 있는 상태가 되었다. 그리고 도시에서는 전교회장이 활동하기가 보다 쉽고 통제도 가능했다. 또한 분산되어 있는 시골에서 불가능했던 교육,

---

[93] 『교구연보』 1932년도 보고서, 205~206쪽. "본인은 모든 본당에 전교회장을 두게 할 수는 없었지만, 전라도 감목대리구의 본당들에는 모두 배치되기를 원했습니다. 현재 이 소원은 이루어졌습니다."

[94] 『교구연보』 1927년 보고서, 151~152쪽. "지난번 서품식에서 이 야고버 신부가 경주읍으로 배정되었을 때 대부분의 사람들은 놀라 했습니다. 2천 명이 넘는 교우들로 힘겨워하고 있는 본당들이 여러 곳인데, 새 신부가 가 봐야 고작 300명가량의 교우가 모이게 될 지역에 본당을 설립한단 말입니까? … 그런데 외교인들에게 영향을 미치게 되었으면 하는 희망이 현실로 나타나기 시작한 것이며, 또한 제가 견진성사를 베푼 그 조그마한 방 안 성당(Chambre-chapelle)이 정말 너무나도 부족하게 되었기 때문입니다. 그래서 지금 성당을 건축하는 중입니다. 본인은 그곳에 간 그 젊은 신부에게도 회장을 한 사람 보내주었습니다."

가톨릭 운동, 강연, 자선사업 등도 수월해졌다. 더욱이 신입 교우들이 구교우들보다 전교에 훨씬 더 열중하기 때문에 새 지역 운영은 효과를 배가했다.[95]

전교회장제도는 1930년대 중반부터 또 한번 변화했다. 교회에서는 유급 대세 전담자를 활용하게 되었다. 교리 지식이 다소 떨어지더라도 업무를 나눌 수 있게 된 셈이다. 이렇게 전교회장의 직무가 분화되자 1937년부터 교회에서는 전교회장을 전도사라고도 불렀다. 전교회장의 활동 중에 선교하는 일이 주로 남았기에 붙여진 명칭이라 하겠다. 교세통계에서도 전도사로 통계 잡혔다. 이후에도 전도사는 전교회장이란 명칭과 혼용되었다. 유급 대세 전담자의 고용은 재정상의 이유라고 생각된다. 유급 대세자의 급여는 전교회장과 동일하지는 않았을 것이다. 1934년 유급 대세 전담자는 남자 5명, 여자 13명이었는데 1938년에는 남자 5명과 여자 16명으로 증가했다.

1930년대에는 여성 전교회장 수도 대폭 증가했다. 1932년 전교회장 통계가 갑자기 늘어나는 때가 여성 전교회장이 대거 고용된 때였던 것 같다. 전교회장의 급증과 함께 이때부터 남녀가 분리되어 파악되기 때문이다. 그리고 1933년 드디어 남녀 전교회장 수가 26명으로 같아졌고, 이후로는 여성 전교회장 숫자가 남성 회장 수를 앞질렀다. 여기에다가 남녀 유급 대세 전담자가 나타나면서 총 유급자가 100명이 넘게 되었다. 그러나 1937년에는 전교회장이 감소, 100명 이하로 떨어져 88명을 기록했다. 이 무렵 드망즈 주교가 선종하고 전교회장의 활동에도 변화가 왔다.

---

95 『교구연보』 1936년도 보고서, 254쪽.

〈표 3〉 1930년대 전교회장 수 (단위: 명)

연도	전교회장		비　　고
1930	34		주교 1, 선교사 19, 방인사제 28
1931	40		주교 1, 선교사 19, 공소회장 430
1932	남30	여25	주교 1, 선교사 18, 방인사제 33, 공소회장(남 422, 여 13)
1933	26	26	주교 1, 선교사 17, 방인사제 34, 공소회장(남 446, 여 9)
1934	31	35	주교1, 대세전담(남 5, 여 13), 공소회장(남 496, 여 31)
1935	35	56	주교1, 대세전담(남 5, 여 16), 공소회장(남 505, 여 20)
1936	37	56	주교1, 대세전담(남 6, 여 14), 공소회장(남 538, 여 20)
연도	전도사(남/여)		비　　고
1937	22	50	주교 1, 대세전담(남 10, 여 6), 성당 33, 공소 260

　1930년대에도 전교회장의 활약상에 대한 보고가 이어졌다. 1930에는 왜관본당 까다르(Cadars, 姜達淳, 1878~1950) 신부의[96] 전교회장 두 명이 성인 93명에게 세례를 받게 했고 예비자를 상당수 모았다. 가사벌 성당도 금산읍에 전교회장을 두어야만 할 만큼 성장했다.[97] 1932년 베르몽 신부의 마산포본당에서는 전교회장이 외교인 마을에서 8명을 영세시키고 또 예비신자 10명을 얻어 새로 공소가 생겼다. 삼랑진본당 내에 새로 들어간 파르트네 신부도 전교회장을 통해서 예비자들이 있는 3개 마을과 관계를 맺었다. 이를 바탕으로 마산포 철도상의 요지인 진영공소에 회장이 상주하며 신부 거처와 경당을 마련했다. 또한 아직 수단을 본 적이 없는 풍기읍에 전교회장의 집을 마련해서, 후일 신부

96　까다르 신부, 리샤르 신부, 빌토 신부 등은 모두 6.25 한국전쟁 순교자이다.(「순교할 이들과 살아 보았나요? -왜관본당 역대 주임 신부들의 순교」, 『빛』 9월호, 2015, 38~43쪽 참조)
97　『교구연보』 1930년도 보고서, 181~184쪽.

거처로 쓰게 되었다.⁹⁸ 그리고 진영에서는 삼랑진 보좌신부 파르트네 신부의 전교회장이 맹활약했다.⁹⁹ 반면, 1933년 대구 인근 부근의 한 공소에서 전교회장이 떠났는데 후임자를 찾을 수가 없어 결국 공소가 부진해졌다는 보고도 있다.¹⁰⁰ 이는 역으로 전교회장의 역할이 컸음을 알게 한다. 교회에서는 외교인 집단으로 공소가 침투하는 데 성공하고 있었다.

대목구는 이때 전교와 무료 진료소, 단체활동 등을 병행했다. 드망즈 주교는 자선은 이론을 앞지르며 종교가 무엇인지를 더 잘 알려 준다고 강조했다. 뷜토(Bulteau, 吳弼道, 1901~1950) 신부도 자선활동과 함께 선교활동이 병행되어야 한다고 주장했다. 왜관의 리샤르(Richard, 李東憲, 1900~1950) 신부와 하양의 아몽(Hamon, 河濟安, 1899~1960) 신부, 또 부산의 뷜토 신부는 전교회장의 활동에 만족했다. 전교회장들을 중심으로 가톨릭 단체 활동이 일어났고 이로 인해 신자 수가 크게 증가했다.¹⁰¹ 마산포의 베르몽 신부, 함안의 뤼까 신부 등도 전교회장의 활동을 크게 주목하면서 회장을 늘릴 수 있기를 희망했다.¹⁰² 1935년에는 프랑스인들의 도움으로 많은 교우들과 전교회장이 이민을 면할 수 있었다. 그리고 외교인들을 맡아 보는 유급 전교회장의 수가 100명을 넘어 112명에 달했다.¹⁰³

---

98 『드망즈 주교 일기』 1932년 11월 14일 월요일.
99 『교구연보』 1933년도 보고서, 223쪽.
100 『교구연보』 1933년도 보고서, 218쪽.
101 『교구연보』 1935년도 보고서, 242~244쪽.
102 『교구연보』 1935년도 보고서, 245쪽.
103 『교구연보』 1935년도 보고서, 239쪽.

드망즈 주교는 새로운 기지를 개척하는 행복에 부풀었다. 전교회장들은 외교인들의 개종을 유도하는 일에 전념하면서도 교우들에게도 무관심하지 않고, 매년 본분을 잘 지키지 않는 사람들을 인도해 왔다.[104]

그런데 1938년 이후 전교회장제도는 크게 위축되었다. 1938년 2월 9일 드망즈 주교가 선종했다. 이후 광복 때까지 전교회장 운영은 침체일로를 걸었다. 주교가 선종하던 해 대구대목구 보고서에는 전교회장을 따로 언급하지 않았다. 무세 주교의 사목 방향이 드망즈 주교와 크게 다르다고 생각되지는 않는다. 그러나 이때 이미 전교회장 운영에 차질이 생겼다.

1939년에는 복음화에 중대한 장애들이 막아섰다. 그해는 80년 만에 최악의 기근이 들었다. 무세 주교는 그 무렵 중일전쟁이 끝나기를 기대했다. 그러나 중국 포교지는 더욱 비참해졌고, 조선 교회에도 그 영향을 미쳤다. 일제는 전쟁을 치러내기 위해 물질적, 정신적 역량을 총동원했다. 상당수의 사람들이 천주교를 믿고 싶어하면서도 좀 더 평온한 시기로 교리 공부를 미뤘다.[105] 이때 신부들이 보다 효과적인 선교를 위해 비신자가 많은 인구 밀집 지역으로 거처를 옮기려 해도 교구로서는 앙등하는 도시의 땅값, 집값 때문에 요청을 들어줄 수가 없는 형편이었다.[106]

1940년에도 전쟁은 계속되었고 공출은 더욱 심해졌다. 일상생활의 제약은 한층 강화되었다. 이태 동안 흉작이 계속된 데다가 70년 만에

---

104 『교구연보』 1932년 보고서, 206쪽.
105 『교구연보』 1939년도 보고서, 271~272쪽.
106 『교구연보』 1939년도 보고서, 276쪽.

보는 극심한 가뭄까지 겹쳐 나라 전체가 굶주리고 있었다. 생활비는 치솟았고, 이민을 떠나는 신자들이 늘어만 갔다. 교회는 그들이 멀고 낯선 고장에서라도 선교사나 교우를 만날 수 있기를 바랐지만, 많은 이주 신자들은 완전 외교인 고장에 정착해 버렸다. 교회는 그들이 신자로서의 본분을 포기하게 될까 봐 전전긍긍했다. 또 집단 유출로 인해 교우 중에 행방불명자도 많이 나오고 있었다.

이런 상황에서는 유급 전교회장 및 대세 전담자가 절대적으로 필요했으나 대목구에서는 이를 유지할 수가 없었다. 유급직이란 급여를 지불하고 사람을 고용하는 제도이다. 대목구는 재정 마련에 시달렸다. 유급 전교회장의 활약이 빛날수록, 그 숫자가 증가할수록 이에 상응하는 재원 마련은 더욱 어려워졌고, 제2차 세계대전 발발로 마침내 그 한계에 이르렀다. 무세 주교는 신학생을 굶기지 않기 위해 이를 맡을 수도회를 찾으려고 했다.[107] 이런 상황이 닥치자 전교회장의 수는 대폭 감소하여 1945년에는 겨우 34명만 남았다. 전교회장제도는 침체기로 들어섰다.

〈표 4〉 1940년대 전교회장(전도사)의 수[108] (단위: 명)

연도	전도사	비 고
1938	47	주교 1, 공소회장(남 299, 여 13), 공소 260, 성당 32
1939	42	주교 1, 공소회장(남 267, 여 12), 공소 287, 성당 29
1940	48	주교 1
1943	34	주교 2, 교사(남 11, 여 29), 공소 243

107 영남교회사연구소, 『대구교구 참사 재무위원회 회의록』, 241쪽.
108 통계는 『경향잡지』에서 뽑았다. 연도가 없는 해는 잡지 내 자료가 없는 해이다. 이 자료들에서는 전교회장을 전도사라고 명명하고 있다.

6. 전교회장제도의 세부 운영 실태

앞서 본 바와 같이 전교회장에 대한 기본 문헌인 대구대교구의 『사목지침서』에 실려 있는 전교회장의 내용은 간단하다. 전교회장제도는 30여 년간 시행되면서 보완되었는데, 그 내용을 일부 파악할 수 있다. 우선 전교회장의 인사체계를 살펴보면, 이들은 교구청에서 직접 관리하는 사무원들임을 알 수 있다.

대구대교구에서는 교구 설립 초기에 거의 모든 일을 드망즈 주교가 결정하고 실행했다. 그는 1931년 프랑스로부터 귀국하고 나서 교구청 직제를 개편했다. 이때 무세 신부가 사무처장으로 발령받았는데, 그는 주교대리의 임무도 담당했다. 전교회장은 바로 그의 소임하에 있었다. 즉 전교회장 임면은 교구의 인사관리에 속했다. 전라도 감목대리구를 분리한 후 주교에게 원조를 청하는 일은 모두 감목대리를 통할 때도 전교회장에 관해서는 직접 사무처장과 상의하도록 했다. 당시 본당 재정보고 등은 감목대리의 서명을 받은 다음, 사무처장에게 제출했던 것과 비교해 볼 수 있다.

또한 본당신부가 타 본당 신자를 전교회장으로 고용하려면 사무처장 신부에게 그 사정을 신고해야 했다.[109] 전교회장 임면은 사무처장의 허락 없이 바꾸거나 사직시킬 수 없었다. 전교회장의 월급은 사무처장이 인준한 날부터 지급되고, 사직했을 경우에는 새 전교회장의 인준이 있을 때까지 월급은 정지되었다.[110] 요컨대, 전교회장은 일반적으로 교

---

[109] 「대구대목구 공문」 119호, 1936.11.25, 1937년도 교직회 계획서.
[110] 「대구대목구 공문」 115호, 1936.2.23. 사제연수회 때 제출된 질문에 대한 해답들;

구에서 고용하고 급여를 지불하며, 교구가 할 일을 결정하는 대목구청 소속 직원 위치였다.

1930년대는 회장 신분증도 발급되었다.[111] 이 무렵 전교회장의 자격에 대해 『경향잡지』에 기고문이 실리는데,[112] 전교회장 관리에 어떤 조치가 필요했던 게 아닌가 싶다. 대목구에서는 1933년 전교회장의 직책을 인정하는 자격증을 주었다. 자격증에는 주소와 성명 정도가 쓰이는데 그 내용 파악과 보고는 본당신부가 했다. 신분증은 회장의 직책이 정지되면 취소되고, 직무가 끝나면 이를 반납해야 했다.[113]

〈그림 4〉 회장 임명서

이외, 「대구대목구 공문」 72호, 1931.1.5: 「대구대목구 공문」 73호, 1931.5.10도 참조.

111 현존하는 가장 오래된 '회장 임명장'은 베르뇌 주교가 1865년 7월 17일자로 평양 지역 회장에게 주었던 것이다.(한국교회사연구소 엮음, 「장주교의 서한 및 회장 임명장」, 『순교자와 증거자들』, 1983)

112 『경향잡지』, 제28권, 1934년 7월 12일자, 345~346쪽.

113 「대구대목구 공문」 88호, 1933.11.20, 동계 교직회(사제연수회) 계획과 회칙.

한편, 공소회장과 전교회장의 신분증이 별도로 관리되고 있어 관심을 끈다. 대목구에서는 전교회장은 1933년부터 신분증을 받았는데, 본당회장과 공소회장은 1935년부터 신분증을 받았다. 그런데 공소회장의 경우에는 인원수만 파악하고 자세한 인적 사항은 본당신부가 기재해서 발급했다. 물론 공소회장도 회장 직무가 끝나는 대로 신분증을 반납해야 했다.[114] 전교회장과 공소회장에 있어 신분증 부여 체계에 차이가 있을 뿐 아니라, 신분증도 구분되어 취급되었다.[115] 전교회장보다 적게는 5배, 많게는 10배 이상이나 되는 공소회장들을 직접 관리하기 힘들다는 점도 있고, 또 급여가 나가지 않으므로 달리 관리했을 수 있다. 1937년도 기준으로 대구교구에 전교회장은 76명인데 비해 공소회장은 305명이었다.[116]

무엇보다도 전교회장의 급여는 중요한 요건이었다. 전교회장은 교회로부터 급여를 받고 특수한 임무를 수행하는 이른바 한국 교회의 첫 사무자였다. 당시까지 공소회장이나 교회 모든 활동이 봉사였던 것과는 다른 차원이었다. 그러므로 전교회장의 급여가 자신과 가정생활을 유지할 수 있도록 해결되었는지의 여부는 이 제도의 성패를 가르는 관건이었다.

드망즈 주교는 초기 『사목지침서』에서 이미 임금의 차별화를 제안했다. 가령 일 년 내내 전교에 전념하는 전교회장과 농민이 쉬는 겨울 동

---

[114] 「대구대목구 공문」114호 1935.12.1 질의응답, 공지사항, 신사참배에 관한 건, 교직회 계획.
[115] 위의 공문.
[116] 『교구연보』 1937년도 보고서, 262쪽.

안만 농민을 방문하는 회장 등으로 구별될 수 있었다. 전교회장제도 운영 초기에는 그 운영비를 교구에서 마련했는데 나중에는 전교회장을 교구에서 선출하면서 본당에서 그 유지비를 교구와 조정하거나 배분하기도 했다.

당시 전교회장 급여는 생활을 유지하기에 넉넉지는 않았다. 1917년 부산의 페셀 신부가 전교회장이 아무것도 하지 않는데 이는 생활고 때문이니 어쩔 수가 없다고 보고했다.[117] 이는 생활을 해결할 수 없어서 전교활동에 전념하지 못하는 전교회장의 사례를 보인 것이다.

전교회장 급여는 과연 얼마나 되었는가? 1920년대 주교는 전교회장 급여를 40엔으로 책정해야 최소한의 적정 금액이라고 했다. 그러니까 초기에는 이보다 적었을 것이다.[118] 주교는 1922년 '전교회장사업'을 시작하며 퐁디셰리의 모렐 대주교에게 전교회장제도를 소개하면서 월 40엔의 필요성과 적절성을 설명했다.

'전교회장사업'이 시작될 때는 고정급이었던 것 같다. 그러나 정해진 급여 때문에 제대로 된 성과를 얻지 못하자, 선교사들이 자신과 일할 신자를 추천해서 함께 일하고 봉급도 업무와 사정에 맞게 조절하도록 변경되었다. 이 방법이 효과를 내어 전혀 신자가 없던 마을들이 열렸고, 그 중요성도 인정되었다. 차츰 시일이 가면서 모든 본당이 전교회장 두기를 원했고, 또 주교도 각 본당마다 최소한 남녀 전교회장 한 명씩을 두기를 원했다.

물론 이 '전교회장사업'을 시행하려면 재원이 충당돼야 했다. 드망즈

---

117 「대구대목구 공문」 40호, 1918.9.15, 1917~1918년도 통계표와 활동보고서 송부 건.
118 김정숙, 앞의 글, 49쪽 참조.

주교는 전교회장을 늘리기 위해 이 제도의 효과를 설명하고 해외의 도움을 얻고자 했다. 이것이 주교가 퐁디셰리의 대주교에게 편지를 쓴 계기인 것 같다. 『전교회지』에 드망즈 주교가 제시한 전교회장 급여체계가 자세히 설명되어 있다. 그는 천주교회의 전교가 개신교에 비해 열등한 이유를 분석하며, 개신교는 토착인 선교사에게 돈을 넉넉히 주어 선교활동을 성공으로 이끌고 있다고 진단했다. 그렇기 때문에 전교회장에게 급여를 넉넉히 지불해서 그들이 가족과 자신의 모든 생활을 걱정하지 않도록 해야 한다고 주장했다.

드망즈 주교는 전교회장들의 생활을 보존해 주려면 월 급여 40엔은 지불해야 하는데, 당시 학교 교사들 월급이 50엔이니까 이에 비하면 결코 과다한 것이 아니라고 했다.[119] 그 시기 1엔은 11프랑 80상팀으로 40엔은 472프랑쯤 되었다. 이때 40엔(연 5,660프랑)을 받는 전교회장은 두 명뿐이었다. 한 명은 목포 열도에, 다른 한 명은 전라도 지방에 있었다.[120]

당시 전교회장에게는 일하는 형태와 양에 따라 각기 다른 지급체계가 적용되고 있었다. 급여가 최소 3엔에서 20엔으로 차이가 났는데, 이는 일하는 양과 역할에 따른 것이었다. 어떤 전교회장은 농사철에는 농사를 짓고 농한기인 겨울 동안만 사람들을 방문하고 가르쳤다. 이런 사람은 겨울 동안만 급여를 받았다.[121] 이로 미루어 여성 회장의 급여

---

119 「대구대목구 공문」 46호, 1920.12.20 참조. 선교사들 생활비를 월 40엔으로 하고 있다.
120 *Les Missions Catholiques*, 1928, 347~349쪽.
121 *Les Missions Catholiques* 1928년, 349~350쪽. 월급은 30엔에서 20엔으로 차이가 난다.(드망즈 주교가 1928년 3월 14일 작성한 문서) 한편 드망즈 주교가 1935년에 작성한 문서에는 남원리 남자 전교회장은 300엔, 여자 전교회장은 240엔을 요구했는데, 각

차이도 성별의 차이보다는 분담하는 일에 의한 차이로 볼 수 있다. 드망즈 주교는 재원 지원 요청을 할 때 이러한 차등 월급제를 설명하면서, 40엔은 주어야 전교회장이 생계를 유지하기 위해 다른 일을 병행하지 않고 전교에 전념할 수 있음을 이해시키고자 했다.

주교의 노력과 유럽인들의 희사로 1926년에서 1927년 사이 전교회장을 배로 늘릴 수 있었다. 그럼에도 불구하고 교구에서 전교회장 급료로 월 40엔을 유지할 수 있었던 것 같지는 않다. 대구대교구에는 매년 전교회장에게 지불한 총 금액 자료가 남아 있다.[122] 총 금액을 전교회장 수로 나누어 보면 각자에게는 상당히 적은 액수가 돌아갔다.

1932년 총 전교회장은 55명으로 남자 30명, 여자 25명이었다. 그때 주교는 회장들의 급료 예산으로 8,000원가량 소모되었다고 했다.[123] 여기서 8,000원을 55명에게 일정하게 지불했다고 가정한다면 대략 전교회장 1인당 145원, 월 12원 정도가 된다. 1934년에는 전교회장을 32명을 더 고용해 총 84명이 되었다. 주교는 월급으로 8,000원 내지 9,000원의 돈을 지불해야 한다고 걱정했다.[124] 9,000원을 84명이 나누어 갖는다면 1인당 107원으로 2년 전보다 적은 액수가 된다.

1935년에도 본당에서는 전교회장 요청이 쇄도했으나, 주교는 당시 전교회장들의 봉급 약 5만 프랑을 마련하는 데 허덕였다.[125] 5만 프랑이면 환율이 떨어졌다고 계산해도 어림잡아 4,000엔쯤 된다. 이때 전교

각 240엔, 180엔으로 조정한 내용이 있다.
122 교구문서, Les Catéchistes ambulants.
123 『교구연보』1932년도 보고서, 205쪽.
124 『교구연보』1934년도 보고서, 235쪽.
125 『교구연보』1935년도 보고서, 245쪽.

회장은 남자 35명, 여자 56명, 대세전담자 남자 5명, 여자 15명 해서 총 유급자가 111명이었다. 차등제 급여 제도이기 때문에 평균을 내는 일은 의미가 없다 하더라도 대략의 상황은 짐작할 수 있다. 이때의 경비를 전교회장 수로만 나누면 약 40엔쯤 되어 한 달에 약 4엔 정도라는 계산이 나온다.

물론 당시 전교회장의 급여는 동일하지 않았다. 앞에서 본 바와 같이 전교 지역에 가서 사는 회장도 있고, 농한기만 전교 나가는 회장 등 근무 조건이 다양했으며 이에 따라 대우가 달랐다. 또 대세 전담자들과 전교회장은 서로 차이가 나는 보수를 받았을지 모른다. 대체적으로 전교회장 수가 늘어나면서 월급은 적어지는 경향이 있는 듯하다. 다시 말하면, 당시 월 약 40엔 정도는 가져야 한 가정의 생활이 가능했고, 주교는 전교회장의 봉급으로 40엔을 지불하여 전담 고용을 하고 싶어 했지만, 이만큼 받는 사람은 얼마 안 되었던 것 같다.

당시 40엔은 어떤 대우였는지 알아보자. 일반적으로 일제시대 1엔은 현재로 치면 약 4만 원 정도라고 하는데 이는 별 의미가 없다. 물품마다 해당 시기의 고유 가격을 가지고 있고 수요와 공급 상황에 따라 가치가 달라지기 때문이다. 그러므로 당대 생활비를 드러내는 사례를 통해 단순 비교해 보겠다. 일제강점기를 배경으로 한 소설 채만식의 『레디 메이드 인생』을 보면, 담배 한 갑 15전, 쌀 한 말과 호배추 몇 통에 5원,[126] 방세 한 달치 3원, 한 달 전깃세 1원으로 나온다. 그리고 당시 사

---

[126] 일제강점기 원과 엔은 거의 동일하게 사용되었다. 본고는 원자료에 의한 표기대로 인용한다.

무직 월급이 보통 사오십 원이나 오륙십 원 정도라고 했다.[127] 한편, 김구정의 연재소설 『밑머누리』에는 간도 지방 무학촌 광부들이 하루에 34전부터 78전까지 다양하게 받았다. 또 야학을 하면서 민족운동을 하는 성혜학원 한홍국 선생에게 생활비 보조로 매월 청년회에서 10원, 학생 월사금조에서 5원, 천주교 신부 측에서 10원을 내어서 총 25원을 지원했다.[128] 따라서 40원이면 넉넉지는 않으나 생활 유지는 되는 금액이었다고 생각된다.

드망즈 주교 이후 유급 전교회장은 침체를 면치 못했다. 전교회장제도는 드망즈 주교가 교구장으로서 주력해 오던 선교사업이었다. 하지만 대목구에서는 그의 사후 급격히 악화된 사회환경에서 이를 이어 나갈 힘이 없었다. 급기야 대구대목구에서는 1944년 교구 참사회에서 유급 전교회장의 급여를 교구에서 담당하지 않기로 결정했다. 즉 기존의 교무금의 5분의 1은 전교회장을 위해, 5분의 1은 신학교를 위해 배당하던 것을 전액 교구 재정을 위해 사용하기로 했다.

그리고 자립하는 본당의 전교회장 월급은 교구에서 지급하지 않고, 자립 능력이 없는 가난한 본당의 전교회장에 대해서만 교구장이 필요하다고 인정할 때 월급의 일부를 전교회장 기금에서 지급하기로 했다.[129] 이로써 전교회장을 유지하는 대목구의 지원이 공식적으로 끊겼다. 이 이후 본당에서는 전교회장의 월급을 마련하기 위해 여러 방법을 강구해야 했다.

---

127 채만식, 「레디 메이드 인생」, 『신동아』, 1934, 5~7월호에 걸친 단편 소설 참조.
128 김구정, 「밑머누리」 2회, 『가톨릭조선』 6집(2월호), 1937, 154~170쪽 참조.
129 영남교회사연구소, 『대구교구 참사 재무위원회 회의록』, 284·288쪽.

전교회장제도 침체의 1차적 원인은 경비였다. 대구대목구의 첫 회장 피정이 끝난 후 이미 성직자 보고서에 경비 문제가 제기되었다. 그러면서 전교회장이 경비만큼 충분히 일했다는 보고가 있었다.[130] 이후 전교회장들의 수고가 효과로 나타나자 수요가 급증했다. 1929년 주교는 도처에서 회장을 보내 달라는 요청이 들어오지만, 재정적인 이유로 뜻대로 일을 추진하지 못한다고 한탄했다.[131]

전교회장의 문제는 급여의 해결이 열쇠였다. 그러나 대목구에서는 처음부터 전교회장의 운영 재원을 따로 마련하지 않고, 임지의 소득이나 전교회 보조금으로 충당했다. 그리하여 전교회장의 수가 늘어나면서 주교는 후원금을 얻기 위해 이 제도를 외국에 소개하며 호소했다. 전주부(全州府)에 미국에서 희사한 돈으로 회장을 임명한 것은 그 예이다.[132] 그러므로 선교 후원금이 끊어지고 교구 재정이 어려워지면서 극단의 조치가 불가피했고, 전교회장 운영은 침체하게 되었다.

끝으로 교구 복음화의 첨병 역할을 했던 전교회장은 어떤 사람들이었을까를 보겠다. 아직 전교회장을 개별적으로 파악하기는 어렵지만, 드망즈 주교의 전교회장이던 정준수 회장의 삶을 살펴볼 수 있다. 정준수는 1917년 드망즈 주교가 경상북도 일대를 사목 방문할 때 미리 나가 주교 영접 준비를 했다.[133] 이후 중국으로 건너가 독립운동에 전

---

130 「대구대목구 공문」 23호, 1914.10.12.
131 『교구연보』 1929년도 보고서, 166~167쪽.
132 『교구연보』 1923년도 보고서, 113쪽.
133 『뮈텔주교 일기』 1917년 12월 18일. "도착하여 나의 순회 전교회장 정 스더왕[鄭駿 축]에게 시위를 하기 위해서 취주악대, 환등기를 내게 청하는 그의 편지를 받고 내가 대 석에서 쓴 답장 편지를 받았느냐고 물어보았다."

념했다. 1919년 북간도에서 천주교도가 중심이 되어 조직된 의민단(義民團, 단장 방우룡)에 가입하여 총무로 활동했다. 의민단은 홍범도와 제휴했으며 1920년 10월에는 청산리전투에도 참여했다. 그 뒤 노령 자유시에 가서 참변을 겪고 해산했다.[134]

정준수는 의민단이 해체된 뒤 파리외방전교회 선교사들이 사목하는 중국 흑룡강성 해륜시 해북진까지 갔다. 그곳에는 1920년대 인구가 1만 2천 명이었는데 천주교인이 8천 명이었다. 조선인도 많았다. 정준수는 조선인들이 일제에 의해 땅을 빼앗기고 쫓겨나 비참한 지경에 이른 현상을 도처에서 목격했다. 그는 재산을 정리하여 이곳에 농장을 열고, 조선인 교우촌인 '선목촌'을 일구었다.

정준수는 자신의 처남 김상교(김영환 몬시뇰 부친)를 초청해 함께 신자들을 모아 이상적 교우촌을 만들고자 했다. 그들은 선목촌에 성당을 건립하고 신부를 초빙했다. 서울대목구 김선영 신부가 부임했고, 그의 후임으로 전주교구 임복만 신부를 모셔왔다. 성당과 학교를 갖춘 선목촌은 자연히 그곳 교우들의 중심이 되었다. 그러나 해방은 모든 것을 바꾸어 놓았다. 1949년 신중국이 건립되고, 1966년 문화혁명을 거치는 과정에서도 많은 변화가 있었다.[135]

이처럼 전교회장 정준수는 주교 곁에서 일했고, 민족의 어려움에는

---

134 『가톨릭신문』, 1999.09.05(제2167호); 2000.10.29(제2223호); 2003.06.22(제2353호); 2015.11.22(제2970호) 등 참조. 1990년 정부는 정준수에게 건국훈장 애족장을 추서했다.

135 김영환, 『물따라 세월따라』, 대건출판사, 2007 참조; 김정숙, 「만주·간도의 조선인 천주교회, 그리고 선목촌」, 『불꽃이 향기가 되어』 2, 2017, 131~133쪽. 이 글에서 김정숙은 정하권 몬시뇰과 정하순, 정하돈 수녀를 4촌 간이라고 했으나 6촌 간으로 정정한다.

직접 행동에 나섰다. 그리고 교우촌이라는 신앙공동체의 지도자로서 생활했다. 그의 활동과 더불어 그 집안 신앙 열매들을 통해서도 전교회장으로 뽑혔던 사람의 면모를 볼 수 있다. 현재 활동하고 있는 정하권(마산교구) 몬시뇰과 정하순, 정하돈 수녀는 육촌 간으로서 정준수의 조카들이다. 대구대교구의 김영환 몬시뇰은 정하권 몬시뇰과 외사촌 간이다. 이렇게 정준수 집안 내에서 배출한 수도자와 성직자 수는 지금까지 12명을 헤아린다.[136]

한편, 부산교구의 김성도 신부는 1924년 해북진에서 출생했는데, 그의 어머니가 안중근 의사의 친척이었다. 그런데 이들과 정준수 집안은 혼인관계가 있었던 것 같다. 최근 광복절 특집에서 홍영이라는 안중근과 정준수 집안의 후손과[137] 정준수의 고손자 정소영[138]이 소개되었다. 정준수의 생애를 보면 당시 5만여 명 신자들 중에서 발탁된 전교회장의 신앙의 깊이와 지도력, 그 영향을 짐작할 수 있다. 앞으로 전교회장 개인들을 찾아내는 일도 교회사의 맥락을 세우는 사료가 되리라 믿는다.

---

136 베네딕도 수녀회 정 가밀라 수녀 증언(2018.04)

137 『해럴드 경제』, 2006.8.15일자; 광복절 특집 「한국을 꿈꾸는 아이들」(KBS1 2006.8.15 오후 5시 15분); 이외 김영환 몬시뇰과 이어진 사제, 수도 성소도 많다.(『불꽃이 향기가 되어』 2, 앞의 글 참조)

138 『대전일보』, 2007.8.13일자. TJB의 2007년 8월 15일 8·15 특집 「365일 천국보다 아름다운 세상」(연출 김경목) 방영을 소개.

7. 맺음말

　전교회장은 교회에서 선교를 위해 세운 유급 사무원이었다. 실제로 전교회장은 가톨릭 신자들이 비신자들과 어울려 살게 된 사회에서 신자들의 신앙생활을 돕고 또 새로운 가톨릭 거점을 확보했던 사람들이었다. 그들은 교리를 교육시키러 순회하는 사람들이었으므로 직접 신자들과 마주쳤다. 그들은 선교를 위해 비신자들과 토론했다. 또 새로운 지역을 개척하는 첨병이었다. 그들은 교리 지식에 능할 뿐 아니라 지역 사정, 자신이 담당한 공소들의 환경을 익히 파악하고 있었다. 그러므로 천주교회는 이들을 중심으로 지방 사목을 했다. 전교회장이 밟은 길은 바로 교회 성장의 동선이 되었다. 이들은 교회의 지방 사목에 활기를 불어넣었고, 그들의 단단한 신앙과 경험은 후손으로, 후학으로 이어져 대표적 평신도들의 맥을 형성했다.

　대구대교구의 전교회장제도는 한국 교회 전교회장의 근간을 이루었고, 『사목지침서』는 한국 교회 전교회장 문헌의 근간이 되었다. 그리고 드망즈 주교는 전교회장제도를 체계화하고 문헌으로 작성해서 한국 교회에 안착시켰다. 그가 교구장으로 재직한 27년 동안 얻은 결과들 중 가장 고무적이고 성공적인 성과의 하나는 유급 전교회장제도였다. 드망즈 주교는 100명의 사제를 자신의 생존 기간에 서품할 수 있기를 바랐으나 67명 서품하는 데 그쳤다. 그렇지만 전교회장은 100명을 넘어 113명까지 고용하고 사제의 부족을 보충하며 전교활동에 매진하였다. 그러므로 대구대교구의 전교회장제도를 제대로 파악하는 일은 대구교구사를 밝히는 데 중요한 열쇠이다. 그뿐 아니라 가장 오래 실시되었고, 체계적인 자료가 많이 보존된 대구대목구 전교회장에 대한 연구는

타 교구 전교회장제도 파악에도 도움이 된다.

본고는 이러한 전교회장제도의 실체를 파악하는 첫 번째 시도로 전교회장에 관한 내용 및 각 시기별 전교회장의 활동 조건과 그들이 이룩한 성과를 세세히 정리하고자 했다. 그리하여 대구대목구의 전교회장 운영의 주체와 구조를 살폈다. 그리고 교구 공문 등에 나타난 실례를 통해 전교회장 운영의 실제적 상황과 변화를 추적했다. 물론 전교회장제도는 35년간 일률적이지도 않았고, 드망즈 주교 선종 이후에는 침체하고 말았다. 마지막 장에서는 전교회장에 대한 세부적인 운영체계로서 그 임명 절차와 자격증 발급, 그리고 급여체계를 살폈다.

전교회장은 교회의 필요에 맞추어 운영된 특수한 제도였다. 그러므로 전교회장의 설치와 운영은 교회의 상황을 잘 드러낸다. 드망즈 주교는 처음부터 공소회장과는 다른 입장에서 전교회장을 두었다. 그리고 주교는 교세통계를 낼 때마다 이들이 성취한 업적을 자세히 알렸다. 전교회장은 각 사목 관할구 안에 적어도 한 명 이상, 다수를 권장했다. 전교회장의 임무는 전교하는 일과 새로 입교자가 생긴 곳에 살면서 교리를 교육시키는 일이었다. 전교회장은 공소회장과 달리 교구청에서 전체 급여를 받거나 일부 보조를 받고 교구청의 발령을 받는 사람들이었다. 그 재원은 전교회 보조금이나 그들이 얻는 수입원으로 마련했고 급여는 원칙적으로 교구청에서 관여했다. 한편, 전교회장의 급료는 일정치 않았다. 임무를 달리하거나 근무 기간을 달리하여 차등 급여를 지급했다. 전교회장은 원칙적으로 주교에 의해서 임명되었고 이들에 관한 관리는 사무처장 신부가 맡았다. 교구에서는 1933년부터 전교회장의 직책을 인정하는 자격증을 주었다. 자격증은 회장의 직책이 정지되면 취소되고, 직무가 끝나면 이를 반납해야 했다. 월급은 그날부터 정지되었다.

1910년대 전교회장은 주로 신자들의 교리교육과 냉담자에 대한 회두를 담당했다. 1920년대에 들어서면서 드망즈 주교는 외교인 지역에 전교회장을 파견하는 '전교회장사업'을 구축했다. 이때 그는 공소가 사라지고 신자들이 도시화될 것을 예상하여 도시나 전혀 신자가 없는 지역에 집중했다. 그는 전교회장을 적극 보안했다. 더욱이 그는 장차 독립시킬 전주감목대리구 지역에는 전교회장을 한층 강화했다. 그리고 1930년대 전주와 광주지목구 설정 이후 전교회장제도를 더욱 확대해 나갔다. 이때 유급 대세자가 대거 고용되었다.

전교회장 숫자는 감소한 때도 있지만 실제적으로는 꾸준히 증가한 편이다. 즉 1913년에 5명으로 시작된 전교회장은 1910년대 말까지 27명, 1929년 말 37명으로 늘어났다. 1930년대는 유급 대세자가 임명되어 1936년에 이르자 유급자 총 합계가 113명이었다. 그러나 1937년부터는 그 숫자가 하강선을 그리며 88명을 기록했다. 결국 해방되던 해에는 전교회장이 34명뿐이었다. 한편, 여성 전교회장의 활동은 높은 성과를 이루었다. 1915년부터는 여성 전교회장이 설치되었는데, 1930년대에 이르러서는 그 수가 대폭 증가했다. 1933년 드디어 남녀 전교회장 수가 26명으로 같아졌고, 이후로는 여성 전교회장이 남성회장보다 더 많아졌다. 그러나 1940년대 전교회장 숫자가 줄기 시작할 때는 여성 전교회장부터 감소했다.

전교회장제도가 침체되는 가장 큰 원인은 재정 문제였다. 전교회장은 애초부터 유급 활동원으로 출발했다. 전교회장 급여는 일하는 기간과 역할 등에 따라 여러 단계로 나뉘었다. 본래 전교회장 급여는 교구에서 마련했는데 나중에는 전교회장을 교구에서 선출하는 외에 본당에서 뽑아 그 유지비를 교구와 조정하거나 배분하기도 했다. 드망즈 주교는 전교회장에게 1920년대를 기준으로 월 40원을 지불하려고 노력했다. 그러나 식민통치 막바지 중일전쟁, 태평양전쟁 등의 여파와 신자들의 궁핍 등으로 이 재원을 채울 수가 없었다. 결국 1944년 대목구참사회에서는 유급 전교회장의 급여로 지원되던 교무금의 5분의 1을 교구 재정으로 전용하기로 결정함으로써 대목구 지원이 공식적으로 끊겼다.

전교회장은 처음 출발할 때부터 두 가지 요건이 갖추어져야 하는 제도였다. 전교회장은 일반 신자나 외교인보다 교리 지식은 물론 인생 문제를 월등하게 이해하고 설명할 수 있는 실력이 겸비되어 있어야 했다. 또 하나는 전교회장이 전교에 몰두할 수 있도록 생활비가 지급되어야 하는 점이었다. 그러나 대목구는 이 요건들을 채우기 어려웠다. 그리하여 전교회장제도는 시기에 따라 그 성격을 달리하며 변용되었다.

현재 대구교구의 70년 이상 된 역사를 가진 도시 본당들은 거의 다 이 전교회장들이 구축한 전초기지를 바탕으로 세워졌다. 이들의 역사를 찾아내는 일은 평신도 내에서 흐른 교회사를 찾는 지름길이 된다. 나아가 전교회장제도에 대한 연구는 과거를 정확히 이해하게 할 뿐 아니라 현대 교회 내 얽힌 관계를 파악하기 위한 해결책도 얻을 수 있다. 전교회장의 활동을 바탕으로 그 실마리를 풀어 갈 수 있기 때문이다. 정준수와 같이 전교회장을 지낸 집안은 그들의 신심과 남다른 실력으로 교회 내 여러 방면으로 문화의 맥을 일구었다. 그러므로 전교회장 간의 인맥, 문화 등은 천착해야 할 과제이다. 더욱이 아직은 전교회장을 지낸 사람들이나 그 후손이 생존해 있다. 그들의 목소리를 현장에서 듣고 문헌의 공백을 메꾸는 일도 시급하다.

전교회장에 대한 본격적인 연구는 이제 시작이다. 본고는 대구대교구에서 전교회장제도를 설치하고 시기별로 운영한 내용만을 보았다. 이제 드망즈 주교가 작성한 문헌과 각종 회장 문헌과의 영향 문제, 피정 등 전교회장의 교육은 물론 전교회장에 대한 개별 연구 등도 진행되어야 한다. 물론 해방 이후 시기의 전교회장도 비교 연구되어야 한다. 이 같은 내용은 후고로 미룬다.

종합토론

조광 교수 : 종합토론을 시작하겠습니다. 원래 심포지엄의 종합토론의 경우에는 약정토론자가 있기 마련인데 오늘은 약정토론자 없이 사회자와 발표자만을 두고 종합토론을 진행을 해 보고자 합니다. 물론 약정토론자를 정할 수도 있었겠지만 여기 모신 세 분의 선생님들은 모두가 교회사 전공자들이십니다. 회장에 대해서 누구보다도 잘 아시는 분들입니다. 그런 분들이니만큼 이야기를 주고받는 과정에서 여기 모이신 분들만큼 서로의 연구에 자극을 줄 수 있는 분들을 만나기도 어려울 것이고 그래서 특별한 약정토론자는 정하지 않았습니다.

오늘 우리는 회장에 대해서 집중적으로 살펴보았습니다. 회장은 사목활동이라든지 혹은 선교활동에 있어서 선교사의 동반자였고, 선교사와 같이 일을 하는 '공역자'였다고 볼 수도 있습니다. 그리고 신자들의 지도자였으며 우리 한국 교회를 유지시켜 주는 데 있어서 매우 중요한 역할을 담당했던 분들입니다. 우리는 바로 이 회장들의 '구체적인 생활 활동상' 이것을 시대에 따라서 조명해 보았습니다.

그런데 우리가 본격적인 논의에 앞서 주목해야 할 것은 회장이라고 하는 용어 그 자체를 어떻게 번역해야 되느냐 하는 문제입니다. 라틴어로는 카테키스타(catechista), 영어로는 케터키스트(catechist)라고 하는 용어 자체는 엄밀한 의미에서 '교리교사'라고 번역되고, 이는 '교리문답을 가르치는 사람'에게 부여되던 명칭이었을 것입니다. 그러나 이 명칭 자체가 중국에 들어오는 과정에서 일반적으로 '회장'으로 번역이 되었고 우리 역시 그 중국의 '회장'이라고 하는 용어를 받아들인 것이 아닌가 생각합니다.

그러나 회장의 역할이 분화되어 나가는 과정에서 '전도사', '전교사', '유급 전교사' 등등 여러 가지로 개념이 분획되어 세분화되어 나갔던 것이 아닌가 짐작하고 있습니다. 여기에서 회장이라고 할 때는 '평신도의 대표임'과 동시에 성직자와 마찬가지로 "'선교에 종사하는 사람'이라고 해서 '준성직자'라고도 볼 수 있다."고 하고 있는데 실제로는 성직자는 아니죠. 그렇다고 해서 '준(準)' 자도 붙이기 어려운 존재이긴 합니다. 허나 적어도 하느님의 백성으로서, 하느님의 백성에게 주어진 사제직을 실천할 수 있고 또 실천해 나가는 그러한 인물들이 아닐까 하는 생각을 합니다.

처음 발표는 방상근 선생님이 해 주셨습니다. 그다음에 최선혜 선생님과 김정숙 선생님이 이어서 발표해 주셨습니다. 그리고 오늘 우리는 김진소 신부님을 모시고 귀한 이야기를 들었습니다. 실제로 회장님들과 같이 지낸 체험담을 곁들여서 김진소 신부님이 기조강연(keynote Speech)을 해 주셨습니다. 그래서 우선 본격적인 질의토론이 시작되기 전에 김진소 신부님에게 간단히 마이크를 넘겨서 이 세 분 선생님들의 발표에 대해서 어떠한 느낌을 받으셨는지 혹은 어떤 부분이 좀 더 강조되었으면 좋겠는지 등등의 견해를 청해 들어 보고자 합니다. 그럼 신부님, 부탁드리겠습니다.

김진소 신부 : 오늘 발표하신 세 분은 본래 교회사 연구에 성실하신 분들이기 때문에 특별히 칭찬의 말씀은 드리지 않겠습니다. 세 분께 부탁드리고 싶은 말씀인데, 1880년대부터 한국 교회는 일본 교회의 영향을 입었고 특히 일제강점기가 그렇습니다. 세 분께서는 일본 교회에서 사용하던 교회의 '용어'나 '제도' 등에 대해서는 생략하고 있습니다. 차후 그런 부분에 대해서도 보충해 주시면 고맙겠습니다.

최선혜 선생님과 김정숙 선생님은 '문서'와 '출판물'의 기록을 중심으로 연구하셨습니다. 사료(史料)가 없으면 역사는 없습니다. 선생님들이 각주(脚註)에서 밝힌 자료들이 없었다면 오늘 발표하신 연구는 어려우셨을 겁니다. 더구나 한국전쟁을 치르면서도 그만한 문서들이 남겨진 것은 다행입니다. 1968년부터 50년 동안 사료를 수집해 오면서 고인(故人)이 되신 노(老) 사제들로부터 "옛날 교회 문서는 배추씨 장사 문서만 못해."라는 말을 숱하게 들었습니다. 그렇게 기록을 남기거나 문서를 보존하는 의식이 희박했다는 말입니다. 그리고 기록물과 현장의 사실은 다른 경우가 허다합니다. 가능한 현장 확인 작업이 반드시 필요합니다. 오늘날까지 남겨진 교회 문서나 기록물 중 아주 중요한 사료들이 보존될 수 있었던 뒷이야기며, 일선 본당의 문서 보존 의식이 희박했던 까닭은 시간을 절약하기 위해 생략하겠습니다.

김정숙 선생님의 발표 중 보충할 내용을 말씀드리겠습니다. 김 선생님이 대구교구의 경우를 말씀하셨지만 '대구교구'라기보다 '대구본당'이라고 하는 게 옳겠습니다. 왜냐면 당시 대구교구는 경상남북도, 전라남북도, 제주도까지 포함됩니다.

당시 대부분의 시골이건 도시건 재정이 빈곤한 일선 본당 사정은 말씀하신 것과 거리가 멉니다. 1970년대까지 그랬습니다만 도시와 농촌 본당의 재정 사정은 차이가 심했습니다. 그리고 외국인 선교회가 맡은 교구와 한국인이 맡은 교구, 그리고 외국인 사제의 본당과 한국인 사제의 본당도 재정 상황의 정도 차이가 컸습니다.

예를 든다면 전주교구가 그렇습니다. 1931년 5월 10일 '전라도 감목대리구'가 설정되면서 파리 외방전교회가 철수하고 전라남북도, 제주도는 한국인 사제들이 관리 운영하는 교구가 되었습니다. 그러다가 1934

년 3월 골롬반 외방선교회가 전라남도와 제주도를 맡아 분리되어 '광주감목대리구'가 됩니다. 그리고 1937년에는 '전주 자치 교구'가 되고, '광주교구'가 설정되어 전라남도와 제주도는 골롬반 외방선교회가 계속 맡게 됩니다.

일제강점기 전주교구는 대부분이 산골과 빈한한 농촌 공소들로 유지되었습니다. 공소 신자들 대부분은 박해시대 순교자들의 후손이거나 박해를 경험한 구교우들로서 가난하기 이를 데 없었고, 도시래야 3개밖에 안 되는 데다가 도시 본당들마저 경제 기반이 약했습니다.

전주교구의 경제적 어려움은 '전라도 감목 대리구'가 설정되면서 시작되었습니다. 프랑스 선교사들이 모두 떠나고 한국인 성직자들이 교회를 맡으면서 지독한 가난에 시달렸습니다. 본당 운영이 어려워 콩나물죽으로 연명하는 본당신부들이 있는가 하면, 교구청 신부들은 담배 살 돈이 없어 '빈 담뱃대'를 물고 지낼 정도였습니다.

어떤 도시 본당의 경우 호구지책은 물론 전기세나, 신자들이 영할 성체를 만들 돈이 없어 본당신부가 부모님이 해 주신 이불을 팔아 본당을 유지했습니다. 그런 상황에 교회의 제도가 있다 해도 아무 의미가 없었습니다.

박해시대는 물론 일제강점기에도 사제가 턱없이 부족하여 전교활동은 전교회장에게 의존할 수밖에 없었습니다. 이 시기의 상당수의 전교회장들은 개항기부터 활동하던 분들로 박해의 끄트머리를 겪으신 분들이었고, 명색이 유급 회장이지만 가정 살림에 도움이 될 만한 보수를 받지 못했으나, 교회가 가난하므로 박해시대를 생각하며 달게 받아냈습니다. 이분들은 순교자를 본받아 희생과 봉사, 사도적 열성 하나로 자신의 직분에 감사하며 영광으로 여겼습니다. 그 가족들도 아버지가 가난한 교회의 전교회장이므로 불평하지 않고 참아 견뎠지만 희생이 컸습니다.

또 하나는 김정숙 선생님이 전주교구 되재본당 "파르트네(Parthnay. 1922.5~1931.5) 신부 이야기를 하며 여성 전교회장이 15명의 냉담자를 회두시켰다."고 했습니다. 그 전교회장은 김 발바라인데 무보수로 활동하셨습니다. 그분은 건강이 나빠 '샬트르 성 바오로 수녀회'에서 퇴원하신 분으로 전주교구 초대 교구장 김현배 주교의 고모되십니다.(현재 전주교구 김선태 주교의 증조모) 그분은 박해시대 형성된 성치골[城峙, 성재, 현재 여산본당 소속] 공소에서 태어나셨고, 평생 동정녀로 사시면서 전교활동을 하셨는데, 훗날 나바위본당에서 활동하셨고 전동본당(전주)으로 옮겨 살며 활동하시던 중 자궁암으로 사망하셨습니다. 이 시기 수녀회에서 퇴원하신 분들은 거의가 동정생활을 하며 전교활동으로 일생을 보냈습니다. 당시에는 많은 동정녀들이 무보수로 전교활동을 하였는데 외교인들은 '전도부인(傳道婦人)'이라고 불렀습니다.

전교회장 중에는 자녀들에게 세속 공부해 봐야 죄만 짓는다며 학교에 보내지 않고 집에서 교리 공부나 시키며 나무나 하게 하고 농사일만 시켰다고 합니다. 전교회장의 후손들 중 1970년대 만난 나이가 지긋한 신자들은 가장(家長)이 자식들의 학교교육을 소홀히 하여 배우지 못한 탓으로 경쟁사회에서 뒤떨어져 어렵게 살고 있다면서 원망 아닌 푸념을 했습니다.

마음 아픈 말은 오래 남습니다. 그리 오래된 시기가 아닌 이야기입니다. 사제가 부족한 교회에는 언제나 봉사자가 꼭 필요합니다. 환경이 열악한 오지에서 사도적 열성 하나로 묵묵히 선교활동을 하던 선교사 가족이 남긴 말입니다. "봉사는 희생을 강요하는 육혈포(六穴砲)가 아닙니다."

 오늘 이 심포지엄이 단순한 학술놀이가 아니라 미래 교회를 위한 교훈거리를 찾는 일이라면 꼭 남기고 싶은 이야기가 있습니다.

 조선 후기 사회에 한국 천주교회의 역사는 시작부터 '갑질문화'에 대한 도전이었습니다. 그것을 우리는 '사회복음'이라고 할 수 있겠습니다. 한국 사회는 이른바 '촛불혁명' 이후 지난 1년 사이 엄청난 변화가 일어나고 있습니다. 촛불혁명은 '전근대적(前近代的)인 의식구조'와 '사고방식'을 청산하자는 의지의 횃불입니다. 이것이 '시대의 징표'입니다. 한국 안에 있는 어느 사회든 예외가 있을 수 없습니다. 만약 교회가 이 시대의 징표를 읽지 못한다면 역사가 외면할 것입니다. 자나 깨나 앉으나 서나 한국 천주교회사를 생각하며 일생을 살아 온 '팔삭둥이'가 석양의 아름다운 노을을 바라보며 주제넘는 말을 남깁니다.

조광 교수 : 아주 감사합니다. 신부님께 박수 부탁드립니다. 이제 첫 번째로 방상근 선생께서 발표해 주신 내용을 보자면, 중국 교회를 먼저 예로 들었습니다. "중국 교회의 회장제가 조선에 영향을 미쳤다."라는 전제 아래, 그리고 그 전제는 바른 전제였습니다. 그래서 중국 교회에서의 회장제도가 어떠했는지를 검토하시고 그것이 한국에 어떻게 자리를 잡아 왔는가 하는 점을 박해시대를 중심으로 설명해 주셨습니다.

 일단 회장이라고 할 때, 특정 지역의 '신도 지도자(信徒指導者)'라고 하는 개념을 잡을 수 있습니다. 이 경우에는 공소회장이 되겠습니다. 혹은 '특정 신분'이나 '성별'에 따른 지도자 내지는 교사의 역할을 했던 분들이 있습니다. 예를 들어서 박해시대에도 여성을 관장하는 회장이 따로 있었습니다. '여회장'이라고 하는 명칭보다 그냥 '회장'으로 불리면서도 여성만을 관장했던 '강완숙 회장'이라든지 '윤점해 회장'과 같은 분들의 존재를 떠올려 볼 수 있습니다.

한편 박해시대의 회장을 보면 '특별신심단체'의 지도자 경우에도 회장이라고 불렀습니다. 가장 대표적인 것이 바로 '정약종 명도회 회장'을 들 수 있겠고 그 밖에 1850년대 전후로 해서 생긴 다른 여러 신심단체의 회장들도 여기에 포함될 것 같습니다. 이러한 회장들이 박해시대 이래 주로 했던 일은 우선 '전교', '유아 대세', '혼배 증인' 등이었습니다. 참고로 오늘날에도 혼인성사를 줄 때 신부님은 그 혼인의 증인 역할을 합니다. 성사의 주체가 두 부부라고 할 때 바로 그 혼배의 증인 역할을 회장님이 하셨습니다.

그리고 신자들이 상을 당했을 때 '장례를 주도한다.' 등등 이러한 일들 외에도 '신자들을 통솔'하고 '성직자와 신자들을 연결하는 고리'와 같은 역할을 했습니다. 그리고 "회장은 교회 내에서 분명 일반 교우들하고는 신분적인 차이라고 할 수 있는, 그 신분적인 차이를 느낄 만큼 존중받던 그러한 직위였다." 하는 점을 설명해 주셨습니다. "교우가 죽으면 7일간 기도를 드리는데 회장은 한 달을 기도드린다."는 사례를 얘기해 주셨는데 바로 그 점에서 회장의 지위를 볼 수 있을 것입니다.

「천주가사」 중에 한 구절이 있습니다. "천주교에 들어오게 되면 점차 신분이 올라가서 출세하는 길도 있다. 좀 더 올라가면 회장이 되고 더 올라가면 복사가 된다."라고 했습니다. 복사라고 할 때에는 이 당시에 유급 회장이라고 할까? 유급 직원일 것입니다. 종전에는 이 '복사와 신부댁', '신부주인, 주교주인'이라고 해서 '주인'이라는 말로도 표현하기도 했습니다만 이들의 경우에는 분명히 유급이었습니다. 박해시대 때에도 유급의 존재를 찾아볼 수 있는데 '박해시대의 복사를 회장과 어떤 차이로 볼 수 있는가?' 하는 질문을 방상근 선생님에게 먼저 드려 보고자 합니다.

그 다음에 최선혜 선생의 경우에 유급 전교회장을 메리놀문서를 통해 밝혀 주셨습니다. 이 메리놀문서는 미국 선교사들이 평안도 일대를 선교하면서 부지런히 모아 놨던 문서입니다. 지금도 별 손상 없이 메리놀 본부에 잘 보관되어 있습니다. 여기에서 메리놀 신부님들의 경우에는 "중국이나 일본의 사례를 전제로 해서 유급 전교회장제를 조선에도 시행하려고 했다." 하는 점을 지적해 주셨습니다.

평양교구의 제2대 교구장인 모리스(목) 몬시뇰 때는 72명의 유급 전교사가 있었고, 바로 그때 한 150명의 무급 전교사가 또 있었습니다. 그럴 때 '이 유급과 무급의 관계가 어떠했는가?', '어떠한 차이를 두었는가?' 하는 점이 조금 궁금했습니다. 거기에 대한 질문을 준비해 주시면 좋겠습니다.

그 다음에, 김정숙 선생은 대구교구를 중심으로 해서 살펴 주셨습니다. 원래 대구교구라고 하면 경상도를 비롯하여 제주도를 포함한 전라도 지역을 관장하는 교구로 상당히 넓은 지역을 관장하였습니다. 방금 김진소 신부님이 말씀하셨지만, 대구교구라 하더라도 '한국인들이 직접 관장하던 본당 구역'과 '외국 신부님이 관장하던 본당 구역', 사이에는 같은 회장이라 하더라도 그 기능에 차이가 있었지 않았나 하는 생각이 듭니다. 이 문제에 대해서 대답을 준비해 주셨으면 좋겠습니다.

그리고 오늘 이 심포지엄의 종합토론은 이제 각각의 연구자들이 가지고 있는 문제점들에 대한 검토뿐만 아니라, 상대방의 연구에 자극을 줄 수 있는 더 멋진 질문들을 기대해 보겠습니다.

발표자들께서는 우선 제가 던진 문제를 가지고 말문을 열어 주시면서 나머지 두 분에 대해 질문을 던져 주셨으면 좋겠습니다. 그리고 세 분 발표자 선생님의 토론이 끝난 다음에는 플로어(floor)에 계신 분들의 질문을 받겠습니다. 제가 질문지를 받아 보니, 딱 두 장이 들어왔습니다. 그러니까 이 두 분 외에 또 질문하실 분들은 미리 질문지를 준비하셔서 저에게 전달해 주시기를 바랍니다. 그러면 방상근 선생부터 말씀해 주시기 바랍니다.

방상근 박사 : 선생님께서 저에게 주신 질문은, 박해시대 '복사와 회장의 차이', 이걸 질문해 주셨습니다. 제가 그 관계에 대해 깊이 있게 자료를 많이 본 건 아닙니다. 다만 기록상으로 복사라고 하면, 불어로는 세르방(servant: sɛʀvɑ̃), 영어로는 서번트(servant)라 하는데, 프랑스 선교사들이 입국한 이후에 나타나는 것 같습니다. 그전에는 실질적으로 카테키스타(catechista)라고 하는 용어로 규정된 분들이 신부님들, 그러니까 주문모 신부님하고 유방제 신부님 정도가 있었는데 이분들과 연관되었던 것 같습니다.

제가 아까 말씀드린 바와 같이 프랑스 선교사가 입국하기 이전에는 명도회가 상당히 중요한 역할을 했습니다. 그러나 프랑스 신부님들이 입국한 이후에는 명도회보다는 신부를 모시는 '복사'와 '집주인', 신부를 도와 신자들을 돌보는 '전교회장'과 '공소회장' 체제로 교회가 운영되었다고 생각합니다. 그런데 박해시대에 '복사', '집주인'에 대한 규정이 있었던 것은 아닙니다. 반면 개항 이후에는 「1887년 지도서」(조선 교회 관례집)에 '회장', '복사', '집주인'에 대한 규정이 있습니다.

박해시대에 '집주인'은 '신부님이 머무시는 곳의 주인'이며, '복사'는 '공소 순방을 수행하는 등 신부님과 행동을 같이 하는 분들'입니다. 물론 집주인이 복사가 될 수도 있습니다. 그리고 '회장'은 신부님을 대신해서 신자들을 관리하는 분들인데, 이들 중에 신부님과 같이 행동하는 분들도 있습니다. 이처럼 선교사들 곁에는 복사·집주인·회장들이 있었는데, 이들은 각각의 역할을 통해 선교사들을 보좌합니다. 그러나 어떤 경우에는 복사·집주인 혹은 복사·회장의 역할이 같이 묶일 때도 있습니다.

박해시대의 회장과 복사는 이런 관계 속에 있지 않았나 생각합니다. 그러다 개항 이후가 되면 지도서처럼 명확히 구별되면서 각각의 역할들을 수행한 것이 아닌가 생각합니다.

조광 교수 : 오늘날 복사라고 하면 미사 때 제대 부근에서 시중을 드는 조그마한 꼬마들을 얘기합니다. 그러나 박해시대, 그리고 1950년대 60년대까지만 하더라도 복사의 개념이 달랐던 것 같습니다. 지금 그 점을 방 선생님께서 말씀해 주셨습니다. 그러면 두 분 선생님에게 질문을 하실 것이 있으면 지금 미리 제기해 주셔도 좋습니다. 아니면 먼저 제가 드린 질문에 대한 대답을 듣고 해 볼까요? 그럼 최 선생님, 제가 던진 문제에 대해서 대답해 주시기 바랍니다.

최선혜 교수 : '유급 전교회장과 무급 전교회장의 차이'는 평양교구만의 문제는 아닌 것 같습니다. 전반적으로 대구교구라든지 다 공통된 문제라고 봅니다. 저도 임금(賃金)에 따른 어떤 약간의 강제력이 있지 않았을까? 그거 이외에는 추측할 수 있는 게 없었습니다. 활동은 아까 말씀드렸듯이 교리를 가르치거나 대세를 보거나 비슷했던 것 같습니다. 그런데 문서에 "전교사나, 말하자면 전교회장이나 어학 교사가 월급 받는

것을 미안해하지 않도록 일거리를 만들고 있다."라고 하니까, 돈을 받는 만큼 활동에 있어 약간의 구속력이 있지 않았을까? 그 정도로 추측하고 있습니다.

그 다음에 사례로 제가 첨부한 문서를 보면 새 신부님이 발령받아 가는데 본당신부님 명령에 따라서 거기서 활동하던 유급 전교회장이 저쪽으로 가게 되어 있습니다. 그러니까 아마도 발령이라든지, 어떤 지역을 간다든지, '특정한 임기를 여기에서 2년 가고 다음엔 다른 본당으로 가라.'고 하는 식으로 '유급 전교회장은 본당신부님의 어떤 지시나 의사에 조금 더 구속받지 않았을까?' 하는 조심스러운 추측을 해 봅니다.

조광 교수 : 유급 전교회장이라고 할 때는 '제도화되어 완전히 정착되었다.'는 의미가 아닐까 생각해 봅니다. 그래서 제도화가 되었다고 하면 교육과정 내지는 자격 조건이 있어야 되겠고 또 그 다음에 임면 과정이 필요할 것입니다. 그럼 임면의 주체가 누군가 하는 것도 궁금합니다.

최선혜 교수 : 임면의 주체에 있어서 교육은 본당신부님이 하셨던 것 같습니다. 그 다음 마지막 임면은 주교님이 하셨다고 봅니다. 왜냐하면 자의적인 해석이 나오지 않게 본당신부가 알아서 관리했지만 "다른 회장의 조건에 준한다."라고 하니까 아마 총 임면권자는 교구 주교님이 아니셨을까 짐작하고 있습니다.

조광 교수 : 그 문제는 조금 더 신중히 우리가 검토해 볼 필요가 있습니다. 주교님의 경우에는 모든 그 지역의 회장님들을 다 아실 만큼 그렇

게 회장 개개인에 대한 지식이 넓지 못했던 듯합니다. 이러한 사실 때문에 선교 현장에서는 신부님들이나 선교사의 역할이 주교님보다 더 컸고, 이 때문에 사목 현장의 신부님들이 회장을 임명했을 가능성을 암시한다고 생각합니다. 실제로 전교회장, 특히 유급 전교회장이라고 할 때 당시 초등학교 교사와 급료가 마찬가지 수준이었습니다. 그러면 당시 전교회장들은 상대적으로 상당한 대우를 받았던 셈입니다.

그 당시 기준으로 초등학교 교사와 같은 대우를 받을 정도라면 거기에 합당한 일도 있었고 관리체계가 있었다고 생각합니다. 그래서 혹시 메리놀문서를 통해 유급 전교회장과 관련된 '월급 지불 관계 재정 기록'이라든지 '임면 관계 서류' 등이 남아 있어 이를 검토할 수 있다면, 최 선생님의 논지가 좀 더 보완될 수 있고 지금보다 더 훌륭한 글이 되지 않을까 하는 생각이 들었습니다. 그러면 김정숙 선생에게 마이크를 다시 넘기겠습니다.

김정숙 교수 : 김진소 신부님의 글을 읽어 보면 정말 글을 많이 읽으셨다는 것이 느껴집니다. 그리고 고민도 많이 하셨다고 생각합니다. "일제강점기에 일본 교회가 교회 용어를 어떻게 불렀는지에 대해 맞춰 보지 않았느냐?"라고 지적해 주신 점은 제가 놓친 부분입니다. 그건 연구해야 했던 것인데 미처 생각을 못했습니다.

한편, 조광 선생님께서 지적하신 "한국인 사제와 선교사들의 생활비가 달랐다."라고 하는 점을 교회에서 굉장히 많이들 얘기하시는데 이에 대해 꼭 드리고 싶은 말씀이 있습니다. 선교사들에게는 선교 보조금이 옵니다. 반면에 한국인 사제는 한국인이 도와드리게 되어 있습니다. 그래서 돈을 나누는 걸 보면 반(半), 선교사의 반밖에 안 줍니다. 그런데 그걸 가지고 "차별했다." 이렇게 쓰는 논문을 봤습니다.

그런데 참 안타까운 것이, 드망즈 주교님(Demange, Florian 1875~1938)이 교무금 정하실 때 "우리가 가면 당신들끼리만 신부님들을 도와드려야 되는데 이렇게 자기 본당에 있는 건 생각하는데 전체로 가는 돈을 왜 생각을 못하느냐?"라는 이야길 여러 번 하십니다. 그게 옳다는 건 아니지만 그 점을, 우리 원칙이 그랬다 하는 점은 한번 생각했으면 합니다.

당시 전주교구는 교구 성격이 다릅니다. 그때는 다 대구교구가 관할했는데, 전주교구가 자립 교구로 처음 생길 때 굉장히들 환영했습니다. 그런데 경제적인 자립이 문제인 거지요. 상황이 지금 안동교구하고 비슷하지 않습니까? 안동교구가 다른 교구보다 열악하지요. 그래서 열악한 사정은 안됐지만 그런 원칙이 있었다고 하는 점을 염두에 두었으면 합니다. 물론, 저도 연구할 때에 그 차이를 열심히 생각하겠습니다.

그 다음, 방상근 선생님이 이야기하신 복사의 문제, 저는 깊이 생각은 안 했습니다. 다만, '전교회장을 고르기가 공소회장을 고르기보다 힘든 이유는 뭔가?'라는 생각은 했었습니다. 공소회장은 그 지역에 살면서 실제로 지역 인망이라는 것이 있습니다. 세세대대로 내려가지요. 그래서 몇십 년도 합니다. 죽으면 아들이 하는 경우도 있었습니다. 그런데 전교회장은 그런 지역적 기반 없이, 기본적 존경 없이 다른 사람을 설득시킬 만큼의 능력이 되어야 한다는 그런 차이가 있는 것 같습니다. 전교회장은 복사하고는 조금 다르긴 하지만 복사에게 그런 능력을 요구했던 것 같습니다. 박해시대에도 공소회장과는 좀 다르게 "지금 복사할 만한 사람이 없다." 이런 이야기 많이 하지 않습니까. 선교사들을 보면, 같은 사람을 새로 들어온 사람이 복사로 쓰고 다음 선교사가 들어오면 넘겨주고 하는 경우가 있습니다. 또 한 복사가 계속해서 여러 선교사의 복사로 봉사하는 경우들이 있어서 저희가 복사제도도 그런 특징을 봤으면 좋겠다고 생각합니다.

조광 교수 : 방상근 선생님에게 하나만 더 물어보겠습니다. 혹시 박해시대 때 '유급 전교회장' 내지는 '유급 회장'들은 안 계셨습니까?

방상근 박사 : 아까 제가 말씀드렸을 때 "'카테키스타'들을 '회장'하고 '전교회장'으로 나눌 필요가 있다."고 말씀드렸지만 그들이 유급은 아니었던 것 같습니다.

조광 교수 : 예를 들면 황석두 루카 회장이라든지, 이런 분들은 '유급이 아니었을까'라는 짐작도 갑니다.

방상근 박사 : 프랑스 신부님들이 오신 뒤에 '성영회(聖嬰會)'에 제출한 회계 보고서를 보면, 지출 내역 중에 회장에게 지불한 금액이 있습니다. 그러나 이 회장은 일반적인 카테키스타는 아닙니다.
  아까 회장들이 여러 가지 활동을 한다고 말씀드렸습니다. 그중에는 전교회나 성영회의 활동도 있습니다. 서울에서는 정의배 회장이 그랬고, 지방에서는 공소회장들이 그런 역할을 했는데, 모든 회장이 다 이러한 역할을 맡는 것은 아닙니다. 성영회 사업의 경우 공소회장 중에서 특정한 분이 이 역할을 맡았습니다. 회계 보고서에서 급료를 받는 회장은 바로 이분들입니다. 그 외 다른 회장한테 지불한 명목의 돈은 없었습니다.

물론 이 회계 보고서는 성영회 사업에 국한된 것이라는 한계가 있습니다. 그런데 베르뇌 주교가 파리외방전교회의 알브랑 신부에게 보낸 서한(1857.11.17)을 보면, "우리 보조금 11,000프랑에서 주교 2명과 선교사 4명의 생활비 5,760프랑을 빼면 5,240프랑이 남는데 그것으로 미사용 포도주, 연락인 급료, 수도에 있는 집 관리비, 학생들 비용, 우편료 등에 써야 합니다."라는 내용이 있습니다. 이 내용을 보더라도 박해시대 때 회장에게 급료가 지불되었는지는 의문입니다.

당시 한국 교회는 무척 가난했습니다. 그래서 '회장들에게 급료까지 지출할 만한 여력은 없지 않았을까?' 하는 것이 저의 기본적인 생각입니다.

조광 교수 : 말씀해 주신 것은 잘 알아듣겠습니다. 그런데 일단은 특정 분야에 기능을 가진 분들은 유급이었다는 데에 상당히 근거 있는 추정도 가능할 것 같습니다. 예를 들어 출판이라든지 인쇄라든지 그 전담하시는 분들에게는 교회가 고용을 해서 유급으로 활용했을 가능성이 있다는 말입니다. 그 점도 한번 조금 더 연구해 보시면 좋지 않을까 생각합니다.

방상근 박사 : 네, 알겠습니다.

조광 교수 : 혹시 다른 두 분 선생님에게 또 다른 질문 없으십니까?

김정숙 교수 : 시기가 조금 늦은 문서이긴 하지만, 공소를 방문했을 때 '공소전'이라고 하는 걸 내는데 사실 그때 따라온 복사들에게 '얼마를

주고', '뭘 주고' 그런 규정들이 있습니다. 그래서 그걸 한번 봐야 하지 않을까 생각합니다.

방상근 박사 : 개항 이후에는 '공소전'에 대한 기록이 있지만, 박해시대에는 그와 관련된 기록을 보지 못했습니다. 아마도 개화기의 관행이 참고가 되겠지만, 관련 기록을 좀 더 찾아볼 필요는 있다고 생각합니다.

그리고 아까 복사 말씀하실 때 언급하신 것처럼, 복사는 신부님을 지근거리에서 모시기 때문에 당연히 모든 걸 갖춘 분이어야 됩니다. 전교 지식이든 뭐든 전교회장 이상이 되어야 하는 사람입니다. 하여튼 많은 능력을 갖춘 분이 '복사'라고 보시면 될 것 같습니다.

김정숙 교수 : 복사가 생활을 해야 되지 않습니까? 그 이후에 복사들은 생활비를 받지요. 그러니까 그 점은 우리가 찾아보아야 되지 않을까 생각합니다.

방상근 박사 : 신부님들이 공소 순방할 때 일 년 중에 농번기를 빼고 가시잖아요. 그런 점에서 박해시대의 복사들은 봉사의 의미가 더 크지 않았나 생각합니다. 그렇다면 개항 이후에는 왜 복사와 전교회장이 유급화되었을까요? 다 아시겠지만 개항과 동시에 신부님들이 조선에 왔습니다. 그리고 기존에 있던 신자들을 찾아내서 신자공동체를 재건했습니다. 그런데 입국 초기 선교사들은 자신을 도울 유능한 회장을 찾는 것이 어려웠습니다. 그리고 충청도의 경우는 박해 때 워낙 심하게 당해서 공동체의 재건이 더디었고, 전라도의 경우는 공동체의 재건은 이루었지만 신자들이 전교에 나서는 데에는 소극적이었다고 합니다. 이

런 상황에서 선교사들은 유급이라는 쪽에 좀 더 포커스를 맞춘 것이 아닌가? 이런 생각을 해 봅니다.

조광 교수 : 유급 전교회장이라고 말하는 데에는 한계가 있습니다만, 일제강점기 초기까지만 하더라도 복사들이 가게 되면 방문한 공소에서 버선 두 켤레를 만들어 줘야 된다는 규정 내지는 관행이 있었습니다. 이것을 급료로 보기는 어렵겠지만, 이것은 복사들에게 약간의 보상을 조금씩 드리는 관행의 시작이 아니었을까 생각됩니다. 혹시 최선혜 선생님한테 질문하실 것 있으시면 질문해 주십시오.

방상근 박사 : 아, 저는 두 분 선생님 글들 사이에서 조금 헛갈리는 것이 있습니다. 최선혜 선생님은 "1923년 이후에 메리놀 선교회가 처음 카테키스타를 고용한 것 같다."고 말씀하셨습니다. 그런데 김정숙 선생님의 글을 보면 1913년부터 한국에는 유급 전교회장이 있었다고 합니다. 두 글의 차이를 어떻게 이해해야 될지 모르겠습니다. 프라이스(Thomas F. Price) 신부님을 비롯한 메리놀 선교사들이 한국의 상황과 실상을 잘못 안 것인지, 좀 헛갈립니다.

최선혜 교수 : 대구 지역은 전혀 모릅니다. 그래서 선생님 말씀을 듣고, 지난번에 만났을 때, 대구 지역에는 "미리부터 있었구나."라는 말씀을 드렸습니다. 프라이스 신부님이 아마 정확하게 못 보셨을 수도 있습니다. 그런데 제가 찾아본 바로는 "그 이전에는 없었다."라고 나옵니다. 그리고 평양교구에서는 눈으로 찾은 자료가 1923년입니다. 그런 의미에서 말씀드렸습니다. 그 이전에도 있었는지에 대한 흔적은 아직 찾지 못

했습니다.

조광 교수 : 아마 평양교구 지역의 경우에는 유급 전교사가 존재하지 않았을 가능성은 있겠으나, 동시대 다른 지역의 경우에는, 지금의 대구교구의 사례처럼 유급 전교회장이 있었을 것 같습니다.

최선혜 교수 : 남쪽에는 있었던 것 같습니다. 평양에서는 직접 있었는지 아니면 없다고 확언해야 될지는 아직 잘 모르겠습니다.

김정숙 교수 : 역사라는 것이 전사(前史)가 있고 바로 본사(本史)가 시작되지 않습니까? 메리놀회가 자료를 남길 때는 자기네 역사를 쓰는 것입니다. 그전에는 서울교구가 담당했습니다. 서울교구가 전교회장을 양성해서 9명, 15명 이렇게 보냈습니다. 그래서 대구교구에 교구가 시작되기 전에 이미 전교회장이 있었습니다. 그러니까 메리놀로 들어가면서, 예를 들어서 김성학 신부님 같은 경우 "안 가고 남았다." 이렇게 얘길 하는데, 대부분은 소속되는 그 소속으로 옮깁니다. 그러니까 전교회장을 서울교구에서 파견했으면 전교회장도 서울 쪽으로 옮겼을 수 있다는 것입니다.

왜 지금 그 얘기가 가능하냐면 아까 저희가 전라도, 경상도 쪽이라고 그랬는데 충청도 일부를 대구교구가 관할했습니다. 그래서 초기에는 뮈텔 주교님(Mutel, Gustave Charles Marie, 1854~1933)하고 드망즈 안 주교님(Demange, Florian, 1875~1938)께서 합의해서 "우리의 영역이지만 대구교구가 중간중간에 다른 본당이 있어서 왔다 갔다 하기가 불편하니까 대구교구가 하는 게 유리하다."라고 결정하셨습니다. 그래서 아마 보두네 신부님(Baudounet, Francois Xavier, 1859~1915)의 전교회장이 남은 것 같습니다. 거기가 나바위본당이었습니다. 그렇기 때문에 평안도에도 전교회장이 있다가 다 옮겼을 수도 있고, 그런 가능성은 충분히 있습니다. 시대가 벌써 1920년대 아닙니까? 그런 데다가 평양은 병인박해 직전부터 교회가 들어가서 복음화를 시작하기 때문에 신앙의 자유가 온 다음에는 집중적으로 신경을 쓰는 장소였습니다. 그러니 조금 더 찾아보셔야 하지 않을까 생각합니다.

조광 교수 : 대개 '처음이다'라고 말하는 것은 말하는 사람 자신의 경험에서 '처음'이지, 그 지역의 공동체적 경험을 대변하는 경우가 아닐 때가 많이 있지 않은가 생각됩니다. 그러시면 최선혜 선생님이 두 분 선생님 자료를 가지고 좀 시비를 해봐 주시면 좋겠습니다.

최선혜 교수 : 아니오. 제가 시비 거는 건 아니고 나중에 개인적으로 여쭤볼까 하다가 그냥 여쭤보겠습니다. 제가 연구하면서 헛갈렸던 것이 개인적으로 자료를 다 갖지 않고 캐나다에 있다 보니 꼼꼼히 검토는 못했습니다. 그런데 용어가 계속 혼돈되어 나와서 이걸 정리를 못하고 비겁하게 머리말에다가 "일단 나는 전교회장이라고 쓰겠다.", "시기에 따라서 이리저리 용어가 차이가 난다." 했는데 김정숙 선생님께서 329쪽에 "전교회장의 직무가 분화되자 1937년부터 교회에서는 전교회장을 전교사라고도 불렀다."라고 하셨습니다.

사실 1935년에도 「가톨릭 조선」에는 전도사라는 용어가 나옵니다. 그러니까 1937년이 아니라 그 이전에도 전도사가 나옵니다. 그래서 이 전도사와 전교회장의 용어를 어떻게 정리하면 좋을지 혹시 한 말씀 가르쳐 주셨으면 좋겠습니다.

조광 교수 : 전도사 경우에는 카테키스트 앙뷜랑(Catechiste ambulant), 그걸 갖다가 쓴 게 아니겠습니까? 그러니까 순회하면서 직업적으로 돌아다니면서 선교했던 사람이라고 하겠습니다.

김정숙 교수 : 제가 고백할 게 있습니다. 우리 교구에서 라틴어 번역으로 많은 공문집을 냈습니다. 그런데 이번에 제가 힘들었던 것이 '이게 엉터리였구나.'라고 발견하는 때였습니다. 그래서 우리 교구에서 나온 책을 보실 때 문장이 이상하면 원본 단어를 꼭 비교해 보시라고 말씀드리고 싶습니다. 문장 자체도 이상한 데다가, 각 어휘에 정확하지 않고 교회에서의 관례를 짐작으로 맞추어 번역해 놓은 것이 있습니다. 특히 용어 문제는 이종흥 몬시뇰께서 중심이 되어 작업하셨는데 '그런 점이 있구나' 하고 깨닫습니다.

전도사, 전도부인 같은 경우가 실제 본 문서에서 나오는지 번역본에서 나오는지도 저희가 확인해 봐야 합니다. 가령, 『경향잡지』는 한글로 되어 있으니 '전도사로 썼나 보다.'라고 직접 보면 됩니다. 그런데 문서 번역한 걸 가지고는 같은 회장인데 때로는 교리교사, 때로는 상임전교회장으로 번역합니다. 그래서 '전교회장 중 앉아 있는 전교회장이 있구나.'라고 생각했는데 결국 다 같은 공소회장이었습니다. 이런 부분 염두에 두고 한번 더 찾아보아야 확인이 되겠습니다.

조광 교수 : 내친김에 김정숙 선생님께도 두 분 선생님 발표 중에서 좀 지적을 하실 것이 있다면 말씀해 주십시오.

김정숙 교수 : 저는 재미있게 들었습니다. 그리고 말씀드릴 게 있는데 '최선혜 선생님이 부럽다.'라는 생각을 했습니다. 이유는 김구정 선생님과 홍용호(1906~1950) 주교, 당시는 신부님이셨는데 두 분이 출간하신 잡지가 중심이 되었습니다. 사실 다른 데서는 교구가 중심이 돼서 교구사를 내는데 평양교구는 교구가 중심이 돼서 교구사를 내지 못했습니다. 그리고 나중에 남한에 내려온 사람들이 모여서 교구사를 출간했습니다. 그랬더니 신자들, 특히 '평신도들이 살아가는 이야기가 많이 남았구나.'라는 생각을 하게 됩니다. 저는 오늘 '평신도들 열심히 해야 되겠다.' 하고 생각했습니다. 평신도의 이야기는 교구사에서는 대개 묻히기 때문입니다.

사실 발표 자료가 달랐지 않습니까? 지금 거의 같은 제도에 관해 이야기하는데 최선혜 선생님과 저는 전혀 다른 쪽으로 얘기했단 말입니다. 저는 교구 공식 문서가 중심이었는데 물론 공문에 제도만 있는 건 아닙니다. 주변의 사례나 이런 게 다 있지만, 그래도 평신도들의 얘기가 교구에는 얼마나 남지 않는가를 보게 됩니다. 그러면서 최선혜 선생님께서 행운의 자료를 가지셨다는 말씀을 드리고 싶습니다.

다만 방상근 선생님, 회장 용어 번역에서, 제게 요즘 드는 생각이, 우리가 '그게 그랬으면 좋겠다.'라는 걸 떠나서 '있는 그대로를 이해하는 것은 굉장히 중요하다.'라는 생각을 하게 됩니다. 가령 아까 문서를 보면서 '여기서는 이런 것 같다.'거나 하는 해석에서 벗어나야 한다는 것입니다. 여러 곳을 함께 보아야 할 필요가 있습니다.

그냥 한마디만 말씀드리자면 '결국 교회사라는 것은 하느님께서 인간의 일에 얼마나 성실하셨는가를 찾아내는 것'이기 때문에 '그때 왜 이 일을 안 했냐.'라고 하는 문제보다 '정말 존재하는 게 뭐냐.'라는 걸

찾는 것이 교회사 연구에 있어 더욱 중요한 게 아닌가 생각합니다. 저는 개인적으로 그렇게 생각하고 있다는 말씀을 드리고 싶습니다.

조광 교수 : 예, 감사합니다. 저한테 쪽지가 하나 날아왔습니다. "발표 종료 20분 전입니다. 시간 준수를 부탁드립니다." 이 쪽지 받은 지가 5분이 됐으니까 지금 15분 남은 겁니다.

최선혜, 김정숙 선생님 두 분에게 드리는 질문입니다. "일제강점기 때 회장제도를 운영하는 가운데 일제의 탄압은 없었는지요?" 이것은 대구교구의 사례와 평양교구의 사례를 묻는 질문이 되겠습니다. 그리고 "모리스 신부님(Morris, John Edward, 1889~1987)이 계획했던 중앙학교 설립은 잘 이루어졌는지요?"라는 질문지가 있습니다. 모리스 몬시뇰은 제2대 평양교구장이셨으니 이건 평양교구의 사례에 대한 질문이 될 것인데, 미리 대답을 드리자면 이 학교가 설립이 안 됐죠. 그러니까 이건 실패한 계획이었습니다. 그래서 두 분 선생님들이 '회장제도와 일제 통치기구와의 관계'에 대해 좀 설명해 주셨으면 합니다.

김정숙 교수 : 제가 질문을 정확히 이해했는지 모르겠습니다. 일제의 탄압이라는 것이 회장을 임명하거나 회장이 다니면서 활동하는 것을 막았는가 혹은 회장이 활동하기가 조금 어려운 정도였는가 하는 정도의 차이가 있습니다. 사실 회장은 그 지역의 인망을 얻어야 하기 때문에 상당히 오랫동안 거의 세습하는 편이었습니다. 그래서 회장을 선출하는 등에는 관여를 못했지만, 돈을 걷는다거나 또는 무슨 활동을 한다거나 하는 데는 상당히 제약이 있었던 것 같습니다. 가령 공소전을 걷는다 하더라도 돈의 용도와 목적, 규모 등 이런 것을 일일이 체크했던

것 같습니다. 신앙생활이 정치 운동이나 이런 것은 아니었다 하더라도 말입니다. 그래서 '일제강점기에 그들이 얼마나 제약을 안 받고 활동할 수 있었는가?' 이렇게 묻는다면, 제도적으로는 그리 큰 차이가 안 나는데, 활동에 있어서는 공동체 활동이기 때문에 여러 가지를 다 보고하고, 체크하고 했던 것 같습니다. 그렇게 말씀을 드릴 수 있습니다.

조광 교수 : 이어서, 평안도 지역의 사례를 중심으로 해서 최선혜 선생님이 말씀해 주십시오.

최선혜 교수 : 지금 김정숙 선생님이 말씀하신 것하고 큰 차이는 없었다고 봅니다. 다만 아까 말씀하신 것에 제가 한마디 보태고 싶습니다. 말씀하신 것과 같이, 제가 검토한 자료는 제도사적인 것이 아니라 정말 깨알 같은 내용을 담고 있었습니다. 즉 직접 사람을 만난 사람이 남긴 기록들이어서 굉장히 재미있습니다. 아까 제가 뒤에 첨가했지만 "유급 전교회장 박 요한의 한센병 환자 선교"와 같은 사례들을 좀 더 정리하고 신경 써야겠다고 생각했습니다. 우리가 일제강점기 아래 교회를 떠올릴 때 너무 일본의 압제나 신사참배 같은 정치적인 인상들만 갖고 있어서 그런 개인적 소감을 잠깐 말씀드렸습니다.

그 다음에 말씀하신 것과 같이 돈을 모으고, 모여 다니고 이런 것에 대한 통제나 감시는 있었습니다. 그래서 조금만 문제가 생겨도 메리놀 문서에서 보면 "일반 신자들과의 대화를 굉장히 감시했다."라든지 하는 것들은 저희가 상상하기 어렵지 않게 자행되고 있었다고 보입니다.

조광 교수 : 예, 일제 침략 초기인 1915년에는 「포교규칙(布敎規則)」이

나오고 있습니다. 그 포교규칙의 내용을 보자면 회장의 임면, 파견까지 다 보고하도록 되어 있습니다. 물론 이 포교규칙은 그 후에 3·1운동의 결과로 1920년에 개정됩니다. 그때에 이르러서는 일일이 다 관청에 보고는 안 했다고는 하더라도, 이 시기는 '합방' 직후의 무단통치 단계로부터 3·1운동 이후의 '문화통치' 단계로 전환된 때입니다. 그러나 이른바 문화통치는 그 내용에 있어서 '고등경찰 제도(高等警察制度)'가 매우 강화되던 때입니다. 여기서 고등경찰 제도가 시행되었다는 사실은 조선인들에 대한 정보 감시가 강화됐다는 말입니다. 그런 과정에서 계속 회장들의 활동이 주목받았던 것입니다. 또 전쟁이 본격적으로 전개됐던 1930년대 후반기부터 1945년 해방 때까지는 실질적으로 교회의 일거수일투족을 지방 주재소에서 감시, 감독했던 기록들이 나오고 있습니다. 이걸 볼 때 신앙의 자유가 일제의 식민 통치 아래에서 어떻게 억압당하고, 유린되었는지를 다시 한번 기억할 수 있는 기회가 될 것입니다.

최선혜 교수 : 거기에 잠깐 한마디 보태고 싶습니다. 메리놀문서를 봐도, "지금 한국인이 개종하는 데 가장 큰 두려움은 일본 경찰이다." 그런 얘기가 많이 나옵니다. 그래서 "일제의 감시가 개종하는 데 가장 큰 두려움의 요소로 작용하고 있다." 그렇게 나옵니다.

조광 교수 : 예, 적절한 도움말이었습니다. 그 다음에 최선혜 선생님에게 여기 육백홍(陸伯鴻, 1875~1937)이라고 하는, 아마 선생님 논문에 나오는 것 같습니다. 오늘날 중국어로는 루보홍(lù bó hóng)인데, 왜 '로빠홍'으로 했느냐 하는 그 음에 관한 의문입니다. 이것은 제가 그냥

간단하게 얘기하겠습니다. 원래 이 로빠홍 이것은 아마 상해(上海) 지역의 방언 음이 그대로 된 것 같습니다. 상해 지역에서는 '육(陸)씨', '주(朱)씨', '김(金)씨', '마(馬)씨' 등이 꼽히고 있습니다. 상해의 포동지구에 김가항(金家巷)이라고 하는 마을이 있었지요? 김대건 신부님이 신품을 받았던 성당이 있었던 곳입니다. 이 동네가 바로 상해 천주교 신자 가문인 김씨 교우들의 집성촌입니다. 1990년대 상해주교로 있던 김노현(金魯賢) 주교가 그 마을 출신입니다. 그리고 육씨의 대표적인 인물이 육백홍입니다. 일제강점기, 이 사람은 이 지역뿐만 아니라 평안도 지역과 함경도 지역 그리고 또 서울교구 뮈텔 주교하고도 연결되었던 인물입니다. 실제로 그는 상해의 전기와 수도를 관장했던 인물로서 상당한 거부였고, 식민지 시대 한국 교회에도 많은 도움을 줬던 인물입니다. 상해의 천주교 가문 출신 인물 가운데에는 우리와 연관 있는 '주씨'도 있는데, 성심여대 학장을 지낸 주매분(朱梅芬) 수녀님을 기억하실 겁니다. 그분이 바로 상해 주씨 가문 출신입니다. 그 다음에 서광계(徐光啟)를 배출한 '서씨'가 있습니다.

그 다음에 마건충(馬建忠), 마건상(馬建常) 형제들의 경우처럼, 구한말 임오군란(1882) 이후 조선에 왔던 '마씨'들이 있습니다. 원래 이 마씨는 '마호메트(Mahomet Mohammed)'를 신봉했기 때문에 그 이름을 따서 마씨라고 성을 바꾸었던 집안이었습니다. 그러다가 명말청초에 가톨릭으로 개종해서 이 마씨가 상해의 중요한 가톨릭 가문이 된 것입니다.

이 마건상은 원래 예수회 신부였다가 예수회를 퇴회하고 이후 이홍장(李鴻章)의 막하(幕下)로 들어가서 외교관 활동을 합니다. 조선에 주둔하다가 귀국한 이후 교육계몽운동에 전적으로 투신하여 자신의 고향인 상해에 복단대학(復旦大學)을 만든 마상백(馬相伯)과 같은 인물입니다. 마건상의 자(字)가 상백(相伯)이었습니다. 그가 교육운동을 하면서는 주로 자(字)를 사용했기 때문에, 그는 일반적으로 마상백(馬相伯)으로 알려지게 된 인물입니다. 그 경우에도 현지 음을 따라 '마샹보'로 불리우고 있습니다.

육백홍은 그 중에서 아마 현지 발음으로 로빠홍으로 불리었던 것 같습니다. 이것은 간단한 질문이긴 합니다만, 질문이 들어와서 대답을 대신하다 보니 말이 길어졌습니다. 그런데 제가 알기로는 금경숙 선생님께서 지금 김기호(金起浩) 회장님에 대해 열심히 연구하고 있습니다. 금 선생님이 분명 질문이 있으실 것 같은데, 질문 좀 해 주시길 부탁드립니다.

(질문) 금경숙 박사 : 금경숙 마르가리타입니다. 저는 연구를 시작한 지 얼마 안 됐습니다. 오늘 처음부터 들었는데, 김진소 신부님께서 기조강연을 통해 회장에 대해 풍성한 것을 알 수 있게 해 주셨습니다. 감사드립니다. 또 세 분 선생님의 발표를 통해서 회장에 관해 많이 알게 된 것, 조광 선생님이 좌장을 하시면서 세 분 선생님이 서로 질의응답하시는 과정을 통해서도 많은 것을 배웠습니다.

제가 특별하게 질문드릴 건 없습니다. 다만 아까 조광 선생님께서 정리해 주셨는데 제가 방상근 선생님 발표를 들으면서 느낀 것은 일단 선생님께서는 지금도 '박해기'와 '개항기'라는 용어를 사용하고 계십니다. 시기를 구분하는 용어를 사용하시는데, 교회 안에서 1876년 이후에 교회 상황, 그리고 방금 두 분 선생님은 1910년대라든가 20년대 일제강점기 때의 상황을 말씀해 주셨습니다. 그래서 어찌 보면 교회사에서 그 시기, 즉 선생님께서 말씀하신 '개항기는 비어 있지 않은가?'라는 생각이 듭니다.

그리고 조금 전에 말씀해 주신 것처럼 제가 최근에 김기호의 『봉교자술(奉敎自述)』과 같은 자료 원문을 보다 보면, 지금 논의하신 김기호 회장, 요한 회장이 블랑 주교님(Marie Jean Gustave Blanc, 1844~1890)이 주교서품을 받으신 다음에 계속 전교회장으로 활동하다가 복사가 됩니다. 주교님의 복사를 하시는 것을 보면 그 다음 단계에서 전체 조선교구의 전반적인 것을 도와드리고, 여러 가지로 활동한 것이 단락 단락 나옵니다. 그래서 지금 말씀하신 게 이해가 되는 부분이 있습니다. 그리고 그 점에서는 김기호 회장이 좋은 예가 되지 않을까 생각합니다.

그래서 아까 선생님께서 말씀하실 때, "아주 많이 갖춰야지 복사가 되는가 보다."라고 대답을 하셨지 않습니까? 그런 점에서는 '복사가 전교회장에서 그 다음 단계로 나아가는 게 아닌가?' 하는 모습이 보입니다. 그때의 지식인으로서의 역할이 『봉교자술』에 잘 보이고 있습니다. 그런 내용이 참조가 되어 '그 빈 시기' 그러니까 김기호 회장이 세례받자마자 베르뇌 주교님(Berneux, Siméon François, 1814~1866)을 모시고 활동한 것과 그 다음에 1890년까지 블랑 주교님 돌아가시기 전까지 활동하신 것을 보면 메울 수 있는 부분이 좀 있기 때문에, 이 시기 구분을 어떻게 생각하시는지 좀 듣고 싶습니다. 감사합니다.

조광 교수 : 요약하자면, 방상근 선생님이 연구한 부분은 바로 박해시대와 개항기를 아우르고 있는 것 같습니다.

방상근 박사 : 원래 저는 박해 시기를 맡았습니다. 개항기의 이야기는 연구하다 보니까 나온 것입니다. 오늘 심포지엄에서 개항 시기가 빠졌는데, 그 부분은 저도 아쉽게 생각합니다.

조광 교수 : 감사합니다. 회장이라는 제도 하나만 놓고 볼 때, 그것은 과거 교회가 창설된 직후부터 오늘날까지 유지되고 있는 제도라고 생각합니다. 여러분들께서 본당에 가시면 다들 '회장님'이라고 부르는 그러한 분들이 계실 겁니다. 그렇다면 이 같은 개념, 같은 용어라 하더라도 200년 혹은 200 몇십 년을 지나는 동안 그 개념이 바뀔 수가 있으니, 그 개념이 어떻게 바뀌어 나갔고 또 어떠한 특성을 가지고 있는지에 대해 주목해야 합니다.

그래서 앞으로 이 회장에 대한 연구는 오늘 진행되었던 '박해시대'와 '식민지 아래에서 대구와 평양'이라고 하는 두 지역 외에도 다른 지역의 경우도 연구해야 합니다. 그리고 그 연구 대상 시대도 '개항기'라든지 '해방 공간'과 '6.25 이후', '2차 바티칸 공의회 이후'에 회장제도가 어떻게 전개되었는가를 일목요연하게 정리할 필요가 있습니다. 왜냐하면 이 회장들의 활동은 선교사의 활동 못지않게 우리 교회사에 있어서 중요한 부분을 차지하고 있는 것이고, 우리 교회사의 활력을 더해 준 요소이기 때문입니다.

이와 같이 각 지역과 시대에 회장들의 실질적인 활동을 통해서, 교회사의 또 다른 주역인 신자들의 역할이 시대에 따라서 어떠한 특징이 있는가를 우리가 알 수 있습니다. 이러한 의미에서 회장에 대한 연구는 조금 더 심화되고 넓혀져야만 되리라 생각합니다.

한편 우리가 회장을 논할 때 일단 좀 '애정을 가지고 논할 수도 있지 않을까?' 생각해 봅니다. 이들은 오랫동안 선교사나 성직자의 그늘에 가려서 그 역할이 잘 드러나지 않았던 분들입니다. 그러나 이들은 성직자, 수도자 못지않게 자신의 전 생애를 하느님께 바치면서, 또 하느님의 말씀을 전파하기 위해 적잖은 노력을 기울였던 분들입니다. 그렇다면 같은 하느님 백성의 일원으로서 이들 회장들이 어떠한 일을 했는가를 따져 본다는 것은 오늘을 사는 우리들이 교회 안에서 어떻게 처신해야 될까를 알려 줄 수 있는 하나의 길잡이 역할을 할 수 있으리라 생각됩니다. 그래서 회장 문제는 다른 어떤 주제보다도 애정을 갖고 좀 더 본격적으로, 더 많은 재정적 투자를 통해 연구가 진행되기를 기대해 봅니다. 그리고 오늘 이 심포지엄을 진행하면서 느낀 점을 좀 더 나누고 싶습니다. 회장에 관한 사료들은 소멸되어 가고 있습니다. 거의 소멸돼 가고 있는 이 사료들을 우리는 '기억의 복원'을 통해서 다시 정리해 나가야 합니다. 회장에 관한 구술사(Oral history) 작업은 지금이 아니면 정리하기 어렵습니다.

앞서 김진소 신부님께서 소개해 주신 전주의 '범 회장'이라는 분이 있습니다. 대구에 '서 회장'이라는 분도 있습니다. 대구 서 회장은 서상돈(徐相敦)이란 분인데, 이분이 국채보상운동(國債報償運動)을 발의했기 때문에 상당히 많은 연구가 이루어졌습니다. 그러나 '전주 범 회장'의 경우에는 교육운동을 비롯한 여러 가지 활동에 참여했지만 그 기억이 점차 가물가물해지고 있습니다. 바로 이 집안에서 성직자가 몇 분 나오기도 했습니다. 전주교구에는 아직 보존된 기억들이 있을 것입니다.

각 지역의 아직 보존된 회장에 대한 기억을 복원하고 저장함으로써 앞으로의 우리 교회사에서 더욱 풍성한 자료를 가질 수 있을 것입니다. 여기에 계신 여러분들께서도 회장들에 대한 이야기를 부지런히 들고, 정리해 주신다면 그 자체가 하나의 귀중한 자료가 될 것이 틀림없습니다.

오늘 우리는 먼저 '박해시대의 회장제도'를 살펴보았습니다. 이 연구는 한국 교회의 회장이 시작되던 그 장면을 다룬 것입니다. 오늘 이 심포지엄에서는 '중국의 회장제도'를 배경으로 깔면서 박해시대 우리나라의 회장제도가 어떻게 진행되었는가?'를 먼저 살펴보았습니다. 그리고 우리 근현대사에 있어서 매우 중요한 의미를 갖고 있는 '식민지 시대에 대구와 평양 지역의 회장제도가 어떠했는가?' 하는 점을 집중적으로 검토했습니다.

그러면 여기에 그치지 말고 박해시대에 이어지는 '개항기의 회장제도'에 대해서도 연구해야겠습니다. 이 개항기라고 하면 종교의 자유, 신앙의 자유가 주어진 다음이니까 아마 교회에서는 회장, 유급 회장이나 능력 있는 회장에 대한 수요가 더 많이 요청되고 있었지 않았을까? 충분히 있었으리라 추정할 수가 있으니, '개항기의 회장제도 문제'도 별도로 연구해야 합니다.

그리고 해방 이후 오늘에 이르기까지 평신도로서 교회의 선교사업에 종사를 했던 광범위한 개념에 포함되는 회장들에 대한 연구도 오늘의 우리에게 필요합니다. 이와 같이, 회장을 주제로 하는 교회사 연구를 통해서 한국 교회는 많은 시사점을 줄 수 있으리라 생각합니다. 오늘 이 심포지엄은 바로 이러한 시사점을 확인하고 '구술사' 확보의 중요성을 거듭 강조하는 자리가 됐습니다.

그리고 우리는 오늘의 발표를 통해서 대구교구의 문서라든지 평양교구의 문서 같은 문헌자료를 좀 더 부지런히 발굴하게 되면, 이렇게 좋은 글이 나올 수 있음도 확인하게 되었습니다. 오늘의 연구 발표를 위해서 노력해 주신 세 분의 발표자 선생님들과 이를 기획해 주신 한국순교복자성직수도회에 특별히 감사드립니다. 그리고 가능하다면 회장제도 문제를 좀 더 연장해서 오늘 우리가 미처 다루지 못한 '개항기의 회장'이라든지 '바티칸 공의회 전후의 회장' 그리고 '식민지 시대나 개항기 특정 지역' 또는 '특정 회장 개인에 대한 연구'와 같은 다양한 주제들을 연구해 나감으로써 한국 천주교회사 연구 발전에 수도회가 더 큰 기여를 해 주시기를 부탁드립니다. 이상으로 오늘 심포지엄을 마치겠습니다. 대단히 감사합니다.